한국 근대시의 이상과 허상

1920년대 '국민문학'의 논리

지은이 **구인모**(具仁謨, Ku, In mo)는,
동국대학교 국어국문학과 및 동 대학원 석·박사과정, 그리고 일본 동경대학 대학원 총합문화연구과 비교문학비교문화과정에서 수학했다. 같은 대학의 일한문화교류기금 초빙 펠로우, 동국대학교 문화학술원 연구교수를 거쳐, 지금은 고려대학교 민족문화연구원 한국문화연구단의 연구교수(HK전임연구원)로 재직하고 있다. 저서로 『한국문학과 근대문학』(2002), 『동아시아 비교문학의 전망』(2003), 『문학지리·한국인의 심상공간』(2005), 『'고향'의 창조와 재발견』(2006) 등이 있고, 그 외 다수의 논문을 발표했다.

한국 근대시의 이상과 허상 1920년대 '국민문학'의 논리

2008년 12월 05일 1판 1쇄 인쇄
2008년 12월 10일 1판 1쇄 발행

지은이 _ 구인모
펴낸이 _ 박성모
펴낸곳 _ 소명출판
등록 _ 제13-522호
주소 _ 137-878 서울시 서초구 서초동 1621-18 (란빌딩 1층)
대표전화 _ (02) 585-7840
팩시밀리 _ (02) 585-7848

somyong@korea.com | www.somyong.co.kr

값 20,000원
ISBN 978-89-5626-346-5 93810

이 도서는 2007년 정부(교육인적자원부)의 재원으로 한국학술진흥재단의 지원을 받아 출판되었음
(KRF-2007-814-A00211)

한국 근대시의 이상理想과 허상虛像

1920년대 '국민문학'의 논리

The Ideal and Illusion of Modern Korean Poetry

구인모

소명출판

● 책머리에 ●

이 책은 2006년 동국대 박사학위논문으로 제출한 「한국 근대시와 '국민문학'의 논리」(2006)와 그 후 발표한 몇 편의 논문들을 고치고 보태어 새롭게 체계를 세운 것이다. 이 책의 씨앗 격이 된 것은 「고안된 전통, 민족의 공통감각론」(2000)이라는 소논문 한편이었다. 이 논문을 발표할 무렵, 한국 근대시 연구는 동시대 한국 근대문학 연구로부터 주어진 다양한 지적 자극에 노출되어 있었다. 1990년대 이후 한국의 인문학 전반에서 한국의 근대성, 근대문학 형성의 조건들을 다시 묻는 가운데, 한국 근대문학 연구 또한 전례 없는 새로운 패러다임들이 구상되고 또 구축되어 가고 있었다. 그러한 동시대 지적 분위기에서 비롯한 주요 의제들 가운데, 이를테면 1920년대 동인지(同人誌) 시대를 가로지르는 미학적 사유를 재검토한 성과들이 그 대표적인 사례라고 하겠다. 나 또한 그러한 지적 분위기에서 부족하기 짝이 없으나 「『학지광』 문학론의 미학주의」(1998)라는 석사논문을 통해 문학 연구자로서 입문하게 되었다.

하지만 나는 한국 근대시가 1910년대 이후 미학적 사유를 근간으로 스스로 자기 존립의 근거를 마련하면서 근대성을 선취해 나아갔다는 사실의 확인만으로는 결코 해결되지 않는 잉여의 문제들이 있다는 것을 이내 깨닫게 되었다. 이를테면 1910년대 한국 근대문학의 미학주의 형성에 앞장섰고, 특히 프랑스 상징주의를 비롯한 서양문학과 일본문학의 사사를 통해 자유시 형식에 근간한 근대시의 이상을 구가했던 문학자들이, 불과 약 10년이 지난 이후 어느새 자유시의 가치를 부정하고 정형시형으로 경도하면서, 그동안 일고의 가치도 없다고 홀대했던 문학적 전통의 가치와 필요를 역설하게 된 사정은 여간 설명하기 어려운 문제가 아닐 수가 없었다. 심지어 그들의 미학적 사유가 종족적 민족주의와 결합하게 되고, 나아가 식민주의와 제휴하게 된 사정에 이르게 되면 문제는 더욱 착잡해지기만 했다.

물론 내가 의심어린 눈으로 바라보고 있었던 문제들을, 한 세대정도 이전의 선배 연구자들의 가르침 그대로, 이를테면 작가적 역량이나 문학에 대한 원론적 지식의 부족으로, 심지어 완미하지 못한 근대의식의 소산으로 이해할 수도 있었을 터이다. 내가 보기에 한국 근대시 연구의 미해결의 상태로 남겨둔 과제들은 어림잡아도 10여 년 동안 누구도 손을 대 볼 엄두조차 내지 않은 상황이었다. 그렇게 세월이 지나가는 동안 나는 그 '미해결의 과제들'이 사실은 보다 더욱 심각하고 본질적인 한국 근대문학의 태생적 조건과 관계가 있다고 생각하기에 이르렀다. 그리고 그 '미해결의 과제들'을 푸는 일이야말로, 나를 비롯한 나의 세대 한국 근대문학 연구자에게 맡겨진 소임이라고 생각했다.

하지만 그러한 그 '미해결의 과제들'을 풀어 나아가는 가운데 한국 근대문학 연구자가 겪게 되는 곤혹스러움이란 한 둘이 아닐 터이다. 그 가운데에서도 근대 한국의 문학자들의 문학관이나 사유의 궤적이 극적으로 변화하는 사례가 허다할 뿐만 아니라, 그 변화에 대해 스스로 아무런 입장의 표명이 없는 경우 또한 허다하다. 특히 이 책에서 검토한 1920년대 국민문학론자들의 경우 대체로 1910년대를 전후하여 문학계에 등장한 이들이고, 1920년대가 되면 한국 지성사의 특수한 풍토로 말미암아 자의반 타의반으로 부형(父兄)의 위치에 서야 했던 세대에 속했다. 그 가운데에서 본인들조차도 어리둥절했을 법한 세대의 위치나 감각이나 자의식에 대해, 심지어 자기부정까지 감내할 수도 있는 사정에 대해, 심사숙고의 과정이나 그에 준하는 어떠한 술회도 거치지 않은 채,

그들은 신념과 당위의 수사를 발화하기 일쑤였다. 이 가운데에서 근대 한국의 문학자들의 문학관이나 사유의 궤적 가운데에서 논리적인 일관성을 탐색하는 일이란 일쑤 구성주의의 태도를 취할 수밖에 없을 터이다. 그리고 그러한 태도가 연구자의 지나친 자의적 해석을 정당화하는 것은 아닌가 하는 의구심은 끝내 남을 수밖에 없다.

특히 한국 근대시를 연구의 대상으로 삼는 가운데 겪는 또 하나의 곤혹스러움은, 이를테면 조선에서 근대적인 의미의 시란 무엇인가라는 질문이 근대기 이후 줄곧 반복되었으나, 사실 그 대답은 바로 '어떤' 시이어야 한다는 식으로 '시'라는 어휘 앞에 놓이는 관형사만 바꿔기 일쑤라는 데에 있다. 이를테면 부르주아의 퇴폐적 낭만주의 시가 아니라 프롤레타리아 시가 진정한 시이어야 한다, 아니 그보다는 모더니즘의 시이어야 한다는 식의 시에 대한 정의들이 그러한 사례들이라고 하겠다. 그러한 일종의 추문화(醜聞化)를 통한 자기정당화의 수사들 가운데 상대적으로 주목받지 못했던, 하지만 너무나 중요한 문제들은, 이를테면 '시'의 개념에 대한 정의를 비롯하여 정전화를 비롯한 역사화, 시적 언어와 수사, 의장(意匠)을 비롯한 형식적 요건, 그리고 시적 글쓰기를 통해 재현해야 할 세계에 대한 원론적인 논의와 같은 것일 터이다. 이러한 논의들을 한국 근대시 연구의 중심과제로 삼는 일이야말로 한국 근대시 연구, 나아가 한국 근대문학 연구를 학문적 담론의 차원으로 자리매김하는 길임은 두말할 나위도 없다.

내가 1920년대 국민문학론자들을 선택하게 된 이유는, 바로 그들이 한국 근대시 연구의 온갖 곤혹스러운 국면을 고스란히 담고 있기 때문이었다. 하지만 1920년대 국민문학론을 검토하는 일 또한 한국 근대시를 연구의 대상으로 삼는 가운데 반드시 대면해야 할 또 다른 과제들을 내포하고 있다고 하겠다. 그것은 바로 한국문학연구의 근저를 가로지르는 완고한 종족적 민족주의의 입장을 어떻게 극복할 것인가 하는 것이다. 이 종족적 민족주의가 한 사람의 작가와 그의 작품세계는 물론이거니와 문학사의 한 장면들을 이해하고 평가하는 최종심급이 되는 경우가 한국문학연구에서 빈번하게 이루어져 왔음은 굳이 췌언을 요하지 않을 터이다. 그리고 그러한 이해와 평가의 태도는, 이 책의 서문에서도 밝힌 바와 같이 1920년대 국민문학론에 대한 한국 근대시 연구자들의 일관된 입장이며, 그 가운데에서 앞서 언급한 한국 근대시 연구의 '미해결의 과제들'은 결코 반성적 검토의 대상이 되지 못했다. 그리고 이는 비단 1920년대 국민문학론에 국한된 문제만은 아닐 터이다.

한국 근대시 연구의 근저를 가로지르는 종족적 민족주의와 아울러 대면해야 할 과제 가운데 하나는, 이를테면 서양이 제1의 발신지이고, 일본이 제1의 수신지이자 또한 제2의 발신지 역할을 하면서, 한국이 제3의 수신지의 위치에 놓이는 가운데 일어나는 근대문학의 언어횡단적 실천의 양상을 어떻게 이해하고 설명할 것인가 하는 것이라고 하겠다. 이러한 문제는 한국문학연구의 종족적 민족주의와 대립하기 일쑤이거나, 혹은 애써 외면하지 않으면 안 되는 경우마저 허다하다. 물론 한국에서 근대문학 자체가 이식의 형태이든 아니든 외부로부터 주어졌던 만큼, 굳이 그 영향관계와 원천을 가려내는 비교문학적 연구는, 비본질적이고 무망한 일에 불과하다고 할 수 있을지도 모른다. 하지만 적어도 1945년 이전의 한국 근대문학이, 근대자본주의의 세계적 전파의 과정에서 형성된 산물임을 염두에 두고 본다면, 숱한 오해를 무릅쓰고서라도 그 형성 과정의 다양한 지식의 유통과 수용의 양상을 재구성하고, 그 결과가 나타내는 의미를 탐색하는 일은 결코 간과할 수는 없는 것이다. 이러한 비교문학적 연구를 통해서 한국 근대문학 연구는 비단 한국이라는 일국적 차원을 넘어 문학연구 일반에 새로운 의제들을 제시할 수 있기 때문이다.

나는 바로 그러한 한국 근대시 연구, 나아가 한국 근대문학 연구 자체가 안고 있는 과제들을 해결하기 위한 실마리 또한 1920년대 국민문학론자들의 문학론과 작품세계를 통해서 찾을 수 있다고 보았다. 그리고 그러한 이중의 암중모색의 과정에서 깊은 영감을 주었던 것은, 일본 나고야(名古屋)대학의 츠보이 히데토[坪井秀人] 선생의 명저인 『음성의 축제 - 일본근대시와 전쟁[聲の祝祭 - 日本近代詩と戰爭]』(1997)이었다. 그분은 태평양 전쟁 시기 일본의 시인들이 군국주의에 경도하여 전쟁시를 써서 라디오를 통해 낭독했던, 이른바 일본 근대시사의 '불행한 예외'란, 사실은 메이지[明治]기와 다이쇼[大正]기의 민요시나 구어자유시 이후 현저하게 된 시의 구술성(orality)과 정형성으로부터 연원한다는 것을 묘파했다. 또한 그 이 가운데 그가 역점을 두었던 기타하라 하쿠슈[北原白秋]의 분석은, 일본근대시사 자체의 문제는 물론이거니와 태평양전쟁시기에 대한 일본근대시 연구의 부담을 어떻게 청산할 것인가 하는 문제에 대해서도 반성적인 인식을 촉구하기에 충분했다. 이러한 츠보이 히데토 선생의 연구는 내가 1920년대 국민문학론자들을 두고 곤혹스러웠던 시절에 적지 않은 영감을 주었다. 그 어렴풋한 영감을 하나의 논리로 만들어내는 가운데 영성한 자료의 흔적들을 좇아, 한국과 일본을 오가는 가운데 이 책을 구상하고 원고를 써 갔고, 그래서 묶어낸 것이 바로 나의 박사학위 논문이었다.

다시 이렇게 한 권의 책으로 엮어 내면서 제목을 '한국 근대시의 이상(理想)과 허상(虛像)'으로 정했다. 이 제목을 선택하기까지 또한 내 나름대로 원고를 쓰는 만큼의 암중모색의 시간이 필요했다. 결국 이 제목을 선택하게 된 데에는, 한국 근대시의 이상이 곧 허상이 되고 말았다는 사실을 강조하기보다는, 이상이 허상이 되어버린 이후에 남은 문제들이 또한 나뿐만 아니라 한국 근대시 연구자들, 나아가 다소 헛된 욕심일지도 모르지만 일본 근대시 연구자들에게도 새로운 탐구의 대상이 되기를 바라기 때문이다. 이제 책 한 권을 내는 마당에 변명이 될지도 모르나, 나는 이 책을 계기로 한국 근대시 연구의 '미해결의 과제들'을 본격적으로 해결해 나가고자 한다. 그리고 이를 위해서는 무엇보다도 문학사의 한 장면을 가능한 파노라마의 형식으로 조망하지 않으면 안

되었다. 그리고 이 책 이후 나의 부끄럽고 헛될 지도 모르는 바람을 이루기 위해, 결론에서도 잠시 언급한 바 있으나, 나는 신문, 잡지, 도서와 같이 이미 익숙한 한국 근대문학의 매체가 아닌 유성기음반(SP Record)을 통해 구상하고 있고 그 결과로 조만간 문세(問世)하고자 한다.

어떤 연구자도 마찬가지이겠지만, 이 책의 근간이 되었던 논문을 쓰는 내내, 또 단행본으로 정리하면서 이 주제와 함께 걸어 온 나의 20대와 30대를 돌이켜 보게 되었다. 도저히 내가 짊어 질 수 없는 십자가를 진 것만 같은 간난신고며, 그럼에도 불구하고 그 가운데 마치 이따금 구름을 뚫고 비치는 가녀린 햇살처럼 나타났던 기쁨과 깨달음 그리고 설렘의 순간들이며, 이러한 모든 순간들이 내 몸과 영혼을 휩쓸고 지나갔다. 아울러 지금 그 모든 순간순간마다 후원과 격려를 아끼지 않았던 분들의 얼굴도 선명하게 떠오른다. 한 사람의 연구자가 성장해 나아가는데 고맙고 은혜로운 분들이 어디 한두 분이겠는가. 그럼에도 불구하고 잊을 수 없는 은혜를 베풀어 주신 몇 분들을 기억하며 이 자리를 빌어 고개 숙여 감사의 인사를 올리지 않을 수 없다.

우선 미욱하고 불민한 나를 가다듬고 바로잡아 주시고 늘 마음으로 응원해 주시는 지도교수 황종연 선생님께 우선 깊은 감사를 드린다. 또한 나의 박사학위 논문을 흔쾌히 읽고 친절하게 지도해 주신 김태준, 홍신선, 최원식, 임용택 선생님께도 다시 한 번 감사의 인사를 드린다. 또한 김윤식 선생님과 도쿄[東京]대학의 스가와라 카츠야[菅原克也] 선생님의 은혜도 잊을 수 없다. 김윤식 선생님께서는 기회가 있을 때마다 문학연구자로서 내 시대의 사명이 무엇인지 깨우쳐 주셨고, 스가와라 선생님께서는 유학생 시절부터 이 논문이 완성되기까지 언제나 내가 보지 못하는 다른 세계로 이끌어 주시며 격려해 주셨다. 또한 이 논문의 구상단계부터 공간에 이르기까지 그 설익은 원고를 마치 자신의 것인 양 성심껏 읽고 토론해 주었던 무사시[武藏]대학의 와타나베 나오키[渡辺直紀] 선생과 동국대학교의 이철호 선생께도 감사의 마음을 전한다.

이 책이 나오기까지 여러 가지 어려움이 많았는데, 무엇보다도 나의 불민함으로 인해 문세의 길을 찾기란 결코 쉽지 않았다. 그러한 암중모색 가운데 성균관대학교의 임상석 선생과 연세대학교의 김영민 선생님은 마치 당신들의 일인 양 애써 주셨고, 그분들의 후의(厚意)에 힘입어 이 책이 세상의 빛을 보게 되었다. 두 분께에는 말로 다 할 수 없는 감사의 인사를 드린다. 또한 이 책을 내는 가운데 경제적 지원을 해 준 한국학술진흥재단과 허술한 원고에 깊은 인내심으로 새로운 숨결을 불어넣어준 소명출판 관계자 여러분께도 깊은 감사의 인사를 드린다.

이 책은 우선 부모님과 아내 요안나를 비롯한 나의 가족들에게 바치고자 한다. 지금껏 나를 위해 온갖 고생을 마다하지 않으시고 그저 믿고 기다려주셨던 그동안의 노고는 평생을 두고 보답해야 할 터이나, 그저 이 한 권으로 조금이나마 보답을 하고 지난 세월을 위로하기를 바랄 뿐이다. 아울러 그 누구보다도 내가 태어나기 전부터 내 머리카락의 수까지 세어 두시고, 내가 가야할 바를 바르게 이끌어 주시는 그분에게 이 책과 내 학문을 봉헌한다. 이 책을 통해 그저 앞으로도 그분께 한 나의 첫 서원과 두 번째 서원을 지킬 수 있기를 기원해 본다.

2008년이 저물 무렵

구인모 삼가 씀

차례

제3장
1920년대 번역어 '文化'의 등장과 '朝鮮'의 발견

제4장
조선민요의 발견, 일본 오리엔탈리즘의 한 단면

제5장
『朝鮮民謠の研究』와 그 이후, 국민문학론의 전도(顚倒)

제6장 메이지 · 다이쇼기 일본의 구어자유시론과 조선문학

제7장 국민문학론의 문학적 실천과 그 수준

결론

서론

이 책의 주안점은 1924년부터1930년 무렵에 이르는 대략 6년 여의 기간 동안 『조선문단(朝鮮文壇)』을 중심으로 김억(金億) · 이광수(李光洙) · 주요한(朱耀翰), 그리고 최남선(崔南善) 등에 의한 이른바 '국민문학' 논의의 전개과정에 있다. 주지하는 바와 같이 이들 가운데에서 김억은, 일찍이 1910년대부터 「쯔란스 시단(詩壇)」(1918) · 「시형(詩形)의 음율(音律)과 호흡(呼吸)」(1919) · 「스옝쓰(Sphinx)의 고뇌(苦惱)」(1920) 등의 평론을 통해서, 프랑스 상징주의와 데카당스의 소개에 앞장섰을 뿐만 아니라, 프랑스 상징주의 시편들을 번역한 앤솔로지인 『오뇌(懊惱)의 무도(舞蹈)』(1921)를 비롯해서 아서 시몬즈(Arthur Symons)의 시편들을 번역한 『잃어진 진주(眞珠)』(1924)를 발간하는 등, 1910년대와 1920년대에 걸쳐 누구보다도 외국문학의 번역과 소개에 앞장섰던 인물이다. 주요한 또한 발표 당시부터 최초의 자유시로 평가 받는 「불노리」(1919)를 비롯해서, 일본 메이지[明治]기 낭만주의와 상징주의 시를 번역하고 소개한 「일본근대시초(日本近代詩抄)」(1919)를 발표하는 등, 창작과 번역 두 방향에서 일본을 비롯해서 서구의 근대문학에 대한 관심과 열정이 남달랐던 인물이었다. 그리고 이광수는 이미 「문학(文學)의 가치(價値)」(1910)를 비롯해서, 「문학(文學)이란 하(何)오」(1921)를 거쳐 「문학(文學)에 뜻을 두는 이에게」(1922)에 이르기까지, 한결같이 문학이 'literature'의 번역어임을 밝히면서 한국 근대문학사에서 누구보다도 먼저 문학에 대한 원론적인 논의를 시작했던 인물이었다. 뿐만 아니라 그러한 문학을 조선의 문학적 전통과 절연시키는 한편으로, '정(情)의 만족', 곧 인간의 감각적인 삶을 통한 자기의 발견이 문학의 목적임을 주장하여, 근대적 주체의 미학적 사유와 개인주의에 근간한 근대문학의 가능성과 도래를 역설한 바 있다.

그런데 이들은 1924년 이후가 되면 『조선문단(朝鮮文壇)』을 중심으로 느닷없이 민요나 시조 가운데에서 '조선심'과 같은 국민적 정조, 리듬, 시형을 발견하여 조선의 근대적 시가를 창안해야 할 뿐만 아니라, 조선문학을 국민문학(national literature)의 개념으로 재편하여 세계문학(world literature) 일반의 반열로 나아가게 해야 한다는 주장을 펴기에 이른다. 이는 사실상 길게는 10여 년 전, 그러니까 그들이 문학자로 첫발을 내딛을 무렵의 문학적 입장이나, 불과 몇 해 전의 문학적 입장까지 사실상 전면적으로 부정하고 있었던 것이나 다름없다. 과연 어떻게 이런 일이 일어나게 되었고, 어떻게 가능했던가, 또한 그것은 무슨 의미를 지니는가.

한국 근대문학의 지평을 열었던 이들의 이른바 자기부정이란, 일견 문학 청년기를 벗어나 중견 문학자로 성장한 이들 세대의 자의식의 소산처럼 보이기도 한다. 이를테면 『금성(金星)』지(1924.1~1924.5) 창간호 무렵 벌어진 번역을 둘러싼 논쟁이나, 『개벽(開闢)』지에 발표된 「계급문학 시비론(階級文學 是非論)」(1925.2) 이후 벌어진 계급문학과의 논쟁에서 알 수 있듯이, 이들의 자기부정이란 그 무렵 문학계에서 추문화(醜聞化)의 도전에 나름대로 응전의 논리로서 더욱 공고해진 측면도 부정할 수 없기 때문이다.

실제로 지금까지 한국 근대문학 연구에서 김억 등의 일군의 문학자들을 두고 '국민문학파' 혹은 '민요시파'라고 명명하면서, 마치 프롤레타리아 문학 진영에 대응한 하나의 문학적 유파로 보는 입장이 우세했던 것도 그러한 사정과 무관하지 않다. 흔히 1920년대 중반 이후 한국 근대문학사가 마치 '국민문학파' 혹은 '민요시파'와 프롤레타리아 문학 진영 사이의 이념 대결의 구도를 중심으로 전개되었다는 인식을 전제로 하고 있다. 이른바 '국민문학파' 혹은 '민요시파'에 대해서는, 1920년대 문화창달운동과 문화탐구열, 조선총독부의 문화정치 실시를 배경으로, 민족의 정통성, 민족정신의 순수성을 수호하고 한민족의 자아발견과 민족소생의 의지를 심어 주었다는 것, 또는 이들이 민요나 민담의 채집과 그 연구, 역사연구를 통한 역사소설의 창작, 고전의 발굴, 우리말 연구와 보급운동에 앞장섰으며, 그 결과 민족의 개성과 향토성을 옹호했다는 평가가 일반적이라 하겠다.[1)]

이러한 평가는 이 '국민문학파' 혹은 '민요시파'를 두고, 1919년 3월 1일의 역사적 사건을 계기로 형성된 집단적 민족주의의 현현이었고, 계급문학에 대한 문학적 자율성, 서구문학에 대한 대항의 의지를 지니고 있었음을 강조하거나, 심지어 민족의 문화적 재생과 민족번영을 모색했다거나,[2)] 심지어 이들이 1920년대 시대성, 즉 3·1운동 이후로부터 만주사변(滿洲事變)에 이르기까지의 시대정신으로서 '우리 의식(意識)의 완성(完成)'에 이바지했다는[3)] 평가를 통해 알 수 있듯이, 1920년대 조선의 문화적 민족주의를 운동사의 측면에서 바라본 일반사의 평가를 해석학

---

1) 류철균, 「1. 서론」, 「1920년대 민요조 서정시 연구」, 서울대 석사논문, 1993. 박혜숙, 「III. 민요시의 형성배경과 전개양상」, 『한국민요시연구』, 형설출판사, 1992. 장부일, 「민요와 민요조 서정시」, 『한국현대시론사(한국의 현대문학 2)』(한국현대문학연구회), 모음사, 1992. 임재서, 「민요시론 대두의 의미」, 『한국현대시론사연구』(한계전·홍정선·윤여탁·신범순 외), 문학과지성사, 1998. 박경수, 「제2부 민요시론의 양상과 성격」, 『한국근대민요시연구』, 한국문화사, 1998.

2) 오세영, 「II. 민요시에의 지향」, 『한국근대낭만주의시연구』, 일지사, 1980. 「III. 20年代 한국민족주의문학」, 『20세기한국시연구』, 새문사, 1989, 97~99면.

3) 오세영, 「IV. 결어」, 앞의 책, 164면.

적으로 한국 근대문학의 특징적 국면에 적용한 감이 크다. 환언하자면 한국 근대문학 연구 자체의 종족적 민족주의(ethnic nationalism)와 이념 과잉성이 1920년대 한국 근대문학, 특히 한국 근대시 연구를 압도하는 형국인 셈이다.

따라서 그동안 이 무렵 한국 근대시 연구에 대한 오늘날까지의 평가가 결코 단 한 번도 회의의 대상이 된 바 없으며, 도리어 그 외연을 확장해 나아가기만 했던 것이다. 이를테면 이 '국민문학파' 혹은 '민요시파'의 구성원들이 대단히 유동적일 뿐만 아니라, 심지어 오로지 '집단적 민족주의의 현현'이라는 점에서만 의의를 찾을 수 있는 경우까지 포함하고 있는 사정은 좋은 사례라 하겠다. 즉 대체로 정치적으로 우파에 속하는 문학자나, 조선의 민요를 비롯한 문학적 전통에 대해 다소간 언급한 문학론이나 작품을 발표한 바가 있는 문학자라면, 그들 사이의 문학적 입장, 문학자로서의 성장과정이나 문학적 행위 사이의 차이와 무관하게 동일한 문학적 유파로 보았으므로, 유파의 구성원들이 대단히 유동적다. 심지어 '집단적 민족주의의 현현'이나 '우리 의식의 완성'이라는 기준을 제외하고 보면, 한국 근대문학 연구 가운데 기억해 내기 어려울 문학자들도 허다하다.[4)]

이 책에서는 오늘날까지의 한국 근대문학 연구의 보편적 입장과는 다른 관점에서 1920년대 한국 근대시를 바라보고자 한다. 1920년대 한국 근대문학에서 일어난 중요한 변화는, 표면적으로는 '조선심'이나 '조

---

4) 예컨대 김용직은 이광수 · 김동인(金東仁) · 김억 · 주요한 · 최남선 · 변영로(卞榮魯) · 정인섭(鄭寅普) · 손진태(孫晉泰) · 이병기(李秉岐) · 이은상(李殷相) · 염상섭(廉想涉) · 박종화(朴鍾和) · 양주동(梁柱東) · 김영진(金永鎭) · 정노풍(鄭蘆風) · 김성근(金聲謹) · 조운(曺雲)까지 포함시켰는가 하면, 오세영은 여기에 김소월(金素月) · 홍사용(洪思容) · 유도순(劉道順)까지도 포함시키자는 입장이었고, 심지어 박경수는 김석송(金石松) · 양우정(梁雨庭) · 정로풍(鄭蘆風) · 허삼봉(許三峯) 뿐만 아니라 무명의 민요시인들까지도 포함할 필요가 있다고 했다. 김용직, 「국민문학파의 평가」, 『한국 근대문학의 사적 이해』, 삼영사, 1977. 오세영, 「II. 민요시에의 지향」, 앞의 책, 35~37면. 박경수, 「제1부 근대민요시의 형성과 작품세계」, 앞의 책, 한국문화사, 1998, 14~16면.

선적 정조'에 대한 당시 조선문학자들의 관심의 증대였음은 두말할 나위도 없다. 그러나 그 핵심은 앞서 언급한 바와 같이, 문학에 대한 관점의 변화, 그 가운데에서도 문학에 대한 일반적 개념, 장르, 정전(正典, Cannon)의 확정, 문학적 전통과 문학사의 관점에서 자국의 문학을 근본적으로 재검토하고자 했던 움직임이 본격화되었다는 데에 있다고 보는 편이 타당하다.

이제 자세히 검토하게 되겠지만, 1924년부터 『조선문단(朝鮮文壇)』지를 중심으로 본격화한 문학론뿐만 아니라, 1927년 『신민(新民)』지에 게재된 「시조(時調)는 부흥(復興)할 것이냐」 특집, 그리고 이른바 '국민문학파' 혹은 '민요시파'로 일컬어지는 일군의 문학자들의 문학론 가운데 오늘날에도 중요하게 평가되는 성과들은, 한결같이 1910년대 조선의 문학계에서는 보기 드문 문학에 대한 원론적 논의들이라는 사실을 간과해서는 안 된다. 특히 김억 등이 『조선문단(朝鮮文壇)』지를 통해 전개한 문학론의 경우, 이른바 '근대적인 조선의 시가'의 사상적 배경, 갈래의 준거점, 형식의 요건을 새롭게 정의하고, 그 개량까지도 요구하는 등, 사실상 근대시의 개념을 새롭게 정의했다는 점에서, 한국 근대시의 제2의 시발점이기도 하다는 점에서 주목하지 않을 수 없는 것이다. 따라서 이 시기의 한국 근대문학을 평가하는 일은 무엇보다도 문학, 장르, 정전, 문학사와 같은 개념을 둘러싼 그들의 문학적 인식 자체가 지닌 의미와 가치에 주안점을 두고 이루어져야 한다. 그 가운데에서 1920년대 이른바 '국민문학파' 혹은 '민요시파'를 형성했다고 하는 다양한 문학자들 사이에, 비단 정치적 입장으로만 환원될 수 없는[5] 이 시기 한국 근대시사의 특징적 국면이 드러날 것이다.

바로 그러한 사정에서 이 책에서는 우선 문학사나 문학개론의 성격을 지닌 문학론을 통해서 조선의 문학을 '국민문학'의 개념으로 정의하

---

5) 박경수, 「제1부 III. 민요시 형성의 기반과 민요인식」, 앞의 책, 115~144면.

고자 했던 문학자들부터 우선 검토해 나아갈 것이다. 특히 1920년대 조선의 문학자들 가운데에서 누구보다도 앞서서, 또한 폭넓게 문학에 대한 원론적인 논의를 전개했을 뿐만 아니라, 사실상 1920년대 국민문학론의 등장부터 쇠퇴에 이르기는 전 과정은 물론이거니와, 문학창작에 이르기까지 주도적인 입장에 있었던 김억과 이광수를 비롯해서 주요한과 최남선으로 한정하고자 한다. 그리하여 이들의 문학론을 일단 '국민문학론'으로, 또한 이들을 '국민문학론자'로 명명하기로 한다. 아울러 1920년대 국민문학론을 이해하는 거울로 삼고자, 비록 1920년대 국민문학론의 대척점에 서있었으나, '시'가 아닌 '시가'의 개념에 근간하여 국민문학과 닮은꼴인 '애국문학'을 통해 조선의 문학이 세계문학의 반열에 오르는 가능성을 구상하고 있었던 김동환(金東煥)의 문학론을 논의의 대상에 포함시키기로 한다.

이러한 1920년대 국민문학론자들의 문학론에서 주목해야 할 대목은, 근대시에 대한 원론적인 논의의 전개과정에서, '문자성(文字性, literacy)'이 아닌 '구술성(口述性, orality)'에 의존하는 장르인 민요와 시조를 전범으로 삼아 '근대적인 조선의 시가'를 고안하려고 했다는 사실이다. 그들 대부분은 근대적인 의미의 '시(poetry)'를 가창(歌唱)과 음영(吟詠)까지도 전제로 한 '시가(詩歌)'의 개념을 공유하고 있었고, 그들 가운데 몇몇은 이미 장르론의 단계에서부터 '시가'의 하위갈래에 민요는 물론이거니와 유행가로서의 '가요(歌謠)'까지 포함시키고 있었다. 그리고 그 가운데에서 점차 자유시(le vers libre)의 가치를 부정하고 결국 정형시로 경도해 가고 있었다. 즉 '근대적인 조선의 시가'를 정의하고 그 가체를 체현해 나아가는 길이 바로 정형시의 구술성이었던 것이다.

심지어 그들은 그러한 '근대적인 조선의 시가'를 통해서 조선의 국민문학을 형성하고 나아가 세계문학의 반열에 들고자 했던 이상을 공유하고, 그 욕망에 미만해 있었다. 굳이 복잡한 수속을 거쳐 설명하지 않더라도 근대적인 의미의 문학(literature), 혹은 시(poetry)가 근본적으로 문자성에 근간한 것임은 두말할 나위도 없을 터이다. 이를 염두에 두고 보면 1920년대 국민문학론은 근본적으로 근대 자유시의 이상과 가치를 폐기함으로써, 도리어 '근대적인 조선의 시가'를 이룰 수 있다는, 모순 혹은 역설을 나타내고 있는 셈이다. 그러므로 1920년대 국민문학론자들이 단지 민족의 공통감각이 온존하는 구술문화에 근간하여 문학을 창작했다는 이유만으로 어떤 문학사적 가치가 있다고만[6] 평가할 수 없음은 자명하다. 이 모순 혹은 역설이야말로 결코 간과할 수 없는, 1920년대 국민문학론이 안고 있는 문제의 핵심이고, 이는 한국 근대시의 한 시발점을 이해하는 길인 것이다. 정형시의 구술성에서 비롯한 '근대적인 조선의 시가'란 과연 1920년대 국민문학론자들의 이상대로 근대문학 일반의 수준을 성취할 수 있는 것이었던가. 이야말로 이 책의 처음부터 마지막까지 그들의 문학론을 통해 애써 묻고자 하는 질문이다.

하지만 이 질문에 대한 해답을 궁리하는 가운데 먼저 검토해야 할 것은, 1920년대 문학에 대한 원론적인 논의들이란, 사실 '문학'과 '시'를 둘러싼 에피스테메(episteme)의 변화와 이에 따른 담론의 교체 과정에서 비롯했다는 사실이다. 그런데 그러한 과정을 이해하는 일이 결코 한국 근대문학 내부의 변화를 검토하는 가운데 이루어질 수만은 없음은 두말할 나위도 없다. 무엇보다도 그들의 문학론이 한국 근대문학 초창기의 이른바 밖을 향한 동경, 즉 세계나 문명의 중심으로서 서양을 중심으로 한 '세계'와의 동시성을 공유하고자 했던 열망을 대신하여, 안을 향한 자기 인식, 이른바 '조선으로의 회귀'가 한국 근대시를 둘러싼 담론의 주조(主調)로 부상하고 있었던 가운데 등장했기 때문이다. 이를테면 1910년대가 김우진(金祐鎭)의 솔직한 표현대로 "近代思潮의 …… 記錄的 暗示로부터 歸納한 道德的 審美的 原理"를[7] 받아들여야 하는 시대였거나, 또한 김기림(金起林)의 회상대로 "現代文明을 集約的으로

6) 오세영, 「제2부 민요시인론」, 앞의 책, 168면.
7) 金焦星, 「所謂 近代劇에 對하야」, 『學之光』 第22號, 東京 : 學之光社, 1921.6.

效果的으로 또 될 수 있는 대로 짧은 期間에 吸收"[8]해야 했던 시대였던 데에 비해, 바야흐로 1920년대 이후 한국의 근대문학은 이른바 '세계문학'이라고 일컫던 서양문학에 대한 일방적 동경과 사숙(私淑)의 태도 대신에 조선의 문학적 자산을 '국민문학'으로 재정의하고 이를 통해 세계문학의 일반으로 나아가고자 했던 시대였던 것이다.

따라서 1920년대 국민문학론자들에게 '조선으로의 회귀'란, 사실 세계의 중심으로서 서양 대 주변으로서 조선이라는 이분법에 근간한 로컬리티의 위계(hierarchy)나, 이를 통해 형성된 심상지리(心象地理, imagined topography)의 탈구축(deconstruction)을, 또한 조선 혹은 조선문학의 재영토화(reterritorialization)를 의미하는 것이기도 했던 것이다. 바로 그러한 사정에서 이들이 '근대적인 조선의 시가'를 정의하고 그 가체를 체현해 나아가는 길이란, 한편으로는 의식적으로 세계화된 담론의 실천이기도 했다고 하겠다.

그런데 이러한 담론의 실천 가운데 문학의 차원에서 흥미로운 대목은, 1920년대 국민문학론자들이 '조선심' 혹은 '조선적 정조'야말로 조선의 구술문화에 온존하고 있다고 보았을 뿐만 아니라, 근대적인 조선의 문학은 바로 그러한 조선인 공통의 심성을 근간으로 한 국민문학이고 나아가 세계문학의 일부임을 역설했던 배경에는, 19세기 이후 독일의 문헌학(philology)적 문학연구방법론이나, 이에 근간한 일본 메이지[明治]기 이후 고쿠분가쿠[國文學]의 성과, 그리고 다이쇼[大正]기의 구어자유시론(口語自由詩論)이 가로놓여 있다는 사실을 간과할 수 없다. 특히 메이지기와 다이쇼기 일본 근대문학의 국민시가(國民詩歌) 창출의 담론은 1920년대 국민문학론자들이 '근대적인 조선의 시가'의 개념을 정의하고 그 역사를 구성하여, 국민문학의 가치, 국민문학과 세계문학 사이의 위상에 대해 깊이 사고하는 데에 이론적 전범의 역할을 했다. 또한

---

8) 金起林, 「朝鮮文學에의 反省—現代朝鮮文學의 한 課題」, 『人文評論』 第20號, 京城: 人文評論社, 1940.10.

메이지기 문어정형시(文語定型詩)에 대한 반성으로 등장했던 다이쇼기의 구어자유시론이 결국 정음자유시형(定音自由詩型)이라는 일종의 정형시 옹호론으로 귀결하는 과정은, 1920년대 국민문학론자들이 실제로 창작에 임하는 단계에서 일종의 전범 역할을 했던 것으로 보인다.

이러한 사정은 1920년대 국민문학론을 형성해 간 다양한 문학자들 사이의 차이를 단지 그들의 정치적인 입장의 차이만으로 환원시키는[9] 입장이 더 이상 유효하지 않다는 사실을 시사할 뿐만 아니라, 1920년대 국민문학론을 한국 근대문학의 범주에 국한된 일국적 관점을 넘어서, 비교문학적 관점에서 재검토하도록 요구한다. 앞으로 자세히 검토하겠지만 1920년대 국민문학론을 주도했던 문학자들 저마다 염두에 두고 있었던 '문학'과 '시' 또한 결코 동일하지 않은, 심지어 서로 대립하고 길항하는 개념이었다. 이러한 사정은 그들의 문학 담론이 근간으로 하고 있는 메이지 시기 일본의 고쿠분가쿠, 메이지기와 다이쇼기 근대문학의 국민시가 창출 담론이나 구어자유시론 또한 서로 다른 학문적 배경과 문학적 입장이 대결하고 길항하는 가운데 형성된 것이었다는 사정과 관련해서 검토할 때, 보다 폭넓은 의미를 나타내게 될 것이다.

나아가 1920년대 한국 근대문학에서 일어난 '조선으로의 회귀' 현상이란, 근본적으로 '조선심' 혹은 '조선적 정조'의 특권화를 전제로 하고 있었고, 또한 그 핵심에는 '조선'이라는 지역(local)을 반근대, 반문명의 거점일 뿐만 아니라 그것을 초월하는 인류의 구경적(究竟的) 의의와 사명까지 담지한 공간으로 특권화하는 인식이 가로놓여 있다. 이와 같은 당시의 로컬리티 위계의 탈구축과 심상지리의 형성의 과정이란, 결국 제국과 식민지의 체험으로부터 비롯한 지정학적 혼란으로부터 질서를 구축하고 공동체의 자기정체성을 정의하기 위한 기획이었던 것으로 보인다. 그러한 점에서 문학에 대한 이러한 학문적 성과들이 한결같이 문

9) 박경수, 「제1부 III. 민요시 형성의 기반과 민요인식」, 앞의 책, 115~144면.

학을 자국의 문학이 역사의 변천과 지역적 경계를 넘어 자국민의 특수한 민족성을 면면히 온존하고 현현한 지성소(至聖所)라고 보았던 사정을 염두에 두고 보면, 1920년대 조선의 국민문학론의 '조선심'과 '조선적 정조'의 본질과 그것에 대한 고조된 관심이란, 지금까지 한국 근대문학 연구자들이 상찬해 마지않았던 '민족의 정통성', '민족정신의 순수성'은 물론이거니와, '우리 의식'이나 '한민족의 자아'와 같은 초월적 기의(超越的 記意, transcendental signified) 또한 자명한 실체가 아니라, 사실은 '문학'과 '시'를 둘러싼 담론의 교체 과정에서 고안된 것으로 이해하도록 촉구하기에 충분하다. 더군다나 오늘날 민족주의 이론가들이 흔히 거론하는 이른바 '상상된 공동체(Imagined Communities)'로서 민족, 고안된(invented) 것으로서 민족 관념의 득세를 반영하는 것으로 이해할 수 있음은 두말할 나위도 없다.

이러한 사정에서 이 책은 1920년대 국민문학론이 조선의 문학적 전통, 특히 조선적인 문학적 형식의 시원을 고대로 소급하는 가운데 선택한 갈래가 바로 민요나 시조였다는 사실 또한 새롭게 조명하고자 한다. 이러한 갈래들은 그 자체로 역사적으로 자명한 실체라기보다는, 메이지기와 다이쇼기 근대문학의 국민시가 창출 담론, 구어자유시론을 통해 조선의 국민문학론과 세계문학으로서 조선의 국민문학의 위상을 모색하는 가운데, 또한 로컬리티의 위계와 심상지리의 탈구축, 조선 혹은 조선문학의 재영토화 과정에서 발견되고 고안된 전통이었다는 관점에서 다시 검토해야 한다. 무엇보다도 1920년대 국민문학론이 '상상의 공동체'로서 민족, 고안된 것으로서 민족 관념의 득세를 반영한다면, 그러한 일은 무엇보다도 한국 근대문학을 둘러싼 에피스테메의 변화와 담론의 교체 과정에서 비롯했을 터이기 때문이다. 그래서 이 무렵 국민문학론의 '조선심', '조선적 정조'를 둘러싼 논의가, 동시대 조선의 지식인 사회를 풍미했던 '문화(文化)' 담론의 맥락들과 평행하면서 등장했다는 사실은 여간 의미심장한 것이 아닐 수 없다. 특히 1920년대 조선의 문화

담론이 바로 독일어 'kultur'에 대한 일본 다이쇼기의 번역어 '문화(文化)', '수양(修養)', '개조(改造)'의 성립사정, 민중예술론의 등장과 밀접한 관계가 있다는 점을 주목하지 않으면 안 된다.

앞으로 자세히 검토하게 되겠지만, 일본 다이쇼기의 이러한 사상적 조류가 1920년대 조선의 번역어 '문화'와 '개조'의 등장과 이에 따른 조선인 민족성 담론을 형성하게 했을 뿐만 아니라, 1920년대 국민문학론자들로 하여금 '조선심' 혹은 '조선적 정조'를 특권화한 배경이 되었기 때문이다. 이러한 사정에 따라 1920년대 조선의 지식인들이 '민중(民衆)'을 '국민(國民)'으로, '민중예술(民衆藝術)'을 '국민문학(國民文學)'으로 치환시킨 배경이 되었기 때문이다. 그러나 이러한 현상은 무엇보다도 일본 다이쇼기 번역어 '문화(文化)'의 이면에, 근대 일본이 식민지를 확장해 나아가면서 야마토[大和]민족을 중심으로 일본 내부로 편입된 식민지 민족들을 일본의 국민으로 호명하고자 했던 가운데 드러낸 제국의 욕망이 가로놓여 있었던 사정을 염두에 두고 보면, 대단히 복잡한 함의를 지니게 될 수밖에 없다. 이를테면 1920년대 국민문학론이란, 한편으로는 번역어 '문화'를 둘러싸고 제국의 자기정체성 정의의 기획과 식민지 민족의 그것이 대결하고 길항하는 국면 가운데에서, 다른 한편으로는 식민지의 자기정체성 정의의 기획이 제국의 욕망을 전유하는 가운데 이루어졌음을 시사하기 때문이다. 나아가 1920년대 조선의 국민문학론이 바로 그 가운데에서 형성된 것이라면, 그것은 궁극적으로 식민지 문학의 운명을 암시한다는 점에서도 매우 중요하기 때문이다.

1920년대 국민문학론자들이 발견하고 고안한 민요 시조라는 갈래는 물론이거니와 '조선심' 혹은 '조선적 정조'마저도 제국과 식민지 사이의 자기정체성 정의를 둘러싼 대결, 길항 그리고 역설적 제휴의 영토(territory)였다는 점은, 그동안 한국 근대문학 연구가 간과했거나 혹은 의도적으로 외면했던, 대단히 불편한 사실이라고 하겠다. 그러한 사정은 무엇보다도 조선총독부의 조선 민요 연구의 성과들이나, 조선에 거주하

던 일본 지식인들과 일부 국민문학론자들의 제휴에 의한 최초의 조선 민요 연구 성과인 『조선민요의 연구[朝鮮民謠の硏究]』(1927)가 웅변적으로 시사한다.[10] 이 책은 1920년대 국민문학론이 민요나 시조를 비롯한 구술문화로부터 조선의 문학적 전통이나, 근대적인 '조선의 시가'는 물론 '조선심'이나 '조선적 정조'를 발견하고 고안하기에 앞서, 이미 조선의 구술문화가, 일본의 식민지 조선학의 조선인 민족성 담론을 중심으로 한 일본 오리엔탈리즘(orientalism)의 거점이 되어 있었다는 사실을 나타낸다는 점에서 매우 흥미로운 자료라 하겠다.

그러나 무엇보다도 이 『조선민요의 연구』는 1920년대 국민문학론자들이 한편으로는 조선의 구술문화의 유산을 근대적인 '조선의 시가'의 기원으로 삼으면서도, 다른 한편으로는 그것이 동시대 문학창작의 자산이거나, 그 자체로도 이미 근대적인 '조선의 시가'일 수 있었다고 믿었던 태도를 이해하는 데에 중요하다. 이러한 태도의 근저에는 근본적으로 자국의 문학적 전통과 유산에 대한 원시주의(primitivism)의 시선이 가로지르고 있으며, 이는 조선의 구술문화나 문학적 전통과 유산에 대한 조선총독부의 관료들을 비롯하여 일본 지식인들의 오리엔탈리즘과 부합하는 면이 적지 않다. 특히 1920년대 국민문학론자들에게 부재(不在)하거나 영성(零星)한 '조선심', '조선적 정조', 그리고 조선의 문학적 전통과 그 역사를 단순히 발견하고 고안하고 재구성하는 차원을 넘어서, 고대에는 존재했으나 역사의 부침 가운데 망각되고 버려진 민요나, 또한 중세 이후 한문맥(漢文脈)과 도학(道學)으로 훼손된 시조를 다시 현재로 소환하는 가운데, 비단 현재만이 아니라 미래마저 구원할 수 있다는 신화적(神話的) 신념으로 등장한다는 점을 주목해야 한다. 특히 독일의

---

10) 예컨대 박혜숙과 김경수는 조선민요 연구사를 검토하는 가운데 『조선민요의 연구[朝鮮民謠の硏究]』(1927)를 조선인에 의한 조선민요 연구의 전사 정도로 취급하거나, 혹은 언급은 하면서도 그 의미에 대해서는 애써 외면했던 것이 그 사례라고 하겠다. 박혜숙, 「III. 민요시의 형성배경과 전개양상」, 앞의 책, 22~23면. 박경수, 「제1부 III. 민요시 형성의 기반과 민요인식」, 앞의 책, 120면.

경우에서 알 수 있듯이 그러한 신념이란 암암리에 정치적 파시즘과 제휴할 가능성을 지닌 원(原)파시즘(archi-fascism)적인 것이었음을[11] 염두에 두고 보면, 1920년대 국민문학론의 '조선으로의 회귀' 현상이나, 흔히 그 근저를 이루는 것으로 여겨지는 민족 관념 혹은 민족주의 이념에 대한 새로운 안목을 요구하기 때문이다.

이와 같은 검토의 과정을 거치게 되면, 1920년대 국민문학론자들이 시적 글쓰기를 통해 그들의 국민문학의 이상이 어떻게 체현되었던가를 새롭게 이해할 수 있는 길이 열리게 될 것이다. 그러한 과정은 그들의 작품세계를 다분히 연역적(演繹的)인 접근을 통해 조망하는 부담 또한 예감하게 하는 것은 사실이나, 그들의 조선어에 대한 인식과 감각, 조선적 형식의 모색, 그리고 '조선심' 혹은 '조선적 정조'의 표상들이 어떠한 시적 수사와 형식, 그리고 심상을 통해 이루어졌던가를 보다 분명하게 이해하는 방법이라고 할 수 있을 것이다. 그 핵심 가운데 하나는 바로 1920년대 국민문학론자들이 공유했던 '탕자(蕩子)'로서의 자기 인식을 주목하는 것이라고 하겠다. 그 무렵 그들은 '조선'을 흔히 '어버이'가 계신 '고향'으로, 또한 스스로를 타향을 전전하다 영락하여 귀향한 탕자로 표상했다. 이들은 혈연으로 맺어진 공동체의 감각을 민족의 환유로 나타내는 한편으로, 고향 혹은 향토가 도구적 합리성이나 탈마법화를 결코 경험하지 않은 특권적 지위의 공간으로, 심지어 반근대, 반문명의 거점일 뿐만 아니라 그것을 초월하는 인류의 구경적(究竟的) 의의와 사명까지 담지한 공간으로 재구축하고자 했다. 이러한 현상은 한국 근대문학이 문명의 광기와 폭력에 의한 세계사적 소외나 심각한 자기 정체성의 위기에 직면할 때마다, 그로부터 격절된 근대 이전의 총체성을 온존한 영토로 흔히 고향 혹은 향토를 표상하는 가운데 선택하는 상

---

11) 이에 대해서는 다음의 서지를 참조할 수 있다. Philippe Lacoue-Labarthe, 西山達也 譯, 「エピローグ　國民社會主義精神とその運命」, 『ハイデガー　詩の政治*Heidegger and the Politics of Poetry*』, 東京 : 藤原書店, 2003, 216~218면.

투적 환유의 시발점이라는 점에서도 중요한 의미를 지닌다.

조선의 문학이야말로 반근대, 반문명의 거점이자, 인류의 구경적 의의와 사명을 담지하고 있다는 신념은, 그 자체로 이미 문학의 차원을 넘어서는 어떤 형이상학적 열정임에 틀림없다. 그리고 그러한 신념과 열정은, 비단 식민지 조선에서만이 아니라 비서구 지역인 한국에서 근대적인 의미의 문학의 존재 증명과도 같은 것이다. 그런데 그러한 신념과 열정에 근간한 1920년대 국민문학론자들의 묵시론적(默示論的) 비전이, 이를테면 조선에서의 삶이 지닌 구경적 의의를 범박한 차원의 생(生)의 신산(辛酸)과 풍상(風霜)을 노래하는 가운데 관념적 차원으로만 나타났던 사정은, 그들의 문학적 이상의 성패를 결정하는 중요한 사안이 아닐 수 없다. 무엇보다도 이러한 사정은 '조선' 혹은 '조선인'이라는 집단이 유구한 역사적 변천 과정 가운데에서 어떻게 동일한 정체성을 지닐 수 있는가, 세계에 대한 묵시론적 비전을 담지해야 할 근대적인 의미의 시가 어떻게 서정적 개인의 내면의 육성(肉聲)이 아닌, 선험적이고 공리적 질서체계 아래의 가성(假聲), 즉 자유시의 형식이 아닌 정형시의 형식을 통해 현현되어야 하는가 하는 딜레마를 은폐하기 때문이다. 게다가 1920년대 국민문학론자들이 '조선심' 혹은 '조선적 정조'에 대한 표상 또한 그들의 문학론과 마찬가지로 고향 혹은 향토에 대한 원시주의적 시선에 의해 이루어졌던 사정까지 염두에 두고 보면, 그들의 문학적 이상의 궁극적 귀결점이 어디인가를 분명히 시사하기 때문이다.

1920년대 국민문학론과 이로부터 비롯한 시적 역정(歷程)이란, 일견 처음부터 심각한 모순을 안고 있는 것으로 보이기도 한다. 그러나 그들은 그러한 모순을 결코 깨닫지 못 했을 뿐더러, 결코 모순일 수 없다고 믿어 의심치 않았다는 점을 염두에 두어야 한다. 그러한 그들의 신념 혹은 이상을 이해하는 일이야말로 1920년대 국민문학론을 이해하는 핵심이라고 해도 과언이 아닐 터이다. 그들의 모순이 결코 모순일 수 없었다는 사실은, 그들의 신념 혹은 이상 또한 허상(虛像)일 수 있음을 드러내기도 한다. 바로 그러한 사정으로부터 과연 1920년대 국민문학론자들이 구상하고 있었던 바와 같이, 자유시가 아닌 정형시의 형식과 가치를 통해서 근대적인 '조선의 시가', 조선의 국민문학, 나아가 세계문학 일반의 가치를 이루어 낼 수 있었다고 한다면, 그것은 비단 이들의 문학론과 문학작품은 비서구지역의 근대문학이란 과연 어떠한 것이어야 하는가 하는가를 묻지 않을 수 없게 된다. 환언하자면 국민국가(nation state)가 부재하는 조선과 같은 식민지에서 국민국가와 상징적 등가물인 국민문학으로서 근대문학이란 과연 어떠한 것이어야 하며, 그것은 가능한 것이었는가 하는 것을 묻지 않을 수 없게 되는 것이다. 바로 이와 같은 문제들이야말로 한국 근대시의 시발점은 물론이거니와 그 운명을 이해하는 시금석과도 같다 하겠다.

제1장
1920년대 한국문학과 전통의 발견

1. 한국 근대문학의 분기점으로서 『朝鮮文壇』의 문학론

1924년 신년 벽두부터 한국에서는 시에 대한 원론적인 논의들이 다수 등장하기 시작한다. 그 발단은 김억(金億)이 1924년 1월 1일 『동아일보』에 발표한 「조선심(朝鮮心)을 배경(背景)삼아－시단(詩壇)의 신년(新年)을 마즈며」이다. 이 글에서 김억은 조선의 사상과 감정을 배경으로 한 시가를 쓰자면서, '조선심'을 배경으로 하지 않은, '창작(創作)도 번역(飜譯)도 아닌 작품(作品)'을 두고 남의 개성을 '절도(竊盜)'하는 것이며, '기생충(寄生蟲)'보다도 더 그 존재의 가치가 없는 '병신(病身)의 작품(作品)'[1] 이라고 역설한다. 이 글에서 김억은 '조선심'이야말로 시, 즉 '진정(眞正)

---

1) 金億, 「朝鮮心을 背景삼아－詩壇의 新年을 마즈며」, 『東亞日報』, 京城 : 東亞日報社, 1924.1.1.

한 조선(朝鮮)의 현대시가(現代詩歌)'의 존재와 가치를 결정하는 유일한 준거인 동시에 사상적 배경이어야 한다고 주장한다. 일단 김억의 이 글은 '조선의 현대시가'의 사상적 배경에 대한 개인적 견해를 밝힌 것으로 보인다.

또한 이 글은 김억이 이전에 발표했던 시론들과 비교해 볼 때, 그의 문학관이 변화하고 있음을 나타내는 중요한 징후라고 할 수 있다. 일찍이 그가 "(상징주의 혹은 데카당스의) 洗禮를 밧든 者라야 藝術의 門을 쑤다릴 資格이 잇다"[2]는 발언을 통해서 강한 서구지향의 문학관을 드러낸 바 있음은 주지의 사실이다. 물론 김억은 약 1년여 후에 쓴 다른 글에서는 민족마다 공통된 호흡과 고동, 즉 민족의 공통감각이 있어서 그것이 한 민족의 개성적인 음율과 시형을 낳는다고 한 바도 있다.[3] 그러나 적어도 1923년까지의 시론에서 민족의 공통감각이 아니라 민족 공통의 사상과 감정을 역설한 적은 단 한 번도 없었다.

주지하는 바와 같이 김억은, 프랑스 상징주의 시편들을 번역한 앤솔로지인 『오뇌(懊惱)의 무도(舞蹈)』(1921)를 비롯해서 아서 시몬즈(Arthur Symons)의 시편들을 번역한 『잃어진 진주(眞珠)』(1924), 심지어 타고르(Rabindranth Tagore) 의 노벨문학상 수상시집인 『기탄잘리*Gitanjali*』(1910)를 소개한 평론인 「타고아의 시(詩)」(1924)와 타고르의 시집 『원정(園丁)』(1924)을 비롯해서, 인도의 여성시인 사로지니 나이두(Sarojini Naidu)를 소개한 「사로지니 · 나이두의 서정시(抒情詩)」(1924)에 이르기까지, 1910년대와 1920년대에 걸쳐 누구보다도 외국문학의 번역과 소개에 앞장섰던 인물이다. 따라서 그에게 '조선심' 같은 것은 고려의 대상조차도 될 수 없었을 지도 모른다. 더군다나 김억의 『잃어진 진주(眞珠)』가 발표된 시점이 1924년 8월 10일이라는 점을 상기해 보면, 김억의 「조선심(朝鮮心)을 배경(背景)삼아」는 그의 세계문학에 대한 관심과 열정이 바야흐로 국민문학으로서 조선문학으로

2) 岸曙 生, 「쯔란스 詩壇」, 『泰西文藝新報』 第10號, 京城 : 廣益書鋪, 1918.12.7.
3) 岸曙 生, 「詩形의 音律과 呼吸」, 위의 책 第14號, 1919.1.13.

경도하고 있는 사례라고 할 것이다. 나아가 김억은 「조선심(朝鮮心)을 배경(背景)삼아」를 발표한 정확히 일 년 후, 『동아일보』에 다시 「시단일년(詩壇一年)」을 발표하면서, 잃어버린 조선혼을 찾아 조선말에 담아서 국민적 문학을 수립해야고 거듭 주장하는데, 이 평론을 통해서 그가 본격적으로 국민문학으로 경도했음을 분명하게 알 수 있다.

그런데 김억이 「조선심(朝鮮心)을 배경(背景)삼아」를 발표한 1924년의 10월과 11월에는 김억의 시론과 일치하는 논지의 문학론이 세 편이나 발표되는데, 주요한(朱耀翰)의 「노래를 지으시려는 이에게」와 이광수(李光洙)의 「민요소고(民謠小考)」가 바로 그것이다. 주요한은 이 「노래를 지으시려는 이에게」에서, 과거 중국의 시가를 모방한 한시, 시조, 민요 가운데에서 '국민적 정조'를 담지한 민요와 동요를 통해, 국민적 정조와 사상을 해석하고 표현하고 조선말의 미와 힘을 찾아내자고 한다.[4] 또한 이광수는 조선 사람의 정조와 사고방법에 합치하지 않는 시가는 조선인에게 맞지 않는다면서, 영문학이 그러했던 것처럼 조선의 민요를 통해서 조선 시가의 리듬과 시형을 찾자고 한다.[5] 주요한이 말한 '국민적 정조'나 이광수가 말한 '조선 사람의 정조와 사고방법'이 김억이 말한 '조선심'과 동의어 관계에 있다는 것은 더 말할 나위도 없다. 뿐만 아니라 주요한과 이광수의 글은 '조선심'을 배경으로 하는 '조선의 현대시가'가 민요와 동요에 근간한 조선인에게 맞는 리듬과 시형으로 씌어져야 하는 것임을 명백히 하고 있다는 점에서 더욱 흥미롭다.

1924년에 발표된 이 세 편의 글은, '현대시가' 즉 근대시의 사상적 배경, 갈래의 준거점, 형식의 요건을 간략하게나마 새롭게 정의하고 있을 뿐만 아니라, '현대시가'의 개량까지도 요구하고 있다. 환언하자면 이 세 편의 글은 근대시의 개념을 새롭게 정의하고자 하고 있는 셈이다. 이러한 변화가 『창조(創造)』(1919~1921)를 비롯해서, 『폐허(廢墟)』(1920~1921)·『백조(白

4) 朱耀翰, 「노래를 지으시려는 이에게 (1)」, 『朝鮮文壇』 創刊號, 1924.10, 48~50면.
5) 李光洙, 「民謠小考 (1)」, 위의 책 第2號, 1924.11, 28~31면.

潮)』(1922~1923)·『장미촌(薔薇村)』(1921), 그리고 『금성(金星)』(1923~1924)으로 이어지는 동인지(同人誌) 시대가 폐막을 고하는 시점에 등장했다는 점을 주목하지 않을 수 없다. 이러한 사정은 적어도 1910년대 이후, 베를렌느(Paul Verlaine)와 보들레르(Charles Baudelaire)로 대표되는 프랑스 상징주의와, 『와세다분가쿠[早稲田文學]』와 『시라카바[白樺]』 등으로 대표되는 일본 근대문학의 상징주의와 자연주의문학을 사숙(私淑)하면서, 맹렬한 서구지향을 통해 형성되었던 한국의 근대시가, 바야흐로 전통지향으로 선회하기 시작했음을 의미한다. 일찍이 프랑스 상징주의의 최초의 전신자(傳信者)인 김억이, 전통주의의 이입은 자신에게 아무런 의미도 없다[6]고 단언했던 것이나, 일본 상징주의 시편들을 번역했던 황석우(黃錫禹)가, 한시(漢詩), 민요, 서양시의 흉내가 아니라 영률(靈律)에 근간한 자유시를 써야 한다[7]고 주장했던 사정을 염두에 두고 보면, 1924년을 기점으로 한국 근대문학에서 일어난 변화의 진폭이 얼마나 큰지 짐작하고도 남음이 있다.

2. 이광수의 「文學講話」(1924)

1924년의 김억·주요한·이광수가 한국 근대문학의 지향점을 바꾸는 가운데 무엇보다도 먼저 착수했던 일은, 이른바 '조선의 현대시가'의 개념을 새롭게 정의하는 일이었다. 이들의 평론은 사실 『조선문단(朝鮮文壇)』의 창간과 더불어 본격화된 문학에 대한 원론적 모색의 소산으로 보는 것이 타당하다. 이들의 문학에 대한 원론적 모색은 이광수의 「문

6) 岸曙生, 「詩形의 音律과 呼吸」, 앞의 책 第14號, 1919.1.13.
7) 黃錫禹, 「朝鮮詩壇의 發足點과 自由詩」, 『每日申報』, 1919.11.10.

학강화(文學講話)」(1924) 연재를 통해서 본격적으로 나타난다. 이광수 스스로 본격적인 '문학개론'임을 자처하면서 발표한 이 글에서 가장 중요한 대목은, 우선 당시의 조선문단이 '문학(文學)에 대(對)한 통관(通觀)'이 없어서 잘못된 길(邪路)로 들어서게 되었으며, 국민의 품성도야, 국민정신의 고취를 위해서 젊은 국민은 문학개론과 문학사를 통해 국민문학의 지식을 배워야 한다는 주장이다.[8] 이광수는 이 '문학에 대한 통관'이 없는 조선청년들이 '구역(嘔逆)이나 나는' 데카당스 형식의 문학을 "억지로 남의게 맛나다는 對答을 强請하려 한다"고 호되게 비판한다. 그리고 그는 데카당스 형식의 문학이야말로 "오즉 新生하랴는 朝鮮文壇에 病毒이 될 쌘더러 朝鮮의 民族的性格의 修練과 改造에 무서운 毒을 加하는 결과가 된다"[9]는 경고까지 덧붙인다.

이광수 스스로 밝히고 있듯이, 「문학강화(文學講話)」는 그가 1916년에 발표한 「문학(文學)이란 하(何)오」와 1921년에 발표한 「문사(文士)와 수양(修養)」의 연장선에 있다. 아울러 1922년에 발표한 「문학(文學)에 뜻을 두는 이에게」도 그 연장선에 있다고 보아야 한다. 그가 「문학강화」의 첫 장에서 강조한 국민문학의 가치는, 이미 「문학(文學)이란 하(何)오」에서도 역설한 바 있다. 이 「문학(文學)이란 하(何)오」에서 이광수는, 일본의 경우와 비교하면서, 조선에는 "朝鮮人이 朝鮮文으로 作한 文學", 즉 조선문학의 역사적 성과가 전무하며, "朝鮮文學에는 오직 將來가 有할 뿐"[10]이라고 단언했다. 저 「문학(文學)이란 하(何)오」와 「문학강화」의 사이의 근본적인 공통점이라면, 조선문학을 문학에 대한 일반론의 입장에서 국민문학의 개념이해하고 정의한다는 점이라고 할 수 있다. 그러나 「문학(文學)에 뜻을 두는 이에게」와 「문학강화」는 단지 신문학 중심의 「문학(文學)이란 하(何)오」와는 달리, 신문학 이전으로 거슬러 오르는 조선문학의 문학개론과 문학사

8) 李光洙, 「文學講話 (1)」, 『朝鮮文壇』 創刊號, 1924.10, 55면.
9) 위의 글, 위의 책, 56면.
10) 李光洙, 「文學이란 何오」, 『李光洙全集』, 第1卷, 三中堂, 1968.

를 언급하고 있다는 점에서 분명한 차이점을 지니고 있다.

물론 이광수의 「문학(文學)에 뜻을 두는 이에게」는 문학을 이해하기 위해서는 무엇보다도 조선문학의 개론과 조선문학사를 읽어야 하지만, 당시로서는 어느 누구도 그러한 저술을 한 바 없으므로, 영문학사와 일본문학사라도 읽어야 한다는 식의 단순한 주장을 담고 있을 뿐이다.[11] 또한 「문학강화」 연재는 1925년 2월 제5회인 「사(四). 문학(文學)은 무엇인가(三)」로 끝나고 말아서, 문학사에 대한 논의로까지는 나아가지 못했다. 그럼에도 불구하고 이광수의 「문학(文學)에 뜻을 두는 이에게」와 「문학강화」는 문학을 관념론 미학에 근간한 예술(art)의 범주에서 이해하기 보다는, 철학 · 역사학 · 법학 · 경제학과 같은 인문학은 물론, 자연과학까지 포함하는 학문(science)의 분과에서 이해하려 했다는 점에서, 「문학(文學)이란 하(何)오」와 분명한 차이를 나타낸다. 그것은 무엇보다도 이광수가 문학이 인문과학과 자연과학 모두에 공통된 '현대식 연구법'에 근간한 학문이라고 한 데에서 분명히 나타난다.[12] 따라서 이광수의 「문학강화」를 계기로 한국 근대문학은 문학을 학문의 분과로 설정하는 인식이 등장했다고 할 수 있는 것이다. 바로 이것이 1922년에서 1924년 사이 한국 근대문학에 나타난 중요한 변화라고 할 수 있다.

한편 이광수는 문학에 대한 이와 같은 인식의 변화를 계기로, 앞서 「문사(文士)와 수양(修養)」에서 이미 비판했던 미학주의 문학(그의 표현을 빌자면 데카당스 문학, 혹은 데카당스 형식의 문학)에 대해 비판의 강도를 더욱 높일 수 있었던 것으로 보인다. 이광수가 「문사(文士)와 수양(修養)」에서 '찰나주의(刹那主義)'와 "데카단스의 亡國情調에 沈淪ᄒᆞ는" 불량한 문사들을 향해 민족의 정신적 생활의 지도자가 되기 위한 수양[13]을 당부했지만, 「문학강화」에서는 이 불량한 문사, 혹은 조선의 타락한 청춘남녀들에게 "朝鮮의 民族

11) 李光洙, 「文學에 뜻을 두는 이에게」, 『開闢』 第21號, 1922.3, 2~3면.
12) 李光洙, 「文學講話 (1)」, 『朝鮮文壇』 創刊號, 1924.10, 53면.
13) 李光洙, 「文士와 修養」, 『創造』 第8號, 東京 : 創造社 · 京城 : 廣益書館, 1921.1, 9~18면.

的性格의 修練과 改造”까지 요구한다. 이러한 이광수의 주장의 골자들을 종합해 보면, 국민문학으로서 조선문학의 개론과 조선문학사에 대한 현대식 연구가 조선민족의 민족성 개조의 사명까지 담당해야 한다는 것임을 알 수 있다.

이광수가 조선의 문학을 국민문학으로서 국문학이라는 범주로 인식하고, 국문학을 국민성의 표상으로 인식할 수 있었던 것은, 일본 메이지 고쿠분가쿠[國文學]의 성과 무관하지 않은 것으로 보인다. 특히 그 가운데에서 도쿄제국대학[東京帝國大學]의 고쿠분가쿠 학자들이, 자국 문학의 본질을 국민의 정신사에서 파악하려는 독일의 문헌학(Philology)의 학풍을 근간으로 『만엽집(萬葉集)』·『고금화가집(古今和歌集)』 등의 가집과, 『금석물어(今昔物語)』·『평가물어(平家物語)』 등의 서사물들을 정전화했던 사정[14]을 주목할 필요가 있다. 예컨대 도쿄제국대학의 하가 야이치[芳賀矢一]가, 『국문학독본(國文學讀本)』(1890)·『국문학사십강(國文學史十講)』(1899)·『국민성십론(國民性十論)』(1907) 등을 통해서, 일본의 고전문학에 나타난 ‘충군애국(忠君愛國)’, ‘초목을 사랑하고 자연을 즐거워함[草木を愛し自然を喜ぶ]’ 등의 열 가지 일본의 국민성을 정의한 사정[15]을, 이광수는 당시 어떤 문학자들보다도 잘 알고 있었을 터이다.[16] 이광수가 「문학(文學)이란 하(何)오」를 쓸 당시에 이미 스스로 일본문학사를 읽었음을 술회했던 것, 「문학(文學)에 뜻을 둔 이에게」(1922)에서 이가라시 치카라[五十嵐力]의 『일본문학사(日本文學史)』를 필독서로 제시했던 것[17]이 바로 그 증거이다.

---

14) 長谷川泉, 「II. 和文學から日本文藝學への展開」, 『近代日本文學評論史』, 東京 : 有精堂, 1977, 147~148면.

15) 芳賀矢一, 「國民性十論」, 『落合直文·上田萬年·芳賀矢一·藤岡作太郎集(明治文學全集 44)』(落合直文 外), 東京 : 筑摩書房, 1968.

16) 이에 대해서는 다음의 서지를 참조할 수 있다. 황종연, 「문학이라는 역어」, 『한국문학과 계몽담론』(문학사와문학비평 제6집), 새미, 1999.

17) 李光洙, 「文學에 뜻을 두는 이에게」, 『開闢』 第21號, 1922.3. 사실 이 글에서 언급한 이가라시 치카라[五十嵐力]의 『日本文學史』는, 『新國文學史』(東京 : 早稻田大學出版部, 1912)로 여겨진다.

이광수의 이러한 일본 고쿠분가쿠에 대한 이해가 결국 이전에는 염두조차 두지 않았던 민요에 주목하게 했을 터이다. 또한 이를 계기로 이광수는 「문학강화(文學講話)」를 발표하는 한편으로 「민요소고(民謠小考)」를 발표할 수 있었다. 이광수는 「민요소고(民謠小考)」에서, 조선의 민요에 나타난 리듬과 사상이 바로 조선민족의 특색이며, 조선의 문학이 민요에 기초하고 있다고 역설한다. 그가 한문시가와 한문식의 시조, 가사를 배제하고 순전한 조선말로 된 민요만을 조선시가의 뿌리로 보거나, 조선의 민요 몇 편을 인용하면서 민요의 리듬에 나타난 '느림', '즐거움', '한가함'의 정취가 조선인 생활의 특징을 반영한다[18]고 했을 때에는, 저 하가 야이치로 대표되는 일본의 고쿠분가쿠의 성과들을 염두에 두었음에 틀림없는 것이다. 이 대목에서 주목해야 할 것은, 이광수가 일본 고쿠분가쿠의 정전화 과정을 참조해서 조선문학의 전통을 구상했다는 사실이다.

3. 주요한의 「노래를 지으시려는 이에게」(1924)

한편 주요한도 문학사적 인식을 매개로 민요에 접근하려고 했던 점에서 이광수와 공통점을 지니고 있다. 특히 그가 조선의 문학적 자산에서 일체의 외래적 요소를 배제하고 남은 요소만을 조선문학으로 상정하고 있다는 점이 그 증거이다. 주요한의 이러한 입장은, 중국을 순전히 모방한 한시와, 형식은 다르더라도 내용으로는 중국을 모방한 시조, 그

18) 李光洙, 「民謠小考 (1)」, 『朝鮮文壇』 第2號, 1924.11, 28~31면.

리고 찬미가(讚美歌)·창가·신체시를 비롯해서 외국문학의 전제에서 벗어나지 못한 신시(新詩) 모두를 배제하는 태도로 나타난다. 주요한의 이러한 배제의 논리, 혹은 조선문학의 정체성 원리에 대한 명칭이 바로 '국민적 정조'이다. 그는 이 '국민적 정조'가 무엇인지 이광수의 경우와 같이 분명히 밝히고 있지는 않으나, "조선의 피가 뛰는 민요"를 그 표상으로 제시했다. 그리고 주요한은 이 국민적 정조, 혹은 조선의 피가 뛰는 민요를 새로운 자유시의 발족점으로 삼자고 한다.[19)]

주요한의 「노래를 지으시려는 이에게」는 이광수의 「문학강화(文學講話)」에 비하면 내용의 수준과 범위 모두에서 소박하지만, 나름대로 대단히 중요한 문제점을 시사한다. 그것은 이 글의 제목에서부터 알 수 있듯이, 주요한이 찬미가(讚美歌)·창가·신체시는 물론이거니와, 김여제(金輿濟)의 「만만파파식적(萬萬波波息笛)」(1917) 이후의 자유시까지도 모두 '노래'라는 개념으로 인식하고 있었다는 사실이다. 그가 옹호하는 '자유시(自由詩, le vers libre)'란 상징주의자들, 그리고 그 이후의 쥘 라포르그(Jules Laforgue)나 귀스타브 칸(Gustave Kahn)으로 이어지는, 19세기 후반과 20세기 초반에 걸쳐 형성된 서양 근대시의 중심 형식이자, 중심 가치를 지니는 근대시의 역사적 산물임은 주지의 사실이다.[20)] 비록 자유시가 정형시를 대체하지도 못했고, 율격적인 산문과 본질적으로 구분하기 어려운 성격을 지니고 있다고 해도, 근본적으로 자유시로서 근대적인 의미의 서정시가 가창은 물론 낭송의 가능성까지도 배제한 장르[21)]인 것만은 분명하다.

그럼에도 불구하고 주요한이 일찍이 「불노리」(1919)와 같은 완성도 높은 산문시를 발표했던 시인이면서도 자유시를 '노래'의 범주에서 이해

---

19) 朱耀翰, 「노래를 지으시려는 이에게 (2)」, 『朝鮮文壇』 第2號, 1924.11, 49면.

20) 마르셀 레몽(Marcel Raymond), 김화영 옮김, 「제1장 象徵主義에 대한 고찰」, 『프랑스 現代詩史*De Baudelaire au surralisme*』(현대의 문학이론 5), 문학과지성사, 1983, 63면.

21) 디이터 람핑(Dieter Lamping), 장영태 옮김, 「제1장 개념규정」, 『서정시-이론과 역사 *Das lyrische Gedicht : Definitionen zur Theorie und Geschichte der Gattung*』(현대문학이론 21), 문학과지성사, 1994.

하려고 했던 이유는 무엇인가. 우선 주요한이 「노래를 지으시려는 이에게」에서 언급한 '노래'의 원형(原型)은 바로 '민요'와 '동요'임을 염두에 두고 보면, 이 글에서 주요한은 근대적인 의미의 '시(poetry)' 장르를 공시적인 관점, 즉 저 '자유시'와 같이 문학사의 특정한 단계에서 형성된 개념으로 이해하지 않고, 통시적인 관점에서 이해하고 있음을 알 수 있다. 주요한의 '시' 장르에 대한 인식도 이광수의 경우와 마찬가지로 일본의 고쿠분가쿠의 성과들을 참조한 결과인지 알 수 없으나, 당시 일본에서는 이미 상식이 되어 버린 R.G. 몰튼(Richard Green Moulton)의 장르론과 무관하지는 않을 터이다. 일본 고쿠분가쿠의 장르론이, 문학의 원형질인 민요·무용 등의 원시종합예술이 서정시는 물론이고 서사시, 희곡, 심지어 역사, 철학, 웅변의 기원이라는[22] R.G. 몰튼의 장르론을 일관되게 원용하고 있었던 사정을 염두에 두고 보면, 당시 누구보다도 일본문학에 밝았던 주요한이 이러한 사정을 몰랐을 리는 만무하기 때문이다. 그러므로 주요한은 「노래를 지으시려는 이에게」에서 분명히 밝히지는 않았으나, 그 또한 이광수의 표현을 빌자면 조선의 시인들에게 '문학에 대한 통관'을 요구하고 있음은 두말할 나위도 없다. '문학에 대한 통관'을 강조하는 입장에서 자유시 또한 넓은 의미에서 '노래'의 개념로 이해하는 것은 당연한 일일 터이다.

한편 주요한은 「노래를 지으시려는 이에게」에서, '노래'라는 용어를 의도적으로 사용함으로써, 문자 텍스트에 근간을 두며, 독서의 형식을 통해 작가와 독자가 해석공동체를 형성하는 장르로서 자유시, 나아가 근대적 의미의 서정시의 범주를 의도적으로 넓히거나, 그러한 서정시의

---

22) リチャード·グリーン·モウルトン, 本多顯彰 譯, 「第1章 文學の形態の諸要素」, 『文學の近代的硏究 : 文學の理論及び解釋の序論』, 東京 : 岩波書店, 1932(Richard Green Moulton, *The modern study of literature : an introduction to literary theory and interpretation*, Chicago : University of Chicago Press, 1915). 이 책의 제1장인 「문학형태의 여러 요소」는, 아시다 마사요시[蘆田正喜]가 1923년에 번역해서 『文學形態論』이라는 이름으로 도쿄 호분칸[東京寶文館]에서 단행본으로 발표한 바 있다.

문자성을 부정하려고 했던 것으로 보인다. 이는 앞서 언급한 '시'의 개념을 통시적으로 이해하는 가운데에 자연스럽게 이루어진 태도라고도 볼 수 있거니와, 국민적 정조나 '조선의 피'가 뛰는 전혀 새로운 조선의 시, 즉 이광수의 표현을 빌자면 국민문학으로서 시를 구상하기 위한 주요한의 중요한 전제로도 보아야 할 것이다. 주요한의 이러한 태도와 전제는 「노래를 지으시려는 이에게」가 발표된 그해 연말에 그가 상재한 시집 『아름다운 새벽』(1924)에서 분명하게 나타난다. 주요한은 이 시집의 후기에 해당하는 「책끗헤」에서, 동인지 문학의 데카당티즘과 신경향파의 민중주의를 모두 민중의 마음을 울리지 못하는 '개념(槪念)'의 문학이라고 비판한다. 그리고 그는 이 '개념의 문학'이 아닌 "「자긔」을 충실히 노래하는" 문학, "민즁에 각가히 가려는" 문학의 의의를 역설한다.[23] 그는 이러한 문학이야말로 국민적 정조나 '조선의 피'가 뛰는 국민문학이라고 말하려는 것처럼 보인다. 뿐만 아니라 주요한은 이러한 조선의 국민문학이 곧 세계문학의 반열에 오를 수 있는 것으로 보았음에 틀림없다.[24]

주요한의 이러한 문학론은 「노래를 지으시려는 이에게」나 『아름다운 새벽』을 발표하기 전, 이미 김억에 의해 「민중예술론(民衆藝術論)」(『개벽』, 1922.8월~11월)이라는 제목으로 번역되었던 로망 롤랑(Romain Rolland)의 『민중극론*Le théâtre du peuple*』의 결합이라는 점에서 흥미롭다. 특히 이 가운데에서 로망 롤랑의 『민중극론』은, 일본의 경우 상징주의와 자연주의로 표상되는 일본 근대문학의 심미주의를 반성하고 비판하는 가운데에 혼마 히사오[本間久雄], 가토 가즈오[加藤一夫], 오스기 사카에[大杉榮], 가와지 류코[川路柳虹] 등이 벌인 민중예술논쟁의 계기가 되었던 바 있다. 예컨대 상징주의와 자연주의 문학의 현실과의 몰교섭을 비판하면서, 새로운 세계를 위한 새로운 시대의 예술로서 민중예술의 의의를 주장한[25]

23) 朱耀翰, 『아름다운 새벽』, 京城 : 朝鮮文壇社, 1924, 168~169면.

24) 朱耀翰, 「노래를 지으시려는 이에게 (2)」, 『朝鮮文壇』 第2號,, 1924.11, 49면.

오스기 사카에나, 그러한 민중예술로서의 민요나 무용의 역사적 발전과정을 검토하면서 그 가운데에서 문학적 가능성을 발견하려 했던[26] 가와지 류코의 문학론은, 어떤 방식으로든 김억은 물론이고 주요한에게도 영감을 주었다고 추정된다. 주요한은 바로 이러한 민중예술론의 입장에서 민중을 국민으로, 민중예술을 국민문학으로 치환시켰던 것이다. 그는 이러한 치환의 과정에서 당시 일반 대중독자들에게 무시당하기 일쑤였던 신문학의 데카당티즘[27]을 조선의 자유시에서 배제하고, 문자성(literacy)보다는 구술성(orality)에 의존하는 민요와 동요를 선택하여 '노래'의 개념으로 서정시의 범주를 확장시키는 일이 무엇보다도 중요하다고 보았음에 틀림없다.

4. 김억의 「作詩法」(1925)

앞서 검토한 이광수의 「문학강화(文學講話)」와 주요한의 「노래를 지으시려는 이에게」에는 사실상 『조선문단(朝鮮文壇)』지가 표방한 문학관의 총론적 성격을 띠고 있다. 특히 이광수는 『조선문단(朝鮮文壇)』을 주재하면서, 「문학강화(文學講話)」의 각론으로서 시론은 김억에게 일임하고 소설론은 김동인에게 일임했던 것으로 보인다. 이 가운데에서 김억은 이광수가 1925년 2월로 「문학강화(文學講話)」의 연재를 마친지 불과 2개월 후

25) 大杉榮, 「新しき世界の爲の新しき藝術」, 『早稻田文學』, 1917.10, 遠藤祐・祖父江昭二, 『近代文學評論大系－大正期 II』 第5卷, 角川書店, 1982, 28～29면.

26) 川路柳虹, 「民衆及び民衆藝術の意義」, 『雄辯』, 1918.3, 遠藤祐・祖父江昭二, 앞의 책, 49～50면.

27) 金東仁, 「文壇三十年史」, 『金東仁文學全集』 第12卷, 大衆書館, 1983, 284면.

인 1925년 4월부터 1925년 10월까지 6회에 걸쳐 『조선문단(朝鮮文壇)』에 「작시법(作詩法)」을 연재하면서[28] 그 각론 부분을 담당했다. 이 논문은 김억 스스로도 밝히고 있듯이, "筆者에게 「詩란 무엇이냐?」 또는 「시(詩)란 엇더케 짓느냐?」 하는 眞實한 質問을 보낸 詩歌初學者의 熱烈한 探究에 對하야 조곰이라도 돕음이 되엿스면 하는"[29] 뜻으로 발표한 것이다. 연재 제6회에서 중단되고 만 이 논문은, "詩란 엇더케 짓느냐?"라는 문제까지 나아가지 못한 채, 다만 "詩란 무엇이냐?"라는 문제에 대해 논의하는 것으로 그치고 말았으므로, 사실상 창작론이 아닌 본격적인 시론으로 보아야 마땅하다.

김억의 이 「작시법(作詩法)」에서 주목해야 할 것은 '시'의 개념에 대한 인식이다. 「작시법(作詩法)」 연재 제1회에서 김억은 "詩란 무엇이냐"는 질문에 대해 "詩歌라는 것은 高潮된 感情(情緖)의 音樂的 表現"이라고 정의한다. 나아가 '시적(詩的)'이라는 용어의 의미에 대해서 "想像的, 또는 感情的 意味", "非現實的이며 理想的의 意味", "散文과 韻文의 意味" 그리고 "廣義의 詩人의 意味"라고 정의한다. 김억의 이러한 정의에서 중요한 점은, 그가 '시(詩)'와 '시가(詩歌)'라는 두 가지의 장르명칭을 혼용하고 있다는 사실이다. 김억의 논문에서 '시가'는, 김억 스스로도 논문의 모두에서부터 '시가(詩歌)[노래]'라고 명시한 바와 같이, "洋의

---

28) 김억의 「作詩法 (1)」(1925.4)은 '서론'과 '1. 詩란 무엇이냐', 「作詩法 (2)」(1925.5)는 '2. 韻文과 散文', 「作詩法 (3)」(1925.6)은 '3. 西詩와 漢詩의 韻律', 「作詩法 (4)」(1925.7)는 '4. 朝鮮詩', 「作詩法 (5)」(1925.9)는 '5. 새롭은 詩歌와 그 歷史', 「作詩法 (7)」(1925.10)은 '7. 시가의 종류'로 이루어져 있다. 그런데 「作詩法 (7)」 '7. 시가의 종류'의 경우 「作詩法 (5)」 '5. 새롭은 詩歌와 그 歷史'의 다음 달에 이어서 연재된 것이므로, 「作詩法 (6)」이 되어야 마땅하다. 이는 아마도 편집과정에서의 착오인 듯하다. 또한 「作詩法 (7)」 '7. 시가의 종류'의 말미에는 다음 연재를 예고하는 '次號'라는 표지가 있으나, 『朝鮮文壇』, 1925년 11월 통권 37호부터 폐간호에 이르기까지도 김억의 연재는 더 이상 없을 뿐만 아니라, 박경수가 편한 『岸曙金億全集』(한국문화사, 1987)에서도 더 이상의 연재는 발견되지 않는 것으로 보아, 「作詩法」은 1925년 10월을 마지막으로 더 이상 발표되지 않은 것으로 보아도 무방할 듯하다.

29) 金岸曙, 「作詩法 (1)」, 『朝鮮文壇』 第7號, 1925.4, 23면.

東西와 地의 南北과 때의 古今을 말할 것 업시" 공통된 '서정적 가요'(lied)를 지칭하기도 하고, "가장 오래되고 가장 崇嚴한 인생의 첫소리되는 第一 原始的 感情表現"[30]인 운문 장르 전체를 지칭하는 것이기도 하다.

물론 '시(詩)'와 '시가(詩歌)' 개념의 혼용은 단지 이 「작시법(作詩法)」에만 국한되는 것은 아니다. 「뜨란스 시단(詩壇)」(1918)으로부터 「작시법(作詩法)」(1925)에 이르기까지 김억의 문학론만 검토해 보더라도, 그가 '시(詩)', '시가(詩歌)'라는 용어의 특별한 구분 없이 사용했지만, 특히 '시가'를 보다 많이 사용했음을 알 수 있다.[31] 그렇다면 김억이 스스로 인식하고, 창작하고, 번역했던 장르는 과연 무엇이었는지 묻지 않을 수 없다. 분명히 그가 「뜨란스 시단(詩壇)」(1918), 「스뗑쓰의 고뇌(苦惱)」(1920) 등을 통해서, "近代 神秘 象徵派의 先驅者"인 '보들레르'에게 "근대 유롭의 詩人-아니, 全世界의 近代的 詩人은 直接, 間接으로" 그의 '疲勞', '頹廢', "陰鬱, 絶望, 厭生의 悲調를 가진 思想에 한결갓치 새 洗禮를 밧앗"으며, 이 "洗禮를 밧든 者라야 藝術의 門을 뚜다릴 資格이 잇다"[32]고 했을 때, 그가 염두에 두고 있었던 것은 두말할 나위도 없이, 근대적인 의미의 '시(poetry)' 혹은 '자유시(自由詩, le vers libre)'이다. 저 『시경(詩經)』의 '시삼백(詩三百)'을 가리킬 때의 '시(詩)'나, 당시(唐詩)는 결코 아닌 것이다. 이러한 사정은 「타고아의 시(詩)」, 「사로지니 · 나이두의 서정시(抒情詩)」, 「아더 · 시몬스」에서도 마찬가지이다.

요컨대 김억은 'poetry'의 번역어를 '시(詩)', 특히 '시가(詩歌)'로 인식

30) 위의 글, 위의 책, 4~5면.

31) 통계 내용은 다음과 같다. 시가(詩歌): 「뜨란스詩壇」(1918), 「스뗑쓰의苦惱」(1920), 「朝鮮心을 背景삼아」(1924), 「詩壇散策」(1924), 「詩壇一年」(1925), 「詩壇散策」(1925), 「三月詩評」(1925) 이상 7편. 시(詩): 「詩形의 音律과 呼吸」(1919), 「無責任한批評」(1923), 「타고아의詩」(1924), 「사로지니 · 나이두의抒情詩」(1924) 이상 4편. 시(詩) · 시가(詩歌)의 혼용: 「詩壇의一年」(1923), 「아더 · 시몬스」(1925), 「作詩法」(1925) 이상 3편.

32) 岸曙 生, 「뜨란스 詩壇」, 『泰西文藝申報』 第10號, 1918.12.7.

했다고 할 수 있다. '시(詩)'와 '가(歌)'를 굳이 구분하지 않는 김억의 장르인식은, 낭송과 가창을 전제로 하지 않는 근대시의 본질에서 먼 것으로 볼 수밖에 없다. 그러나 누구보다도 외국문학에 대해 박학한 지식을 가지고 있었을 뿐만 아니라, 산문시까지 창작했던 김억이 이러한 사실을 몰랐을 리는 없다고 본다. 그렇다면 그가 'poetry'의 번역어를 '시가(詩歌)'라고 했던 것은 김억 나름의 특별한 문학관을 반영한 결과라고 보아야 마땅할 것이다. 김억의 시에 대한 특별한 장르 인식은 「작시법(作詩法)」 연재 제7회인 "詩歌의 種類"에서 보다 구체적으로 나타난다. 이 글에서 김억은 이른바 '시가'의 하위갈래에는 '주관시가(主觀詩歌)'로서 '서정시가(抒情詩歌)'와 '객관시가(客觀詩歌)'로서 '서사시가(敍事詩歌)'가 있다고 한 뒤, 다시 '서정시가'를 '순정(純正)한 서정시가(抒情詩歌)'(民謠, 詩歌, 時調)와 '서사적(敍事的) 서정시가(抒情詩歌)'(事實詩, 打令詩)로 나누었다. 한편 '서사시가'는 '사시(史詩)(밀튼의 「실낙원」)'와 '극시(劇詩)(괴테의 「파우스트」)'로 나누었다. 김억은 이러한 장르 구분을 「작시법(作詩法)」 연재 7회에서 도표로 나타냈는데 그것은 다음과 같다.[33]

- 抒情詩歌
  - 純正한 抒情詩歌
    - 民謠
    - 詩歌
    - 時調
  - 敍事的抒情詩歌
    - 寫實詩(小說資料)
    - 打令詩
- 敍事詩歌
  - 史詩(밀톤의 失樂園 갓튼것)
  - 劇詩(괴테의 파우스트 갓튼것)

김억이 제시한 이 도표에서 주목해야 할 부분은 '순정(純正)한 서정시가(抒情詩歌)'의 하위 갈래에 민요와 시조를 당당히 배치했다는 점이다. 적어도 1920년대 이전에는 전근대의 문학유산에 대해 부정적이었던 그가, 어떻게 1920년대에 이르러 스스로 문학관을 수정할 수 있었던 것인

33) 金岸曙, 「作詩法 (7)」, 『朝鮮文壇』 第12號, 京城 : 朝鮮文壇社, 1925.10, 143~144면.

가? 김억이 이와 같이 문학관을 수정할 수 있었던 것은, 무엇보다도 그가 1910년대에 문학에 대한 원론적인 지식을 심화시켰기 때문으로 보인다. 위에서 인용한 김억의 갈래 구분은 사실 일본에서 간행된 '문학개론'류의 서적들에서 인용한 것으로 보인다. 특히 오오타 요시오[太田善男]의 『문학개론(文學槪論)』(1916)과 요코야마 유사쿠[橫山有策]의 『문학개론(文學槪論)』(1921)은 김억의 「작시법(作詩法)」과 관련해서 대단히 중요하다.[34] 이 두 권의 『문학개론』 뿐만 아니라, 김억의 「작시법(作詩法)」이 발표되고 불과 몇 개월의 간격을 두고 발표된, 일본의 대표적인 문학개론서인 혼마 히사오[本間久雄]의 『문학개론(文學槪論)』(1926)까지, 시가(詩歌)는 영어 'poetry'의 번역어로서 '시(詩)', 『서경(書經)』의 「순전(舜典)」의 유명한 시에 대한 정의인 "詩言志, 歌永言" 구절의 '시(詩)'와 동일한 의미를 지니면서도, 또한 중국이나 일본의 한시와 구분되는 일본의 '국시(國詩)'로서 '우타[歌]' 혹은 '야마토우타[倭歌 · 和詩]'를 지칭하는 것[35]으로 규정하고 있다. 영어 'poetry'를 일본의 국시(國詩)의 개념까지 포괄해서 '시이카[詩歌]'로 번역하는 양상은 이후 이쿠타 쵸코[生田長江] 등 일본 시인들의 『현대시의 창작방법연구[現代詩の作り方硏究]』(1928)와 같은 창작론에서도 마찬가지이다.[36]

시를 정의하는 동시대 일본의 문학 연구의 성과들을 염두에 두고 보면, 김억의 '시가' 개념 또한 그러한 성과들부터 비롯한 것임을 알게 된

34) 太田善男, 「第四章 詩とは何ぞや」, 『文學槪論』, 東京 : 博文館, 1916. 橫山有策, 「詩とリズム」, 『文學槪論』, 東京 : 早稻田泰文堂, 1921. 김억의 시에 대한 정의와 하위갈래의 구분은 이 두 권의 그것과 동일하다. 물론 시를 주관시인 서정시와 객관시인 서사시로 구분하는 방식은, G.W.F. 헤겔(G.W.F. Hegel)이 『미학강의Vorlesungen Über die Ästhetik』에서 제시한 것이지만, 김억은 헤겔이 아닌 오오타 요시오와 요코야마 유사쿠로부터 그것을 받아들인 것으로 보인다.

35) 太田善男, 앞의 책, 62~64면. 橫山有策, 앞의 책, 47~49면. 本間久雄, 「第三篇 文學各論 第一章 詩(歌)」, 『文學槪論』, 東京 : 東京堂書店, 1926, 243면.

36) 福社幸次郎, 「第一講 現代詩歌槪論」, 白鳥省吾, 「第一講 新詩の本質と創作の實際」, 『現代詩の作り方硏究』(生田春月先生 外), 東京 : 近代文藝社, 1928, 27~28면, 101면.

다. 즉 그것은 1890년대부터 하이쿠[俳句] 작가인 마사오카 시키[正岡子規] 등을 비롯한 다수의 가인(歌人), 신체시인들이 중심이 되어, 천황, 귀족은 물론 평민까지 창작하고 향유했던 『만엽집(萬葉集)』을 근거로 신시대의 시가를 창출하고자 한 가운데 형성되었던 이른바 '국민시가의 창출' 담론과, 그것의 연장선에서 하가 야이치를 비롯한 일본 메이지시대 고쿠분가쿠 학자들이 『만엽집(萬葉集)』을 국민가집(國民歌集)으로서 정전화(正典化)하는 가운데에서 형성된 것이다.[37] 앞서 언급한 오오다 요시오 등의 『문학개론(文學概論)』이 한결같이, 역어로서 '시가'의 개념을 설명하면서, 『만엽집(萬葉集)』이나 그 이후에 간행된 칙찬(勅撰) 와카[和歌]집인 『고금화가집(古今和歌集)』을 그 대표적인 사례로 언급하고, 특히 『古今和歌集』의 서문을 인용하는 것도, 국민가집으로서 『만엽집(萬葉集)』을 중심으로 한 국민시가의 담론이 문학의 일반이론으로 정착했음을 나타내는 증거이다.

김억은 바로 이러한 일본 고쿠분가쿠의 국민시가 담론을 통해서 시에 대한 일반론을 전개하고자 했던 것이다. 이러한 일반론에 따라 '시가'의 개념을 인식하게 되면, 곧장 자국의 문학적 유산을 정리하고 점검해야 할 과제에 직면하지 않을 수 없다. 앞서 잠시 언급한 「쯔란스시단(詩壇)」(1918)에 의해서도 알 수 있듯이, 김억이 상징주의의 수용을 곧 근대성의 체현으로까지 여겼던 것을 염두에 두고 보면, 일본의 고쿠분카구 연구자들이 저 중국 『시경(詩經)』의 모형(毛亨)의 대서(大序)를 연상시키는 『고금화가집(古今和歌集)』의 서문[38]을 당당하게 인용했던 사정

37) 品田悅一, 「國民歌集として『萬葉集』」, 『創造された古典－カノン形成・國民國家・日本文學』(ハルオ・シラネ, 鈴木登美 編), 東京 : 新曜社, 1999. 品田悅一, 「第二章 千年と百年—和歌の詩歌化と國民化」, 『萬葉集の發明』, 東京 : 新曜社, 2001.

38) 앞서 인용한 오오타 요시오・요코야마 유사쿠・혼마 히사오의 『文學槪論』을 비롯한 다수의 문학개론서와 시론들은, 한결같이 "사람의 마음으로부터 생겨난 노래(야마토우타)는 천지가 생겨날 때부터 비롯한 것이고, 또한 그것은 천지의 귀신을 감동시키고 남녀의 사이를 더욱 친밀하게 할 뿐만 아니라, 위엄 있는 사무라이의 마음까지도 부드럽게 한다(やまと歌は, 人の心を種として, 万の言の葉とぞ成れりける. 世中に在

은, 김억으로 하여금 조선시가의 전통을 발견하는 일에 더욱 부심하게 만들었을 터이다. 이러한 사정에서 김억은 「작시법(作詩法)」 연재 제4회인 「조선시(朝鮮詩)」에서 이른바 '조선시'의 역사적 전개를 개관한다. 이 글에 따르면 '순정한 서정시가'로서 '시가'는 고구려 유리왕의 「황조가(黃鳥歌)」와 신라의 이두시(吏讀詩) 즉 향가(鄕歌)를 기원으로 하고 있다. 또 '한문(漢文)의 시형(詩形)을 빌은 시(詩)' 즉 한시는 을지문덕(乙支文德)의 「여수장우중문시(與隋將于仲文詩)」, 최치원(崔致遠)의 「추야우중(秋夜雨中)」을 기원으로 하고 있다. 마지막으로 '시조'는 고구려 고국천왕(故國川王)과 을파소(乙巴素)를 기원으로 하고 있다. 김억은 이 가운데에서 특히 '시가'의 전통이 최남선의 신체시 이후 조선의 현대시가 즉 '새롭은 시가'로 이어지고 있다고 보았다.

김억이 조선의 '시가'를 저 서양의 'poetry', 그리고 '시(詩)'와 '와카[和歌]'는 물론이거니와 '카요[歌謠]'까지 포함하는 일본의 '시이카[詩歌]'에 대응시키는 언어횡단적 실천(言語橫斷的 實踐, translingual practice)의 과정[39]에서 조선의 문학적 전통을 새롭게 인식하게 되었다는 사실은 여러 모로 시사하는 바가 크다. 그것은 김억의 경우만을 한정해 보더라도, 이러한 문학적 전통에 대한 인식이, 사실은 전통에 대한 새로운 발견을 의미하는 것이며, 나아가 이러한 발견이 조선의 시가에 대한 새롭게 정의하고, 그 대표적인 하위갈래를 선택하거나 혹은 고안해야 하는 과제를 부

る人, 事, 業, 繁きものなれば, 心に思ふ事を, 見るもの, 聞くものに付けて, 言い出せるなり. 花に鳴く鶯, 水に住む蛙の聲を聞けば, 生きとし生けるもの, いづれか, 歌を詠まざりける. 力をも入れずして, 天地を動かし, 目に見えぬ鬼神をも哀れと思せば, 男女の仲をも和らげ, 猛き武人の心をも慰むるは, 歌なり.)"는 요지의, 와카의 본질과 효용을 언급한 부분을 인용하고 있다. 小島憲之・新井榮藏 校註, 「假名序」, 『古今和歌集』(新日本古典文學大系 5), 東京 : 岩波書店, 1989, 4면.

39) 이는 리디아 류(Lydia H. Liu)가 유럽에서 발생한 문학과 그 밖의 많은 지식들이 중국의 지식인들이 요구하는 바에 따라 도입, 선택, 결합되고 재고안되는 과정에서 새로운 낱말, 의미, 담론이 나타나고 정통성을 얻게 되는 현상을 가리키며 사용한 용어이다. Lydia H. Liu, 'Language and Cross : Cultural Studies', *Translingual Practice : Literature, National Culture, and Translated Modernity-China 1900~1937*, Stanford : Stanford University Press, 1995, 25면.

여하기 때문이다. 이러한 과제에 대해서 김억은 "조선 사람의 손으로 되어 조선 사람의 사상과 감정을 조선식으로 발표한 시가"[40]만이 '조선시' 혹은 '조선시가'로 명명하고자 했다. 앞서 김억이 「조선심(朝鮮心)을 배경(背景)삼아」에서 언급한 바를 염두에 두고 환언해 보자면, 조선인이 '조선심'을 조선의 시형으로 나타낸 시가가 바로 조선시인 것이다. 요컨대 김억은 분명히 밝히고 있지 않으나, 조선인이 조선어로 조선의 정서를 조선의 율격으로 나타낸 시가가 바로 조선의 시가라고 여겼던 것으로 보인다.

그러나 김억은 「작시법(作詩法)」을 연재하는 동안 이러한 요건에 부합하는 조선의 시가의 대표적인 갈래가 무엇인지 밝히는 데에 곤란함을 느꼈던 것으로 보인다. 그것은 무엇보다도 중국의 『시경(詩經)』이나 일본의 『만엽집(萬葉集)』이나 『고금화가집(古今和歌集)』에 필적할 만한 기록문학이 조선에는 없다고 보았기 때문이다. 기록문학으로 남아있는 가운데에서도 을지문덕이나 최치원의 한시는 조선어가 아닌 한문으로 씌어진 것이므로, 김억으로서는 한시를 도저히 조선의 시가라고 볼 수 없었을 터이다. 뿐만 아니라 중국의 평측법을 모방한 음조(音調)로 이루어진 고려 이후 조선의 시조는 엄밀한 의미에서 조선의 시가가 아니므로,[41] 정몽주로 대표되는 성리학적 교양을 지닌 사대부들의 시조도 도저히 조선의 시가라고 볼 수 없었을 터이다.

이러한 사정에서 김억은 민요와 시조를 조선의 '순정한 서정시가'의 대표적인 갈래로 보았던 것으로 여겨진다. 특히 시조의 경우, 김억은 고구려의 고국천왕(故國川王), 을파소(乙巴素)의 시조야말로 고구려인들이 "자기의 고유한 사상과 감정을 담은"[42] 조선 시형의 전형이라고 한다. 나아가 김억은 시조는 비록 다소 제한이 있지만, "終章 첫머리의 三字

---

40) 金岸曙, 「作詩法 (4)」, 『朝鮮文壇』 第10號, 1925.7, 76면.
41) 위의 글, 위의 책, 79면.
42) 위의 글, 위의 책, 78면.

만 직혔스면 그만"이라면서,[43] 자유시로의 발전 가능성도 내포하고 있는 시형으로 보기까지 한다. 김억은 이러한 논지를 연장해서 '새로운 시가'의 시발점인 최남선의 『少年』지 시대의 시가 또한 시조의 풍격을 벗어나지 못한 것으로 보기까지 한다.

김억이 중국적인 요소를 담고 있는 고려 이후 조선의 시조를 부정하는 입장을 드러내고 있음에도 불구하고 시조에 대해서는 비교적 호의적이었던 것은, 시조가 다른 어떤 장르보다도 많은 분량의 가집(歌集)에 수록된 형태로 전해지기 때문인 것으로 여겨진다. 그가 시조를 인용하면서 『가곡집(歌曲集)』을 언급하고(아마 이 『歌曲集』은 『歌曲源流』로 여겨진다), 후대의 위작일 것이라는 의심조차 받는 고국천왕, 을파소의 작품을 인용하고 있는 것은, 그가 시조를 수록하고 있는 가곡집들이야말로 저 『시경(詩經)』, 『만엽집(萬葉集)』과 『고금화가집(古今和歌集)』의 전통에 비견할 만한 것으로 여겼기 때문일 것이다.

이 「작시법(作詩法)」의 연재는 시조의 의의를 주장하는 선에서 중단되고 말았으므로 단언하기는 어려우나, 김억의 계획대로 연재가 계속되었더라면 민요의 의의를 검토하는 데에까지 나아갔음에 틀림없다. 고국천왕과 을파소의 시조를 비롯한 시조의 전통이 『시경(詩經)』, 『만엽집(萬葉集)』과 『고금화가집(古今和歌集)』의 전통에 비견할 만한 것이었다 하더라도, 『시경(詩經)』 등이 구술문학의 전통까지 포괄하고 있는 사정을 염두에 두고 보면, 김억 또한 구술문학으로서 민요의 의의를 주장하지 않을 수 없었을 터이기 때문이다. 김억이 서양의 'poetry'와 일본의 '시이카'에 '시가'를 대응시키는 언어횡단적 실천의 과정에서 조선의 문학적 전통을 새롭게 인식하게 되면, 당연히 그는 스스로 한때 홀대했던 민요나 시조를 복권시킬 수밖에 없게 되는 것이다. 김억은 바로 이러한 과정을 통해서 민요와 시조를 조선의 '순정한 서정시가'의 대표적인 갈래로 규

---

43) 위의 글, 위의 책, 80면.

정하게 되었던 것이다.

5. 전통의 고안, 조선시가의 과제

1924년 『조선문단(朝鮮文壇)』지의 창간을 즈음해서 발표된 김억, 이광수, 주요한의 문학론에서 우선 주목해야 할 것은, 그들이 유럽의 특정한 문예사조를 통해서 조선의 근대문학을 구상하는 것이 아니라, 문학에 대한 원론적인 인식을 통해서 국민문학으로서 조선의 근대문학을 구상하려고 했다는 사실이다. 그 가운데에서 자국의 문학적 전통을 구상하고 그 자산들을 발견하고자 했던 시도는, 적어도 1924년 이전에는 안확(安廓)의 「조선(朝鮮)의 문학(文學)」(1915)을 제외하고는 그 유례를 찾기 힘들다. 특히 김억과 이광수의 사례를 통해서 알 수 있는 것은, 이들이 문학에 대한 원론적인 인식을 가다듬는 가운데에서, 자국의 문학적 전통을 서양의 'literature'와 'poetry', 일본의 '시이카'에 대응시키는 것은 물론, 일본 메이지 시대의 '고쿠분가쿠'에 대응시키는 절차를 거쳤다는 사실이다. 그리고 이러한 절차를 통해서, 일반문학으로서 세계문학의 반열에 놓을 수 있는 개별문학으로서 조선문학을 구상했다는 사실이다.

바로 이러한 사정에서 김억 등이 복권시킨 민요나 시조와 같은 장르는, 아울러 국민문학이라는 개념은, 이전의 그들의 서구지향적 태도로 미루어 볼 때, 세계문학의 상대 개념인 국민문학으로서 조선문학을 구상하는 과정에서 고안된 전통의 산물이라고 보아야 옳다. 민요는 말할 것도 없거니와 특히 시조는, 이들의 문학론이 발표되기 이미 10여 년 전인 1914년 『대한매일신보(大韓每日申報)』지의 「신년문예모집(新年文藝

募集)」이나, 1917년 『청춘(靑春)』지의 「현상문예쟁선응모(懸賞文藝爭先應募)」 등을 통해, 근대적인 문단제도의 형성 과정에도 한 자리를 차지하는 장르가 되었으나,[44] 동인지 중심의 문학적 환경 가운데에서는 홀대를 면할 수 없었던 장르이고 보면 더욱 그러하다. 이미 김억 등이 '조선심' 혹은 '조선적 정조' 등을 거론한 데에서 짐작할 수 있듯이, 그들이 고안한 조선문학의 전통이라는 것은, 국민국가, 국가적인 상징·역사 등과 깊은 관련을 맺고 있다. 서양의 경우에서도 전근대의 문화적·역사적 자산을 발굴해서 민족사의 새로운 전통으로 고안하는 일련의 담론들이, 한결같이 근대적인 민족 개념과 민족 이데올로기 구성에 핵심적인 역할을 담당했음은 주지의 사실이다.[45]

따라서 김억 등이 국민문학으로서 조선문학의 본질과 가치가, 오로지 '조선심', '조선의 민족성', 혹은 '국민적 정조'와 같은 조선인의 고유한 심성에 있다고 보았을 때, 그러한 조선인의 고유한 심성이라는 것 또한 국민문학의 개념을 구상하는 가운데에서 고안된 것이라고 보아야 옳을 것이다. 김억 등의 문학론이, 민족부활의지나 민족적 성현(hierophany)의 체험에서 비롯되었다거나, '서양문학에 대한 대항·민족 전통성의 수호'를 위해 등장했다고 볼 수만은 없다.[46] 바로 이점에서 김억 등의 문학론이 차지하는 문학사적인 의의를 분명히 이해할 필요가 있다. 그들의 문학론에서 주목해야 할 보다 중요한 문제는, 그들의 문학론이 조선의 문학을 세계문학, 근대문학으로 정립시키는 데에 주안점이 놓여 있었다는 사실이다. 바로 이점에서 이들의 문학론은 근대적인 문학개념의 성립과 형성 과정이라는 관점에서 먼저 이해해야 할 것이다. 그들이 민요나 시조에 대한 관심을 표명한 것은, 단지 민요나 시조의

---

44) 이에 대해서는 다음의 서지를 참조할 수 있다. 김춘희, 「III. 문단의 형성과 등단제도의 확립」, 「한국 근대문단 형성과 등단제도 연구」, 동국대 석사논문, 2000.

45) Eric Hobsbawm, 「序論 傳統は創り出される」, 『創られた傳統*The Invention of Tradition*』 (Eric Hobsbawm · Terence Ranger, 前川啓治 · 梶原影昭 譯), 東京 : 紀伊國屋書店, 2003.

46) 吳世榮, 「II. 民謠詩에의 志向」, 『韓國浪漫主義詩硏究』, 一志社, 1980, 26~27면.

시형이 민족혼의 표현이기 때문만이 아니라,[47] 근대적인 문학개념의 성립과 형성 과정에서 조선문학의 정전화 과정이 반드시 선행되어야 한다는 것을 누구보다도 먼저 깨달았기 때문이다.

1920년대 국민문학론의 성립 사정이 그러하다면, 조선문학을 국민문학의 개념으로 재편하는 한편으로 세계문학의 반열에 올리는 일이란, 서양과 서양문학 그 자체를 근대성과 근대문학의 '중심'으로, 조선과 조선문학을 '주변'으로 보는 인식, 즉 문학의 근대성이나 세계인식의 변화가 없이는 결코 불가능하다는 점을 염두에 둘 필요가 있다. 그러한 변화란 바로 조선의 문학이나 조선이라는 지역의 로컬리티(locality)에 대한 인식의 변화라고 해도 과언이 아니다. 그리고 그 근저에는 두말할 나위도 없이 서양과 서양문학만이 현재적 의미를 지니는 중심이고 세계 그 자체가 아니라, 조선과 조선문학 또한 중심이고 세계가 될 수 있다고 믿는 신념이 가로놓여있다고 보아야 한다. 따라서 이러한 신념에 근간한 1920년대 국민문학론이란, 특히 김억의 경우에서 현저히 드러나는 바와 같이, 단순히 '조선으로의 회귀' 즉 조선 내부를 향한 자기 인식의 소산일 뿐만 아니라, 한국 근대문학 초창기부터 강렬하게 드러난, 세계나 문명의 중심으로서 서양과 서양문학과의 동시성을 공유하고자 하는 열망의 다른 수사로 볼 수 있다. 또한 결코 충족될 수 없는 세계의 중심을 향한 이 동시성의 욕망이야말로 1920년대 국민문학론자들로 하여금 조선의 문학에 대한 근대적인 논의를 가능하게 한 원천이라고 할 수 있겠다.

알려진 바와 같이 '세계문학'의 개념이란, 유럽에서 16세기 이후 고안된 개념으로, 일반 경제와 마찬가지로 특수한 문학적 '가치', '인준' 혹은 '신용'에 근간해서 유통되고 교환되는 세계적인 경쟁의 '시장'의 성격을 지니고 있다. 또한 그러한 '세계문학'의 내부에는 현실적인 국제

47) 위의 글, 위의 책, 26면.

정치, 경제의 경쟁관계와 일정한 상관관계 속에서 형성된 불평등과 지배·피지배의 서열관계가 존재한다.[48] 물론 1920년대 조선의 국민문학론자들이 이러한 사실을 명확히 깨닫고 있었다고는 보기 어려울뿐더러, 이른바 프랑스 파리와 같은 '세계문학'의 중심지로부터 떨어진, 게다가 식민지인 조선의 문학이 국제적인 영향력을 행사하기란 대단히 어려운 위치일 수밖에 없다는 것은 췌언의 여지도 없을 터이다. 그럼에도 불구하고 예컨대 1920년대 국민문학자들이 조선의 '시가'개념을 구상하는 가운데 암암리에 부단히 중국의 『시경(詩經)』이나 일본의 『만엽집(萬葉集)』, 『고금화가집(古今和歌集)』을 의식하고 있었던 사정이나, 심지어 김억의 경우와 같이, 조선의 '시가'를 밀튼의 『실낙원』이나 괴테의 『파우스트』를 비견할 만한 위치에 배치했던 사정을 통해 알 수 있듯이, 조선의 문학자들이 어떤 방식으로든 조선문학의 국제적인 가치를 인준 받아, '세계문학공간'의 경쟁의 구조에 스스로를 편입시키고자 했다는 사실은 대단히 중요하다.

이러한 사정을 염두에 두고 보면 1920년대 국민문학론이란, 사실은 대단히 의식적으로 세계화된 담론이라고 볼 수 있다. 그리고 조선의 문학 또한 근대 출판자본주의에 편입되기 시작한 시점에서, 서구 기원의 문학 개념의 보편성을 전제로 한 세계문학을 상정하고, 그 가운데 조선문학의 고유한 특질을 분절화하여 조선문학의 동일성을 구상하는 가운데 고안된 담론이라고 할 수 있겠다. 이를테면 1920년대 국민문학론의 주된 장(場)인 『조선문단(朝鮮文壇)』이, 창간 당시부터 '이광수 주재(主宰)'를 내세우고, 당시 문학청년들에게 투고를 독려함으로써 지면을 개방하며 문학창작의 대중적 기반을 확대한 결과, 상당한 판매고와 투고 수를 기록했던 사정을 염두에 두고 보면 더욱 그러하다.[49] 환언하자면 1920

48) Pascale Casanova, 岩切正一郎 譯, 「第1部」, 『世界文學空間－文學資本主義と文學革命*La repubulica mundial de las Letras*』, 東京 : 藤原書店, 2002, 29면.

49) 이에 대해서는 다음의 서지를 참조할 수 있다. 천정환, 「5. 책 읽는 방법의 제도화와

년대 국민문학론은 김억 등의 국민문학론자들이 공유하고 있었던, 이 세계의 중심을 향한 동시성의 욕망이었던 것이다. 동시에 조선문학의 특수성과 보편성을 동시에 나타내는 문화적 전략의 측면이 강했던 것이다. 그리고 이러한 그들의 욕망이, 문화적 전략을 형식을 갖추도록 했던 매개자가 바로 메이지 일본의 고쿠분가쿠와 일본문학의 주요 담론들이었던 것이다.

이러한 국민문학론자들에게 조선문학의 고유한 특질을 분절화하여 조선문학의 동일성을 구상하는 일이란, 몇 편의 선언적인 논설과 극히 개략적인 문학론으로서는 결코 감당할 수 없는 어려운 과제가 아닐 수 없다. 그 가운데 가장 시급한 것은 조선의 문학적 전통을 발견하고, 조선인 고유의 심성을 발견하는 과제일 터이다. 그런데 김억 등의 국민문학론자들은 그들의 문학론에서 조선인 고유의 심성이 마치 자명한 실체인 것처럼 언급하고 있거나, 그렇지 않으면 조선인 고유의 심성의 표상이 곧 민요나 시조이며, 민요나 시조에서 조선인 고유의 심성을 확인할 수 있다는 식의 순환논법을 통해서, 사실상 그 실체를 드러내지 못하고 있는 것이 사실이다. 그리고 민요와 시조가 조선의 문학적 전통 가운데 의미 있는 자산이라고 하더라도, 과연 그 '민요'란 무엇인가, 즉 조선 반도의 허다한 인구(人口)에 구전(口傳)되고 있거나 되었던 것 가운데 무엇을 문학적 전통으로 선택하고 배제하고 정의할 것인가 하는 문제를 논의하는 것도 중요한 과제일 터이다. 더욱이 '근대적인 조선의 시가'를 구상하는 가운데, 왜 하필이면 민요와 같은 구술문화의 전통이나 시조와 같은 정형시를 근간으로 삼아야 하는가를 설득력 있게 논의하는 것은 가장 중요한 과제라고 하겠다. 그런데 이광수, 주요한, 김억 어느 누구도 그러한 문제들에 대해서 언급하지 않았다.

아울러 김억과 주요한의 경우, 그들이 조선어로 이루어진 조선적인 시

문학사」, 『근대의 책읽기』, 푸른역사, 2003, 420~428면.

형이란 과연 무엇인지 발견해야 하는 과제도 부여받았다. 주요한의 경우, 「노래를 지으시려는 이에게」에서 '신시의 내용'까지만 언급하고 '신시의 형식'에 대해서는 언급하지 못했다. 그는 문자성보다는 구술성에 의존하는 민요와 동요를 선택하여, '노래'의 개념으로 서정시의 범주를 확장시키려고 했던 만큼, 자유시의 본질에서 벗어나지 않는 한도에서 민요의 정형성을 어떻게 처리해야 할 것인가라는 문제에 직면해 대단히 곤혹스러웠을 것으로 여겨진다. 그러한 주요한의 곤혹스러움은 「노래를 지으시려는 이에게」 곳곳에서 나타난다. 예컨대 그가 민요의 8・8조 형식에 주목하지만 매우 단조롭다는 이유로 신시의 형식으로 규정하기 꺼리고, 일본 시가의 7・5조나 5・7조도 신시의 형식으로는 적합하지 않다고 판단해서 그대로 따르기 꺼렸던 것이 그 증거라고 하겠다.[50] 주요한은 심지어 신시의 형식보다는 신시의 내용이 보다 중요하다면서,[51] 신시의 형식에 관한 논의를 일부러 피한 것 같은 인상마저 주는데, 결국 그는 그러한 논의를 미해결의 과제로 남기고 말았다.

「시형(詩形)의 음율(音律)과 호흡(呼吸)」(1919) 이래 시의 형식에 대해 누구보다도 지대한 관심을 보여 온 김억 또한 주요한과 비슷한 곤혹스러움을 겪었던 것으로 보인다. 그는 서양시의 격(格, metre) 운(韻, rhyme)이나 한시의 평측(平仄)과 압운(押韻)이 모두 언어의 성질상 조선어에 적합하지 않다고 단정한다. 또한 시조의 음(音)과 조(調)도 모두 중국적인 요소들이므로 현대의 조선시가에는 적합하지 않다고 한다. 그러나 한편으로는 종장 첫 구의 3자만을 지키면 나머지 장에서는 자유로운 형식을 취할 수 있는 시조의 형식에 끝내 미련을 둔다.[52] 그러나 김억은 결국 그러한 시조의 자유로운 형식에 대한 미련마저도, 개인의 내면 리듬을 근간으로 하는 근대 자유시의 본질을 언급하는 가운데 포기하고 만다.[53]

50) 朱耀翰, 「노래를 지으시려는 이에게 (1)」, 『朝鮮文壇』 創刊號, 1924.9, 49~50면.
51) 朱耀翰, 「노래를 지으시려는 이에게 (2)」, 위의 책 第2號, 1924.11, 47면.
52) 金岸曙, 앞의 글, 앞의 책, 80면.

결국 김억 또한 조선적인 시형 발견의 문제를 대해 더 이상 언급하지 못한 채 후일의 과제로 남겨두게 된 셈이다.

이러한 사실들은 무엇보다도 1920년대 국민문학론이 선언적인 논설과 극히 개략적인 문학론 차원에서 이루어졌던 사정과 무관하지 않을 터이다. 또한 조선인 고유의 심성을 비롯하여 민요와 시조의 위상과 가치, 장르와 갈래의 명칭, 조선적 형식의 전범에 이르기까지, 그 모두가 어떠한 역사적 계기에 의해 자각하여 오랜 논의의 과정을 통해 귀납적으로 고찰되지 않고, 일본의 고쿠분가쿠의 방법론에 따라 조선의 사정을 조명하는 가운데 발견되었던 것이기 때문이다. 이것은 한편으로 1920년대 국민문학론자들의 세계문학의 중심에 대한 동시성의 욕망이 얼마나 강렬한 것이었는지 시사할 뿐만 아니라, 다른 한편으로는 그들이 동시대 조선의 문학청년들에게 '문학에 대한 통관'을 가질 것을 당부하는 교사의 위치에 있으면서도, 스스로 그것을 시급히 갖추어야 하는 이중의 과제를 안고 있었음을 시사하기에 충분하다. 따라서 그들에게 문학적 전통은 결코 자명한 실체가 아니라 시급히 애써 발견해야 할 과제였던 사정은 더욱 분명해진다.

그럼에도 불구하고 이러한 사실들은, 김억 등의 『조선문단(朝鮮文壇)』지의 문학론이 지닌 의의를 무색하게 한다기보다는 도리어 분명히 나타낸다고 하겠다. 1924년 무렵의 시점만을 한정해 보면, 이들이 조선문학에 대한 원론적인 논의의 장을 열어, 그 과정에서 문학적 전통을 발견하며, 나아가 그에 따른 몇 가지 과제를 부여받게 되는 일련의 과정만으로도, 1924년 무렵의 한국 근대문학의 변화를 시사하기에 충분하기 때문이다. 1924년 무렵 김억 등의 문학론이 불러일으킨 변화의 핵심은, "과연 조선에서 조선인이 조선어로 조선의 심성과 조선의 형식을 통해서 쓰는 조선시란 어떠한 것인가"라는 질문을 한국 근대문학사에서 최초로 제기했다

53) 金岸曙, 「作詩法 (5)」, 위의 책, 第11號, 1925.8, 78면.

는 데에 있을 터이다. 김억 등의 문학론은 바로 조선의 근대적인 자유시의 본질을 묻고 있었던 것이다. 그리고 그들은 스스로 제기한 명제와 그 해결의 길을 이후의 문학론과 작품 창작을 통해서 찾으려고 했고 또 찾아야만 했던 것이다.

제2장
국민문학론의 전개와 시조부흥론

1. 부침(浮沈)하는 『朝鮮文壇』의 문학론과 최남선

물론 1924년의 김억 등의 문학론이 등장하기 이전부터, '조선의 근대적 시가'에 대한 구상은 이미 몇몇 문학론을 통해서 산발적으로 등장했던 것도 사실이다. 예컨대 김억의 경우 심도 있게 나아가지는 못했으나, 시의 리듬은 궁극적으로 민족의 공통된 충동에서 연원한다는 「시형(詩形)의 음율(音律)과 호흡(呼吸)」(1919)과 같은 글을 발표한 바 있다.[1] 또한 현철(玄哲)은 황석우와의 논쟁 가운데에서이기는 하나, 조선시는 노래를 부를 만한 율조를 표준으로 한 것이며, 시라고 하는 것은 "情의 熱烈한 激昻에서 솟아나오는는" 것이므로 희노애락의 정서가 율격을 통해 표현

1) 岸曙生, 「詩形의 音律과 呼吸」, 『泰西文藝新報』 第14號, 京城 : 廣益書鋪, 1919.1.13.

된 것이라면, 시조라도 서구적인 의미의 시가 될 수 있음을 주장했을 뿐만 아니라,[2] 조선의 '국민시가'의 창안을 위해 고시(古詩)를 연구하여 시상, 시형, 민족성의 소재를 이해하고, 조선의 문장을 이해한 후, 외국의 시상, 시형, 주의주장(主義主張)을 참작하여 조선의 민족성으로 융입(融入)할 것을 주장한 바 있다. 나아가 그는 이러한 과정을 거치지 않은 조선의 국민시가는 한갓 도로(徒勞)나 신기루에 불과하다고 단언했다.[3] 특히 이 현철의 국민시가론은 이미 김억보다 4년 정도 앞서 시가, 영어의 '포에트리(poetry)', 불어의 '포에지(poesie)', 라틴어의 '포에타(poeta)'를 어원으로 하며, 『서경(書經)』의 「순전(舜典)」의 '시언지(詩言志)'의 '시(詩)' 바로 그것임을 밝히고, 그러한 시가 '성질상'으로는 '서사시(敍事詩)', '서정시(抒情詩)', '극시(劇詩)'로, '내용상'으로는 '주관시(主觀詩)'와 '객관시(客觀詩)'로, '형식상'으로는 '율어시(律語詩)'와 '현문시(現文詩)'로, 혹은 광의의 '문학'과 동의어로서 '소설(小說)', '극시(劇詩)', '신체시(新體詩)'로 나누는 장르론을 시도했다는 점에서 주목할 만하다.

그러나 이러한 산발적인 논의가 본격적인 국민문학론으로 수렴된 것은 두 말할 나위도 없이, 1924년 김억 등의 선언적인 문학론들일 터이다. 그러나 이 선언적인 문학론은, 김억의 「작시법(作詩法)」 연재 이후 그의 한 두 개의 서평을 제외하고는 곧장 진전된 형태로 나타나지는 않았다. 그나마 「작시법(作詩法)」 이후 김억이 발표한 문학론도, 조선의 작가들이 조선의 역사적 배경, 조선인의 생활과 사상을 몰각하고 외국문학의 흉내만을 낸다면, 시인 자신의 내면생활과 시대적인 반영이 사라지고 만다는 정도의 것으로,[4] 「조선심(朝鮮心)을 배경(背景)삼아」(1924)의 주장과 크게 다르지 않다. 아울러 김억 등의 문학론도, 적어도 1925년의 시점에서는 양명(梁明) 이외 다른 조선의 문학자들에게 큰 감화를 주었던 것으

2) 玄哲, 「批評을 알고 批評을 하라」, 『開闢』 第6號, 京城 : 開闢社, 1920.12, 97면.
3) 玄哲, 「所謂 新詩形과 朦朧體」, 위의 책 第8號, 1921.2, 129~130면.
4) 金岸曙, 「「朝鮮詩人選集」을 읽고서 (5)」, 『東亞日報』, 1926.12.12~22.

로는 보이지 않는다. 양명의 경우, '순전한 우리 문학'인 가요(歌謠, 즉 民謠)가 저 중국의 『시경(詩經)』의 시가에 못지않은 것으로서, 민속학 · 방언학 · 언어학적으로도 의미가 있을 뿐만 아니라, 조선의 민중문학사에서도 절대적인 위치를 점유하고 있다[5]고 함으로써, 우선 김억 등의 문학론에 동조했다. 예컨대 유럽의 특정한 문예사조가 아니라, 자국의 문학적 전통 가운데에서 자국 문학의 심성적 동일성을 발견하고자 하는 태도가 바로 그 증거이다. 그러나 양명의 이 문학론이 앞서 언급한 김억 등과 근본적으로 문학, 혹은 시에 대한 근대적인 관념을 공유하고 있었던 것인지는 분명히 알 수 없다. 아울러 그의 이른바 '민중문학'의 개념이 김억 등의 '국민문학'의 개념과 일치하는 것인지도 분명히 알 수는 없다.

그렇다면 김억 · 이광수 · 주요한은 물론이거니와 현철 등이 1924년의 선언적 문학론을 발표한 후 그들의 논의를 심화시키지 못했던 이유는 무엇인가. 그것은 우선 그들이 박영희(朴英熙)의 「신경향파문학(新傾向派文學)과 그 문단적(文壇的) 지위(地位)」(1925.12)에 대해 염상섭(廉想涉)을 필두로 시작된 본격적인 프로문학에 대한 비판(1926.1)에 가담한 사정과 무관하지 않을 것이다. 김억이 염상섭에 동조해서 「프로문학(文學)에 대(對)한 항의(抗議)」(1926.2)를 발표하고, 한편으로 이광수가 「문학(文學)과 '부르'와 '프로'」(1926.3)를 발표하는 사이, 제1장에서 거론한 바와 같은 1920년대 국민문학론의 중요한 결락점들, 이를테면 조선의 문학적 전통을 발견하고, 조선인 고유의 심성을 발견하는 과제나, 조선어로 이루어진 조선적인 시형이란 과연 무엇인지를 밝히는 것으로부터, 조선의 문학적 전통으로서 민요와 시조에 대한 정의, 범주 구성, 구술문화 전통의 의의, 정형시 선택의 당위성에 대한 논의까지 자연스럽게 유보되었던 것으로 보인다. 바로 이러한 사정에서 그들의 문학론은 선언적 수준에서

---

5) 梁明, 「文學上으로 본 民謠童謠와 그 採集」, 『朝鮮文壇』 第5號, 1925.8.

그치고 말았다고 해도 무방할 것이다.

그러한 가운데 1924년 김억 등의 문학론과 다른 방향에서 국민문학론을 전개한 사람은 바로 최남선(崔南善)이었다. 최남선은 1926년 『조선문단(朝鮮文壇)』지에 「조선국민문학(朝鮮國民文學)으로의 시조(時調)」와 「시조태반(時調胎盤)으로의 조선민성(朝鮮民性)과 민속(民俗)」을 연이어 발표한다. 사실상 최초의 근대 시조론인 두 편의 문학론은, 무엇보다도 시조를 조선의 '순정한 서정시가'로 복권시킨 김억의 「작시법(作詩法)」의 등장에 힘입은 바 큰 것으로 보인다. 물론 최남선은 이 두 편의 논문을 발표하기 훨씬 이전인 1910년부터 조선광문회(朝鮮光文會)의 설립을 주도하면서 『가곡선(歌曲選)』(1913)을 편찬하고, 「고금시조선(古今時調選)」(1918)을 발표한 바 있지만, 적어도 「고금시조선(古今時調選)」의 발표 이후 무려 10년 가까운 세월이 지나서 창작 시조집인 『백팔번뇌(百八煩惱)』(1926)를 발표하고, 또 그로부터 2년 후 『시조유취(時調類聚)』(1928)를 발표할 수 있었던 것도, 1924년 이후의 국민문학 담론의 등장과 무관하지 않을 터이다. 특히 이제 검토하게 될 최남선의 문학론과 창작은, 국민문학 담론이 거론조차 하지 못했던 문제들 가운데에서, 이를테면 조선인 고유의 심성의 본질을 비롯하여 조선적 형식의 전범으로서 시조의 위상과 가치에 대해 가장 앞서 적극적인 논의를 전개했다는 점에서 대단히 중요한 의미를 지닌다.

하지만 최남선의 문학론과 창작 시조집이나 시조 앤솔로지가 단지 국민문학 담론의 전개과정에 편승하는 가운데에서 이루어졌다고만은 볼 수 없을 터이다. 그것은 무엇보다도 최남선의 문학론은, 김억 등의 단지 선언적인 수준의 '조선심'이나 '조선적 정조' 등의 개념을 단군 중심의 단일민족신화를 통해 규정하려 했다는 점에서, 저 김억 등의 국민문학론자들과 분명히 다르기 때문이다. 사실 최남선은 「불함문화론(不咸文化論)」(1925)이나 「단군론(檀君論)」(1925) 등의 단군 중심의 고대사 연구를 통해서, '조선심'과 '조선적 정조'를 바로 단군에 대한 흠숭(欽崇)과 신앙으로 형상화했다. 그는 단군이야말로 조선과 조선심의 궁극적인 표상이며, 조선영토의 개척자, 조선문화의 창시자, 조선생활의 건설자, 조선민족의 혈연상 시조, 조선정신의 인격화 등으로 절대화하면서, 단군 중심의 조선사로부터 조선정신이 부활할 것임을 주장한다. 최남선의 이러한 단군 중심의 조선사인식은 단순한 역사관으로 그치지 않고, 곧장 단군에 대한 신앙심과 결합하기에 이른다.[6)]

한편 최남선의 이러한 단군 중심의 조선사인식, 단군에 대한 신앙심은, 조선의 산하야말로 단군 중심의 조선사의 현장임을 고증하는 데로 나아갔다. 최남선은 이미 한일합방이 있었던 메이지 말부터 일본의 신문・잡지 등의 메스미디어를 통해, 예컨대 『역사지리(歷史地理)』나 『민족과 역사[民族と歷史]』 등의 역사학 잡지를 통해, 일본의 인류학・역사학・언어학자 등이 혼합민족론(混合民族論)・일선동조론(日鮮同祖論)과 같은 담론을 형성하고 있었던 사정을 분명히 알고 있었다. 특히 혼합민족론과 일선동조론의 대가로 알려진 키다 마사키치[喜田貞吉]와 같은 역사학자가, 1921년에는 조선에까지 와서 일선동조론을 강연하고 그 경험을 「경신선만여행일지(庚申鮮滿旅行日誌)」와 같은 기행문으로까지 남겼던 사정을 최남선이라고 모를 리 없었다.[7)] 더욱이 최남선은 조선총독부(朝鮮總督府)가 조선사편수회(朝鮮史編修會)를 두고(1922) 『조선사(朝鮮史)』를 편찬하고 고적(古蹟)조사사업을 일으키는 일련의 과정에서 식민지 역사가 새롭게 창안되는 과정을 착잡하게 바라보았던 것으로 보인다.[8)] 이에 따라 최남선은 인문지리학적 소개서 형식의 「백두산(白頭山)의 신비(神秘)」(1926)・「백두산지(白頭山誌)」(1926)・「단군굴(檀君窟)의 영적(靈蹟)을 가진 영변(寧邊)의 묘향산(妙香山)」(1928) 등의 글을 발표하는 한편, 『풍악유기(楓嶽遊記)』(1925)・「심춘예찬(尋春禮讚)」(1926)・「백두산근참기(白頭山覲參記)」(1927)・「금강예찬(金剛

6) 崔南善, 「檀君께의 表誠－朝鮮心을 具現하라」, 『六堂崔南善全集』 第9卷, 玄岩社, 1973, 192면, 196～197면.

7) 小熊英二, 「第6章 日韓併合」, 「第7章 「差別解消」の歷史學」, 『單一民族神話の起源』, 東京 : 新曜社, 1995.

8) 한영우, 「민족주의 사학의 성립과 전개」, 『한국민족주의역사학』, 일조각, 1994, 15면.

禮讚)」(1928)과 같은 기행문을 썼다.[9)]

이 가운데에서 특히 주목해야 할 부분은, 최남선이 단군 중심의 단일 민족신화를 근간으로 '조선심'과 같은 조선인 심성의 본질을 규명하려 했던 한편으로, 그 '조선심'의 문학적 표상을 바로 시조라는 '조선적 형식'으로 이해하고자 했던 점일 것이다. 이와 같은 사정을 염두에 두고 본다면, 시조에 대한 최남선의 남다른 애착은, 단지 개인의 심미적 취향이라기보다 전근대의 문화적・역사적 자산을 발굴해서 조선사의 새로운 전통으로 고안하고자 했던, 그의 조선학의 이념과 그 실천에서 비롯한다고도 볼 수 있다. 이와 관련해서 일찍이 홍명희(洪命憙)가 『백팔번뇌(百八煩惱)』의 시조들을 두고 '조선에 대한 사랑'의 서정시로, 아울러 국토기행문을 두고 서사시[10)]로 명명한 것은, 최남선의 문학적 편력에 대한 대단히 예리한 지적이 아닐 수 없다.

2. 국민문학론의 논리와 근거

최남선은 1926년 5월에 「조선국민문학(朝鮮國民文學)으로의 시조(時調)」를 발표하는데, 이 글에서 최남선은 한 두 해 전에 발표된 김억과 이광수의 문학론을 이른바 국민문학론, 시조부흥론으로 발전시켰다. 이 글에서 최남선은 가장 먼저 조선에 '조선심'이 구원(久遠)한 각성을 보이기 시작했다는 것, 그리고 시조 부흥의 기운이 조선의 문단에 일고 있다는 것을

9) 이에 대해서는 다음의 서지를 참조할 수 있다. 구인모, 「국토순례와 민족의 자기구성」, 『한국문학연구』 제27집, 동국대 한국문학연구소, 2004.12.
10) 洪明熹, 「題語」, 『百八煩惱』(崔南善), 京城 : 東光社, 1926, 4면.

애써 강조한다. 과연 그의 주장대로 조선에 시조 부흥의 기운이 실재했는지는 의문이나, 실제로는 앞서 언급한 김억의 「작시법(作詩法)」 정도임을 염두에 두고 보면, 그의 주장은 과장에 가까운 것으로 여겨진다. 어쨌든 그는 단테(Alighieri Dante)의 『신곡(神曲)*La Divina Commedia*』, 괴테(J.W. Goethe)의 『파우스트*Faust*』를 언급하며, 조선의 시조가 이에 못지않은 시(詩)로서의 가치가 있다고 한다. 그리고 최남선은 곧장 다음과 같이 시조를 정의한다.

> (時調가)人類의 詩的 衝動, 藝術的 欝悒의 流露宣揚되는 主要한 一範疇
> 詩(時調)의 本體가 朝鮮國土, 朝鮮人, 朝鮮心, 朝鮮語, 朝鮮音律을 通하야 表現한 必然的 一樣式
> (時調가)世界 온갖 系統 又 潮流의 文化, 藝術이 흘러서 흘러서 朝鮮이란 체로 들어가서 밧처 나온 걸려나온 一精液[11]

이 자신감어린 주장은 흥미로운 몇 가지 문제들을 망라하고 있다. 우선 이 글에서 최남선은 『신곡(神曲)』, 『파우스트』와 시조가 동등한 가치를 지닌다고 보고 있는데, 이러한 사고는, '시조'를 서양의 'literature'나 'poetry'라는 범주 아래에 두지 않고서는 불가능하다.[12] 비단 『신곡(神曲)』이나 『파우스트』만이 아니라, 최남선은 일찍이 『가곡선(歌曲選)』의 서문에서 "夫歌者ㄴ 觸語心發於情ᄒᆞ야 永其言而寓諸懷者也"[13]라는, 『서경(書經)』 「순전(舜典)」의 유명한 시에 대한 정의인 "詩言志, 歌永言" 구절을 연상하게 하는 정의를 했던 것이나, 또 시조가 마치 『시경(詩經)』의 '국풍(國風)'에 비견할 만한 것인 양 '풍요(風謠)'라고 명명했던 것을 염두에 두고 보면, 시조는 『시경(詩經)』과도 비견되는 것으로 보았던 것을 알 수 있다.

---

11) 崔南善, 「朝鮮國民文學으로의 時調」, 『朝鮮文壇』 第16號, 1926.5, 4~7면.
12) 이 또한 김억의 「作詩法」 제7회의 조선시가의 갈래구분의 내용과 거의 비슷하다는 점에서 주목을 요한다. 김억의 「作詩法」과의 관계에 대해서는 앞으로도 검토되어야 할 것이다.
13) 南岳主人 撰訂, 「歌曲選序」, 『歌曲選』, 京城 : 新文館, 1913, 1면.

최남선이 시조를 이와 같이 정의했던 것은, 무엇보다도 "朝鮮이 相當한 文學國"임을 강조하고자 했기 때문일 터이다. 조선의 문학이 서구 근대문학을 사숙하지 않더라도, 이미 "民族獨自의 文學의 殿堂을 만들어가진 者"임을 애써 강조하는 가운데에는, 그의 완고한 전통지향은 물론이거니와, 서양문학과 조선문학, 나아가 서양문화와 조선문화를 대등한 위치에 놓고자 하는 의도마저 담겨 있다. 시조가 『신곡(神曲)』·『파우스트』·『시경(詩經)』과 함께 'literature'나 'poetry'의 개념 안에서 대등한 가치를 지닌다고 보는 문학관은, 두말할 나위도 없이 일반과 개별의 관계로서 세계문학과 국민문학의 개념을 상정하지 않고서는 불가능하다. 위에서 인용한 정의는 바로 이러한 문학관으로 인해 가능했던 것으로 보아야 할 것이다.

조선문학을 국민문학의 개념으로 바라보게 되면, 조선문학의 개별성을 나타내는 '조선심'이나 '조선아(朝鮮我)'와 같은 조선인의 공통심성이나, 조선인 공동체 내부의 자기 인식이 중요한 가치를 지닌 것으로 부상하게 되는 것은 필연적이라 할 수 있다. 최남선이 '조선심', 나아가 조선문학의 '향토성(鄕土性)'을 애써 강조했던 것은 바로 이러한 사정에서 비롯한 것으로 보인다. 그가 말한 이 '향토성'이란 조선인 고유의 사상과 정서, '고뇌희원(苦惱希願)'이나 '미추애락(美醜哀樂)'과 같은 미학적 자질뿐만 아니라, '조선(朝鮮)스러움'으로 표상되는 조선인의 생활상까지 포괄하는 개념이다. 최남선은 이 '향토성'을 '국민성'과 같은 개념으로 보고, 이를 보다 심도 있게 거론하기 위해, 「시조태반(時調胎盤)으로의 조선민성(朝鮮民性)과 민속(民俗)」을 발표한다. 미완성으로 그치고 만 이 글에서 최남선은, 조선인이 사상적 경향으로서는 '외선적(外宣的) 인종(人種)'이며, 음악적 경향으로서는 '성악적(聲樂的) 인종(人種)'이며, 고대로부터 '한우님'을 통일원리로 하는 신앙생활을 하며, 또 '노래부르기를 좋아하는 국민이요 또 민족'이라고 규정한다. 그리고 '간소평명(簡素平明)'한 국민성, '탄이직재(坦易直裁)'한 국민신앙, '평화안이(平和安易)'한 사회상태에서 배태한 것이 바로 시조라고 보았다.[14]

이러한 최남선의 문학론 또한 김억 등과 마찬가지로 일본 메이지 고쿠분가쿠 학자들이 독일의 문헌학의 학풍에 따라 자국 문학의 본질을 국민의 정신사에서 파악하려 했던 사정과 무관하지만은 않다. 메이지 고쿠분가쿠 연구자들이 『서경(書經)』 「순전(舜典)」의 '시(詩)'와 더불어 일본의 '우타[歌]', 야마토우타[倭歌·和詩]' 등의 시이카[詩歌]를 서양의 'poetry'의 개념에 적응시킨 일련의 성과와 그 방법론을 최남선 또한 충분히 알고 따랐던 것으로 보인다. 이와 같은 '시(詩)' 혹은 '시가(詩歌)'에 대한 정의들 또한 최남선 국민문학론의 중요한 중심점으로서 세계문학과 국민문학의 개념, 그리고 메이지 일본의 '국민시가의 창출' 담론을 배경으로 하고 있기 때문이다.

굳이 '국민문학'이나 '국민시가'와 관련해서 생각할 수 없다고 하더라도, 최남선이 일찍부터 국민 개송(皆誦)·개창(皆唱)의 문학을 구상하고 있었음은 알려진 사실이다. 그가 「해(海)에게서 소년(少年)에게」(1908)를 비롯한 허다한 창가를 통해, 개인적 서정이 아닌 문명개화의 이상을 창가의 형식을 빌어 표현하려고 했던 것도 그러한 구상과 무관하지 않을 터이다. 근대화의 이상과 그 이념을 문학을 통해서 구현하려고 했던 최남선의 효용론적 문학관은, 저 동인지 문학의 미학주의가 위세를 떨치는 가운데에서도 결코 폐기된 적이 없었다. 오히려 그는 조선의 고유한 정취와 자별한 색채, 특수한 수사를 완상할 수 있는 갈래가 바로 '시조'이며, 시조를 통해 당시의 조선문학을 부식(扶植)해야 한다[15]는 입장을 부단히 강조했다.

그러한 최남선이 '국민문학'이나 '국민시가'의 문제를 분명하게 자각하기 시작했던 것은, 그가 『청춘(青春)』지에 발표했던 「고금시조선(古今時調選)」을 발표하던 무렵부터였던 것으로 보인다. 이 글에서 최남선은 시조야말로 조선문학 가운데에서 가장 보편의 형식과 구원(久遠)한 유래

14) 崔南善, 「時調胎盤으로의 朝鮮民性과 民俗」, 『朝鮮文壇』 第17號, 1926.6.
15) 南岳主人 撰訂, 앞의 글, 앞의 책, 1면.

를 지닌 갈래임을 강조하면서, 시조의 기원이 바로 고구려의 을파소(乙巴素), 백제의 성충(成忠)으로 비롯한 『가곡원류(歌曲源流)』의 고대 인물들의 시조들을 발굴해서 그 의미를 부여했다.[16] 오늘날에는 위작의 의혹을 받는 작품들을 최남선이 굳이 그러한 작품들을 주목했던 것은, 무엇보다도 그가 시조를 두고 "句調, 音節, 段落, 體制의 定型을 가진 唯一한 成形文學"[17]이라고 정의한 데에서도 알 수 있듯이, 시조가 문자로 기록된 조선문학 가운데에서도 유일하게 저 고대 이후 조선시대에 이르기까지 장구한 역사 동안 그 형식적 통일성을 유지한 채 문헌으로 계승된 갈래라고 보았기 때문이다.

이러한 시조를 국민문학으로서 조선문학의 중심 갈래로 삼으면, 조선의 시가 나아가 조선문학의 기원을 저 고대로까지 소급할 수 있게 될 터이다. 최남선은 시조에 국민문학의 지위를 부여하기 위해서는 무엇보다도 역사성이 중요하다고 보았던 것으로 여겨진다. 그것은 무엇보다도 그가 『시경(詩經)』과 『만엽집(萬葉集)』을 의식했기 때문일 것이다. 최남선은 시조의 역사성을 부각시킴으로써 시조를 정전화하는 일이야말로 조선문학을 세계문학의 반열에 오르게 하는데 필수불가결하다고 여겼던 것이다. 바로 그러한 사정에서 최남선은 일찍이 『가곡선(歌曲選)』에서 시조를 중국의 『시경(詩經)』의 '풍(風)'에 비견했던 것이고, 또 텐치[天智] 천황 이후 역대 단카[短歌] 백수를 모은 단카집 『백인일수(百人一首)』[18]의 카루타[歌留多]를 모방해서, 시조 가투(歌鬪)놀이 카드인 '가투원본시조백수(歌鬪原本時調百首)'까지 발행하고 시조 가투놀이 대회까지 개최했

16) 崔南善, 「古今時調選」, 『青春』 第12號, 京城 : 新文館, 1918, 3, 83면.
17) 崔南善, 「朝鮮國民文學으로의 時調」, 『朝鮮文壇』 第16號, 1926.5, 5면.
18) 『百人一首』는 가마쿠라[鎌倉] 시대의 가인(歌人)인 후지와라노 사다이에[藤原定家]가 고대 텐치[天智] 천황(626~671)으로부터 쥰토쿠[順德] 천황(1197~1242)까지 가인 백 명의 뛰어난 와카를 연대순으로 한 수씩 엮은 와카집이다. 이 와카집의 작품은 『古今貨歌集』·『新古和歌今集』 등의 칙찬(勅撰) 와카집에서 선택된 작품들로 이루어졌으며, 가도(歌道)의 입문서로서 꾸준히 읽혔다.

던 것[19]이다.

1926년 최남선이 발표한 두 편의 문학론은, 조선의 시조를 서양의 'poetry'의 번역어로서 '시(詩)'임을 주장하고, 나아가 중국의 『시경(詩經)』, 일본의 『만엽집(萬葉集)』에 비견할 만한 문학적 전통을 발견함으로써, 조선문학을 세계문학의 반열에 올려놓으려는 최남선의 의도를 담고 있다고 하겠다. 이 가운데에서 최남선은 저 일본의 고쿠분가쿠의 성과들로부터 참조의 대상을 얻으려 했다. 최남선은 이 짧은 두 편의 문학론에서는 미처 언급하지 않았으나, 틀림없이 조선문학사라는 한편의 거대서사를 염두에 두고 있었을 터이다. 조선문학이 담지한 민족 공통의 심성, 조선문학의 기원과 전통을 언급하기 위해서는 무엇보다도 조선의 문학사를 염두에 두지 않고서는 불가능하기 때문이다. 이미 이광수가 「문학(文學)에 뜻을 둔 이에게」나 「문학강화(文學講和)」에서 누누이 언급했던 '문학(文學)에 대(對)한 통관(通觀)', 즉 조선문학사에 대한 인식을 최남선 또한 국민문학을 논하는 가운데 하고 있었다고 보아야 할 터이다. 그가 시조의 부흥을 역설했던 것도, 바로 시조가 조선문학사의 서사를 가능하게 하는 중심 화소(話素)라고 보았기 때문이다.

3. 시조와 국민문학론의 이상

그렇다고 하더라도 최남선은 왜 자유시나 허다한 고전시가의 양식들을 제쳐 두고 시조를 '조선정신'과 '조선심'을 현현하는 유일한 형식이

---

19) 임선묵, 「제2부 현대시조 연구－육당론」, 『시조시학서설』, 청자각, 1974.

라고 보았던 것일까. 우선 그가 시조를 "句調, 音節, 段落, 體制의 定型을 가진 唯一한 成形文學"이며, "快活純坦한 同時에 悠長閒雅한 朝鮮情調의 特質을 용하게 織出한 匹練"[20]이라고 정의한 대목을 살펴보기로 하자. 요컨대 최남선은 무엇보다도 시조의 정형성과 완결성, 표현의 단순함과 그에 따른 여운을 미학적 자질로 여기고 있는 것으로 보인다. 그러한 사정에서 그는 『백팔번뇌(百八煩惱)』(1926)의 작품들에서 시도한 바와 같이 평시조(平時調)의 형식을 고수하며, 특히 '3・4・4・4/3・4・4・4/3・5・4・3'의 엄격한 자수율을 고집했다. 조선시대 사대부의 성리학적 미의식을 반영한 평시조의 작품세계에서도 알 수 있듯이, 이러한 형식은 시적 대상에 대한 즉자적이고 단성적인 시적 진술만을 허용하며, 서정적 개인의 내면의 육성(肉聲)보다는 선험적이고 공리적 질서체계 아래에서의 가성(假聲)을 표현하기 일쑤였다. 최남선은 바로 그러한 가성의 표현에 주목했던 것으로 보인다. 성리학의 선험적이고 공리적 질서체계의 자리에 '조선심', 즉 조선인의 공통심성을 대입하게 되면, 평시조의 형식도 얼마든지 유용한 형식이 될 수 있다고 보았을 터이다.

바로 여기에서 최남선이 굳이 시조를 선택한 이유가 자명해진다. 그는 시조를 통해서 조선인으로 하여금 단군 중심의 단일민족신화에 스스로 복무하고, 그러한 단일민족신화에 자신의 운명을 맡기도록 요구했던 것이다. 그것은 최남선이 시조를 근본적으로 독서방식으로서 묵독이 아닌, 가창(歌唱)이나 음영(吟詠)의 방식으로 감상했던 사정과 결코 무관하지 않다. 김동환(金東煥)도 지적한 바 있지만, 최남선은 『백팔번뇌(百八煩惱)』(1926)를 발표할 무렵, 평시조 한 수를 몇 분에 걸쳐 읊는 시조창(時調唱)을 염두에 두고 있었던 것으로 보인다.[21] 묵독이 아닌 암송과 가창

20) 崔南善, 「朝鮮國民文學으로의 時調」, 『朝鮮文壇』 第16號, 1926.5, 5면.

21) 김동환은 계명구락부(啓明俱樂部)에서 심천풍(沈天風)이 2분 40여 초에 걸쳐 시조를 읊고, 최남선이 시간을 측정하며 감상한 흥미로운 일화를 언급하는데, 시조에 대한 비

으로 시조를 감상한다는 것은, 결국 시조의 구절들을 반복해서 암송하는 가운데 그 내용을 내면화하고, 시조의 음율로 가창을 하는 가운데에서 율격에 자신의 육체적 감각을 일치시키는 것, 바로 그러한 감상의 방식이야 말로 최남선 자신은 물론이고 수많은 조선인 독자들을 공동체의 보편적 심성과 그 형식에 스스로 복무하게 하고 자신의 운명을 맡기도록 요구할 터이다. 최남선은 바로 그러한 시조의 가창을 통해서 조선인의 불멸의 현존과 그 동일성을 체득하는 길을 발견하고, 또한 국민문학의 이상을 발견했던 것으로 보인다.

최남선이 평시조의 형식을 선택하고, 특히 가창 형식의 감상을 선택했던 사정은, 최남선보다 앞서 국민문학론을 주도한 김억과 주요한이 민요와 시조에서 조선적 시형발견의 가능성을 모색하면서 근대적인 자유시의 이상을 실현하고자 했던 사정과 분명한 대조를 이룬다. 최남선은 정형시로서 평시조 형식의 엄격한 정형률과 가창을 통한 감상의 방법을 고수하여, 스스로 근대적인 자유시로 이행이라는 근대시의 이상으로부터 멀어졌다고 보아야 할 것이다. 어차피 스스로도 일찍이 자신의 천품이 시인이 아니라고 공언한 바도 있는 최남선이고 보면, 근대적인 자유시의 가치와 같은 것은 『백팔번뇌(百八煩惱)』의 발표 당시에 염두에도 없었을지 모른다. 최남선이 근대적인 자유시의 가치보다 더 중요시했던 것은, 단군의 자손으로서 조선인의 불멸의 현존과 그 동일성을 문학적으로 표상하고, 나아가 조선의 국민문학으로서 시조가 『시경(詩經)』이나 『만엽집(萬葉集)』은 물론이거니와, 단테의 『신곡(神曲)』이나 괴테의 『파우스트』에 비견할 만한 세계문학의 유산임을 입증하는 국민문학의 과제였기 때문이다.

근대적인 자유시를 중심으로 한 근대시의 이상을 외면하고서도 세계문학 일반의 수준을 성취할 수 있다고 본 최남선의 문학관은, 그가 「불함문화론(不咸文化論)」(1925)과 「살만교차기(薩滿敎箚記)」(1927)를 통해 단군

판의 내용은 일단 차치하고서라도 당시 지식인들의 시조 감상의 풍경을 엿볼 수 있는 사례로서는 의의를 지닌다. 金東煥, 「時調排擊小議」, 『朝鮮之光』 第68號, 1927.6, 4면.

이 고대 동아시아 보편 문화론의 중심일 뿐만 아니라, 세계 고대문화의 보편 문화론의 중심이기도 하다는 것을 주장함으로써, 단군의 인류학적 보편성을 추구했던 사정과도 무관하지 않다. 아울러 그가 조선의 산하를 기행하는 가운데에서 동시대 조선인의 삶을 소거한 채, 역사 이전의 신화와 대면하려고 했던 태도와도 무관하지 않을 터이다. 이러한 사정을 염두에 두고 볼 때, 그가 『가곡원류(歌曲源流)』의 성충과 을파소의 시조를 의심할 바 없는 시조의 기원으로 삼을 수 있었던 것으로 보인다. 최남선의 이러한 시조에 대한 인식은, 조선의 역사와 문화의 정통성이 바로 단군을 기원으로 하는 부여족의 역사와 문화에 있으며, 나아가 그것이 동북아시아 불함문화권을 형성한다는 그의 역사인식과 정확하게 부합되기 때문이다.

최남선이 비록 조선은 괄목할 만한 근대문학의 성취를 이루지 못했다고 하더라도, 시조를 통해서 혹은 문학의 소재로서 민요를 통해서, 세계문학 일반의 수준을 성취할 수 있을 것으로 볼 수 있었던 것은, 바로 이러한 역사관과 무관하지 않을 터이다. 그러나 이러한 역사관보다도 저 일본의 고쿠분가쿠의 선례 덕분이라고 해야 옳을 것이다. 특히 그가 일본의 『백인일수(百人一首)』의 카루타를 모방해서, '가투원본시조백수(歌鬪原本時調百首)'를 발행하고 시조 가투놀이 대회까지 개최했던 사정을 거듭 주목할 필요가 있다. 일본의 고쿠분가쿠가 키키분가쿠[記紀文學 : 『古史記』와 『日本書紀』의 시가와 설화], 『만엽집(萬葉集)』 이후, 일본 민족이 시가를 통해 표상한 야마토 고코로[大和心]의 보고(寶庫)이자 일본 민족 아이덴티티의 표상으로서 의미를 부여했던 것이 바로 『백인일수(百人一首)』이다. 그것은 바로 황실을 중심으로 일본의 민족이 문화적 동질성을 지니고 있다는 단일민족 신화의 중요한 상징물 가운데 하나이다. 최남선이 이 『백인일수(百人一首)』의 카루타를 통해서 본 것은, 바로 국민시가의 창출을 통한 단일민족 신화이며, 국민국가의 문화적 공동체의 이상일 터이다.

이러한 사정에서 도이 코우치[土居光知]의 「국민문학과 세계적 문학

「國民文學と世界的文學」은, 비록 최남선보다 한해 늦게 발표되기는 했으나, 최남선의 국민문학론의 이상이 무엇인지 시사한다는 점에서 중요하다. 이 글에 따르면, 키키분가쿠 이후 일본의 고쿠분가쿠는 황실 중심 국가로서 일본의 야마토 고코로의 발로이며, 헤이안[平安] 시대, 도쿠가와[德川] 시대를 거쳐 메이지시대에 이르는 동안 국가중심의 이념을 제공했다고 한다. 또한 그 과정은 고대 그리스 문학에서 중세 이후 문예부흥기의 단테의 『신곡(神曲)』 시대를 거쳐 유럽의 세계정신을 표상한 괴테의 『파우스트』에 이르는 역사적 전개과정과 동일하다고 한다.[22] 도이 코우치의 이 글을 염두에 두고 보면 최남선이 일본 고쿠분가쿠의 성과를 거울삼아 시조를 국민문학의 개념범주에서 재정의하려고 했음은 자명해지지 않을 수 없다. 도이 코우치의 이 글이 사실상 당시 일본 고쿠분가쿠 내부의 일반론을 반영한다고 보면, 최남선 또한 근대문학을 괄호로 묶고 조선의 문학도 세계문학의 일반의 수준을 성취할 수 있다고 보았던 것은 무리가 아니었을지도 모른다.

4. 국민문학으로서 시조, 민족 이데올로기

그러나 최남선이 언급한, 조선문학의 개별성을 표상하는 '조선심'이나 '조선아(朝鮮我)'와 같은 조선인의 공통심성, 아울러 그의 표현을 빌자면

22) 土居光知, 「國民文學と世界的文學」, 『再訂 文學序說』, 東京 : 岩波書店, 1927. 최남선의 문학론은 사실상 이 글의 조선어 판본이라 해도 무방할 정도로 일치하는 부분이 많다. 저자 서문에 따르면 이 글은 『文學序說』(1925)의 재판에 수록된 글이라고 하는데, 최남선과 도이 코우치의 관계에 대해서는 앞으로 검토할 여지가 있다고 본다.

'향토성(鄕土性)'과 같은 개념은, 김억 · 이광수 · 주요한보다는 훨씬 폭넓고 구체적인 지적, 감성적 편력 가운데에서 정련된 것이었다. 그리고 앞서 검토한 바와 같이 시조가 『신곡(神曲)』 · 『파우스트』 · 『시경(詩經)』과 함께 'literature'나 'poetry'의 개념 안에서 대등한 가치를 지닌다고 보는 최남선의 관점에서 알 수 있듯이, 그는 문학론과 창작을 통해 조선과 동아시아, 혹은 조선과 서양 사이에 가로놓인 로컬리티의 위계(hierarchy)나, 이를 통해 형성된 심상지리(心象地理, imagined topography)를 탈구축(deconstruction)하고자 하는 구상을 하고 있었던 것이다. 이러한 사정은 최남선의 시조 정의 가운데 두 번째 항목인 '조선국토'에 대한 언급을 통해서도 알 수 있다. 그가 시조를 정의하는 가운데에서 굳이 '조선국토'를 언급했던 것은 바로 그러한 구상 혹은 기획 때문이었던 것이다. 최남선은 바로 그러한 구상이나 기획을 통해 궁극적으로는 조선문학 나아가 조선이라는 지역을 재영토화(reterritorialization)하고자 했다고 하겠다.

바로 그러한 사정에서 최남선이 『풍악유기(楓嶽遊記)』(1925) · 「심춘순례(尋春巡禮)」(1926) · 「백두산근참기(白頭山覲參記)」(1927) · 「금강예찬(金剛禮讚)」(1928)과 같은 기행문을 통해 조선의 산하가 조선심의 현현임을 주장하는 한편으로, 「불함문화론(不咸文化論)」(1925) · 「단군론(檀君論)」(1925) · 「단군급기연구(檀君及其硏究)」(1928) · 「단군신전(檀君神典)의 고의(古意)」(1928) 등의 고대사 연구를 통해, '조선심'을 단군 중심의 단일민족신화로 규정할 수 있었던 것이다. 좀 더 부연하자면 최남선이 '조선국토'야 말로 "山河 그대로 朝鮮의 歷史며 哲學이며 詩며 精神",[23] 즉 조선인의 공통심성이자 함양해야 할 정신적 표상인 '조선심'을 현현하는 심상지리의 공간으로 보았던 사정이나, "壇君은 朝鮮 及 朝鮮心의 궁극적 標幟"라면서 "壇君이 즉 朝鮮이시다"[24]고 기회가 있을 때마다 부르짖었던 것은, 바로 그 증거라고 할 수 있는 것이다.

23) 崔南善, '巡禮記의 卷頭에', 「尋春禮讚」, 『六堂 崔南善 全集』 第6卷, 玄岩社, 1973, 259면.
24) 崔南善, 「壇君께의 表誠－朝鮮心을 具現하라」, 『六堂 崔南善 全集』 第9卷, 玄岩社, 1973, 76면.

이러한 최남선의 기행문은 대개 단군의 유적을 답사하는 여정을 중심으로 이루어졌으며, 또한 그러한 여정은 흔히 '어버이'를 만나러 가는 길로 비유되었다. 그러한 기행문이야말로 단일민족신화의 서사임은 앞서 간단히 언급한 바와 같다. 이 단일민족신화의 서사에 미만한 최남선의 감개가 서정적 형식을 빌어 표현된 것이 바로 『백팔번뇌(百八煩惱)』 가운데 제2부인 「구름 지난 자리」 연작이라고 하겠다.

아득한 어느제에
님이여긔 나리신고,

버더난 한가지에
나도열림 생각하면,

이자리 안차즈리까
멀다놉다하리까.

—「壇君窟에서(妙香山)」

어머니 내어머니
아을스록 큰어머니,

다수한 품에들어
더욱늣길 깁흔사랑,

써돌아 몸얼린일이
새로뉘처집내다.

—「天王奉에서(智異山)」[25)]

'님' 즉 단군의 한 가지로 태어나서, 역사의 풍상에도 불구하고 면면

25) 崔南善, 『百八煩惱』, 京城 : 東光社, 1926, 41면, 61면.

히 이어져 온 조국의 산하를 사랑할 수밖에 없다고 하는 시인의 고백은, 이 「구름이 지나간 자리」의 주된 선율을 이룬다. 인용한 첫 번째 작품에서 주목해야 할 것은 바로 이 시인의 고백이다. 단군으로부터 뻗어난 한 가지에 나도 열렸다는 화자의 감탄은, 바로 단군을 기원으로 하는 단일민족으로서 조선인 공동체의 동일성에 대한 인식에서 비롯한다. 그리고 이러한 동일성에 대한 인식은, 민족의 정체성에 대한 단순한 각성의 차원이 아니라, 두 번째 작품에서 알 수 있듯이 모성에 대한 향수와 회귀를 간구하는 탕자(蕩子)의 참회에서 비롯한다는 점을 간과해서는 안 된다. 신약(新約) 복음서(福音書)의 유명한 탕자의 일화를 연상하게 하는 「천왕봉(天王奉)에서(智異山)」에서,[26] 이 탕자가 돌아가서 안길 어머니의 따스한 품, 그 품의 깊은 사랑이란, 침략과 저항으로 얼룩진 세계사적 소외나 폭력적인 주체 구성의 원리와 격절된, 또한 도구적 합리성이나 탈마법화를 경험하지 않은 총체성의 세계이다. 최남선의 시조에 나타난 이러한 민족적 동일성에 대한 인식과 수사들이야말로, 한 민족이 유구한 역사를 지니는 동시에 그 신성한 기원으로부터 고유한 본질을 면면히 지키고 있다는, 전형적인 민족 이데올로기의 수사임은 두말할 나위도 없다. 또한 그러한 민족 이데올로기와 그 수사는 최남선의 고대사서술과 기행문에도 일관된 것이다. 그러나 최남선이 굳이 시조를 선택했던 것은, 고대사서술이나 기행문과는 달리, 시조야 말로 '조선심'이라는 민족적 동일성을 기억이 아닌 현존의 실체로 재현하는 방편이라고 보았기 때문일 터이다.

바로 이러한 사정을 통해서 최남선이 단군 중심의 조선인 공통의 심성을 조선심으로 규정하고, 이러한 조선심에 근간한 조선의 특수한 시형인 시조를 바로 국민문학의 전형으로 삼고자 했던 이유를 분명히 알

26) "되찾은 아들의 비유", 「루카복음서」 15 : 11~32, 『성경』(주교회의 성서위원회), 한국천주교중앙협의회, 2005. St. Jerome, R. Weber ed., *Biblia Sacra Iuxta Vulgatam Versionem*, New York : American Bible Society, 1990.

수 있다. 이 점은 김억 등이 '조선심', '조선적 정조'를 선언적으로 언급하면서도 그 실체가 무엇인지 밝히지 못했던 것과 사뭇 다를 뿐만 아니라, 오히려 최남선의 국민문학론이 김억 등과 다른 폭과 깊이를 지니고 있었음을 드러내기에 충분하다. 그리고 바로 그러한 사정으로 인해, 최남선의 문학론이 계기가 되어 시조를 둘러싼 논쟁이 일어나 프로문학 작가들이 그를 호되게 비판할 때에도, 당당히 시조부흥은 따로 이유를 밝힐 필요도 없이 당연하다고[27] 당당히 말할 수 있었을 터이다.

따라서 저 『백팔번뇌(百八煩惱)』에서 최남선이 보인 민족적 동일성에 대한 감각적 재현의 방식이야말로, 민족주의를 가능하게 하는 원천임은 굳이 췌언을 요하지 않는다.

> 다 거츨엇다 하야도 여전히 소담스러우신 것, 다 슬어젓다 해도 그래도 그대로 지녀 잇는 것, 거트로 감쪽가치 업는 듯 하면서도 보이지 안는 중에 쓰거운 불이 항상 활활 거리는 것은 우리의 흙덩이오, 그 모래틈마다 끼어 잇는 대대 조상의 애쓴 자리가 아닌가. 朝鮮의 山河와 거긔 심여 잇는 묵고 묵을스록 새롭고 향긔로운 朝鮮의 냄새는 아모 것보담 씀쓱한 내 마음의 량식이엇다.[28]

조선의 산하가 세월의 모진 풍상에도 불구하고 한결같이 조선심을 간직하고 있었으며, 그러한 조선심을 담지한 조선의 산하야말로 불멸의 민족적 현존과 그 동일성을 표상하며, 또 민족적 현존과 그 동일성은 "묵을수록 새롭고 향기로운" 향기를 품고 있다는 진술은, 근본적으로 역사적 과거와 현재, 그 기억과 현존, 조선 산하 도처에 뿔뿔이 흩어져 사는 조선인들 사이의 어떠한 차이와 경계도 무화시킨다. 최남선은 차이와 경계를 무화시킬 수 있는 것이 바로 조선인의 조선스러운 사상감정(思想感情)·고뇌희원(苦惱希願)·미추애락(美醜哀樂),[29] 즉 향토성이며 조선심이

27) 崔南善, 「復興當然, 當然復興」, 『新民』 第23號, 京城 : 新民社, 1927.3.
28) 위의 책, 40면.
29) 崔南善, 「朝鮮國民文學으로의 時調」, 『朝鮮文壇』 第16號, 1926.5, 6면.

라고 보았을 터이다. 이러한 조선의 향토성이라는 개념은, 조선인이라는 집단이 역사적 변천 과정 가운데에서도 어떻게 동일한 정체성을 지닐 수 있는가라는 딜레마를 일거에 은폐시켜버리고 만다. 특히 위에서 인용한 두 편의 시조를 통해서 알 수 있듯이, 대모신과도 같은 조선 산하의 모성을 통해 총체성을 체험하는 서정적 자아에게, 어떠한 차이와 차별이 틈입할 여지는 없기 때문이다.

최남선이 국민문학의 개념을 제시하고, 그 중심 갈래로서 시조를 선택한 이유가 바로 여기에 있다. 그는 시조야말로 조선심을 표상할 수 있는 유일한 방편이었던 것이다. 그의 역사학·인류학·민속학의 연구성과들은, 주로 문헌을 통한 고증의 방법과 어원론적 유추의 방법에 중점이 놓여 있으며, 그러한 방법은 영성한 사료와 객관성을 갖추기 어려운 어원론의 속성상 한계가 있을 수밖에 없다. 뿐만 아니라 유럽이나 일본에서 유행하던 문화사관에 근거한 최남선의 연구성과들은, 조선민족의 개별성보다는 「불함문화론(不咸文化論)」(1925) 이후의 일련의 단군론을 통해서 알 수 있듯이, 동북아시아의 샤머니즘의 일반성을 규명하는 방향으로 나아갔던 만큼, 그의 역사학과 민속학의 성과들만으로 조선심의 실체를 규명하기란 쉽지 않았을 터이다. 한편 그의 기행문은 철도와 신문이라는 근대적 교통기관과 언론매체를 통해 오랫동안 지역의 경계를 넘나들이 어려웠던 조선인들에게 영통(靈通, communion)의 이미지를 제공했다는 점에서 민족이라는 공동체를 상상했다는 중요한 의의를 지닌다. 그러나 근본적으로 그의 답사와 기행이, 조선총독부 고적조사위원회의 고고학 발굴성과에 절대적으로 의존할 수밖에 없었던 사정이나, 또한 조선총독부의 고고학 발굴성과가 궁극적으로 일선동조론을 증빙하기 위한 것이었던 사정으로 인해,[30] "조선의 역사적 유적과 유물이야말로 민족의 정신적 양식이 저장되어 있는 실물의 저장고"임을 규명하

30) 이영화, 「제2장 역사연구방법론」, 『최남선의 역사학』, 경인문화사, 2003.

기란, 그 자체로 지난한 일일 수밖에 없었을 터이다. 요컨대 최남선은 역사학이나, 기행문만을 통해서는 온전히 드러낼 수 없는, "現今의 民族性 그대로가 과거의 歷史"[31]라는 신념이, 오로지 시조를 통해서 온전히 드러낼 수 있다고 보았던 것이다.

5. 최남선과 국민문학론의 위상

최남선이 조선문학에 대한 개념정의, 조선문학을 세계문학공간의 경쟁의 구조에 편입시키는 문제, 그리고 이를 위해 조선문학의 역사와 문학적 전통의 고안, 정전의 발견과 같은 문제와 고투하고 있었던 사정은, 1924년의 김억 등과 근본적으로는 다르지 않다. 그러나 최남선은 역사학, 민속학연구, 나아가 기행 등 다양한 지적 편력을 통해서 문학론을 정련했던 만큼, 1924년의 김억 등에 비해 보다 심도 있는 논의로 나아갈 수 있었던 것으로 보인다. 최남선의 문학론 가운데에서 가장 중요한 대목은 바로, 조선문학은 조선의 개별성으로서 '향토성'을 구현하고 있으며, 또한 이 조선문학의 개별성은 중국문학이나 일본문학과 함께 세계문학의 일반성을 형성한다는 주장일 터이다. 그러한 주장의 근저를 가로지르는 것이 바로 세계나 문명의 중심으로서 서양과 서양문학과의 동시성을 공유하고자 하는 열망임은 두말할 나위도 없다. 그리고 최남선의 그러한 열망은 제1장에서 거론한 동시대 그 어떤 국민문학론자들보다도 강렬했다고 하겠다.

31) 崔南善, 「朝鮮歷史通俗講話開題」, 『六堂 崔南善 全集』 第2卷, 玄岩社, 1973, 417~418면.

한편 최남선의 문학론은 시조를 전면에 부각시켰다는 점에서 당시 조선의 문학계에서 그의 문학론을 둘러싼 찬반논쟁의 여지를 남겼다. 예컨대 김기진(金基鎭)의 경우, 최남선이 언급한 향토성은 근대 교통기관의 발달로 인해 문학적 가치가 희박해져 가고 있고, 인류역사란 계급투쟁의 역사인 만큼, 세계문학사도 그러한 역사적 인식으로 고찰해야 한다고 보았다. 이러한 논리로 김기진은 최남선의 문학론을 두고, '일개 보수주의의 변형', '정신주의', '반동주의' 이상 아무 것도 아니라는 호된 비판을 가했다.[32] 김동환(金東煥) 또한 김기진과 같은 입장에서, 시조는 부패한 귀족의 위시가(僞詩歌)이며, 가창이나 음영의 형식인 전근대적인 시조의 형식에서는 얻을 것이 없다면서 최남선의 문학론과 시조 창작을 비판했다.[33] 그러나 김기진과 김동환은, 최남선 나아가 김억 등의 국민문학론이 자국의 문학적 전통을 발굴하여 조선에서의 문학 혹은 시의 개념을 서양의 'literature'나 'poetry'에 적응시키고자 했던 의도가, 사실은 조선의 문학을 근대적인 관념으로 재편하여, 조선문학을 재영토화하는 데에 있었음을 분명하게 알지 못했던 것으로 보인다. 환언하자면 최남선과 김억 등의 국민문학론자들이, '문학'이나 '시'라는 개념을 수식하는 새로운 수식어를 구상하고자 한 것이 아니라, 조선에서의 '문학'이나 '시'의 개념 그 자체, 국민문학으로서 조선문학의 근대성 그 자체를 문제 삼고 있음을 알지 못했던 것이다. 김억 등은 물론이고 최남선이 궁극적인 문제로 보고 있었던 것은, 앞서 여러 차례 언급한 바 있듯이, 조선에서의 근대적인 '문학'과 '시'의 가능성, 즉 조선적인 근대적인 자유시 형성의 역사적 준거와 그 가능성이었다. 최남선 또한 근본적으로 조선에서의 근대적인 '문학'과 '시'의 가능성을 절실하게 고뇌했던 것만큼은 틀림없다.

---

32) 金基鎭, 「文藝時評」, 『朝鮮之光』 第64號, 1927.2.
33) 金東煥, 「愛國文學에 對하야」, 『東亞日報』, 1927.5.12~5.19. 「時調排擊小議」, 『朝鮮之光』 第68號, 1927.6.

그러나 한편으로 최남선의 문학론을 호의적으로 받아들였던 당시 조선의 문학자들은 또 다른 측면에서 최남선의 문학론을 있는 그대로 받아들이지 못했던 것으로 보인다. 그러한 사정은 「조선국민문학(朝鮮國民文學)으로의 시조(時調)」와 「시조태반(時調胎盤)으로의 조선민성(朝鮮民性)과 민속(民俗)」이 발표되고 10개월이 지나서 『신민(新民)』지가 1927년 제23호에 마련한 "時調는 復興할 것이냐"라는 특집에 잘 나타나 있다.[34] 이 가운데에서 이은상(李殷相)과 이윤재(李允宰) 정도가, 시조가 조선인의 자기 기백을 살리는 길이고, 조선적인 가치를 지키는 길이라면서, 최남선의 문학론을 적극적으로 찬성할 뿐, 나머지 10명의 필진은 시조의 대체로 시조의 한취적(漢臭的) 내용과 형식적 제약을 극복하면, 현대시조는 물론이거니와 신시의 형식을 발전시키는 데 전범이 될 수 있다는 다소 유보적인 입장을 취하고 있다. 그들이 이러한 입장을 취했던 것은 무엇보다도 최남선이 평시조의 엄격한 자수율을 고수했기 때문일 터이다. 그들은 분명히 언급하지는 않았으나, 최남선의 엄격한 자수율의 시조가 근대적인 자유시의 이상과 그 가치와 멀어질 수 있다는 우려를 가지고 있었음에 틀림없다. 그것은 무엇보다도 손진태(孫晋泰)의 「반다시 고형(古型)을 고집(固執)함은 퇴보(退步)」에서 분명히 나타난다. 손진태는 이 글에서 고어(古語)와 고형(古型)으로서 단시조를 고집하지 말고, 풍부한 사상과 감정을 표현할 수 있는 장형시조의 형식을 이용할 것을 당부했다.

그럼에도 불구하고 이 특집의 필진 대부분이 시조를 조선의 국민시가, 국민문학의 본령으로 삼았을 때, 근대적인 자유시의 이상, 가치와

---

34) 李秉岐, 「무엇이던지 정성스럽게 하자」; 李星海, 「그러케 問題삼을 것은 업다」; 廉想涉, 「疑問이 웨 잇슴닛가」; 閔牛步, 「沈滯의 運命을 가진 復興이 아닐가」; 朱耀翰, 「時調復興은 新詩運動에까지」; 孫晋泰, 「반다시 古型을 固執함은 退步」; 權悳奎, 「新詩形 發見의 經路」; 梁柱東, 「漢臭的 內容을 打破하라」; 李殷相, 「時調復興에 對하야」; 李允宰, 「世界思潮는 世界思潮, 國民文學은 國民文學」; 鄭芝鎔, 「時調寸感」; 崔南善, 「復興當然 當然復興」, 『新民』 第23號, 京城 : 新民社, 1927.3.

상충할 수 있음을 분명하게 인식하지 못했던 것으로 보인다. 그 가운데에서 특히 주요한의 경우, 3년 전 「노래를 지으시려는 이에게」에서 신시의 형식보다는 내용이 더욱 중요하다면서, 민요의 8·8조 형식이나 일본 시가의 7·5조나 5·7조도 신시의 형식을 따르기 꺼렸음에도 불구하고,[35] 1927년 『신민(新民)』지의 특집에 투고한 「시조부흥(時調復興)은 신시운동(新詩運動)에까지」에서는 시조가 신시의 시형을 고안하는 데에 참조사항이 될 수 있음을 인정했다는 사실을 돌이켜 볼 필요가 있다. 이러한 사례는 시조를 조선의 국민시가, 국민문학으로 편입시키는 일이, 다른 한편으로는 근대적인 자유시의 이상과 가치를 포기하게 하는 일이었음을 시사하기에 충분하다고 하겠다. 사실 음독(音讀)에서 묵독(默讀)으로의 이행, 비개인적 독서에서 개인적 독서로의 이행이 전근대사회에서 근대사회로 이행하는 과정에서 공통적으로 나타나는 현상이며, 근대문학이 탄생하여 성장하는 근거가 바로 그러한 문자문화의 출현과 무관하지 않다는 사실을 염두에 둔다면,[36] 최남선이 고수했던 시조의 가창과 음영은 근대문학의 일반적 수준에 미처 도달하지 못한 감상의 방식이라고 볼 수밖에 없을 터이다.

그렇다면 최남선은 왜 이러한 감상의 방식을 고수했던 것인가. 어쩌면 최남선은 문학작품의 시각적 텍스트성(textuality) 자체에 대해 은근한 반감을 지니고 있었는지도 모를 일이다. 이와 관련해서 최남선이 『백팔번뇌(百八煩惱)』의 모든 작품이 순전히 한글과 고유어로만 표기되어 있고, 부득이한 한자어는 주석으로 처리한 것에 주목할 필요가 있다. 그것은 텍스트의 대량생산과 유통을 가능하게 하는 인쇄술, 혹은 그것을 가능하게 한 근대자본주의에 대한, 신체적이고 육성적인 것의 저항, 즉 문

35) 朱耀翰, 「노래를 지으시려는 이에게 (1)」, 『朝鮮文壇』 創刊號, 1924.9, 49~50면. 「노래를 지으시려는 이에게 (2)」, 위의 책 第2號, 1924.11, 47면.

36) 이에 대해서는 다음의 서지를 참고할 수 있다. 前田愛, 「音讀から默讀へ」, 『前田愛著作集』 第二卷, 東京 : 筑摩書房, 1989. 紸秀實, 「詩の先行, 詩の後行」, 『日本近代文學の誕生』, 東京 : 太田出版, 1995.

자성에 대한 음성성의 저항으로 보아야 할 터이다. 그 저항은 궁극적으로는 조선인을 고독한 개인의 묵독 공동체가 아닌, 음독 공동체로서 정립하기 위한 기획인 것이다. 『신민(新民)』지 특집호의 필자들이 이러한 사정까지 염두에 두고 있었는지는 단언하기 어려우나, 김동환만큼은 어렴풋이나마 최남선의 시조론이 지닌 문제점을 알고 있었던 것으로 보인다.

그런데 최남선의 시조부흥론을 둘러싼 문학적 편력을 상품으로서 문학작품의 생산・유통의 측면에서 보자면, 그가 문학론을 통해 이슈화 한 작품이란, 근본적으로는 근대적인 출판자본주의 메커니즘에 근간하고 있음은 두말할 나위도 없다. 그러한 최남선이 시각성 우위의 텍스트성을 거스르는, 즉 『조선문단(朝鮮文壇)』을 낳기에 이른 조선의 근대적인 출판자본주의의 흐름을 소행(溯行)하는 입장에 서 있었다는 것은 여간 모순이 아닐 수 없다. 그러나 최남선에게 그러한 모순이란 결코 모순일 수 없었던 것으로 보이는데, 그것은 그가 무엇보다도 텍스트의 음성성, 구술적 재현의 방식이 지닌 특별한 기능에 집요한 관심을 지니고 있었기 때문이라고 여겨진다. 즉 최남선은 텍스트의 음성성이나 구술적 재현의 방식이, 구술문화를 공유하는 공동체 구성원들 사이의 일체감을 형성하고 결속할 뿐만 아니라, 구술된 시가가 지닌 그 내면화된 힘이 공동체 구성원들을 종교적으로 결부시키게 하는 가능성을 지니고 있다는 사실을[37] 일찍부터 간파하고 있었던 것으로 여겨진다. 이를테면 그가 『청춘(青春)』지 창간 이래 스스로 창작한 시가에 김인식(金仁湜)・이상준(李尙俊) 등이 작곡한 악곡을 붙여, 악보의 형태로 부단히 게재했던 사정이 바로 그러한 사례라고 하겠다.

그러므로 최남선이 굳이 시조의 가창과 음영을 고집했던 사정은, 동시대 일군의 문학자들이 그러했듯이 단순히 근대문학의 일반적 수준의

37) Walter J.Ong, 櫻井直文・林正寛・糟谷啓介 譯, 「第三章 聲の文化の心理學」, 『聲の文化と文字の文化*Orality and Literacy*』, 東京 : 藤原書店, 1991, 157～158면.

미달이라고 보기 어려운 점이 있다. 특히 최남선이 역사학, 민속학은 물론이거니와 기행문과 시조를 통해서 구상했던 것이 단군중심의 단일민족신화였던 것을 염두에 두고 보면, 그가 굳이 시조를 구술적 방식으로 감상했던 것은 당연하다. 바로 그러한 사정에서 주요한을 비롯해서 김억과 이광수가 구술문화의 대표적인 유산인 민요에 관심을 기울였던 이유도, 최남선의 경우와 그리 다르지 않을 터이다. 김억 등이 민요에서 조선인의 공통된 심성과 정서, 조선적인 시형을 발견하려고 했던 이유도, 그들 또한 구술성이 조선인 공동체 구성원들을 음독의 공동체로 편성하며, 나아가 국민문학의 공동체, 국민의 공동체로 정립하는 첩경이라는 사실을 분명히 인식하고 있었기 때문일 터이다. 그리고 김억 등은 물론이거니와 최남선까지도 바로 그러한 문학이야말로 진정한 조선의 근대문학이라고 여겼다는 사실을 결코 간과해서는 안 될 것이다. 뿐만 아니라 그들의 국민문학, 그 가운데에서도 특히 국민시가를 구상하는 이러한 일련의 기획이, 근대적인 자유시가 아닌 정형시의 의의와 가치를 옹호하는 방향으로 나아가게 되는 사정은, 앞으로 검토하게 되겠지만 1927년 이후 김억의 문학론, 나아가 민요시론과 관련해서도 중요한 의미를 지닌다.

제3장

1920년대 번역어 '文化'의 등장과 '朝鮮'의 발견

1. 번역어 '文化'의 등장과 그 의의

1924년부터 김억 등이 민요나 시조에 조선인의 공통된 심성이 내재해 있으며, 그러한 심성이 담긴 민요・시조를 세계문학에 비견할 만한 국민문학으로서 가치가 있다고 주장할 수 있었던 것은, 무엇보다도 그들이 메이지 일본의 고쿠분가쿠의 성과들을 참조했기 때문이었다. 메이지 일본의 고쿠분가쿠는 비단 문학에 대한 원론적 논의의 차원에서 이론적 모형만을 제공했을 뿐만 아니라, 표면적으로는 개별 국민문학들이 그 사이에 어떠한 위계(hierarchy)도 없이 대등한 조건을 지니고 세계문학이라는 전체를 이룬다는 관념을 제공했던 것으로 보인다. 즉 중국의 『시경(詩經)』의 '시(詩)'나 일본의 『만엽집(萬葉集)』이나 『고금화가집(古今和歌集)』의 '우타[歌]' 혹은 '야마토우타[倭歌・和詩]'나 『가곡원류(歌曲源流)』의 '시조(時調)'

나 모두 영어 'poetry'로 직역 가능한 동등한 관계에 있다는 관념이 바로 그러하다. 이러한 관념은 예컨대 김억이 "(상징주의 혹은 데카당스의) 세례를 밧든 자라야 예술의 문을 뚜다릴 자격이 잇다"[1]고 하거나, 이광수가 "조선인이 조선문으로 작(作)한 문학"이 전무하다고 한탄하고 곧장 "조선문학에는 오직 장래가 유할 뿐"[2]이라고 단언했던 태도의 근저에 가로놓인, 서양문학과 조선문학 사이의 위계, 나아가 세계문학과 비서구지역의 국민문학 사이의 위계에 대한 인식을 근본적으로 반성하는 가운데 가능한 것이다.

환언하자면 이러한 관념은 서양문학과 자국문학(조선문학), 나아가 서양과 자국(조선) 사이에 가로놓인 로컬리티의(locality) 위계를 전도시키고 탈구축(deconstruction)하는 가운데, 나아가 자국(조선) 혹은 자국(조선)문학의 재영토화(reterritorialization)하는 가운데 비로소 가능한 것이다.[3] 사정은 저마다 다르다고 하겠으나, 1920년대 국민문학론자들 또한 메이지 일본의 고쿠분가쿠를 참조하는 가운데 바로 그러한 관념을 체득했던 것으로 보이며, 그것을 체현하기 위해서 무엇보다도 조선문학의 의미 있는 유산을 정전화 하고 현재화 하는 일이 시급하다는 것을 깨달았던 것으로 보인다.

그러나 다른 한편에서 보자면, 1920년대 국민문학론자들의 그와 같은 문학관의 전면적인 변화와 그에 따른 문학에 대한 원론적인 논의는, 동시대 조선의 사상계가 앞서 그러한 일들을 강력하게 요구하고 있었던 측면이 크다고 하겠다. 사실 그러한 요구에 대한 1920년대 국민문학론자들의 부응이란, 1910년 조선광문회를 중심으로 한 조선학 연구나, 1921년 조선어학회를 중심으로 한 조선어 연구의 발흥의 분위기보다도 늦은 감이 없지 않은 것이 사실이다. 적어도 1910년으로부터 1921년에 이르기까

1) 岸曙 生, 「쯔란스 詩壇」, 『泰西文藝新報』 第10號, 京城 : 廣益書鋪, 1918.12.7.
2) 李光洙, 「文學이란 何오」, 『李光洙全集』 第1卷, 三中堂, 1968.
3) 이와 관련해서 다음의 서지를 참조할 수 있다. Pascale Casanova, 岩切正一郎 譯 「第1部」, 『世界文學空間－文學資本主義と文學革命*La repubulica mundial de las Letras*』, 東京 : 藤原書店, 2002.

지 점진적으로 형성된 조선문학자들의 조선에 대한 앎의 의지는, 1920년대 초반부터 저널리즘, 특히 『개벽(開闢)』지를 중심으로 형성된, 조선에 대한 이해를 촉구하는 다양한 담론과 실천을 통해서 본격적으로 개화하게 되었다는 것이 필자의 생각이다. 바로 그러한 사정에서 우선 1920년대 초의 조선의 지식인 사회의 분위기를 돌이켜 볼 필요가 있다.

주지하는 바와 같이 1920년대 초의 조선은, 그 어느 때보다도 조선의 역사, 조선인의 민족성에 대한 관심, 그리고 이를 통해 민족의 성원으로서 개인의 삶에 대한 계몽적 지식이 요구되었던 시기였다. 조선 사회의 전 방면에서 '문명개화(文明開化)'로 요약되는 서구지향으로부터, 이른바 당시 새로운 번역어인 '문화(文化)'로 요약되는 조선적인 것으로의 귀환이 이루어진 시기가, 바로 국민문학론이 등장했던 바로 그 시기였던 것이다. 조선의 저널리즘과 지식인 사회를 풍미한 '문화', '문화운동'은, 근대 서양문명을 전범으로 자연과학에 근간한 자본주의와 자유·평등에 근간한 개인주의를 조선 사회가 추구해야 할 궁극적 가치로 삼았던 1910년대 실력양성론에 대한 불신과 회의로부터 비롯했다. 그리고 사회주의 사상의 유입으로 인해 조선 사회가 경제적 사회적 계층의 분열이 심각한 지경에 이르렀다는 우려로부터 비롯했다.[4] 이러한 사정은 앞서 언급한 바 있듯이, 1924년 이후 김억 등이 선언적 문학론을 발표한 이후, 그들의 논의를 심화시키기보다는 김기진을 비롯한 프로문학계열의 작가들과 논쟁을 하는 데에 더욱 심혈을 기울였던 것과 결코 무관하지 않다.

그러한 가운데에서 조선의 지식인 사회를 풍미했던 것이, 바로 니토베 이나조[新渡戸稲造]를 비롯한 메이지기 일본의 교양·수양론과 오야

4) 이러한 사정에 대해서는 다음과 같은 서지사항을 참조할 수 있다. M. 로빈슨(Robinson), 김민환 역, 『일제하 문화적 민족주의』, 나남출판사, 1990. 박찬승, 『한국근대정치사상사 연구』, 역사비평사, 1992. 김현주, 「민족과 국가 그리고 '문화'」, 『1920년대 동인지문학과 근대성 연구』, 깊은샘, 2000. 이지원, 『한국 근대문화사상사 연구』, 혜안, 2007.

마 이쿠오[大山郁夫]를 비롯한 다이쇼기 일본의 문화론이었다. 그리고 당시 개조(改造)의 사상가로서 일본과 중국에서 환영을 받았던 버트런드 러셀(Bertrand A.W. Russell)과 에드워드 카펜터(Edward Carpenter)의 서구문명비판의 사상이었다. 이러한 일본의 사상적 유행을 통해 조선 사회의 문화적 통합을 구상했던 조선의 저널리즘과 지식인 사회의 분위기를 가장 잘 반영하고 있는 것이 바로 『개벽(開闢)』지인 것이다.[5] 원래 18세기 독일 계몽주의 철학의 핵심 개념인 'Kultur'가 어원인 '문화'는, 다이쇼기 일본의 사상계에서 '문명(Civilization)'을 중심으로 한 계몽사상에 대한 반동으로서, '사회의 개조'와 '개인의 교양'을 중시했던 쿠와키 겐요쿠[桑木嚴翼]를 비롯한 동경대학의 신칸트학파 철학자들, 정치사상가였던 오오야마 이쿠오 등에 의해, '교양(敎養)'·'수양(修養)' 등의 의미까지 포함하는 번역어로 소개되었다.[6] 근대에 이르러 이 '문화'의 개념은, 제1차 세계대전이 이미 역할을 다한 가치인 '문명'을 대신하는 새로운 가치로서 '문화'의 등장으로 본 독일의 소설가 토마스 만(Thomas mann)에 대해, 프랑스의 로망 롤랑(Romain Rolland)과 폴 발레리(Paul Valéry)가 '문화'란 독일 관념론 철학자들이 고안한 인종·라틴성과 같은 악덕의 우상에 불과하다고 비판하는 가운데에 부상하게 된 것이었다.[7]

'문명'의 가치를 옹호하는 프랑스 지식인들의 서구중심주적 입장과, '문명'의 변방에서 '문명'의 가치를 부정하며 독일의 정신적 자산의 우

5) 具仁謨「大正期翻譯語「文化」成立と1920年代韓國の文化的ナショナリズム」,『訪日學術研究論文集(一般)』第11卷, 東京 : 財團法人 日韓文化交流基金, 2004. Ku, In mo, "'Culture' as an Imported Concept and 'Korea' as a Nation-State", *Korea Journal*, vol.47, Seoul : Korean National Commission for UNESCO, 2007.3.

6) 三木清,「科學と文化」,『三木清全集』第17卷, 東京 : 岩波書店, 1986. 唐木順三,「現代史への試み」,『現代史への試み』, 東京 : 筑摩書房, 1963. 筒井清忠,『日本型「教養」の運命』, 東京 : 岩波書店, 1995.

7) Romain Rolland,「戰いを越えて」(1915),『ロマン·ロラン全集』(宮本正清 譯) 第18卷, 東京 : みすず書房, 1959. Paul Valéry, 桑原武夫 譯,「精神の危機」,『ヴァレリ一全集』第11卷, 東京 : 筑摩書房, 1967.

월성을 증명하고자 했던 독일 지식인들의 민족주의적 입장 가운데에서, 다이쇼기 일본의 지식인들이 선택했던 것은 두 말할 나위도 없이 후자였다. 그 대표적인 사례는 바로 독일을 근대국가의 이상으로 보고, 독일적인 '문화' 개념의 가치를 역설했던 오야마 이쿠오였다. 그가 1916년에 발표한 「군국적문화국가주의(軍國的文化國家主義)」에서도 알 수 있듯이, 당시 일본의 지식인들이 염두에 두었던 '문화'란, 바로 일본이 식민지를 확장해 나아가는 가운데 야마토[大和] 민족을 중심으로 일본제국 안으로 편입된 그 밖의 민족들 사이의 계급・지역・경제상의 차이를 극복하여, 민족이 아닌 국민이라는 공동체 안에서 국민정신을 통일하고, 나아가 국민에게 고원한 이상을 제공하는 가치 개념이었다.[8] 오야마 이쿠오가 제국으로서 일본 내의 여러 민족들 사이의 정신적 통합의 기제로서 '문화'의 개념을 받아들일 수 있었던 것은, 니토베 이나조를 비롯한 메이지기 지식인들 사이에서 다양한 형태의 교양・수양론이 풍미했던 사정과 결코 무관하지 않다. 메이지기 '부국강병'이라는 국가의 목표가 어느 정도 달성된 후, 개인의 인격적 향상을 통해 국민 심성의 개조를 목표로 등장한 교양・수양론은, 니토베 이나조의 『수양(修養)』(1911)이나 이노우에 데츠지로[井上哲次郎]의 『인격과 수양[人格と修養]』(1915)에서도 알 수 있듯이, 청년이 지적인 미성숙의 상태에서 벗어나, 자신의 이성을 공적으로 사용하는 것을 가장 중요한 덕목으로 규정하면서, 입지와 직업의 선택・결심지속・용기・극기・명예・검약・독서 등을 그 실천의 방법으로 제시했다.[9]

『개벽(開闢)』지를 중심으로 모인 당시 조선 지식인들이 표방한 '문화', '문화운동'은, 바로 이러한 메이지말기에서 다이쇼기에 걸친 근대 일본 사상사의 문맥으로부터 받아들인 번역어이다. 비록 일관된 담론의 형태로 전개되지는 않았으나, 오야마 이쿠오의 「군국적문화국가주의(軍國的

8) 大山郁夫, 「軍國的文化國家主義」, 『大山郁夫全集』 第1卷, 東京 : 岩波書店, 1987.
9) 新渡戶稻造, 『修養』, 東京 : 實業之日本社, 1911. 井上哲次郎, 『人格と修養』, 東京 : 廣文堂, 1915.

文化國家主義)」가 1926년 『개벽(開闢)』지 제51호에 「민족(民族)과 계급(階級)」이라는 제목으로 그 일부가 번역되고, 또 '문화'를 개인의 인격적 향상, 개인간의 인격적 평등이나, 학교를 비롯한 다양한 교양기관의 설립을 통한 "새로운 個人我의 자립, 새로운 社會我의 확립, 새로운 단체정신의 수립"을 이상으로 하는 개념으로 정의했을 때,[10] 『개벽(開闢)』지의 '문화' 개념 또한 이미 교양·수양론이나, 국민문화론과 그다지 멀지 않은 거리에 있었음은 자명해 지는 것이다. 아울러 1921년 7월 당시 중국 북경대학의 객원교수로 있던 버트런드 러셀이 일본 『개조(改造)』지의 초청으로 일본에 방문한 것을 계기로,[11] 당시 일본은 물론이거니와 조선에까지 불어 닥쳤던 버트런드 러셀과 에드워드 카펜터의 사상이, 이른바 개조론이라는 이름으로 유행하면서, '개조'의 의미까지 포함하게 되었다. 버트런드 러셀이 북경에 체제하고 있던 1921년 5월에 『개벽(開闢)』지에 발표된 묘향산인의 「사상계(思想界)의 거성(巨星) 뻐-츄랜드·러셀씨(氏)를 소개(紹介)함」에서도 알 수 있듯이, 당시 조선의 지식인들은, 개인의 창조적 충동에 근간하여 개인의 생활을 통일하며, 나아가 개인으로 하여금 공동체의 목적을 향하여 움직이게 하는 사회개조의 원리를 개조 사상의 핵심으로 이해하고 있었다.[12]

이미 쿠와키 겐요쿠와 같은 신칸트학파의 철학자도 『문화주의와 사회문제[文化主義と社會問題]』(1920)에서 알 수 있듯이, '문화'를 '세계개조'의 입장에서 이해하고 있었던 사정을 염두에 두고 보면,[13] 『개벽(開闢)』지의 조선 지식인들이 번역어 '문화'에 '개조'의 의미까지 포함된

10) 白頭山人(李敦化), 「文化主義와 人格上 平等」, 『開闢』 第6號, 京城: 開闢社, 1920』 2. 申湜, 「文化의 發展 及 其 運動과 新文明」, 위의 책 第14號, 1921.8.
11) 이에 대해서는 다음의 서지를 참조할 수 있다. 西田幾多郎 外, 「ラッセル印象記」, 『改造』 增大號, 1921.9. 三浦俊彦, 「バートランド·ラッセルと中國·日本」, 『比較文學』 第29號, 日本比較文學會, 1986.
12) 妙香山人, 「思想界의 巨星 뻐-츄랜드·러셀氏를 紹介함」, 『開闢』 第11號, 1921.5. 朴思稷, 「人生은 表現이니라, 에드와드·카펜타아를 紹介함」, 위의 책 第12號, 1921.6.
13) 桑木嚴翼, 「世界改造と文化主義」, 『文化主義と社會問題』, 東京: 至善堂書店, 1920.

것으로 보고 있었던 것은 당연하다고 하겠다. 아울러 이쿠다 쵸코[生田長江]와 혼마 히사오[本間久雄]의 『최신사회문제십이강(最新社會問題十二講)』(1919)이나, 『사회개조의 팔대사상가[社會改造の八大思想家]』(1920)와 같은 당시 현대사상의 교과서 역할을 했던 서적들 가운데 버트런드 러셀과 에드워드 카펜터가 서양의 최신 사상가로 당당히 한 장씩 차지하고 있던 만큼,[14] 당시 조선의 지식인들이 번역어 '문화'의 개념을 수용하면서 개조의 사상까지 함께 받아들인 것은 당연하다고 할 수 있다.

요컨대 『개벽(開闢)』지의 번역어 '문화'는, 메이지와 다이쇼기 일본의 사상사의 문맥으로부터 비롯한 것이나, 당시 조선 사회의 문화적 통합에 대한 지식인들의 요구에 의해 새롭게 고안되고 재정의된 개념으로 등장했다. 그러한 '문화'는 무엇보다도 1920년대 조선에서는 1910년대까지 '문명개화'를 통한 국민국가 건설이 좌절된 이후, 농촌개량·교육보급·사상통일[15]이나, 민주주의적 평등,[16] 생활·인습·풍속·종교·사상의 지역적 차이의 불식,[17] 개인의 수양을 통한 사적 영역과 공적 영역의 통합[18] 등, 당시 조선 사회가 안고 있던 다양한 과제를 일거에 해결할 중심 가치로서 수용되어 등장했다. 이와 같은 조선의 문맥에서 새롭게 고안되고 재정의된 번역어 '문화'는 『개벽(開闢)』지의 필자들에게 무엇보다도 '민족'의 성원으로 호명하여 일원화할 수 있는 유일한 가치로 인식되고 있었던 것이다. 그것은 무엇보다도 그들이 바라마지 않았던 조선의 민족문화 혹은 국민문화의 형성에 대한 요구와 정확하게 부합했기 때문이다.

---

14) 生田長江·本間久雄, 『最新社會問題十二講』, 東京 : 新潮社, 1919. 生田長江·本間久雄, 『社會改造の八大思想家』, 東京 : 東京堂書店, 1920.

15) 李敦化, 「朝鮮新文化 建設에 對한 圖案」, 『開闢』 第4號, 1920.9.

16) 白頭山人, 앞의 글, 앞의 책.

17) 滄海居士, 「槿花三千里를 踏破하고서, 南北鮮의 現在文化程度를 比較함」, 『開闢』 第7號, 1921.

18) 申湜, 앞의 글, 앞의 책.

2. 서구문명개조론과 민족성개조론의 사정(射程)

『개벽(開闢)』지를 중심으로 한 당시 조선의 지식인들은, 그러한 '문화'의 가치를 체현하는 방편 가운데 하나가 바로 조선인의 심성을 개조하는 일이라고 보았다. 그리고 이러한 개조의 논의는 무엇보다도 조선이 물질주의와 개인주의에 침윤되어 있고, 경제적 계층 사이의 갈등이 심화될 대로 된 타락한 사회라는 당시 조선 지식인들의 현실인식으로부터 비롯했다. 따라서 당시 조선 지식인들은 개조를 통해 '조선인의 신각성(新覺性)'을 이루어야 하며, 이를 통해서 무엇보다도 먼저 '동족에 대한 동정'의 감각을 회복할 것을 지상과제로 받아들이고 있었다.[19] 예컨대 『개벽(開闢)』지를 대표하는 인물이었던 이돈화(李敦化)의 경우, 그러한 '동족에 대한 동정'의 감각이 무엇보다도 사회교육과 보통교육의 보급을 통한 '공뇌(公腦)'라고 보았다. 그는 당시의 조선사회의 빈곤하고 피폐한 경제상황에서 만인에 대한 만인의 물질적 이해를 둘러싼 갈등과 충돌이야말로, 조선인을 더욱 '편견반지(片見半知)'의 상태에 빠지게 한다고 보고, 천부(天賦)의 양능(良能)과 주인의식을 가질 것, 노동 그 자체가 바로 행복이라는 것, 행복한 노동을 위해 직업을 선택할 것, 그리고 현재가 아닌 미래에서 인생의 가치를 구할 것을 당부해마지 않았다.[20]

일견 이것은 저 근대계몽기의 자조론이나, 개인이 자신의 무지를 깨달아 자신의 이성을 공적으로 사용할 의무와 권리를 가져야 한다는 계몽의 논리로 보일지도 모른다. 그러나 『개벽(開闢)』지의 이러한 논리에서 주목해야 할 대목은, 당시 조선 지식인들이 '조선인의 신각성'을 개

19) 朴達成, 「急激히 向上되는 朝鮮青年의 思想界, 可賀할 朝鮮青年의 知識熱」, 『開闢』 第2號, 1920.7, 26~28면.

20) 李敦化, 앞의 글, 앞의 책, 9~10면, 16면.

인의 차원이 아니라 동족 혹은 민족이라는 공동체의 차원에서 이루어지기를 바라 마지않았다는 사실이다. 예컨대 저 1910년대 조선 지식인의 대표적인 잡지인 『학지광(學之光)』지만 하더라도, 조선인이 "遺傳과 習慣에 共通되는 點이 잇다 할지라도, 覺官과 本能이 다르고, 倫理的이나, 論理的이나 美的의 良心이 다"르며, "萬有物體의 實在를 認識하는 것도, 자기(自己)(필자주: 개인으로서)를 중심(中心)으로 하는 統一性에서 나온 것"[21]이라든지, "道德이라는 것은 自己의 眞正한 意思에 感覺된 必要를 行하는 일이라 함이 가장 適當하"므로 "(개인)의 個性우에 선 自覺的 즉 必要的 새 道德"을 세워야 한다[22]는, 개인의 자율성을 극단적으로 추구하는 담론들이 미만했던 사정과 비교해 보더라도, 『개벽(開闢)』지의 공동체 중심의 담론들의 위상을 짐작하고도 남음이 있다.

이와 같은 담론의 변화는 결코 『학지광(學之光)』과 그 시대로부터 조선 지식인 사회의 내재적 발전과정에서 이루어진 것이 아니라, 앞서 간단히 언급한 버트런드 러셀, 에드워드 카펜터와 번역어 '문화'를 탄생시킨 일본 지식인 사회의 분위기, 나아가 이들을 사숙하고 있었던 조선 지식인들의 열망으로부터 비롯했다고 보는 편이 타당하다. 그러한 가운데 『개벽(開闢)』지에 발표되었던 것이 바로 묘향산인(妙香山人)의 「사상계(思想界)의 거성(巨星) 뻐-츄랜드 · 러셀씨(氏)를 소개(紹介)함」과 박사직(朴思稷)의 「인생(人生)은 표현(表現)이니라, 에드와드 · 카펜타아를 소개(紹介)함」이었다. 이 가운데에서 묘향산인의 글은 우선 세계를 "공업주의에 속한 자본주의 及 공산주의와 국민주의에 속한 제국주의 급(及) 민족자결주의의"의 4대 정치적 세력의 할거(割據) 시대로 정의하는 가운데 전개된다. 그는 이 가운데에서 공업주의와 국민주의가 현대문명의 근본적 결함을 가져온 원인이며, 이러한 현대문명의 결함은 인간의 소유 충동과 창조 충동 가운데에서 창조 충동에 근간한 개조를 통해서 극복되어야 한다는 러셀

21) 崔承九, 「너를 革命하라!」, 『學之光』 第5號, 東京 : 學之光社, 1915.5, 15면.
22) 李相天, 「새道德論」, 앞의 책, 19~22면.

의 서구문명비판론을 소개하는 것으로 시작된다. 묘향산인은 물론이거니와 당시 조선의 지식인들에게 이와 같은 서구문명비판론이 얼마나 호소력이 있었던 것인지는 가늠하기 어려우나, 이 글을 쓴 묘향산인의 경우 자본주의·국민주의·국민주의의 자기 확장의 결과로서 제국주의와 같이 침략적 소유욕과 충동으로 이루어진 정치제도이며, 이를 근간으로 한 서구문명의 근본적 결함이 일본을 통해 조선에도 그 해악을 끼치고 있다고 보았던 것으로 여겨진다.[23]

바로 그러한 사정에서 박사직이 에드워드 카펜터를 소개할 수 있었던 것으로 보인다. 박사직이 에드워드 카펜터를 통해서 보았던 것 또한 러셀의 이른바 소유 충동을 서구문명의 해악을 '문명병(文明病)'으로 보고 비판했던 대목이었다. 박사직은 서구의 산업주의가 바로 이 소유 충동에 의해 인간의 보편적 행복이 아닌 노동의 악용을 목적 삼는 허위에 빠지게 되었으며, 이로 인해 서구에서는 동포적 관념이 사라지고 사회의 질서가 비민주적이게 되었으며, 심지어 제1차 세계대전까지 일어나게 되었다고 한다. 바로 이러한 서구문명비판을 받아들이면서 박사직과 묘향산인은 곧장 러셀과 카펜터의 개조론으로 흡수되어 갔다. 이 가운데에서 박사직은 당시 현대사회가 요청하는 가장 중요한 덕목은 "人과 人의 間에 同情寬大의 德"이라는 카펜터의 주장에 공감하여, 민중 생활의 순화(醇化)와 미화(美化)를 통해 인간과 자연, 개인과 동포 사이의 통일과 조화를 이루어 인생과 산업을 예술화하는 것이야말로 개조의 본질이라고 보았다. 또한 창조 충동에 근간한 산업의 예술화를 통해 서구문명사회를 개조한다는 카펜터의 주장에 공감을 표한다.[24] 한편 묘향산인은 "지식 예술, 선의 등을 인생에 부여코저 하는" 창조 충동을 통해서 '인류의 개조'를 이루어야 한다는 러셀의 이상을 그대로 받아들였다. 아울러 '인류의 개조'는 무엇보다도 교육을 통해 개인의 창조 충동을

23) 妙香山人, 「思想界의 巨星뻐-츄랜드 러쎌氏를 紹介함」, 앞의 책, 28면, 34~35면.
24) 朴思稷, 「人生은 表現이니라, 에드와드·카펜타아를 紹介함」, 앞의 책, 59~60면.

계발하여 '지(知)'와 '심(心)'을 성장하게 하며, 궁극적으로는 개인의 생활을 통일하는 일에서 비롯한다고 여겼다.

이것이 1910년대와 1920년대 조선 지식인들의 사상적 분기점이라고 보아야 할 것이다. 저 1910년대 조선 지식인들이 근대적 개인의 감정, 육체적 충동 가운데 새겨진 자율성과 표현성이라는 원칙만을 천명했다면,[25] 1920년대 조선 지식인들은 그 원칙을 '동족에 대한 동정' 혹은 '공뇌'와 같은 공동체의 새로운 공리적 통제력을 상상하는 논리로 발전시키고자 했던 것이다. 그리고 그 공동체로 상정하고 있었던 것이 '민족'의 단위임은 두말할 나위도 없을 터이다. 예컨대 이광수의 경우 자본주의나 국민주의나 인간의 본래적 심성인 소유적 충동과 '군(群)의 본능(本能)'의 소산임을 인정하는 한편으로, 그것이 자국민이나 타국민을 지배하고 억압하는 해악만 제거할 수 있다면 유익할 수도 있음을 인정하는 유보적 자세를 취하고 있었던 것이 바로 그 증거이다. 그와 같은 사정에서 『개벽(開闢)』지의 지식인들은 '인류의 개조'로 나아가기 위한 전단계로서 조선인의 심성을 개조하는 일이 무엇보다 시급한 과제로 여겼던 것이다.

그 대표적인 사례가 바로 이돈화와 이광수의 민족성 개조론이다. 이 가운데에서 '문화'의 핵심이 바로 '인격주의'에 있는 것으로 보았던 이돈화는 「조선인(朝鮮人)의 민족성(民族性)을 논(論)하노라」에서 그 인격의 범위를 조선인의 민족성에 한정하여 논의했다. 이 논설에서 그는 조선인의 민족성을 '선심(善心)'이라 규정하면서, 고조선은 단군의 '선(善)의 신가(神歌)'로 발달하였고, 고구려는 '선(善)의 군가(軍歌)'로 강성하였으나, 조선조 시대에는 '선(善)'을 소극적이고 퇴굴적(退屈的)으로 오용하여 조선인의 심성이 '퇴굴무위(退屈無爲)'에 빠지고 말았다고 주장한 뒤, 앞으로 조선인

25) 구인모, 「『학지광』 문학론의 미학주의」, 『한국 근대문학연구』 창간호, 태학사, 2000. 그리고 이와 관련한 문제에 대해서는 다음의 서지를 참조할 수 있다. Charles Taylor, "Freedom, reason, nature", *Hegel and Modern Society*, N.Y : Cambridge Univ. Press, 1979.

이 함양해야 할 심성은 '정진자수(精進自修)'의 '선심(善心)'이라고 규정했다. 나아가 이 '善心'을 근간으로 조선인의 습성·제도·풍화를 통일하고 '민족적(民族的) 근본(根本) 공통(共通) 철리(哲理)'를 수립하며, 장차 조선인의 '선심주의(善心主義)'로 세계의 비인도 부정의를 정복해야 한다고 주장했다.[26)]

이러한 이돈화의 논리는 앞서 언급한 「문화주의(文化主義)와 인격상(人格上) 평등(平等)」이, 쿠와키 겐요쿠의 『문화주의와 사회주의』의 한 절인 「인격과 자유[人格と自由]」, 「문화의 보편성[文化の普遍性]」, 「인격적 평등(人格的平等)」의 주요 논지들을 그대로 받아들인 결과라는 사실을 염두에 두고 볼 때,[27)] 간과할 수 없는 문제를 포함하고 있다. 그것은 우선 쿠와키 겐요쿠가 문화주의의 핵심이 인류의 보편타당한 가치로서 '진선미(眞善美)'의 추구로 보았던 데에 비해,[28)] 이 논설에서 이돈화는 조선 '문화'의 핵심이 오로지 '선'에 있는 것으로 보았다는 점이다. 그것은 앞서 언급한 바와 같이, 이돈화가 「조선신문화(朝鮮新文化) 건설(建設)에 대(對)한 도안(圖案)」에서 조선인에게 당부한 항목들이 한결같이 자본주의 사회의 시민으로서 조선인이 갖추어야 할 직업윤리강령의 성격을 강하게 띠고 있다는 점과 결코 무관하지 않을 것이다. 또한 그 근저에는 당시의 조선 사회가 윤리적으로 타락해 있다는 비관적 현실 인식이 가로 놓여 있을 터이다.[29)] 요컨대 이돈화의 민족개조론의 핵심은 자본주의에 근간한 근대 국민국가의 국민의 윤리의식의 개조에 있었다고 보아야 할 것이다.

한편 이광수는 「민족개조론(民族改造論)」은 우선 조선이 저 일본의 메이지 천황의 교육칙어(教育勅語)를 종지(宗旨)로 하는 것과 같은 단체 중

26) 李敦化, 「朝鮮의 民族性을 論하노라」, 『開闢』 第5號, 1920.10.
27) 허수, 「1920년대 전반 이돈화의 개조사상과 사람'性'주의」, 『동방학지』 제125집, 2004.
28) 桑木嚴翼, 「第1章 第2節 文化主義」, 앞의 책, 147~150면.
29) 李敦化, 「朝鮮新文化 建設에 對한 圖案」, 『開闢』 第4號, 1920.9, 9~10면.

심의 개조운동이 없었음을 개탄한 후, 갑신정변의 개혁이나 독립협회의 운동이 모두 강한 정치적 색채를 띠고 있었을 뿐만 아니라 확고한 단체 중심의 개조운동이 아니었던 이유로 결국 실패하고 말았다고 지적한다. 흥미로운 사실은 그가 주장하는 민족개조가 결코 정치적인 것이어서는 안 되며 윤리적인 차원의 것이어야 한다는 대목이다. 이 점에서 이광수 또한 앞서 언급한 이돈화의 경우와 다르지 않다고 할 수 있으나, 귀스타프 르봉(Gustave Le Bon)의 『민족발전의 심리학*Les Lois psychologiques de l'évolution des peuples*』(1894)에 근거해서[30] 조선인의 근본적 성격과 부속적 성격을 규명하고, 부속적 성격의 역사적 변천과정을 살펴 조선인의 민족성 개조의 과제를 제시하고자 했다는 점에서는 사유의 입각점을 달리한다.

이광수는 르봉의 논의를 간략하게나마 소개한 뒤, 민족의 근본적 성격은 개조할 수 없으나 부속적 성격은 개조할 수 있다면서, 조선인이 근세 조선조에 이르러 민족의 심성이 타락하고 쇠퇴하여 '허위(虛僞)'·'이기심(利己心)'·'나태(懶怠)'·'무신(無信)'·'겁나(怯懦)'와 같은 민족성이 나타났으나 이는 조선인의 부속적 성격에 불과하다는 주장을 했다. 나아가 이러한 부속적 성격이 나타나기 이전의 조선인의 근본적 성격은 '관대(寬大)'·'박애(博愛)'·'예의(禮儀)'·'염결(廉潔)'·'금욕(禁慾)'·'자존(自尊)'·'무용(武勇)'과 같은 것이었음을 『산해경(山海經)』을 통해서 고증하고 규명했다. 그리고 그 현대적 내용은 결국 지덕체(智德體)의 삼육(三育), 부의 축적, 사회봉사심의 함양이라고 정의했다.[31] 이러한 이광수의 민족성의 도덕적 개조

30) 이광수는 「民族改造論」을 발표하기 한 달 전인 1922년 4월 『開闢』지 제22호에 노아(魯啞)라는 필명으로 「國民生活에 對한 思想의 勢力」을 발표했는데, 이 글은 그 부제에서도 밝혔지만, 귀스타브 르봉의 『민족발전의 심리학*Les Lois psychologiques de l'évolution des peuples*』(1894)의 제4편 「종족의 심리적 성격은 어떻게 변화하는가」의 제1장인 「국민생활의 사상의 세력」을 근간으로 한 것이다. 귀스타브 르봉의 이 책은 1910년 오구마 시게노부[大隈重信]가 회장을 맡고 있던 대일본문명협회에서 『민족발전의 심리[民族發展の心理]』라는 제목으로 발간한 바 있다. 아마도 이광수는 이 책의 「국민생활의 사상의 세력[國民生活における思想の勢力]」을 참고한 것으로 보인다.

31) 李春園, 「民族改造論」, 『開闢』 第23號, 1922.5.

논리에서 무엇보다도 중요한 덕목은, 허위·궤휼(詭譎)·증오·분노·원혐(怨嫌)·시기와 같은 열등감정을 버리는 것이며, 이와 같은 도덕적 개조의 논리에서 '무실(務實)'·'역행(力行)'과 같은 '수양'의 실천의 강령으로 등장한다. 니토베 이나조의 『수양(修養)』을 연상하게 하는 이 도덕적 개조의 논의는, 이후 그가 『개벽(開闢)』지를 통해서 흥사단(興士團) 사상을 펼치고, 1922년 12월 수양동맹회를 조직하는 논리이기도 했을 터이다.[32)]

이미 이광수 스스로 개조를 "自己가 自己의 目的을 定하고 그 目的을 達하기 위하여 計劃된 進路를 밟아 努力하면서 時刻마다 自己의 速度를 測量하는 것"으로 정의했다든지, 민족개조를 "民族의 生活의 進路의 方向變換" 혹은 "그 目的과 計劃의 根本的이요, 組織的인 變更"이라고 정의한 데에서 알 수 있듯이, 그의 '개조'는 사실 칸트(Immauel Kant)의 '계몽(Aufklärung)'의 개념과 대단히 닮아 있다. 그러한 이광수의 민족개조의 논리는, 이미 버틀런드 러셀을 소개한 바도 있는 그이지만 '개조'와 '계몽'을 특별히 구분하지 않았으며, 나아가 조선인의 근본적 성격으로 규정한 항목들이 사실은 맹자(孟子)나 동중서(董仲舒)의 인성론 가운데에서 오상(五常)의 항목들과 일치할 뿐만 아니라, 민족개조를 위한 실천강령으로 페스탈로치(Johann H. Pestalozzi)의 삼육론(三育論)과 같은 교육학의 논리, 안창호(安昌浩)의 '무실(務實)'과 '역행(力行)'과 같은 덕목들까지 혼융했던 데에서도 알 수 있듯이, 그 자체로서 이미 일종의 사상적 잡거(雜居)상태를 나타낸다. 이러한 사정은 이돈화라고 해서 다르지 않다. 이미 자본주의 사회의 시민으로서 조선인이 갖추어야 할 직업윤리강령도 러셀과 카펜터의 개조론은 물론이거니와 막스 베버(Max Weber)가 지적한 프로테스탄트 윤리와 자본주의 정신의 특징적 국면들과 유사하며, '공뇌'를 언급하는 대목에서는 칸트의 공통감각(共通感覺, Gemeinsinn) 개념과도 유사하기까지 하다.

---

32) 김윤식, 「제5부 동우회의 길과 작가의 길」, 『이광수와 그의 시대』 제2권, 솔출판사, 1999.

이와 같은 사상적 잡거상태는 무엇보다도 『개벽(開闢)』지 지식인들의 동시대에 대한 위기의식을 나타내기에 충분하다. 그것은 우선 조선사회가 윤리적으로 타락했으며, 조선인의 심성을 개조하지 않고서는 조선이 결코 자본주의에 근간한 근대적 국민국가는커녕 문명국의 반열에도 들 수 없다는 비관적인 판단으로부터 비롯했던 것으로 보인다. 그런데 이러한 당시 조선 지식인들의 위기의식의 한편에 서구문명의 위기라는 현상이 조선사회에도 나타나고 있다는 시각이 자리하고 있다는 사실이다. 환언하자면 당시 조선의 지식인들은 조선사회의 특수한 사정을 끊임없이 세계일반의 사정으로 투사하려고 했던 것이다. 그것은 『개벽(開闢)』지 지식인들이 번역어 '문화'나 '개조'를 수용하고 재정의하는 과정에서 러셀이나 카펜터는 물론이거니와, '문화' 개념의 태생적 배경에도 잠재해 있는 서구문명비판의 내용들을 검토의 수속을 거치지 않고 전유하는 가운데에서 이미 나타나 있는 바이다. 그것은 앞서 언급한 최남선의 국민문학론에서도 은연중에 드러나 있는 바이기도 하다는 점에서 대단히 흥미롭다.

아울러 이러한 민족개조의 논리는 공시적인 관점에서 서구나 일본과 조선을 동일한 시간의 축에 놓는 한편으로, 그 사이에 가로놓인 로컬리티의 위계를 무화시켜 균질한 공간의 축에 놓는 역할을 한다는 점에서 중요하다. 아울러 통시적인 관점에서 조선의 역사적 전개과정 가운데에 근세 조선조를 부정하고 고대를 복원해야 할 대상으로 보는 역사인식을 근저로 한다는 점도 주목해야 할 것이다. 이돈화와 이광수는 그 논리의 입각점은 다르다 하더라도 결국 조선 사회가 고대와 중세까지 긍정적인 민족의 가치 있는 심성을 유지해 왔으나, 중세 이후 조선조를 지나 근대에 이르러서는 중국 성리학에 침윤된 귀족 계급의 사상과 그들의 문화로 인해 민족의 고유한 심성은 쇠퇴하고 말았다는 역사인식을 공유한다는 점에서 공통의 입장에 서있다고 보아야 한다. 이와 같이 진정하고 참된 민족성으로서 조선심을 정의하기 위해서, 현재의 입장에서 역사적 과거 가운데에서 의미 없는 기억을 소거해야 한다거나, 그러한 의미 있는 과거의 기억만이 진정하고 참된 민족성을 현현한다는 태도란, 궁극적으로 조선인의 심성은 물론이거니와 조선이라는 지역성(locality)을 고안하고 나아가 재영토화 하고자 하는 기획으로부터 비롯했다고 보아야 할 것이다. 또한 이러한 역사인식과 기획은 앞서 언급한 최남선은 물론이거니와 김억 등의 국민문학론자들이 일반적으로 공유하고 있었던 1920년대 조선 지식인들의 사상적 풍경의 한 단면이라고 해도 무방할 것이다. 그리고 1920년대 국민문학 또한 바로 그러한 사상적 풍경 가운데에서 형성되었던 것임은 두말할 나위도 없다.

3. '民衆'과 '民族'의 간격, 민중예술론의 등장

1920년대 『개벽(開闢)』지를 중심으로 한 개조론, 민족성개조론은 한결같이 개인과 민족의 창조적 욕구를 긍정할 뿐만 아니라, 그것이 개인과 민족 개조의 근간이라고 본다는 점에서도 중요한 의미를 지닌다. 이미 버틀런드 러셀이나 에드워드 카펜터의 민중 생활의 순화(醇化)와 미화(美化)를 통한 인생과 산업의 예술화, 개인과 동포 사이의 통일과 조화와 같은 개념에는, 교육과 예술이 개조의 근간이라는 인식이 자리하고 있다. 또한 이돈화도 민족성의 차이가 곧 예술적 색채의 차이에 있다면서, 이 조선의 '선심주의(善心主義)'가 시가로 현현되었음을 입증하려고 했다. 이돈화는 민족성의 개조를 위한 시가나 예술의 개조를 언급했던 것은 아니나, 조선사의 각 시기에 나타난 민족의 공통심성과 시가가 밀접한 관계가 있다고 보았던 사실은 의미심장하다. 물론 그가 이 글에서 인용한 단군의 '신가(神歌)'와 고구려의 '군가(軍歌)'가 무엇을 가리키는지 알 수 없고, 또한 그가 문학과 무연한 인물이고 보면 시가나 문학에 대해 전문적인 견해라고는 볼 수 없다. 그럼에도 불구하고 시가가 자민족의 공통심성을 반영한다는 인식은, 『개벽(開闢)』지 지식인들의 문학관을 엿볼 수 있는 사례라는 점에서, 또한 저 1924년 이후 『조선문단(朝鮮文壇)』지의 국민문학론이 놓인 사상사적 문맥의 한 단면이라는 점에서 의미심장하다.

당시 조선 지식인들이 요청했던 민족성의 개조를 위한 새로운 예술에 대해 누구보다도 앞서 있었던 사례로서는 역시 현철(玄哲)을 언급하지 않을 수 없다. 특히 그는 당시 조선인들 가운데 번역어 '문화'에 대해 가장 정확한 정의를 내린 인물이라는 점에서도 결코 간과할 수 없을 터이다. 현철은 당시 조선 지식인들이 즐겨 입에 올리던 '문화'가 바로 독일어의 'kultur'의 역어이며, 또한 '교화(教化)'·'교양(教養)'·'덕육(德育)'·'문화(文化)'의 의미까지 포함하는 영어의 'enlightenment'의 역어라는 사실을 분명히 알고 있었을 뿐만 아니라, 독일의 'kultur'가 예술·과학·도덕·종교 등 모든 정신적 산물에 근간해서 개인의 개성과 인격완성을 의미한다는 사실도 분명히 알고 있었다.[33] 현철 또한 이돈화나 이광수와 마찬가지로 당시 조선이 사회 계층의 갈등이 고조될 대로 고조된 타락하고 쇠퇴한 사회라는 인식을 공유한다. 아울러 그 또한 타락하고 쇠퇴한 조선사회가 몇 백 배의 속도로 신문화를 추구하지 않으면 도저히 서구와 대결할 수 없다면서, 조선인이 '허위(虛僞)'·'계급(階級)'·'빈부(貧富)'·'혼돈(渾沌)'·'시기(猜忌)'와 같은 저열한 감정의 상태를 벗어나, '진실(眞實)'·'평등(平等)'·'공제(共濟)'·'상조(相助)'의 진리로 나아가기 위해, 가장 단시간에 가장 다수의 조선 민중이 '문화(文化)'될 수 있는 민중극장과 민중극을 조선에 보급해야 한다고 주장했다.[34]

33) 玄哲, 「文化事業의 急先務로 民衆劇을 提唱하노라」, 『開闢』 第10號, 1921.4, 108~109면.
34) 위의 글, 위의 책, 112~114면.

두 말할 나위도 없이 이러한 인식의 근저에는, 예컨대 "貴族이나 平民이나 識者나 文盲이나 老人이나 少年이나 서로 모여서 민중적으로 교화되는" 것이 바로 번역어 'kultur'라는 데에서 알 수 있듯이, 조선인을 민중의 개념으로 호명하며, 예술을 통해 조선인의 심성을 개조해야 한다는 요구가 가로놓여 있다. 현철 스스로 이 논설의 모두에서도 술회하고 있지만, 그의 논지는 대부분 공중연극(公衆演劇) 혹은 시민연극(市民演劇)을 통해 일본인의 정서와 사상을 개조하고, 나아가 일본의 문화를 개조해야 한다는, 쓰보우치 쇼요[坪內逍遙]를 비롯한 와세다[早稻田]대학의 문화사업연구회(文化事業硏究會)나 시마무라 호게츠[島村抱月]의 문화주의 연극론[35]에 근간하고 있다. 나아가 본래 와세다대학의 문화주의 연극론이, 다이쇼기 일본의 문화주의나 민주주의의 부흥의 분위기에서 유행한, 로망 롤랑의 『민중극론*Le théâtre du peuple*』을 배경으로 등장했다는 사실을 염두에 두고 보면, 이 현철의 개조론적 연극론 또한 다이쇼기 일본 연극계와 문학계에서 일어난 민중예술론은 물론이거니와 로망 롤랑의 민중예술론의 자장에 놓여 있다고 보아야 할 터이다.

이로써 1920년대 『개벽(開闢)』지의 민족개조론이 근간하고 있는, 저 버틀런드 러셀이나 에드워드 카펜터의 교육과 예술 중심의 개조론이, 바야흐로 다이쇼기 일본에서 유행한 민중예술론과 접합하는 양상을 나타내었다는 것을 분명히 알 수 있게 된다. 바로 이러한 사정에서 이돈화, 현철과 아울러 이광수가 「민족개조론(民族改造論)」에 앞서 발표했던 「예술(藝術)과 인생(人生)」(『개벽』지, 1922.1)을 검토할 필요가 있다. 이광수의 이 글은 "人生이 만일 完全히 幸福되엇던들 藝術의 必要는 없었으리라"는 로망 롤랑의 인용을 통해, 예술이 인생의 위안을 준다는 대단히 범박한 논의로부터 시작하면서, 점차 조선인의 도덕적 개조와 아울러 예술적 개조, 즉 조선인은 예술 감상자로서 자기 자신에 대해서는 물론이거니와

---

35) 曾田秀彦, 「逍遙のページェントー文化主義と民衆劇」, 『民衆劇場ーもう一つの大正デモクラシー』(明治大學人文科學硏究所叢書), 東京 : 象山社, 1995.

자연과 인간을 예술작품으로 보는 태도를 가지도록 요구했다는 점에서 흥미롭다. 이 글에서 이광수는 인생의 개조와 도덕화를 이룩하기 위해 조선인에게 필요한 것은, 양반적이고 신사적이고 자본주의적이고 또 도회적인 것이 아닌, 민중 전체가 향락할 만한 예술이며, 그러한 요건에 가장 부합하는 예술은 바로 시가라고 보았다. 그는 바로 이러한 입장에서 「캇쥬사」·「표박가(漂泊歌)」·「심순애가(沈順愛歌)」와 같은 유행창가(流行唱歌)나, 상징파의 문예 또한 진정한 민중예술이라 할 수 없다[36]고 했다. 이미 이광수가 로망 롤랑을 언급하고 있는 데에서 짐작할 수 있듯이, 이러한 논리 또한 로망 롤랑의 민중예술론과 다이쇼기 일본의 민중예술론과 무관하지 않을 터이다. 특히 이 가운데에서 오스기 사카에[大杉榮]의 문학론과 무관하지 않다. 앞서 간단히 언급한 바 있지만, 오스기 사카에의 문학론이 주로 상징주의와 자연주의 문학의 현실과의 몰교섭을 비판하면서, 새로운 세계를 위한 새로운 시대의 예술로서 민중예술의 의의를 주장했던 사정이나,[37] 가와지 류코[川路柳虹]가 민요나 시가의 역사적 발전과정에서 민중예술로서 시가의 가능성을 구상했던 사정은,[38] 이광수가 「예술(藝術)과 인생(人生)」을 통해 역설했던 주요 논지들과 정확하게 부합하기 때문이다.

그러나 이광수의 「예술(藝術)과 인생(人生)」에서 주목해야 할 대목은, 현철의 경우와 같이 연극론에 국한해서 보지 않고 예술론 일반의 논리로 보았다는 점, 그리고 연극이 아닌 시가개량의 논리로 전환시켰다는 점일 터이다. 이광수가 그렇게 할 수 있었던 것은, 다이쇼기의 민중예술론이 처음 로망 롤랑의 『민중극론』을 언급했던 혼마 히사오로부터, 오

---

36) 京西學人(李光洙), 「藝術과 人生」, 『開闢』 第19號, 1922.1

37) 大杉榮, 「新しき世界の爲の新しき藝術」, 『早稻田文學』, 1917.10, 遠藤祐・祖父江昭二, 『近代文學評論大系-大正期 II』(第5卷), 角川書店, 1982, 28~29면.

38) 川路柳虹, 「民衆及び民衆藝術の意義」, 『雄辯』, 1918.3, 遠藤祐・祖父江昭二, 위의 책, 49~50면.

스기 사카에, 가와지 류코와 같은 다이쇼기 문학자들로부터 메이지기 연극론의 비조라 할 수 있는 쓰보우치 쇼요, 그의 뒤를 이어 다이쇼기 연극론을 대표하는 오사나이 카오루[小山內 薰]까지 가세한, 상당히 폭넓은 스펙트럼을 형성하고 있었던 사정과 무관하지 않다. 그 가운데에서 이광수는 다이쇼기 일본의 민중예술론이, 저 혼마 히사오나 쓰보우치 쇼요의 경우와 같이 사회와 민중교화의 논리로 나아갔던 사정이나,[39] 가와지 류코의 경우와 같이 시가 개량의 논리로 나아갔던 사정을 알고 있었을 터이기 때문이다.

바로 이와 같은 배경에서 조선인의 예술적 개조를 민중예술로서의 시가로 이루어야 한다는 논리가, 저 1924년의 국민문학론의 등장을 가능하게 했던 것으로 보인다. 그것은 무엇보다도 이광수의 「예술(藝術)과 인생(人生)」이, 한해 먼저 발표되었던 「문사(文士)와 수양(修養)」(1921)이나, 같은 해에 발표되었던 「문학(文學)에 뜻을 두는 이에게」(1922)를 잇는 가교역할을 할 뿐만 아니라, 두 해 뒤에 발표된 「문학강화(文學講話)」(1924)의 등장을 예고하는 문학론이기도 하기 때문이다. 그러므로 1920년대 조선의 국민문학론은 바로 1920년대 『개벽(開闢)』을 중심으로 당시 조선의 지식인들이 번역어 '문화'의 가치를 체현하는 가운데에 놓여 있었다고 보아도 무방하다. 최초의 로망 롤랑의 『민중극론』의 조선어 번역은, 바로 김억의 「민중예술론(民衆藝術論)」(『개벽』지, 1922.8~11)이었다는 사실이, 바로 이와 같은 사정을 웅변적으로 시사한다. 따라서 1920년대 조선의 국민문학론은 문학에 대한 원론적인 논의인 동시에, 사상사적으로도 중요한 의미를 지니게 된다. 그것은 문학 외적인 측면에서는 조선인의 내적 개조를 통해 '문화'의 가치를 체현하는 방편이기도 했던 것이다.

아울러 1920년대 조선의 국민문학론이, 이돈화와 이광수의 민족성 개

---

39) 위의 글, 위의 책, 49~50면. 坪內逍遙, 「社會改造と演劇」, 『改造』 第2卷 第8號, 1919.8. エレン・ケイ(Ellen K.S. Key), 本間久雄 譯, 「更新的修養論」, 『エレンケイ論文集』, 東京 : 玄同社, 1922. 曾田秀彦, 「ゆがんだ鏡－最初の民衆藝術論」, 앞의 책, 84~93면.

조론, 또는 민중예술론을 배경으로 한다는 사실은, 이 두 담론이 조선 역사에 대한 인식을 공유하고 있었던 점을 통해서도 더욱 분명해진다. 그것은 앞서 언급한 바도 있지만 조선 사회가 고대와 중세까지 긍정적인 민족의 가치 있는 심성을 유지해 왔으나, 중세 이후 조선조를 지나 근대에 이르러서는 중국 성리학에 침윤된 귀족 계급의 사상과 그들의 문화로 인해 민족의 고유한 심성은 쇠퇴하고 말았다는 역사인식이라 하겠다. 『개벽(開闢)』지의 지식인들은 바로 이러한 역사인식을 근간으로 조선인 가운데에서 조선 역사의 전개과정에서 배제되었던 '민중'이라는 계층을 재발견 하여, 그들의 역사적으로 복권시켜 민족의 이름으로 호명할 수 있었으며, 나아가 그러한 조선 민족이 고대부터 성취해 냈던 문화적 가치를 재발견하고 복원시키는 일을 그들의 사명으로 삼았던 것이다. 그러한 역사인식의 공유는, 1924년 이후 국민문학론이 한결같이 조선조의 한문학과 한문학의 영향에 놓여 있었던 시조, 1910년대 이후 조선을 풍미했던 이른바 데카당스 문학을 폄하하여 조선문학사에서 배제하고, 구술문학인 민요나 고국천왕·을파소 등의 시가를 기원으로 하는 시조를 통해, 조선의 정조와 형식에 근간한 새로운 시가를 창작해야 한다는 논리로 나아갔던 사정과 정확하게 부합한다는 점에서도 대단히 중요한 의미를 지닌다.

4. '조선문화의 기본조사'와 민요의 발견

이러한 사정에서 1920년대 조선에서 번역어 '문화'는 한편으로는 조선인의 심성을 개조하고, 다른 한편으로는 조선인을 민족의 개념으로 재편하면서, 민족성개조론을 비롯하여 민중예술론까지 가능하게 한, 시대정신의 핵심이었다고 할 수 있겠다. 이미 앞서 언급한 현철의 「문화사업(文化事業)의 급선무(急先務)로 민중극(民衆劇)을 제창(提唱)하노라」, 이광수의 「예술(藝術)과 인생(人生)」에서 번역어 '문화'가 민중예술론, 국민문학론과 같은 담론을 형성하는 핵심이었던 형국을 엿볼 수 있을 터이다. 그런데 민족성개조론과 민중예술론은, 『개벽(開闢)』지가 시도한 '조선문화(朝鮮文化)의 기본조사(基本調査)'를 통해서 알 수 있듯이, "조선의 血孫된 누구의 머리에나 조선의 今日情形을 그대로 감명케 하야써 우리들 일반 이제 各히 분명한 조선의 戶主되게 하자"40)는, 조선에 대한 앎의 의지로 나아가게 되었다. 교육과 예술을 통한 조선 민중 생활의 순화와 미화를 통해 조선인의 인생은 물론이거니와, 산업의 예술화, 조선인 전체의 통일과 조화를 이루어야 한다는 담론의 귀결점은, 결국 조선인의 '인정풍속(人情風俗)'을 이해함으로써 조선의 문화적 정체성을 발견하여, 조선 사회의 문화적 통합을 기획하는 방향으로 나아가게 되었던 것이다. 그러한 사정에서 민족개조론과 민중예술론이 등장한 후인 1923년 1월부터 1924년 9월까지 제8회에 걸쳐 『개벽(開闢)』에 '조선문화(朝鮮文化)의 기본조사(基本調査)'라는 조사보고서가 연재되었던 것은 주목할 만하다. 특히 이 조사보고서는, 여행기의 형식을 빌고 있으면서도 당시에 보기 드문, 저널리즘이 적극적으로 주도한 인문지리학적 성격의 보고서라는 점에서 시선을 끈다.

이 조사보고서는 무엇보다도 조선의 신문화가 대도시를 중심으로 발달할 뿐, 중소도시에서는 발달은커녕 보급조차 제대로 되지 않고 있다는 비판41)적 인식에서 비롯했다. 아울러 바로 그러한 인식은 당시의 조선이 남북을 경계로 계층 · 교육 · 종교 · 인습의 면에서 극명하게 나타난 차이를 극복하고 "신성한 신문화적 민족이 되기를 바라는"42) 열망에

40) 社告 · 後記, 「朝鮮文化의 基本調査, 各道道號의 刊行」, 『開闢』 第31號, 1923.1, 103면.
41) 李敦化, 「朝鮮新文化 建設에 對한 圖案」, 위의 책 第4號, 1920.9, 10면.

서 비롯한 것이었다. 식민지 시기 초기부터 조선총독부 당국은 물론이거니와 그 주변의 허다한 일본인들이 지방지, 여행기, 역사·문화론 성격의 학문적·비학문적 저술들을 속속 발표하면서, 식민지 경영을 위한 자료로 축적하고 있었다는 사실은 이미 알려진 사실일 터이다.[43] 그러나 이 『개벽(開闢)』지의 조사사업은 우선 조선인에 의한 사실상 최초의 근대적 지방지(地方誌)의 기술이라는 점에서 나름대로 의미를 지닌다. 또한 조선의 전 지역에 대한 조사가 오로지 조선총독부의 행정망으로만 가능했던 사정을 염두에 두고 볼 때, 『개벽(開闢)』지의 '조선문화의 기본조사'는 당시 저널리즘의 규모로서 자원 조사원들과 그들의 찬조금으로 추진되었던 만큼, 대단히 어려운 일이었음에 틀림없다. 그럼에도 불구하고 『개벽(開闢)』지의 조사는 사회·경제·문화 등 각 방면[44]에서 나름대로 폭넓은 조사활동을 벌이려 했다는 점에서 적지 않은 의의를 지닌다.

이 『개벽(開闢)』지의 '조선문화의 기본조사' 내용 가운데에서 주목을 요하는 것은, 무엇보다도 우선 바로 조선인 스스로 답사, 혹은 여행을 통해서 문화적 정체성을 인식하는, 자기 이해의 방식을 제시했다는 데에 있을 터이다.[45] 그리고 조선의 문화의 본질을 이해하는 중요한 방편으로 민요를 부각시켰다는 데에 있을 터이다. 『개벽(開闢)』지 '조선문화 기본조사' 연재 제2회인 "慶北道號(上)"에, 「사승노래[績麻歌]」·「사부모

---

42) 滄海居士, 「槿花三千里를 踏破하고서, 南北鮮의 現在文化程度를 比較함」, 위의 책 第7號, 1921.1, 61면.

43) 이러한 자료에 대해서는 다음 책을 참조할 수 있다. 櫻井義之, 『朝鮮研究文獻誌』(明治大正 編), 東京 : 龍溪書舍, 1979.

44) 『開闢』지가 제시한 답사의 주요항목은 다음과 같다. ①諸社會問題의 原因 及 趨向, ②中心人物 及 主要事業機關의 紹介 及 批評, ③人情風俗의 實際如何 ④産業教育 及 宗教의 狀況 ⑤名勝古蹟 及 傳說의 探查 ⑥其他의 一般狀勢에 관한 觀察과 批評. 「社告·後記－朝鮮文化의 基本調査」, 『開闢』 第33號, 1923.3.

45) 이는 1920년대 기행문의 본격적인 등장과도 무관하지 않다고 본다. 이에 대해서는 다음의 논문을 참조할 수 있다. 구인모, 「국토순례와 민족의 자기구성」, 『한국문학연구』 제27집, 동국대 한국문학연구소, 2004.12.

(思父母)」·「소노래[牛歌]」 등 모두 10편의 민요가 소개되는 것은 좋은 예라고 하겠다. 'C.S.C생(生)'이라는 이는 "多恨 多淚한 慶北의 民謠"라는 표제 아래 소개한 이 10편의 민요를 소개하면서, "慶北은 古昔 우리 朝鮮의 黃金時代라 可謂할 新羅의 中樞地일뿐 안이라 또한 朝鮮 近代 文化의 中心地인 故로 各種의 藝術이 比較的 發達되고 딸하서 民間의 歌謠도 甚多하다"면서, 이들 민요가 한결같이 "往昔 新羅 時의 會蘇曲을 뭇득 聯想케 한다"고 했다.46) 아울러 「생금노래」라는 동요를 언급하는 가운데, 그것이 경성(京城)의 동요인 「달노리」와 그 연희의 목적과 의의가 다르지 않다고 하면서, 민요가 조선 문화의 역사적 동일성뿐만 아니라, 서로 다른 지역 사이의 문화적 공통성을 강조하고 있기도 하다.

이러한 사정은 'C.S.C생(生)'을 비롯하여, '조선문화 기본조사'를 기획한 『개벽(開闢)』지의 편집진이, 민요를 통해 과거와 현재 사이의 역사적 상거(相距), 지역 사이의 상거를 가로지르는 조선 문화의 동일성과 공통성을 동시에 상상하고 있었음을 시사한다는 점에서 흥미롭다. 경상북도라는 한 지역을 고대 문화의 중심으로 설정하고, 그 지역의 구술적 예술의 기원 또한 고대의 원시예술에 있음을 밝혀, 그러한 문화와 예술의 역사가 오늘날에도 온존(溫存)하고 있음을 주장하는 가운데에는, 시대와 지역의 차이를 넘어선 조선 문화의 동일성과 공통성에 대한 강한 신념과 그것을 오늘날에도 재현하려는 의지가 담겨 있기 때문이다. 또한 이러한 의지는 『개벽(開闢)』지의 조선인 민족성론이 일관되게 조선인 심성적 원형이 중세나 근세가 아닌 고대에 있음을 누누이 강조했던 역사 인식의 표현일 뿐만 아니라, 조선인을 문화적·언어적 공동체로 보고자 했던, 당시 조선 지식인들의 정치적 열망으로부터 비롯하기 때문이다. 이러한 『개벽(開闢)』지의 '조선문화의 기본조사'의 민요조사는, 조선인

46) C.S.C生, 「朝鮮文化의 基本調査(其二), 慶北道號 上」, 『開闢』 第36號, 1923.6.

의 문화적 동일성과 공통성의 표상을 창안해내는 과정이야말로, 『개벽(開闢)』지 전체를 일관하고 있는 조선인을 공동체의 일원으로 호명하려는 숱한 논설들과 함께 필수불가결한 것이었다고 하겠다.

물론 이 '경상도호(慶尙道號)'에는 민요와 전설 이외에도 한시도 소개되고 있으나, 이 가운데에서도 민요와 전설과 같은 구술장르를 굳이 포함시킨 이유는, 초역사적인 조선 문화의 동일성을 음악적 감각과 기억의 서사로 재현하는 공통감각에 근간한 것이 바로 민요나 전설이기 때문일 것이다. 한 공동체가 정치적으로, 사회적으로 혹은 문화적으로 커다란 변화를 겪었을 때에, 고대의 음악적 감각과 기억의 서사 가운데에서 공동체의 문화적 동일성을 발견해내려는 시도야 말로, 일찍이 서양의 경우에서도 근대적인 민족 개념과 민족 이데올로기 구성에 핵심적인 역할을 담당했음은 앞서 언급한 바와 같다.47) C.S.C생(生)을 비롯한 『개벽(開闢)』지의 편집진은, 민요나 전설, 특히 그 가운데에서 민요의 발굴이 조선의 민족적 동일성을 발견, 혹은 재현하는 핵심적인 기획이었음을 나름대로 자각하고 있었음에 틀림없다. 따라서 조선 문화의 역사적 동일성을 상상하는 기획으로서 『개벽(開闢)』지의 '조선문화 기본조사'는, 동시대 조선의 문화적 공통성을 요구하는 담론으로서 민중예술론과의 교직(交織)을 통해, 조선의 번역어 '문화'의 도입과 정착의 과정이 궁극적으로 근대적인 민족 개념과 민족이념의 등장과 형성으로 나아갔다는 것을 시사하는 사례라고 할 수 있을 터이다.

한편 『개벽(開闢)』지는 '조선문화(朝鮮文化) 기본조사(基本調査)' 연재 이외에도 부단히 다양한 지역의 민요를 수집하고 소개하는 데에 앞장섰다. 예컨대 1923년 한 해만 두고 보더라도, 강봉옥(姜奉玉)의 「제주도(濟州道)의

47) Benedict Anderson, 白石さや・白石隆 譯「II. 文化的起源」,『增補 想像の共同體ーナショナリズムの起源と流行*Imaginated Communities : Reflection on the Origin and Spread of Nationalism*』, 東京: NTT出版, 1997, 51~52면. Prys Morgan, 前川啓治・長尾史郎 譯「死から展望へーロマン主義時代におけるウェールズ的過去の探求」, Eric Hobsbawm・Terence Ranger, 前川啓治・梶原影昭 譯『創られた伝統*The Invention of Tradition*』, 東京: 紀伊國屋書店, 2003.

민요(民謠) 오십수(五十首)」(1923.2), 홍종인(洪鍾仁)의 「용강민요(龍岡民謠) 삼십수(三十首)」(1923.4), 황진섭의 「이땅의 민요(民謠)와 동요(童謠)」(1923.12) 등, 조선 전역에서 수집한 민요를 소개하는 란을 마련한 것은 좋은 사례이다. 뿐만 아니라 『개벽(開闢)』지의 '조선문화의 기본조사'에서 이루어진 조선민요의 발굴과 소개는, 이후 『동아일보(東亞日報)』·『동광(東光)』·『별건곤(別乾坤)』지 등, 동시대 저널리즘의 성장을 배경으로 한, 민요의 발굴과 소개, 나아가 조선민요론의 본격적인 등장의 계기가 되어, 당시 조선의 지식인 사회에 '조선적인 것으로의 귀환'을 호소하는 데에 중요한 계기가 되었던 것으로 보인다. 그것은 『개벽(開闢)』지의 '조선문화의 기본조사'로부터 비롯한 저널리즘 중심의 조선민요의 발굴과 소개 현상이, 후일 김소운(金素雲)이 『조선민요집(朝鮮民謠集)』(1929)을 거쳐, 1929년부터 1930년까지 『매일신보(每日申報)』 학예면(學藝面)의 독자투고를 근간으로 『조선민요선(朝鮮民謠選)』(1933)과 『언문조선구전민요집(諺文朝鮮口傳民謠集)』(1933) 등의 민요집을 발간하기까지 지속되었다는 사실[48]을 통해서도 분명히 알 수 있다. 바로 이러한 사정에서 본래 인쇄자본주의가 제공하는 한 공동체 구성원들 사이의 영통과 동시성의 체험이 민족이념 성장의 근간이 될 뿐만 아니라, 그러한 인쇄자본주의의 성장이 민족이념의 성장 과정에서 자국어에 새로운 고전성을 부여하며, 자국어가 민족이라는 주관적 개념에 고대성의 이미지를 불어 넣는 역할을 한다는 사실은,[49] 『개벽(開闢)』지의 '조선문화(朝鮮文化) 기본조사(基本調査)'의 민요조사의 경우를 이해하는 데에 더 없이 좋은 근거가 될 것이다. 요컨대 『개벽(開闢)』지의 '조선문화(朝鮮文化) 기본조사(基本調査)'는 조선인의 문화적 동일성과 공통성의 표상을 창안해내어, 궁극적으로는 1920년대 민족이념의 등장과 형성과정을 엿볼 수 있는 가장 훌륭한 사례라고 해야 할 것이다.

한편 이와 같이 민요의 발굴을 통해 조선인의 문화적 동일성을 발견, 혹

48) 李昌植, 「金素雲의 民謠調査와 民謠觀」, 『世明論叢』 第4輯, 世明大學校, 1995.
49) Benedict Anderson, 白石さや・白石隆 譯, 「III. 國民意識の起源」, 앞의 책, 84~85면.

은 재현하는 일이, 곧 민족주의 형성의 핵심으로 보았던 인식은, 문학·철학·미술사학·민속학의 영역을 중심으로 향토성이라는 가치척도로 독일적인 문화의 가치를 규정하고, 이를 근간으로 한 국민문화의 통합, 국민의식의 고양을 지상의 과제로 삼았던 저 제1차 세계대전을 전후의 독일 지식인들의 사고와 상당히 유사하다.50) 뿐만 아니라 그러한 독일의 사정을 참조하여 우에다 빙[上田敏], 마에다 린가이[前田林外] 등 동경대학 출신의 일본 메이지기의 문학자들이 『제국문학(帝國文學)』·『명성(明星)』·『백백합(白百合)』지 등을 중심으로 일본 국민성의 정수로서 속요(俗謠)의 발굴, 정리를 주도하면서 일으킨 '국민문학운동'이나, 이 가운데에서 하가 야이치[芳賀矢一], 시다 기슈[志田義秀]를 비롯한 도쿄대학 출신의 고쿠분카쿠 연구자들이 일본 민요연구를 통해 일본 국민성의 역사성을 밝히고자 했던 사고51)와도 대단히 흡사하다. 바로 이러한 사정에서 '조선문화 기본조사'와 『개벽(開闢)』지의 민요 발굴과 소개야말로, 번역어 '문화'개념과 그 가치를 가장 충실하게 체현한 결과라고도 볼 수 있을 터이다. 앞서 잠시 언급한 바 있지만, 『개벽(開闢)』지가 오야마 이쿠오의 「군국적문화국가주의(軍國的文化國家主義)」까지 번역하여 소개했던 만큼, 1920년대 조선의 사상사적 맥락에서 '조선문화 기본조사'가 차지하는 중요한 위상과 의의는 췌언을 요하지 않을 것이다. 아울러 1920년대 국민문학론이 한결같이 한문학이나 데카당스 문학을 조선문학사에서 배제하고, 나아가 구술문학인 민요나 그 기원이 고대로까지 소급되는 시조를 통해, 조선의 정조와 형식에 근간한 시가개량의 논리로 나아갈 수 있었던 데에는, 『개벽(開闢)』지의 '조선문화 기본조사'로부터 비롯하는 조선 지식인과 저널리즘의 조선으로의 귀환이라는 동시대의 분위기가 큰 역할을 했음을 부인하기 어려울 것이다. 조선

50) Jost Hermand, 齋藤成夫 譯, 「世紀轉換期の文學的多樣性」, 『ドイツ近代文學理論史*Geschichite der Germanstik*』, 東京 : 同學社, 2002. Otto Dann, 末川 淸·姬岡とし子·高橋秀壽 共譯, 「第8章 ワイマール共和國」, 『ドイツ國民とナショナリズム*Nation und Nationalismus in Deutschland*』, 名古屋 : 名古屋大學出版會, 1999.
51) 品田悅一, 「第三章 民族の原鄕」, 위의 책, 190~200면.

심을 배경으로 조선어로 조선의 형식에 근간한 국민문학을 수립해야 한다는 국민문학론이, 민요(혹은 시조)를 시가의 하위갈래로 복권시키고, 조선문학사의 시발점으로 규정했던 것은, 메이지기 일본의 고쿠분가쿠를 참조한 결과라고 하더라도, 『개벽(開闢)』지의 문화론이나 민족성 개조론과 조선문화 기본조사와 같은 당시의 사상적 배경과 그 자장이 존재하지 않았더라면 불가능했을 터이기 때문이다. 그 가운데에서 무엇보다도 저 '조선문화 기본조사'와 그 외 몇 편의 민요발굴·수집의 성과들은, 1920년대 국민문학론이 등장할 수 있었던 배경이 되었던 것은 분명하다.

5. 문화적 민족주의와 국민문학론의 불안한 동서(同棲)

앞서 검토한 바와 같이, 『개벽(開闢)』지를 중심으로 한 번역어 '문화'의 등장과 성립과정이, 메이지와 다이쇼기를 거치면서 형성된 일본의 문화주의를 근간으로 하는 한편으로, 버틀런드 러셀이나 에드워드 카펜터의 현대 서양문명비판에서 비롯한 개조사상, 로망 롤랑을 기원으로 하는 다이쇼기의 민중예술론까지 한데 섞여 있다. 뿐만 아니라 김유방(金惟邦)의 「문화생활(文化生活)과 주댁(住宅)」과 같은 글에서도 알 수 있듯이, 경우에 따라서는 근대 서양의 주거와 물질문명을 가리키면서,[52] 1920년대 조선 지식인들의 사상적 잡거의 형국을 드러내었다. 그리고 그러한 사상적 잡거상태를 가로지르는 것은, '조선문화 기본조사'에서 알 수 있듯이 '조선에 대한 앎의 의지'이며, 민족 공동체의 문화적 동일

52) 金惟邦, 「文化生活과 住宅(鎖國時代에 일너진 우리의 住宅制)」, 『開闢』 第32號, 1923.2.

성과 공통성에 근간한 민족이념이었다. 그것이 바로 1920년대 문화적 민족주의를 가능하게 했다고 보아야 할 터이다. 이 가운데에서 간과할 수 없는 것은, 1920년대 조선 지식인 사회의 사상적 잡거상태가, 다수의 전후 일본 지식인들이 지적한 바와 같이 1920년대를 정점으로 점점 가속화하기 시작한 화혼양재(和魂洋才)를 전재로 한 '일본회귀의 현상'과 유사하다는 사실이다.[53] 메이지유신 이후 일본의 사상적 경향이 20년을 주기로 구화(歐化)와 회귀(回歸), 즉 서구지향과 일본회귀의 현상을 반복한다는 그들의 지적을 염두에 두고 보면, 1920년대 조선의 경우 또한 일본의 1920년대와 비슷한 사상적 궤적을 그리고 있는 것으로 보이는 것이 사실이다. 그러나 일본의 경우 대략 20년에 걸쳐 일어난 일본 사상계의 주요한 국면들이, 조선에서는 적어도 1919년의 역사적 사건 이후 10여 년 동안 족출(簇出)하는 가운데 잡거의 상황으로 나타날 수밖에 없었던 것은 당연할 터이다.

그러한 조선의 사상적 잡거의 양상을 분명하게 나타내는 것은, 우선 버틀런드 러셀과 에드워드 카펜터의 개조사상을 받아들이는 과정에서 조선 지식인들이 서구 지식인들의 자기비판의 태도에 근간하여, 조선의 역사적・사회적 상황을 이해하려고 했던 사정일 터이다. 조선인의 민족성을 개조해야 한다는 논의 가운데에 이돈화의 경우와 같이, 조선인의 선심이 세계개조에 이바지할 수 있다는 자신감은 일견 근대성 자체를 상대화하는 태도와 서구적 근대성을 넘어 문명의 중심에 이르고자 하는 조바심의 이율배반적 결합의 양상이라고 보는 편이 타당할 것이다. 이광수의 「예술(藝術)과 인생(人生)」의 경우 또한 개조사상과 민중예술론의 '민중'의 개념을 '민족' 개념으로 치환, 수렴시켜 버린 것도, 당시 조

53) 上山春平, 「日本文化の波動」, 『日本文化の構造(論集－日本文化I)』(梅棹忠夫・多田道太郎 編), 東京 : 講談社, 1972, 190～191면, 369면. 加藤周一, 「日本人の世界像」, 『加藤周一著作集』 第七卷, 東京 : 平凡社, 1980. 山本新 著, 吉澤五郎 編, 「第四章 歐化と國粹」, 『周邊文明論』, 東京 : 刀水書房, 1985, 175～177면. 西川長夫, 「III. 日本における文化受容のパタン」, 『國境の越え方－國民國家論序說』, 東京 : 平凡社, 2001.

선 지식인의 사상적 잡거의 상태를 드러내기에 충분하다. 특히 이러한 현상은 비단 이광수에만 국한하는 것이 아니라, 다수의 『개벽(開闢)』지 필자들에게서도 공통적으로 나타난다는 점에서 더욱 그러하다. 이러한 현상이 일어날 수 있었던 것은, 무엇보다도 이광수는 물론이거니와 『개벽(開闢)』지의 필자들이, 조선인의 문화적 전통으로서 민족성(nationality)을 강조했기 때문일 터이다. 메이지기 일본 지식인들이 'nation'을 '국민(國民)'으로, 'nationality'를 '국수(國粹)'로 번역하고 그 역사적 가치를 강조하는 가운데, '인민(人民)', '민족(民族)'이나 '국민(國民)'의 개념을 혼용했던 것과 마찬가지로, 메이지 일본의 그러한 형국이 조선에서도 나타났던 셈이다.[54)]

그러나 1920년대 국민문학론이 바로 『개벽(開闢)』지의 문화적 민족주의의 자장 안에서 등장했다는 것, 또는 적어도 『개벽(開闢)』지의 문화적 민족주의의 형성과 거의 비슷한 시기에 등장했다는 사실은, 1920년대 국민문학론이 저 1910년대 한국 근대문학의 서구지향으로부터 조선적인 것으로의 회귀라는 의미뿐만 아니라, 1910년대 한국 근대문학의 미학주의가 결여하고 있었던 칸트(Immanuel Kant)적인 의미의 공통감각(共通感覺, Gemeinsinn)[55)]을 비로소 각성했다는 사실을 시사한다는 점에서 주목할 필요가 있다. 바로 그러한 점에서 1920년대 국민문학론은 단순한 문학론의 성격을 넘어서는 사상적, 심지어 정치적인 담론의 하위 범주에 포함된다고도 할 수 있겠다. 이러한 사정은 1920년대 국민문학론이 '현대 조선시가'의 개량과 아울러 민족 관념의 문학적 재현이라는 이중의 사명을 지니고 있었음을 시사한다. 앞서 언급한 바와 같이 이미 1920년대 초부터 김억을 비롯한 국민문학론자들이, 독일의 문헌학으로부터 사사

---

54) 山本新 著, 吉澤五郎 編, 앞의 글, 앞의 책, 174~175면. 安田浩, 「近代日本における「民族」觀念の形成」, 『思想と現代』 第32號, 東京 : 白石書店, 1992.9.

55) 구인모, 「『學之光』 문학론의 미학주의」, 『한국 근대문학연구』 창간호, 한국 근대문학회, 2000.

(師事)한 일본 메이지 고쿠분가쿠의 성과들을 참조하여 그들의 문학론을 재편했던 가운데에서 자연스럽게 수반될 수밖에 없었다고 보아야 할 터이다. 본래 제1차 세계대전 전후의 독일이든, 메이지기 일본이든 국민문학론이 국민국가(nation state)의 현존을 전제로 하거나, 그 형성을 가능하게 하는 문화의 정체성과 이상을 제공하는 역할을 했다는 사실, 나아가 문학이란 정치적으로 분열되고 침식당한 역사적 정체성을 온존하고 영속화시키는 수단이며, 또한 그러한 갈등이 안정성을 회복하는 영역이기도 하다는 본래적 성격[56]을 염두에 두고 보더라도, 1920년대 조선의 국민문학론에게 그와 같은 이중의 과제가 부여되었다는 것은 당연한 일이라고 할 것이다. 환언하자면 김억 등이 저 1910년대 조선문학이 준거로 삼았던 작가 혹은 독자 개인의 '정의 만족'이라는 가치를 확장하면서, '조선심'(김억), '조선 사람의 정조와 사고방법'·'국민의 품성'·'국민정신'(이광수), '국민적 정조'(주요한)를 조선문학의 새로운 준거로 삼게 되었을 때, 이미 그들은 '조선인'과 '국민', 또한 '조선'과 '국민국가'를 동일시하고 있었던 것이다.

일찍이 1910년대 김억 등이 작가 개인의 '정의 만족'을 조선문학의 준거로서 삼고 공유했던 가운데 드러낸 그들의 미학적 사유, 혹은 미학주의가, 원래 감각적, 육체적 인간의 해방을 약속하는 한편으로, 공동체를 구상하는 사회 구성의 방식을 상상하는 양면성을 지니고 있다는 점은 주지의 사실이다.[57] 이러한 사정을 염두에 두고 보면, 역사나 전통 또는 사회의 공리적 통제력으로부터 스스로를 분리된 개인의 내밀한 감각, 감정, 욕망의 자유로운 표현만을 문학으로 보았던 그들이, 1920년대에 이르러 민족 혹은 국민의 공통감각을 재현하는 문학을, 나아가 그

56) Terry Eagleton, "Category for a Materialist Criticism", *Criticism and Ideology*, London : Verso, 1985, 55면.

57) Terry Eagleton, "free particulars", *The Ideology of the Aesthetic*, Oxford : Blackwell Publishers, 1990, 29면. 小野紀明,「第2章 カントの共同體論」,『美と政治』, 東京 : 岩波書店, 1999.

러한 국민문학의 형성을 통해 세계문학으로 나아가는 길을 상상하게 되었던 사정도 납득하기 어렵지만은 않다.[58] 그럼에도 불구하고 1920년대 문화적 민족주의가 득세하는 가운데 등장한 조선의 국민문학론은, 이광수의 민족개조론과 민중예술론에서 알 수 있듯이, 근대적 개인의 감정, 육체적 감각에 근간한 자율성과 표현성이라는 원칙[59]을 유보하는 대신, 민족의 관념과 결합한 미학 이데올로기의 명령을 자명한 것으로 받아들이는 가운데 형성되었던 것으로 보아야 할 것이다.[60] 이광수가 당시의 유행가는 물론이거니와 상징주의의 문학까지 '찰나주의'나 '망국(亡國)의 정조(情調)'에 침윤된 불량한 문학[61]이라면서 폐기의 대상으로 보았던 것이 그 증거라고 하겠다. 그러나 이광수뿐만 아니라 김억, 주요한, 최남선 등 국민문학론자들 대부분이 1910년대 낭만주의 혹은 데카당스의 문학을 한결같이, "남의 개성을 '절도(竊盜)'하는 것", "'기생충(寄生蟲)'보다도 더 그 존재의 가치가 없는 '병신(病身)의 작품(作品)'"[62] 이라면서 부정하고 타기해 마지않았던 가운데, 근대적 개인의 감정, 육체적 충동의 가운데 새겨진 자율성과 표현성 또한 타기의 대상으로 삼고 있었음은 두 말할 나위도 없기 때문이다. 그 대신 '조선심' · '조선혼' · '조선 사람의 정조와 사고방법' · '국민의 품성' · '국민정신', '국민

---

58) 구인모, 「고안된 전통, 민족의 공통감각론」, 『한국문학과 근대의식』(동국대 한국문학연구소 편), 이회출판사, 2001.

59) Charles Taylor, "Freedom, reason, nature", *Hegel and Modern Society*, N.Y : Cambridge Univ. Press, 1979.

60) 이러한 문제와 관련해서 테리 이글턴이 아일랜드 문학에 나타난 민족주의와 미학적 사유에 대해서 언급한 것은 주목할 만하다. 그에 따르면 근대성의 보편주의에 근간하지 않는 민족주의와 미학 이데올로기의 결합이 식민지 상황에서는 개인에게 대단히 이질적이고 타율적인 것이었다고 하는데, 이는 조선의 상황을 염두에 두고 볼 때 대단히 중요한 참조사항이 되리라 본다. Terry Eagelton, 「民族主義－皮肉と現實參加」, Terry Eaglton 外, 增渕正史 外譯, 『民族主義 · 植民地主義と文學』, 東京 : 法政大學出版局, 1996, 39면.

61) 李光洙, 「文士와 修養」, 『創造』 第8號, 京城 : 創造社 · 廣益書館, 1921.1, 9～18면.

62) 金億, 「朝鮮心을 背景삼아－詩壇의 新年을 마즈며」, 『東亞日報』, 1924.1.1.

적 정조'라는 절대가치에 조선인이 내면으로부터 자발적으로 헌신할 것을 요구하면 할수록, 문학에서 개인의 자율성과 표현성의 가치는 왜소해질 수밖에 없는 역설에 직면하게 되었던 것으로 보인다.

이러한 현상은 단순히 김억 등의 문학관, 나아가 1910년대 조선문학자들의 문학관이 근본적으로 미학주의에 근간하고 있었다고 하더라도, 실제로 조선이 저 서양과 같은 미학적 사유의 기반이 없었던 사정에서 기인하는 것만은 아니다. 바로 이 점에서 주목해야 할 것은, 1920년대 『개벽(開闢)』지를 중심으로 한 번역어 '문화'의 성립으로부터 민족개조론과 민중예술론의 등장, 나아가 '조선문화 기본조사'의 민요의 발견에 이르는 일련의 과정이 그러하듯이, 1920년대 국민문학론 또한 조선의 문학을 근대적인 국민문학으로 나아가는 가능성을 모색하는 한편으로, 서양과 서양문학, 나아가 그것으로 표상되는 근대성 자체를 상대화하는 태도를 취했다는 사실이다. 예컨대 이광수가 「예술(藝術)과 인생(人生)」에서 "양반적 · 신사적 · 자본주의적 · 도회적인 것이 아닌, 민중 전체가 향락할 만한 예술"[63]의 가치를 역설했던 것이나, 최남선이 「조선국민문학(朝鮮國民文學)으로의 시조(時調)」에서 조선의 문학이 서구 근대문학을 사숙하지 않더라도, 이미 "民族獨自의 文學의 殿堂을 만들어가진 者"임을 애써 강조하면서, 시조가 『신곡(神曲)』 · 『파우스트』 · 『시경(詩經)』과 함께 'literature'나 'poetry'의 개념 안에서 대등한 가치를 지닌다고 보았던 것[64]이 바로 그 증거라고 하겠다. 그러므로 1920년대 국민문학론이 근대성의 추상적 보편주의를 기반으로 하는 한편, 사실은 개별자로서 조선 민족의 특수성에 더욱 주목했던 것도, 동시대 문화적 민족주의의 자장 안에서 국민문학의 위치와 역할은 더욱 자명해지는 것이다. 그것은 조선사의 전개과정에서 고대와 중세를 상찬하는 대신 근세를 비판하는 역사인식의 공유와 더불어 1920년대 조선 지식인 사회의 특징적인 국면의 공유라는 점에서 여간 중요한 문제가 아

63) 京西學人(李光洙), 「藝術과 人生」, 『開闢』 第19號, 1922.1.
64) 崔南善, 「朝鮮國民文學으로의 時調」, 『朝鮮文壇』 第16號, 1926.5, 4~7면.

니다.

그런데 그러한 현상은 동시에 매우 역설적이게도 서구 혹은 문명과의 동시성을 선취하고자 하는 대단히 강렬한 열망의 표현이라는 의미까지도 내포하고 있음을 간과해서는 안 될 것이다. 그것은 비단 1920년대 국민문학론이 서양과 서양문학, 나아가 그것으로 표상되는 근대성 자체를 상대화하는 태도를 취했기 때문만은 아니다. 앞서 언급한 1920년대 번역어 '문화'의 성립 과정을 다시 돌이켜 보면, 요컨대 그것은 공시적인 관점에서 서구나 일본과 조선을 동일한 시간의 축에 놓는 한편, 그 사이에 가로놓인 로컬리티의 위계를 무화시켜 균질한 공간의 축에 놓는 기획이자, 또한 그것이 조선인의 심성은 물론이거니와 조선이라는 지역성을 고안함으로써 조선을 재영토화 하는 기획이었다. 이러한 사정에서 국민문학론이 그러한 번역의 '문화'의 가치를 체현하는 일을 통해 자신의 사명을 구상했다면, 그 가운데에 이미 동시대 조선의 문화적 민족주의의 근저에 가로놓인 서구 혹은 문명의 중심을 향한 동시성의 열망 또한 국민문학론자들에게 전이되었음은 물론일 터이다. 따라서 1920년대 국민문학론의 이른바 '조선적인 것으로의 회귀'란, 동시대 문화적 민족주의의 자장 안에서 대단히 복잡한 함의를 지니고 있다고 보지 않을 수 없다.

아울러 1920년대 문화적 민족주의와 국민문학론의 동서(同棲)는 그 자체로는 문학에 대한 근대적 인식의 성장임은 틀림없으나, 한편으로는 조선의 근대문학이 국민문학으로서 자기를 정의하고 나아가 세계문학과의 동시성을 공유하고자 하는 열망만으로는 결코 간단히 극복할 수 없는 위상차를 인식하는 계기가 되었다고도 볼 수 있을 터이다. 그 위상차는 무엇보다도 1920년대 국민문학론이 본래 국민문학이라는 개념 자체가 함의하고 있는 국민국가의 공통감각의 환기라는 정치적 성격을 공유하는 한편으로, 동시대 조선 지식인 사회가 안고 있었던 '민족의 개조'라는 정치적 열망에 복무해야 했던 사정에서 비롯하는 것으로 보인다. 아울러 저 『개벽(開闢)』지의 '조선문화 기본조사'를 계기로 민요나 전설과 같은 조선의 구술문학적 자산들이 비로소 발굴되고 소개되기 시작한 시점에서, 그 영성한 자료들 가운데에서나마 조선 문화의 역사적 동일성뿐만 아니라, 서로 다른 지역 사이의 문화적 공통성을 문학적으로 형상화해야 하는 지난한 과제까지 수행해야 하는 상황에도, 바로 그러한 위상차가 엄존하고 있었다고 보아야 할 터이다.

1920년대 국민문학론자들 또한 세계문학에 대한 그들의 동시성의 열망에도 불구하고 그와 같은 엄연한 위상차에 대해 분명히 인식하고 있었던 것으로 보인다. 이미 검토한 바를 통해서 알 수 있듯이, 그들의 문학론이 한결같이 선언적 논조로 일관했던 사정이야말로 그러한 사정을 충분히 시사하고도 남는다. 과연 조선의 근대적 시가는 세계문학이라는 성좌(星座) 가운데 당당히 제 위치를 차지하기 위해, 어떠한 형식적 요건을 갖추고 무엇을 표상해야 하는가, 또 동시대 조선은 물론이거니와 이 세계에서 어떠한 역할을 담당해야 하는가. 1920년대 국민문학론자들에게 바로 이러한 과제란 여간 시급하고도 험난한 것이 아닐 수 없었을 터이다. 특히 조선의 문학적 유산의 현재화하고, 정전화하는 일이나, 조선 문화의 역사적 동일성을 구상하는 일은, 비단 이들만의 몫은 아니었으므로 더욱 그러했을 터이다. 그러한 사정은 다음 장을 통해서 보다 분명히 드러날 것이다.

제4장
조선민요의 발견, 일본 오리엔탈리즘의 한 단면

1. 조선총독부와 일본인의 조선인 민족성론, 조선 민요론

『개벽(開闢)』지가 조선인의 공통심성의 본질을 묻고, 민요를 통해서 그 실체를 확인하고자 하는 초보적인 논의가 이루어지기 이전부터 조선총독부를 중심으로 조선의 민속을 연구하여 조선인의 공통 심성과 문화를 탐색하는 작업이 이루어지고 있었던 사실도 간과할 수 없다. 예컨대 후일 경성제국대학 교수 겸 조선총독부의 시학관(視學官)을 역임했던 다카하시 토오루[高橋亨]가 저술한, 『조선의 속담집[朝鮮の俚諺附物語]』(1914), 대표적인 조선 민족성론인 『조선인(朝鮮人)』(1921)이나, 무라타 시게마로[村田懋麿]의 『조선의 생활과 문화[朝鮮の生活と文化]』(1924)는 그 대표적인 사례라고 하겠다. 이 가운데에서 다카하시 토오루는 조선의 속담, 설화, 전설을 들을 수집하여 조선 사회 내면에 면면히 흐르는[蕩濡] 특성이, 사상의 고착성, 사상의 무창견(無創見)・창기(暢氣)・문약(文弱)・당파심(黨派心), 형식주의와 같은 여섯 가지 민족성이며, 이러한 조선인의 민족성을 간과하고서 조선인을 민족적으로 일본인에 동화시킬 수 없다고 『조선의 속담집』에서 역설했다.[1] 나아가 다카하시 토오루는 『조선인』에서는 조선의 속담과 설화나 전설뿐만 아니라, 조선의 지리・인종・언어・사회・역사・철학・종교・문학과 미술 등 다양한 방면을 검토한 후, 조선인의 민족성을 사상의 고착과 종속・형식주의・당파심・문약・심미적 관념의 결핍・공사혼효(混淆)・관옹(寬雍)・순종・낙천성의 열 가지로 다시 정리했다.[2] 또한 무라타 시게마로도 다카하시 토오루의 논의의 대부분을 그대로 이어 받아, 조선인의 민족성을 상문비무(尙文卑武)의 문화주의・사대주의・이기주의 등으로 규정했다. 그런데 이 무라타 시게마로의 조선인 민족성론에서 흥미로운 점은, 조선의 대표적인 민요인 「아리랑」을 비롯하여 소설, 극, 음악 등 조선의 문학과 예술을 논의의 근거로 삼았다는 점이다.[3] 이러한 논의들은 한편으로는 조선총독부의 조사자료 역할을 할 뿐만 아니라, 이른바 조선의 정체성(停滯性)을 입증하는 식민주의 담론인 일본의 조선학, 나아가 동양학의 일례라는 점에서 중요한 의미를 지닌다.

그런데 이러한 다카하시 토오루와 무라타 시게하루의 논의는 사실 1912년부터 조선총독부 학무국이 보통학교와 경찰조직을 동원하여 실시한 "俚謠俚諺及通俗的讀物等調査"를 통하여 축적된 성과를 근간으로 이루어졌다고 해도 과언이 아니다.[4] 요컨대 조선총독부 당국은 조선

1) 高橋亨, 「自序」, 『朝鮮の俚諺附物語』, 京城 : 日韓書房, 1914, 2~3면.
2) 『朝鮮人』은 원래 다카하시 토오루가 『日本社會學院年譜』 제4년 제3・5합병호(1917.6)에 수록했던 논문에 「第4 後論」을 부가한 책이다. 櫻井義之, 『朝鮮硏究文獻誌(明治・大正 編)』, 東京 : 龍溪書舍, 359면.
3) 무라타 시게마로[村田懋麿]는 도쿄제국대학 정치과출신으로 남만주철도(南滿洲鐵道) 직원을 거쳐 『滿洲日日新聞』의 사적을 역임했다. 『朝鮮の生活と文化』는 무라타 시게마로가 다년간의 조선여행을 통해서 얻은 견문을 모은 책이다. 櫻井義之, 앞의 책, 18~19면.
4) 임동권, 「조선총독부의 1912년에 실시한 『俚謠・俚諺及通俗的讀物等調査』에 대하여」, 『국어국문학』 제27호, 국어국문학회, 1964.

민요와 속담 등을 수집하여 조선의 인정과 사회상을 조사하는 일은 물론, 조선인의 공통 심성까지 정의하려 했던 것이다. 그리고 다카하시 토오루, 무라타 시게하루를 비롯한 조선학, 동양학의 학자와 조선총독부의 긴밀한 제휴 아래에서 조선의 민요는 조선인의 민족성을 이해하는 가장 중요한 자료 가운데 하나로 부상했던 것으로 여겨진다. 그것은 무엇보다도 조선총독부 학무국 업무에 관여하였던 일본인 관리들이 조선총독부의 기관지였던 『조선(朝鮮)』지에 상당수의 조선민요론을 발표했던 사실로도 충분히 짐작할 수 있다.

이 가운데에서 주목할 만한 인물로는 이시카와 요시카즈[石川義一][5]를 꼽을 수 있다. 이 가운데에서 이시카와 요시카즈의 경우, 조선민요에 대한 총독부의 입장을 엿볼 수 있다는 점에서 주목해야 한다. 그는 「사회교화와 민요[社會教化と民謠]」(1922.1)에서, 민요란 고대사회의 정신적 결정체인 한편으로 현재에도 살아 있는 생명체와 같다면서, 조선의 민요에 대한 당면 과제는 '민요의 연구', '민요의 선도(善導)'에 있다고 한다. 나아가 미적 교육기관을 통해서 조선민요의 교육을 통해 사회교화를 이룩해야 하며, 이를 통해 내선융화(內鮮融和)를 이룩해야 한다고 주장했다.[6] 이시카와 요시카즈가 말한 민요란 '고래(古來)의 속악(俗樂)'·'시조(時調)와 풍류(風流)'·'단가(短歌)와 잡가(雜歌)'·'기생의 정악(正樂)(歌曲)'·'영산회상(靈山會像)'까지 포함하는 것이고 보면, 사실상 조선조의 시가 전체

5) 조선총독부의 직원록에 따르면, 1922년 촉탁강사(講師囑託)와 평안남도 비서과 통역생(通譯生), 1923년에서 1924년까지 내무부 사회과 촉탁을 지낸 것으로 되어 있다(『朝鮮總督府及所屬官署職員錄』, 京城 : 朝鮮總督府, 1922~1924). 『朝鮮』지에 발표한 조선민요관련의 논문은 다음과 같다. 「朝鮮俗曲」(第79號, 1921.9)·「社會教化と民謠」(第83號, 1922.1)·「社會教化は先づ音樂から」(第100號, 1921.6)·「朝鮮音樂と山脈の曲線との關係」(第100號, 1923.7)·「濟州島及鬱陵島民謠調査に就て」(第101號, 1923.9)·「寧邊歌に就て」(第107號, 1924.3)·「鎭南浦の民謠」(第108號, 1924.4). 『朝鮮及滿洲』지에 발표한 조선민요관련의 논문은 다음과 같다. 「綜合藝術へ」(第199號, 1924.6)·「音樂演奏者の態度」(第200號, 1924.7)·「朝鮮古來の建築」(第204號, 1924.11)·「朝鮮民謠研究の旅」(第214號, 1925.9).

6) 石川義一, 「社會教化と民謠」, 『朝鮮』 第83號, 京城 : 朝鮮總督府, 1922.1.

를 가리키는 개념이라고 해야 할 것이다.[7] 이러한 민요 개념은 이시카와 요시카즈 뿐만 아니라, 가토 모토미네[加藤寬峰][8]나 시미즈 헤이조[淸水兵三][9]와 같이 조선민요에 대해 지대한 관심을 쏟았던 총독부 관료들이 공유하고 있었던 것으로 보인다.

이 가운데에서도 이시카와 요시카즈의 논리는, 공교롭게도 비슷한 시기에 발표된 이광수의 「예술(藝術)과 인생(人生)」(『개벽』지, 1922.1)과도 닮아 있다는 점에서 흥미롭다. 이시카와 요시카즈가 말한 '민요의 선도'가, 민요를 통한 미의 감상, 자기창조의 원동력 함양을 의미하며, 또한 그가 이러한 '민요의 선도'를 미적 교육기관이 담당해야 한다고 한 것은, 이광수가 말한 민중예술로서 시가를 통한 '예술적 개조'와 대단히 닮아 있다. 이러한 유사성이 의미하는 것은, 조선의 민요가 일본의 식민주의와 조선의 민족주의가 서로 길항하고 대결하는 공간이었다는 사실일 터이다. 조선의 민요가 일본의 식민주의, 환언하자면 메이지 국민국가 이데올로기가 식민주의로 확장되는 과정에서 편입된 공간이었다는 사실은, 마에다 린가이[前田林外]가 1907년에 편찬한 『일본민요전집(日本

7) 石川義一, 李慶孫 譯, 「朝鮮民謠」, 『東亞日報』, 1924.10.13.

8) 加藤寬峰, 「頌德慶賀の意を含める朝鮮民謠」, 『朝鮮』 第83號, 京城 : 朝鮮總督府, 1922.1. 가토 모토미네는 1922년 학무국 편집과 직원이었던 것으로 보이나, 조선총독부의 직원록에는 그 이름이 보이지 않는다. 『朝鮮』지에 발표한 두 편의 논문, 「頌德慶賀の意を含める朝鮮民謠」(第83號, 1922.1)과 「朝鮮國王の作にかゝれる民謠」(第84號, 1922.2)가 남아 있을 뿐이다. 朝鮮總督府, 『朝鮮總督府及所屬官署職員錄』, 京城 : 朝鮮總督府, 1922.

9) 淸水兵三, 「朝鮮の民謠」, 『朝鮮』 第147號, 1927.8. 조선총독부 직원록에 따르면 시미즈 헤이조는, 평안북도 신의주부 서기(1915~1917) · 용천군 서기(1918~1920) · 조선총독부 내무국 제2과 촉탁(1921) · 사회과 촉탁(1922~1928) · 지방과 이사관(1928~1930) · 경상남도 통영군수(1932~1934)를 역임했다. 『朝鮮』지에 발표한 조선민요관련 논문은 다음과 같다. 「朝鮮の童謠」(第144~146號), 1927.5~7, 「朝鮮の民謠」(第147~8號), 1927.8~9, 그 외에도 『朝鮮彙報』지에 「現代朝鮮洞里名の硏究」(1915.7), 「朝鮮物語の硏究」(1916.1)를 발표했으며, 『朝鮮及滿洲』지에 「支那の見方と排日に就て」(第239號, 1927.10), 「朝鮮女性禮讚」(第242號, 1928.1), 「滿洲と高麗民族との地史的關係」(第274~276號, 1930.9~11), 「奉天の東陵と北陵」(第279號, 1931.2)을 발표했다. 朝鮮總督府, 『朝鮮總督府及所屬官署職員錄』, 京城 : 朝鮮總督府, 1915~1934.

民謠全集)』에는 홋카이도[北海道], 류큐[琉球](오늘날 오키나와[沖縄]), 타이완[臺灣]의 민요까지 일본 민요의 범주로 편입되어 있는 데에 비해,10) 2년 뒤 이즈미 쿄카[泉鏡花]를 대표로 한 '동요연구회(童謠硏究會)'가 1909년에 편찬한 『제국동요대전(諸國童謠大全)』에는 일본 민요의 범주에 '한국(韓國)'의 「권주가(勸酒歌)」와 「잡가(雜歌)」까지 포함되어 있는 사정11)에서도 분명히 나타난다. 「권주가(勸酒歌)」와 「잡가(雜歌)」가 어떠한 경로로 '동요연구회(童謠硏究會)'에 소개되었는지, 또 어떻게 동요로 편입될 수 있었는지는 정확히 알 수 없으나, 이러한 일이 조선총독부 학무국의 "俚謠俚諺及通俗的讀物等調査"와 무관하지 않음은 어렵지 않게 짐작할 수 있다.

2. 이치야마 모리오[市山盛雄]와 『眞人』 동인의 『朝鮮民謠の硏究』(1927)

그러나 조선총독부 학무국이 주도한 "俚謠俚諺及通俗的讀物等調査" 이외에도, 경성에 거주하던 일본인 관료·기업인·교사 등을 중심으로, 조선민요를 채집·채보하여 예술품으로써 감상하고 이해하려고 했던 사례도 있었다. 1927년 1월 1일 동경(東京)의 사카모토[坂本]서점에서 조선민요에 대한 연구서 한 권이 출판된다. 『조선민요의 연구[朝鮮民謠の硏究]』라는 제목의 이 책은, 당시 경성(京城)에 주재하고 있던 총독부 관리·교사·언론인·기업인이 주축이 되어 1923년에 결성된 단카[短歌] 시사(詩社) '신진[眞人]' 동인의 동명 동인지인 『신진[眞人]』의 1927년

10) 前田林外 選訂, 『日本民謠全集』, 東京 : 本鄕書院, 1907.
11) 童謠硏究會, 『諸國童謠大全』, 東京 : 春陽堂, 1909.

신년호의 특집기사를 단행본으로 엮은 것이다. 우선 이 책의 목차와 필자들을 간략하게 소개하기로 한다.

「조선무용에 대해서[朝鮮舞踊に就て]」(나가다 타키오[永田龍雄])
「조선민요의 개관[朝鮮民謠の概觀]」(최남선)
「조선민요의 맛[朝鮮民謠の味]」(하마구치 료코[浜口良光])
「서정시예술로서의 민요[抒情詩藝術としての民謠]」(이노우에 오사무[井上收])
「조선민예에 대해서[朝鮮民藝に就て]」(아사카와 노리타카[淺川伯敎])
「조선민요에 나타난 여러 양상[朝鮮民謠に現はれた諸相]」(오카타 미츠그[岡田貢])
「민요에 나타나는 조선민족성의 한 단면[民謠に現はれたる朝鮮民族性の一端]」(이광수)
「조선민요의 특질[朝鮮民謠の特質]」(난파 센타로[難破專太郎])
「조선의 민요[朝鮮の民謠]」(이마무라 라엔[今村螺炎])
「청상민요소고[靑孀民謠小考]」(이은상)
「화전민의 생활과 가요[火田民の生活と歌謠]」(미치히사 요시미[道久良])
「조선의 민요에 관한 잡기[朝鮮の民謠に關する雜記]」(이치야마 모리오[市山盛雄])
「조선의 향토와 민요[朝鮮の鄕土と民謠]」(시미즈 헤이조[淸水兵三])
「민요의 철학적 고찰에 기반한 조직체계의 구성[民謠の哲學的考察に基づく組織體系の構成]」(타나카 하하츠오[田中初夫])

이 가운데에서 경찰간부로서 조선민속을 처음으로 연구했던 이마무라 토모에[今村鞆](螺炎은 그의 별호임), 조각가이자 조선공예 연구가였던 아사카와 노리타가[淺川伯敎], 야나기 무네요시[柳宗悅]의 제자로서 조선공예 연구가이기도 했던 하마구치 료코[浜口良光] 등 조선민속학 연구 초창기의 일본인 연구자들은 물론, 이광수・최남선・이은상 등 당시 조선의 대표적인 문학인들이 필진으로 참여했다는 점은 대단히 흥미롭다. 그리고 이 책의 편자의 서문에 따르면, 김억이 교정 등 출판과정의 실무를 담당했다고 하는데, 이 또한 주목하지 않을 수 없는 대목이다.

이 『조선민요의 연구』를 간행한 '신진' 동인이나 그 동인지인 『신진』에 대한 정보는 거의 남아 있지 않은 형편인데, 그나마 남아 있는 자료

를 정리해 보면 다음과 같은 윤곽은 알 수 있다. 원래 '신진' 동인은 1923년 7월 경성에서 호소이 교다이[細井魚袋]와 이치야마 모리오가 결성한 오노에 사이슈[尾上柴船][12] 계열의 단카 시사인데, 『신진』지 1927년 제7권 7호의 부록으로 수록된 당시 일본 단카 시사의 목록을 보면, 1927년 조선의 부산에서 결성한 단체인 '아스카타[あすかた]'와 함께, 당시 조선에서 활동했던 두 개의 단카 시사 가운데 하나였음을 알 수 있다. 한편 동인지 『신진』지는 원래 시사의 동인들에게만 배포된 데다가 경성에서 발행했던 탓으로, 일본에도 창간호부터 종간호까지 모두 남아 있지는 않고, 1923년 제1권 4호부터 종간호인 1962년 8월 제40권 8호까지 남아 있다. 그리고 현재 한국에는 1927년 제5권 1호인 '조선민요특집'호와 제7권 7호 '조선의 자연'호만이 남아 있을 뿐이다.[13] 아울러 일본측 필진들에 대한 정보도, 이마무라 토모에, 아사카와 노리타카, 하마구치 료코 정도를 제외하면, 이 책 말미에 실린 "本書執筆諸家略歷"에 소개된 것이 전부인 형편이다.

이치야마 모리오는 당시 노다장유주식회사[野田醬油株式會社] 경성출장소장이자, 1923년 동인지 『신진』지를 발행해서 편집을 담당했던 인물이다. 『조선민요의 연구』의 간행 이후 그는, 개인 가집인 『한향(韓鄕)』(1930)과, 조선을 여행한 일본인들이 남긴 단카를 모아서 『조선풍토가집(朝鮮風土歌集)』(1936)을 출판하는데, 이 가운데에서 『조선풍토가집(朝鮮風土歌集)』만이

12) 오노에 사이슈(1876~1957)는 도쿄[東京]제국대학 출신의 국문학자로서 『帝國文學』의 편집인, 가쿠슈인[學習院] 교수를 역임했으며, 와카야마 보쿠스이[若山牧水]·미키 로후[三木露風] 등과 '오바코[車前草]' 동인을 결성 가인(歌人)으로도 명성을 드높이며, 샤세이[寫生]를 중심으로 한 서경가(敍景歌)를 주로 창작했다. 또한 제국예술회원으로 황실관계의 시가들을 모으기도 했다. 대표저서로는 가집 『靜夜』(1900), 만선(滿鮮) 여행기념가집 『行きつつ歌ひつつ』(1932), 연구서로는 『歌と草仮名』(1925) 등이 있다.

13) 한국에 남아 있는 두 권은 국회도서관에 보관되어 있다. 일본 내에서도 『신진』은 동경대 종합도서관에 가장 많이 남아 있는데, 안타깝게도 창간호는 남아있지 않고 1927년 제5권 1호인 '조선민요특집'호부터 남아 있는 형편이다. 단카 시사 '신진'과 『신진』지에 대해서는 다음의 서지를 참조할 수 있다. 大島史洋 外編, 『現代短歌大事典』, 東京 : 三省堂, 2000.

남아 있을 뿐이다. 오늘날 그의 이름은 일본단카사에서는 찾아 볼 수도 없는 형편이지만, 와카야마 보쿠스이[若山牧水]와 같은 저명한 가인(歌人), 구어자유시의 선구자로 알려진 가와지 류코[川路柳虹], 민중시파의 대표격이었던 시라토리 세이고[白鳥省吾]와 같은 일본의 작가들이 조선을 방문할 때면, 으레 이치야마 모리오가 조선가단(歌壇), 나아가 조선 문화계의 대표자로서 안내자 역할을 담당했던 사실[14]로 미루어 볼 때, 당시 조선의 일본인 사회에서 문화적인 방면으로서는 나름대로 인정받는 지위에 있었던 인물로 여겨진다.

『조선민요의 연구』의 장정까지 담당했던 아사카와 노리타카는, 경성부남대문공립심상소학교(京城府南大門公立尋常小學校)의 미술교사이자 조각가로서, 당시 누구보다도 먼저 조선백자의 심미적 가치에 개안해서, 1922년 『시라카바[白樺]』지에 「조선도기의 가치와 변천에 대해서[朝鮮陶器の価値及び変遷に就て]」를 발표한 이래, 다수의 조선도예 연구논문을 발표한 조선도예 연구의 선구자였다. 그의 동생인 아사카와 타쿠미[淺川巧] 또한 조선총독부 임업시험소 직원으로 재직하면서 형의 영향으로 조선도예 연구에 몰두해서, 『조선도자명고(朝鮮陶磁名考)』(1931)를 저술한 조선도예 연구가였다. 경성의 시라카바파라고도 불리는 이 아사카와 형제는 야나기 무네요시와도 깊이 교유했을 뿐만 아니라, 그와 더불어 조선민족미술관의 설립과 운영을 사실상 주도했다.[15]

「조선민요의 맛[朝鮮民謠の味]」이라는 논문을 투고한 하마구치 료코는, 도요우[東洋]대학 출신으로 야나기 무네요시의 제자였는데, 야나기

14) 이치야마 모리오에 대한 가장 자세한 사항은 필자가 조사한 바에 따르면 다음의 서지사항이 유일한 자료라고 할 수 있다. 大桑文藏, 「朝鮮行脚同行記 (1)」, 『地上樂園』, 1929.11. 上杉 有, 「第4章 京城滯在」, 『牧水・朝鮮十七日間の旅』, 東京 : アイオーエム, 1999.

15) 高崎宗司, 「2. 朝鮮古陶藝の神様・教伯」, 「4. 朝鮮の民藝品に魅せられて」, 『朝鮮の土となった日本人』, 東京 : 風草社, 2002, 43~52면, 98~99면. 高崎宗司, 「5. 植民支配の先頭に立った居留民 1910~19」, 『植民地朝鮮の日本人』, 東京 : 岩波書店, 2002, 130~132면.

무네요시의 영향으로 조선공예를 연구했던 것으로 알려져 있다. 하마구치 료코는 1945년까지 약 23년 정도 조선에 체재하면서 직접 조선어를 배워 민요를 수집하고, 동화를 써서 『경성일보(京城日報)』에 발표하기도 했으며, 잡지 『공예(工藝)』지에 「조선공예개관(朝鮮工藝概觀)」(1936) · 「조선민예문헌초(朝鮮民藝文獻抄)」(1937) · 「조선의 종이[朝鮮の紙]」(1943) 등을 발표하기도 했다. 그리고 1945년 일본으로 돌아간 이후에는 『조선의 공예[朝鮮の工藝]』(1966) · 『이조(李朝)の미(美)－민예(民藝)』(1973) 등의 저서를 남겼다.

한편 이마무라 토모에는 1908년부터 경찰부장으로 부임한 이후, 경찰업무의 일환으로 조선의 민속을 연구해서, 『조선풍속집(朝鮮風俗集)』(1914) · 『력사민속조선만담(歷史民俗朝鮮漫談)』(1937) · 『조선풍속자료집설(朝鮮風俗資料集說)』(1937) · 『인삼사(人蔘史)』(1940)를 저술한 인물이다. 경성제국대학의 사회학 교수이자 민속학자이기도 했던 아키바 다카시[秋葉隆], 조선인 민속학자 손진태(孫晋泰) · 송석하(宋錫夏) 등은, 그가 비록 전문적인 학자는 아니었지만 조선민속학의 비조로 추앙받기에 충분한 자격이 있는 인물로 평가하기도 했다.[16)]

지금까지 '신진' 동인이나 그 동인지인 『신진』, 그리고 『조선민요의 연구』는 고정옥(高晶玉) 이래 임동권(任東權) · 인권환(印權煥) 등에 의해 간략하게나마 서지사항, 필자약력, 내용의 소개는 물론, 한국 근대민속학의 전사(前史)로서의 평가도 이루어진 바 있다.[17)] 그러나 앞서 언급한 이 책의 간략한 목차와 필자약력 등을 통해서 알 수 있듯이, 『조선민요

16) 아키바 타카시는 1935년 10월 『朝鮮民俗』 第3號에 이마무라 토모에의 저작목록을 소개하면서, 이마무라 토모에의 민속학적 업적을 두고 "조선민속학의 처녀항해"로서 평가한다. 참고로 아키바 타카시 · 손진태 · 송석하가 중심이 되었던 조선민속학회는 『朝鮮民俗』, 1935년 10월 제3호를 이마무라 토모에의 고희기념특집호로 편집했다.

17) 고정옥, 「제7장 조선민요수집연구」, 『조선민요연구』, 수선사, 1949. 임동권, 「민요사론」, 『한국민요연구』, 삼우사, 1975. 인권환, 『한국민속학사』, 열화당, 1978. 최철, 「민요의 개념, 수집과 역사」, 『한국민요론』, 집문당, 1986.

의 연구』가 조선민속과 공예 연구의 선편을 잡았던, 그래서 한국민속학사의 시발점에 해당하는 당시의 이른바 다이쇼[大正]기 교양인, 조선총독부의 관리들과, 1924년 『조선문단(朝鮮文壇)』지의 창간 무렵부터 민요와 시조를 통한 국민문학으로서 조선문학을 구상하고 있었던 조선의 문학인들이 '조선의 민요'를 통해 교유했던 장이었다는 사실은, 이 책이 지니는 의미가 단지 한국 근대민속학의 전사 가운데 한 부분으로 국한될 수 없음을 의미한다. 『조선민요의 연구』는 조선민요에 대한 최초의 연구서로서 뿐만 아니라, 1920년대 한국 근대문학의 국민문학론이라는 담론의 장과 맺고 있는 관계 안에서도 재검토될 필요가 있는 것이다.

3. 민족성 탐구의 방법으로서의 민요

그렇다면 이 일본인 단카시사 '신진'이 굳이 '조선민요특집'호를 기획하고, 나아가 잡지의 발간과 동시에 특집호의 원고를 단행본으로까지 출판했던 이유는 무엇인가? 이 의문에 대한 해답은 우선 『신진』 1927년 제5권 1호의 표지와, 『조선민요의 연구』의 표지 다음의 첫 페이지에 실린, 이치야마 모리오가 소장했던 백자 사진에서 찾아질 것으로 여겨진다. 우선 아사카와 타쿠미 형제, 하마구치 료코, 이치야마 모리오가 모두 조선백자 애호가였을 뿐만 아니라, 이들은 1928년 결성되는 조선공예회(朝鮮工藝會)의 중요 회원들이었으며, 이 조선공예회의 활동 가운데 기방(妓房)에서의 조선민요의 감상도 중요한 부분이었다는 사실을 염두에 둘 필요가 있다.[18] 적어도 이들에게는 조선의 백자와 민요가 심미적 관조와 향수의 대상이라는 점에서는 다를 바가 없었던 것이다. 이치야마 소장의 백자 사진 다음으로 『조선민요의 연구』의 목차에 앞서 장구를 치는 기생의 삽화가 실리는 것도 이러한 사정을 뒷받침하기에 충분하다.

그런데 이 조선공예회의 심미적 향수와 관조는 한편으로 조선에 대한 앎의 의지와 긴밀히 결합되어 있다는 점에서 주목을 요한다. 그것은 『조선민요의 연구』의 사실상 서문인 이치야마 모리오의 「예언(例言)」에서 잘 나타나듯이, 조선의 민족성에 대한 연구열이다.

> 민요의 연구는 이미 여러 문명국에서는 그 자료조차도 거의 남아 있지 않은 형편이지만, 조선에서는 아직 단 한번의 쟁기질도 이루어지지 않은 상태이다. 최근 점차 여러 방면에서 조선의 연구열이 고조되고 있지만, 진실한 조선을 알기 위해서는 아무래도 이 나라의 민족의 민족성을 알아야만 한다. 그리고 소박한 민중의 시대적 심리를 여실하게 표현하고 있는 민요에서 민족성을 엿보는 일은 가장 유력한 자료가 될 것이다.[19]

요컨대 조선의 민요는 원시의 형태 그대로 남아있다는 것, 조선을 알기 위해서는 조선의 민족성을 알아야 한다는 것, 조선의 민족성은 민요에 잘 나타나 있다는 것, 이 세 가지 기본적인 전제는 『조선민요의 연구』에 실린 논문의 전편에 일관되어 있다고 해도 과언이 아니다. 이 책에 실린 논문 가운데 타나카 하츠오의 「민요의 철학적 고찰에 기반한 조직체계의 구성」만이 조선민요의 양식적 특징에 대해 언급할 뿐, 그 외의 논문들은 모두 조선의 민요에 나타난 정서를 통해서 조선의 민족성을 정

---

18) 井村一夫, 「眞人歌人抄錄－市山盛雄氏」, 『眞人』 第9巻 第1號, 東京 : 坂本書店, 1931.1, 32면. 高崎宗司, 「7. 巧をめぐる人びと」, 『朝鮮の土となった日本人』, 東京 : 風草社, 2002, 206～208면.

19) 원문은 다음과 같다. "民謠の研究は既に諸文明國では殆んどその資料もない程になつてゐるのであるが, 朝鮮に於てはいまだその一步にも鍬を入れられてゐ狀態にある. 輓近漸く各方面に朝鮮の研究熱がたかまつて來たやうであるが, 眞實の朝鮮を知る上に於ては, どうしてもこの國の民族の民族性を知らねばならぬ, 素朴な民衆の時代的心理を如實に表現してゐる民謠から民族性を覗くことは, もつとも有力な資料となるであらう." 市山盛雄, 「例言」, 『朝鮮民謠の研究』, 東京 : 坂本書店, 1927, 5면.

의하는 형식을 취하고 있다. 『조선민요의 연구』의 필진들이 저마다 제시하는 조선의 민족성은 실로 다양하다. 당시 오사카[大阪] 『아사히[朝日]신문』 경성지국장으로 『반도에게 듣는다[半島に聽く]』(1926)라는 시사평론집을 쓰기도 했던 이노우에 오사무의 경우, 「영변가(寧邊歌)」를 비롯한 서도의 민요와 잡가를 통해서 처량함, "데카당티즘의 탐닉과 방종"[20]을, 효창(孝昌)보통학교 교장이었고 경성부에서 경성부사(京城府史) 집필에 참여했던 오카타 미츠그는 "피폐곤비(疲弊困憊)해서 활력이 없고 탄력이 없는 성격"을,[21] 이마무라 토모에의 경우, "조선은 모든 점에서 정체된 나라이어서 창조력이 부족한 나라"라고 정의하면서, 「아리랑」을 예로 들어 "체념과 찰나의 향락주의"[22]를 조선의 민족성으로 규정한다.

그러나 이들이 결론으로 제시하는 조선의 민족성의 항목이라는 것은, 앞서 간단히 언급한 바 있듯이, 다카하시 토오루의 『조선인(朝鮮人)』(1921)이나, 무라타 시게마로의 『조선의 생활과 문화[朝鮮の生活と文化]』(1924)의 중요한 논지들과 대부분 일치하고 있다는 점에서 주목을 요한다. 다카하시 토오루가 불우한 운명에 대한 순종, 그리고 그러한 운명에 대한 비정상적으로 낙천적인 태도[23]를 조선민족의 특성으로 지적한 데에서 알 수 있듯이, 조선을 문명사회와 격절된 정체사회로 파악하는 태도는, 근본적으로 『조선민요의 연구』의 일본인 필진들에게도 공통된다. 오카타 미츠그의 경우에는, 다카하시 토오루의 조선인론을 직접 인용하고 있을 뿐만 아니라, 심지어 아사카와 노리타카의 경우에는, 문명이라는 미명 아래, 개량과 진보 아래 이루어진 난용(亂用)이 없는 나라가 조선이라면서, 당시의 조선 사회가 중국 송(宋)나라의 사신이었던 서긍(徐兢)의 『고려도경(高麗圖經)』(1123)에 묘사된 고려시대와 큰 차이가 없다고 하기까지 한

20) 井上收, 「抒情詩藝術としての民謠」, 위의 책, 44~46면.
21) 岡田貢, 「朝鮮民謠に現はれた諸相」, 위의 책, 56면.
22) 今村螺炎, 「朝鮮の民謠」, 위의 책, 88면.
23) 高橋亨, 「第二各論」, 『朝鮮人』, 京城 : 朝鮮總督府學務局, 1921, 54~60면.

다.[24] 특히 무라타 시게마로가 「아리랑」·「담바고타령」 등의 민요를 통해서, 절망·염세·자기(自棄)·찰나의 쾌락과 주색의 추구를 조선의 민족성으로 규정한 사정[25]과 비교해 볼 때, 앞서 언급한 『조선민요의 연구』의 필진들의 주장이 사실상, 이른바 조선정체(停滯)사관, 타율사관에 근간한 조선민족성론, 혹은 조선문화론과 지근거리에 있었음을 알게 된다. 그리고 더 나아가면 다카하시 토오루와 무라타 시게하루는 물론, 이노우에 오사무 등의 『조선민요의 연구』의 필진들이 제시한 조선 민족성의 항목들은, 이들의 조선민요론이 에드워드 사이드(Edward W. Said)가 『오리엔탈리즘*Orientalism*』에서 오리엔탈리스트들이 공유하는 동양의 정형[26] 항목들과 대부분 일치하고 있음을 시사한다.

이 대목에서 앞서 언급한 일본인들의 조선민족론, 혹은 조선문화론에 나타난 이른바 '조선의 정형'의 허구와 왜곡을 지적하는 일은 어쩌면 그다지 중요하지 않을지도 모른다. 그보다 더욱 중요한 것은, 이러한 '조선의 정형'을 통해서 조선을 일본의 타자로 설정하고 폄하하는 일이 선행된 뒤에, 비로소 조선을 미적 대상으로 상찬하는 일이 가능하다는 사실이다. 조선의 민요 혹은 도예를 심미적 판단의 대상으로서 설정하기 위해서는, 무엇보다도 열등하고 불쾌한 조선을 괄호로 묶는 단계를 거쳐야 하는 것이다.[27] 따라서 이들이 단순히 조선민요를 감상한 뒤의

---

24) 淺川伯教, 「朝鮮民藝に就て」, 市山盛雄 編, 앞의 책, 50면.

25) 村田懋麿, 「民族性及民族精神」, 『朝鮮の生活と文化』, 東京 : 目白書院, 1924, 264~265면.

26) 동양이 퇴행적·비문명적·여성적이고, 정체되어 있으며, 도덕적으로도 타락했다는 식의 일련의 정형들이 그러하다. Edward W. Said, 今澤紀子 譯, 「第1章 オリエンタリズムの領域」, 『オリエンタリズム*Orientalism*』, 東京 : 平凡社, 1986, 241~243면.

27) 이러한 사정에서 가라타니 코진[柄谷行人]이 오카쿠라 텐신과 야나기 무네요시의 사상에서 나타나는 오리엔탈리즘과 미학주의의 결합의 양상을 지적한 사례는 참조할 만하다. 가라타니 코진에 따르면, 이들의 미학주의는 어떤 판단 대상의 진·선·미의 영역 가운데에서 '진'과 '선'의 부분은 괄호로 묶어 타자로서 배제한 뒤에, '미'의 영역만을 판단의 대상으로 삼을 뿐, 결국 그 괄호를 풀지 않는 데에서 비롯한다고 본다. 가라타니 코진은 이러한 예를 통해서 타자를 과학적 대상으로 삼아 폄하하는 일과, 미적 대상으로

소회를 진술하는 것이 아니라, 본격적인 의미의 조선민요론을 구상하는 경우, 조선의 민족성의 탐구로 나아가는 것은 당연한 일인 셈이다. 예컨대 『조선민요의 연구』의 필진 가운데에서 누구보다도 조선민요의 채보에 앞장섰고, 유일하게 조선민요의 형식적 특성에 주목했던 다나카 하츠오조차도 조선민요의 독특한 형식과 표현은 조선민족의 민족성에서 비롯한다고 보았던 것[28]은, 좋은 사례이다.

이러한 사정에서 시미즈 헤이조가 다른 '신진' 동인들과는 달리, 조선을 "괴로운 사랑, 슬픈 사랑의 나라"[29]라고 정의한 것은 전혀 어색하지 않다. 조선총독부의 사회과 직원으로서, 조선총독부 기관지 『조선(朝鮮)』지에 조선의 민요와 동요에 대해서 다수의 논문을 발표하기도 했던 그가, 조선민요의 고유한 아름다움은 "피가 스며 나오는 듯한 연가 가운데 애절한 이별의 고통을 자세히 나타낸 것"에 있고, 그것은 번역을 통한 문자화나 음반의 감상을 통해서는 전혀 나타나지 않는다고 했을 때, '신진' 동인들의 조선민요론이 '진'과 '선'에 대한 괄호치기를 전제로 한 미학주의(美學主義)에 근간하고 있음은 자명해지기 때문이다. '신진' 동인들의 조선민요론에 나타난 미학주의의 이러한 성격은, 이미 앞서 인용한 이치야마 모리오의 「예언」에서 명확하게 나타났다고 할 수 있다. 조선의 민요를 이해하는 일이, 미개의 처녀지에 쟁기질을 하는 일과 다르지 않다면, "처녀의 파과(破瓜)"로도 이해될 수 있는 이러한 표현이 궁극적으로 시사하는 것은, 이치야마 모리오를 비롯한 '신진'의 동인들의 미학주의가 미적 대상에 대한 이해뿐만 아니라, 미적 대상에 대한 지배욕망에 근간하고 있다는 사실이다.

서 상찬하는 일이 서로 보완하는 관계일 수 있고, 나아가 오리엔탈리즘이 비서구권에서도 나타날 수 있음을 주장한다. 柄谷行人, 「美學の效用」, 『批評空間』 II－14, 東京 : 太田出版, 1997.

28) 田中初夫, 「民謠の哲學的考察に基づく組織体系の構成」, 市山盛雄 編, 앞의 책, 158～159면.

29) 清水兵三, 「朝鮮の鄕土と民謠」, 위의 책, 128면.

4. 오리엔탈리즘의 환상, 만요[萬葉] 세계의 발견

조선이 퇴행적 · 비문명적 · 여성적이고, 정체되어 있으며, 도덕적으로도 타락했다는 정형을 통해 조선을 괄호로 묶은 뒤에 비로소 가능한 조선민요에 대한 미학주의는, 우선 원시적 감정의 발견과 상찬의 형태로 나타난다. '신진' 동인들이 한결같이 "조선 민족정신의 원시적 근원"을 순수하면서도 강렬한 욕망이라고 본 것은 바로 그러한 사정에서 비롯한다. 그러나 이들이 조선민요를 통해서 발견한 이 '욕망'은, 사실은 인간의 원시적 본능이라고 환언해야 할 것이다. 예컨대 조선민요의 주조가 "단말마(斷末魔)에 이를 정도의 식욕"과 사회적 제약으로 인해 비명으로 드러나는 연애욕망의 표현[30]이라고 본 오카타 미츠그의 경우가 바로 그 예이다. 오카타 미츠그처럼 굳이 항목을 나누지는 않았지만, 조선민요의 주조가 가장 노골적인 본능에서 나타난 탄식에 있다고 본[31] 이치야마 모리오의 경우도 오카타 미츠그와 크게 다를 바가 없다.

이 가운데에서 오카타 미츠그의 조선민요론은 다카하시 토오루의 조선인 정체성론을 따랐다면, 당시 철도학교 교수였던 난파 센타로는, 조선민요의 주조를 이루는 욕망, 혹은 원시적 본능을 상찬의 대상으로 삼는다. 그가 조선민요에 나타난 욕망, 혹은 본능에서 발견하는 심미적 가치는, 소박하고 솔직하고 자연적이며 야생적인 무기교, 생명의 감격, 절실한 진정, 생활의 실감, 그리고 처녀의 조심스러움이다.[32] 난파 센타로의 이러한 상찬은 무엇보다도, 일본 민요는 심미적 가치인 '섬세', '우미(優美)', '전아(典雅)'가 샤미센[三味線]의 도래 이후 자수(字數)의 제한으로 생명의 약동을 잃어버린 데에 비해, 조선의 민요는 발랄한 감정과 신선

---

30) 岡田貢, 「朝鮮民謠に現はれた諸相」, 위의 책, 55~66면.
31) 市山盛雄, 「朝鮮の民謠に關する雜記」, 위의 책, 198면.
32) 難破專太郎, 「朝鮮民謠の特質」, 위의 책, 84면.

한 생활감을 보존해 왔다는 논리를 근거로 하고 있다. 난파 센타로가 일본 민요와 조선민요의 특질을 비교하는 가운데 발견한 조선민요의 심미적 가치는, 어느 점에서는 앞서 이마무라 토모에가 비판한 조선 민족성 가운데 '창조력의 부족'과도 일치하는 부분이 있다. 그럼에도 불구하고 난파 센타로에게 그것이 심미적 가치를 지닌 것으로 상찬의 대상이 되는 일종의 전도는, 아사카와 노리타카의 경우에서도 알 수 있듯이, 문명 사회가 잃어버린 것을 비문명 사회가 보존하고 있다는 인식, 그리고 그러한 인식에서 비롯하는 비문명 사회에 대한 향수와 같은, 일종의 원시주의(primitivism)적 사고로부터 비롯한다.

다카하시 토오루 등의 조선문화론자들과 『조선민요의 연구』 필진들이, 조선의 민요, 더 나아가 조선을 마치 문명에 의해 타자화 된 모든 비문명적 요소들의 저장소로서 본다는 점에서는 근본적으로 일치한다. 이러한 사정을 염두에 두고 볼 때 흥미로운 사례가 아마도 조선총독부 산림부 직원이었던 미치히사 요시미[道久 良]일 터이다. 이 글에서 그는, 조선사람이 아니면서 조선에 대해 폭넓은 지식을 지닌 특수한 사람이, 대단히 특수한 대상인 조선의 민족성을 연구할 수 있다면서, 일반적인 조선의 민족성에서 떠나 특수한 환경과 민족성을 지니고 생활하는 화전민의 민요를 통해서 원시민족의 감성과 생활상을 구성하고자 했다.[33] 그의 논문은 조선민족 안에서 화전민이 특수한 민족적 정체성을 지니고 있는 별개의 민족이라는 식의 무지로 인해, 주목에 값하는 바는 없다고 해도 무방할 터이다. 그러나 그의 원시민족이라는 표현이 단지 조선민족만을 의미하는 것이 아니라, 원시인류를 의미한다는 점은 흥미롭다. 무엇보다도 조선의 화전민의 민요를 통해서 원시인류의 생활상을 상상하는 그의 사고를 읽기에는 충분하기 때문이다.

그러나 이들이 서로 분명히 다른 지점에 위치하고 있음에도 공통점을

33) 道久良, 「火田民の生活と歌謠」, 위의 책, 109면.

지니고 있다면, 그것은 난파 센타로의 경우에서 자명하듯이, 그 타자화된 비문명적 요소들이 샤미센 도래 이전의 일본 민요, 혹은 일본도 공유하고 있었다는 원시주의적 사고이다. 난파 센타로를 비롯해서 아사카와 노리타카, 시미즈 헤이조, 이치야마 모리오의 조선민요론도 사실은 이러한 사고를 근간으로 쓰여졌다고 해도 과언은 아니다. 따라서 『조선민요의 연구』의 일본인 필진들이 지적하는 조선의 민요와 혹은 조선인의 온갖 비문명적 요소들이란, 사실은 타자화된 자기이고, 이 타자화된 자기를 조선의 민요, 조선인이라는 대상에 투사한 결과가 바로 『조선민요의 연구』인 셈이다. 게다가 이러한 투사가, 앞서 인용한 이치야마 모리오의 「예언」의 "처녀의 파과(破瓜)"의 이미지로 표상되거나, 난파 센타로의 '처녀의 조심스러움'에 대한 쾌미로 전이되는 형국은, 『조선민요의 연구』의 일본인 필진들에게 조선민요, 조선인이 미적 대상인 동시에 뒤틀린 남성적 욕망의 대상임을 분명히 나타낸다.

한편으로 그들에게 그러한 착종된 욕망은 미적 대상에 대한 환상을 불러일으킨다. 난파 센타로가 조선민요에서 무로마치[室町] 말기의 일본 민요를,[34] 이노우에 오사무가 조선의 서도 지방의 민요에서 일본의 코모리 우타를, 그리고 「아리랑」에서 일본의 속요를 발견하는[35] 것도, 그리고 이치야마 모리오가 조선의 시조(時調)에서 일본의 단카를 발견하는 것도,[36] 엄밀히 말하자면 그러한 환상이라고 해도 과언이 아니다. 이러한 환상은 비단 『조선민요의 연구』의 필자들뿐만 아니라, 당시 식민지 조선의 역사와 문화를 바라보는 일본인들에게 드물지 않게 나타난 현상으로 여겨진다. 예컨대 야나기 무네요시가 조선의 도예의 선(線)에서 이해와 사랑에 굶주린 조선인의 심정을 읽어내는 한편으로 신라의 고도 경주에서 나라[奈良]시대 일본과 만나는 것[37]은 좋은 사례이다. 이러한 환상은 후일 야

34) 難破專太郎, 앞의 글, 앞의 책, 81면.
35) 井上收, 「抒情詩藝術としての民謠」, 市山盛雄 編, 앞의 책, 43면.
36) 市山盛雄, 「朝鮮の民謠に關する雜記」, 위의 책, 124면.

나기타 쿠니오[柳田國男]가 "조선에 만엽집이 굴러다니고 있으니 꼭 보러 오라(朝鮮を見に行って來なくちゃいけません。万葉集が歩いてゐますよ。)"고 자신에게 권유했던 일본화가 마츠오카 에이큐[松岡映丘]와, 이마무라 토모에를 비롯한 일본인의 조선 민속론을 두고, 이른바 '다기골동식 민속론(茶器骨董式民俗論)'의 공상이라고 비판했을 때[38]의 바로 그 '공상'이라고 할 수 있다.

식민지 조선에 대한 이러한 환상 혹은 공상이, 서양의 오리엔탈리스트들의 경우에도 서양과 동양의 대립을 젠더화해서, 동양을 '여성화'되고 수동적·복종적·이국적이고, 성적으로 신비로운 유혹적 존재로 간주하면서, 자신들의 남성적 지배욕을 투사할 때 빈번히 나타난다는 것은 주지의 사실이다.[39] 이러한 사정을 염두에 두고 이치야마 모리오를 비롯한 '신진' 동인만을 보더라도, 그들의 조선민요론이 일본 오리엔탈리즘의 형성에 복무하고 있음은 자명해진다. 뿐만 아니라 '신진' 동인의 단카 창작도 이러한 사정을 배경으로 해서 가능했던 것으로 여겨진다. 후일 이치야마 모리오가, '신진' 동인은 물론 김찬영(金燦永) 등의 조선인, 요사노 텟칸[與謝野鐵幹], 와카야마 보쿠스이 등 조선을 여행한 적이 있는 일본의 저명한 가인들과, 나츠메 소세키[夏目漱石] 등의 근대문학 작가들의 단카 작품들을 모으고, 이들의 작품에 등장하는 이른바 조선지방색어(朝鮮地方色語) 사전을 더해 『조선풍토가집(朝鮮風土歌集)』(1936)을

37) 柳宗悅, 廉想涉 譯, 「朝鮮人을 想함」, 『東亞日報』, 1920.4.13~14. 柳宗悅, 「朝鮮とその藝術」, 『柳宗悅全集』 第8卷, 東京 : 筑摩書房, 1981, 25~27면.

38) 柳國國男, 「比較民俗學の問題」, 『定本柳田國男全集』 第30卷, 東京 : 筑摩書房, 1964, 63~65면. 카와무라 미나토에 따르면, 이 글은 원래 『朝鮮民俗』, 1935년 10월 제3호 이마무라 토모에의 고희기념특집호에 야나기타 쿠니오가 발표한 「학문과 민족결합[學問の民族結合]」의 초고로서, 조선와 일본민속의 비교를 시도하는 일본인의 민속학에 대해 강하게 비판한 글이다. 川村 湊, 「柳田國男と「朝鮮」」, 『大東亞民俗學の虛實』, 東京 : 講談社, 1997.

39) Edward W. Said, 今澤紀子 譯, 「第2章 オリエンタリズムの構成と脫構成」, 위의 책, 430~435면.

간행하면서, 이 가집이 조선의 명소·고적·풍속을 안내하는 자료일 뿐만 아니라, 국문학적으로도 의미가 있는 문헌임을 자부했던 것은 바로 그 증거이다.[40]

이치야마 모리오가 조선민요의 연구, 나아가 조선의 풍토를 배경으로 한 단카의 창작이 결국 일본 고쿠분가쿠에 기여한다고 믿어 의심치 않았다는 점은 대단히 흥미롭다. 이치야마 모리오가 전문적인 작가가 아닌 교양인에 불과했다고 하더라도, 이러한 그의 신념이 결국 그로 하여금 『신진』 1930년 신년호부터 「조선가요의 전개」라는 논문을 1931년 6월까지 8회에 걸쳐 연재하게 하기 때문이다. 그 서문 격인 글에서 이치야마 모리오는 자신의 조선가요사의 정리가 일선(日鮮)가요사 연표의 작성을 목표로 하고 있음을 밝히고 있다.[41] 뿐만 아니라 『조선민요의 연구』의 판권면의 뒷면에 실린, 이치야마 모리오의 편집으로 출간될 예정인 조선가요총서(『朝鮮民謠選集』·『朝鮮童謠選集』·『朝鮮時調選集』 각 2권)의 광고면을 통해서도 알 수 있듯이, 이치야마 모리오는 방대한 규모로 조선 고전시가선집을 출판하려고 했던 것으로 보인다.[42] 일선가요사연표의 작성과 『조선시조집(朝鮮時調集)』·『조선가사집(朝鮮歌詞集)』의 편찬을 통해서, 그가 기획한 궁극적 목표가 무엇이었는지는 분명하지는 않지만, 조선가요사의 서술이 결국 일선가요사의 서술로 나아갈 수 있는 가능성을 전제로 한 것임은 어렵지 않게 짐작할 수 있다.

여기에서 원래 근대 일본의 단카가, 1890년대부터 마사오카 시키[正岡

---

40) 市山盛雄, 「凡例」, 『朝鮮風土歌集』, 京城 : 朝鮮公論社, 1936, 9~11면. 이에 대해서는 다음의 서지를 참조할 수 있다. 구인모, 「단카(短歌)로 그린 朝鮮의 風俗誌－市山盛雄 編, 『朝鮮風土歌集』(1935)에 對하여」, 『사이間*SAI*』 창간호, 국제한국문학문화학회, 2006.11.

41) 市山盛雄, 「朝鮮歌謠の展開」, 『眞人』 8卷 1号, 東京 : 坂本書店, 1930.1, 21면.

42) 이 선집들은 결국 출판되지 못했던 것으로 보인다. '신진' 동인과 『조선민요의 연구』에 대해 조사한 바 있는 나고야[名古屋]대학의 츠보이 히데토[坪井秀人] 교수에 따르면, 도쿄의 사카모토 출판사는 『조선민요의 연구』 간행 이후 곧 도산했다고 하는데, 이로 인해서 그 선집의 출판은 무산되고 말았다고 한다.

子規], 등의 가인(歌人), 신체시인들이 중심이 되어 『만엽집(萬葉集)』을 중심으로 신시대의 시가를 창출하고자 한 가운데 형성되었던 이른바 '국민시가의 창출' 담론과, 그것의 연장선에서 하가 야이치[芳賀矢一]를 비롯한 메이지[明治]시대 도쿄제국대학의 고쿠분가쿠 연구자들이, 독일어 폴크스 리히트(Volkslied)를 '국민시', '민요'로 번역하면서 『만엽집(萬葉集)』을 국민가집(國民歌集)으로 정전화했던 과정에, 그 태생의 배경을 두고 있음을 상기할 필요가 있다. 그 가운데에서 근대 단카의 대표적인 시사였던 아라라기[アララギ]파의 마사오카 시키를 비롯해서 오리구치 노부오[折口信夫], 사이토 모키치[齋藤茂吉]는 물론이거니와, 특히 다이쇼기의 시마키 아카히코[島木赤彦]의 단카론이 한결같이, 『만엽집(萬葉集)』의 민족의 원시적 감정의 보고로서의 가치를 확증하기 위해서 민요의 가치를 적극적으로 인정했던 사정[43]을 염두에 두고 보면, 이치야마 모리오와 '신진' 동인들의 조선민요론이 궁극적으로 무엇에 복무하고 있었는지 충분히 짐작할 수 있다. 요컨대 이치야마 모리오를 비롯한 '신진' 동인들은 나름대로 식민지의 문화적 자산을 전유해서, 일본문학, 더 나아가 일본 고쿠분가쿠의 외연을 확장하는 역할을 담당한 셈이다. 아울러 그들의 조선민요론은 소박한 의미에서의 일본 국민문학론의 민족주의의 외연일 뿐만 아니라, 조선민족성론, 조선문화론 등의 식민지학으로 구성되는 오리엔탈리즘 담론의 한 축에 해당한다.

43) 品田悅一, 「國民歌集として『萬葉集』」, 『創造された古典－カノン形成・國民國家・日本文學』(ハルオ・シラネ, 鈴木登美 編), 東京 : 新曜社, 1999. 品田悅一, 「第3章 民族の原鄕」, 『萬葉集の發明』, 東京 : 新曜社, 2001.

5. 오리엔탈리즘과의 길항(拮抗)과 제휴

앞서 언급한 바와 같이, 『조선민요의 연구』에는 최남선 · 이광수와 근대시조 시인인 이은상의 논문도 게재된다. 『조선민요의 연구』의 총론에 해당하는 최남선의 「조선민요의 개관」은, 조선의 국민시가의 개념을 정의하고 국민시가의 역사를 개관한 논문이다. 이 논문에서 최남선이 무엇보다도 먼저 염두에 두었던 것은, 순수한 조선심 · 조선의 정조 · 조선어 · 조선의 리듬에 근간한 조선시, 그리고 이러한 조선시의 통시적 발전과정을 통해서 서술될 조선문학사의 가능성이었다.[44] 그리고 이러한 관점에서 향가를 비롯한 고대가요로부터, 시조와 가사로 이어지는 계보를 설정하고, 그 정점에 바로 민요를 두었다. 최남선이 조선문학사의 시발점으로 민요를 설정했던 것은, 『삼국유사(三國遺事)』와 같은 역사서와 조선시대 편찬된 가집(歌集) 뿐만 아니라, 구비전승의 문학적 장르까지 조선문학사 안에 포함시킴으로써 조선문학의 영역을 확장하고, 조선문학사의 역사적 한계를 역사 이전으로까지 소급할 수 있었기 때문일 것이다. 그러나 이보다 더욱 중요한 이유는, 최남선이 조선인 고유의 민족성을 보존해 온 조선문화의 저층을 평민 · 서민계급으로 보았기 때문이다.[45] 조선 민족성으로 환언할 수 있는, 최남선의 이른바 '조선심'을 표상할 수 있는 문화적 저층을 평민 · 서민계급으로 규정하게 되면, 조선시대 귀족 · 지식인 계급의 문학을 조선문학의 범주 안에서 배제될 뿐만 아니라, "지나(支那)에서 수입된 문학과 사상", "지나의 정악(正樂)류화"한 문학이 배제되기 때문이다.[46] 요컨대 조선의 문학적 유산 안에서 조선적인 것과 외래적인 것을 구분하고, 외래적인 것을 배제하는 방법

44) 崔南善, 「朝鮮民謠の概觀」, 市山盛雄 編, 앞의 책, 3면.
45) 위의 글, 위의 책, 5면.
46) 위의 글, 위의 책, 10면.

적 자기분리를 거쳐서 남은 가장 순도 높은 조선의 심성, 그리고 그러한 심성으로서 조선심에 근간한 조선문학, 그것이 바로 최남선에게는 민요였던 셈이다. 그런데 최남선은 「조선민요의 개관」에서 이러한 방법적 자기 분리의 논리를 극단적으로 전개시켜, "조선은 문학의 소재국(素材國)이지 문학이라는 훌륭한 건축물의 소유자는 아니"며, 또한 "조선은 문학국이 아닐지는 몰라도 분명히 민요국이다. 민요도 문학의 범주에 포함된다면 조선은 민요를 통해서 문학국이 된다고 보아야 한다."[47]라는, 일종의 자기부정으로 나아간다.

최남선이 조선의 민요를 통해서 조선을 문학의 소재국으로 인식하고 있었다는 점에서 보다 중요한 사실은, 그의 이러한 인식이 『조선민요의 연구』의 일본인 필자들의 오리엔탈리즘과 제휴할 수 있는 지점이라는 사실이다. 이러한 사정은 무엇보다도 최남선이 "문학의 소재국으로서 조선은 부끄럽지 않은 부력(富力)을 지니고 있는, 아직 열려지지 않은 보물창고이고, 그 오랜 문화사의 배후에는 바닥을 알 수 없는 깊이와 신기함이 잠재해 있다"[48]고 한 진술을 통해서 분명히 나타난다. 이러한 진술의 근저에 있는 것이 바로 조선인으로서 최남선이 조선과 조선의 민요에 대해서 지니고 있는 원시주의적 사고임은 두 말할 나위도 없다. 그리고 그것은 앞서 언급한 아사카와 노리타카나 난파 센타로 등의 원시주의적 사고와 정확하게 부합한다. 그 뿐만 아니라 최남선의 이러한 사고는, 이치야마 모리오나 난파 센타로에서 알 수 있듯이, 조선과 조선의 민요를 처녀성의 이미지로 표상하는 오리엔탈리즘의 뒤틀린 남성적 욕망을 받아들이고, 내면화할 가능성을 지니기에 충분한 것이다. 최남선이 조선의 민요를 "바닥을 알 수 없는 깊이와 신비함"을 지닌 "아직 열려지지 않은 보물창고"로 표상한 것은, 『조선민요의 연구』의 필자들에게 그들의 식민지의 처녀성에 대한 남성적 욕망을 충족시킬 수 있는

47) 위의 글, 위의 책, 3면.

48) 위의 글, 위의 책, 10면.

대상이라고 스스로 인정하는 것일 뿐만 아니라, 어떤 의미에서는 도리어 그러한 오리엔탈리즘의 남성적 욕망을 자극하는 유혹이기도 한 것이다.

이광수의 「민요에 나타난 조선민족성의 한 단면」은, 민요 그 자체보다는 민요를 통해서 조선의 민족성을 검토하는 논문이라고 할 수 있다. 그러나 보다 엄밀하게 말하자면, 이 논문은 호소이 하지메[細井肇]의 『조선문화사론(朝鮮文化史論)』을 비롯한 조선민족성론에 대한 반박문으로서의 성격이 강하다.[49] 이광수의 조선민요론의 골자는 조선민요에 나타난 민족성이, 호소이 하지메가 지적한 바와 같이 '잔인함'이 아니라, "잔인성의 부족"과 "낙천적인 태도"[50]라는 것이다. 이광수는 그 근거로서 한국어의 "웃고 말자"라는 표현을 언급하면서, "칼을 품은 원수에게도 등을 보이"는 훌륭한 태도야말로 조선민족성을 대표하는 것이고, 이것은 조선의 하층민들 사이에도 일상적으로 볼 수 있는 것이라고 주장한다. 그리고 이러한 조선의 민족성이 반영된 민요의 예로써 「아리랑」과 「경복궁타령」을 언급한다.[51] 나아가 이광수는 이 두 편의 민요뿐만 아니라, 조선문학의 본질이 바로 낙천적 태도라고 하면서, 판소리 「심청전」이나 「춘향전」을 보아도 알 수 있듯이 조선에는 진정한 의미에서의 비극적인 문학이 없다고까지 단언한다.[52]

---

49) 호소이 하지메[細井肇]는 도쿄아사히신문[東京朝日新聞]기자, 일한전기통신사(日韓電氣通信社)의 직원으로 조선에 주재했던 언론이었다. 1911년 자유토구사(自由討究社)를 설립해서 『通俗朝鮮文庫』·『滿鮮叢書』·『한성의 풍운과 명사[漢城の風雲と名士]』·『朝鮮文化史論』 등을 집필하고 간행했다. 그 후 도쿄로 돌아가 국책구락부 대표로서 활동하다가 1934년 사망했다. 櫻井義之, 위의 책, 17~18면. 호소이 하지메는 1926년 6월 25일부터 『大阪朝日新聞』의 『附錄朝鮮朝日』에 조선이 망하게 된 이유를 홍선대원군의 일대기를 통해 밝히려고 한 「朝鮮物語」를 연재하는데, 타카사키 소지는 이광수가 비판한 호소이 하지메의 글이 바로 이 「朝鮮物語」라고 본다. 高崎宗司, 「朝鮮民族性惡論－細井肇」, 『「妄言」の原形－日本人の朝鮮観』, 東京 : 木犀社, 1996, 216~217면.

50) 李光洙, 「民謠に現はれたる朝鮮民族性の一端」, 市山盛雄 編, 앞의 책, 70면.

51) 위의 글, 위의 책, 71~72면.

이광수가 「민요에 나타난 조선민족성의 한 단면」에서 정의한 조선민족성으로서 '낙천적 태도'는, 이미 1922년 5월 『개벽(開闢)』지에 발표한 「민족개조론(民族改造論)」에서도 조선인의 민족성인 인(仁)·의(義)·예(禮)·용(勇)의 근간을 이루는 근본적인 성격으로서 관대함과 함께 언급된 것이기도 하다. 주지하는 바와 같이 이광수는 이 「민족개조론」에서, 조선조에 형성된 허위·나태·이기·겁나(怯懦) 등의 부정적 민족성을 개조의 대상으로써 괄호로 묶는 한편, 조선인의 심성에 관해 기술한 『산해경(山海經)』을 비롯한 중국의 고전과 역사서를 인용하면서 인·의·예·용의 현대적인 표현인 관대·박애·예의·금욕·자존·무용(武勇) 조선민족성의 이상으로 규정한다.[53] 앞서 검토한 바와 같이, 이광수의 이 「민족개조론」은 이미 그 모두에서도 이광수 스스로 밝히고 있지만, 「민족개조론」을 발표하기 한 달 전 『개벽』지에 발표한, 귀스타프 르봉(Gustave Le Bon)의 『민족발달의 심리』의 한 장인 「국민생활(國民生活)에 대(對)한 사상(思想)의 세력(勢力)」의 번역과 연결된다. 즉 이광수는 그가 신봉한 과학에 근간해서, 자기 나름의 조선민족성의 항목을 고안하려고 했던 것이다.

이광수의 이러한 기획은 일견 식민지 조선학의 오리엔탈리즘에 대한 대항으로서 의미를 지니는 것으로도 볼 수 있겠지만, 그가 제시한 새로운 조선민족성의 항목의 근간에 해당하는 조선인의 심성으로서 '낙천적 태도' 혹은 '관용'은, 다카하시 토오루가 『조선인(朝鮮人)』에서 조선총독부가 앞으로 권면해야 할 조선인의 긍정적 심성 가운데 하나였다는 사실을 간과할 수 없다. 뿐만 아니라, 이광수가 조선의 부정적 민족성으로 규정했던 항목들도 사실은 다카하시 토오루가 지적한 그것과 대부분 일치하고 있다.[54] 따라서 이광수의 조선민족성론은, 표면적으로는 조선인의

---

52) 위의 글, 위의 책, 73.

53) 李春園, 「民族改造論」, 『開闢』 第23號, 京城 : 開闢社, 1922.5.

54) 다카하시 토오루는 관용·순종·낙천 이 세 가지의 민족성이야말로 조선인의 '미질(美質)'이라고 하면서, 이것이 조선인 나름의 여유, 예의존중, 그리고 오래된 생활고로부터 비롯한다고 보았다. 아울러 이러한 미질을 권장하는 한편으로, 사상의 고착·사

근원적 심성을 탐색하면서, 조선적인 것과 역사의 행정에서 훼손된 비조선적인 것을 분리하고, 비조선적인 것을 폐기의 대상으로 괄호로 묶는 방법적 자기분리의 책략을 구사하는 듯하면서도, 이면으로는 다카하시 토오루로 대표되는 식민지 조선학의 오리엔탈리즘과 긴밀히 제휴하고 있는 것이다. 환언하자면 이광수의 「민요에 나타난 조선민족성의 한 단면」은 다카하시 토오루의 『조선인(朝鮮人)』의 각론으로서, 민요의 분석을 통해 『조선인(朝鮮人)』의 외연을 확장한 것에 불과한 셈이다.

한편 최남선 · 이광수의 경우와 달리 이은상의 「청상민요소고(靑孀民謠小考)」는, 1926년 12월 『동광(東光)』지 제1권 제7호에 먼저 발표되었던 글로서, 『조선민요의 연구』에는 일본어로 번역되어 다시 발표되었다. 이 글에서 이은상은, 민요의 문학적 가치가 바로 정서에 있고, 또한 조선민요의 문학적 가치는 대표적인 청상(靑孀) 민요라고 할 수 있는 탄가(嘆歌)와 십이월가(十二月歌)에서 잘 나타난다고 보았다.[55] 이은상의 「청상민요소고」에서 주목해야 하는 부분은, 이 글이 『동광』지가 아닌 『신진』지, 아울러 『조선민요의 연구』라는 텍스트에 편입되고 배치됨으로써 담당할 수밖에 없는 전혀 다른 역할이다. 이치야마 모리오가 「조선의 민요에 관한 잡기」에서 언급한 조선민요론의 연구성과들은 무라타 시게마로의 『조선의 생활과 문화』, 이은상의 「청상민요소고」, 그리고 손진태가 1926년 7월 『신민(新民)』지 제15호에 발표한 「시조(詩調)와 시조(詩調)에 표현(表現)된 조선(朝鮮)사람」인데, 이 가운데에 굳이 이은상의 「청상민요소고」를 번역해서 『신진』지와 『조선민요의 연구』에 소개했던 이유는 무엇인가. 그것은 이은상이 청상민요의 정서가 조선민요의 문학적 가치를 대표하는 것으로 보는 관점이, 조선민요의 대표적 정서가 "괴로운 사랑, 슬픈 사랑"[56]이라고 본 시미즈 헤이조의 관점과 거의 일치하기 때문일 것

상의 종속 · 형식주의 · 당파성 · 문약 · 심미관념의 결핍 · 공사혼효(公私混淆)와 같은 부정적 민족성을 제거하는 노력을 해야 한다고 보았다. 高橋亨, 앞의 책, 60~62면.

55) 李殷相, 「靑孀民謠小考」, 市山盛雄 編, 앞의 책, 92면.

이다. 어쩌면 우연일지도 모르는 이러한 관점의 일치는, 조선민요, 조선문학에 대한 이은상의 인식이, 경우에 따라서는 일본 지식인들의 조선에 대한 미학주의, 나아가 오리엔탈리즘의 자장(磁場) 안으로 흡수될 수 있는 가능성을 담지하고 있다는 점에서 중요하다.

최남선을 비롯한 『조선민요의 연구』의 조선인 필자들의 논문을 검토하면서 간과해서는 안 될 것은, 이들이 1924년부터 1926년까지 『조선문단(朝鮮文壇)』지를 중심으로 형성되었던 국민문학론의 대표적인 문학자들이었다는 사실일 터이다. 그리고 이들의 논문들이, 앞서 검토한 이광수의 「민요소고(民謠小考)」(1924.12), 최남선의 「조선국민문학(朝鮮國民文學)으로의 시조(時調)」(1926.5), 「시조태반(時調胎盤)으로의 조선민성(朝鮮民性)과 민속(民俗)」(1926.6)의 연장선에 있다는 사실일 터이다. 이광수, 최남선은 물론이거니와, 이들보다 앞서 1924년 1월 1일 『동아일보(東亞日報)』에 「조선심(朝鮮心)을 배경(背景)삼아」를 발표한 김억이나, 1924년 12월 『조선문단』 창간호에 「노래를 지으시려는 이에게」를 발표한 주요한까지, 적어도 『조선문단』지를 중심으로 한 국민문학론 주변의 조선의 문학자들 대부분이, 과거의 문화적 유산을 새롭게 구상하는 국민문학의 자산으로 전유한다는 전제에는 동의하면서도, 실제로 조선의 근대시가 전유해야 할 대상과 전유의 방법에 대해서는 이렇다 할 의견을 제시하지 못하고 있었다. 이들의 문학론은 조선의 시인이라면 조선의 사상과 감정을 배경으로 한 시가를 써야 한다는 선언을 한 후, 조선심을 배경으로 하는 조선시의 전형에 대해서는 어떠한 언급도 하지 못하고 있었던 것이 사실이다. 그 가운데에서 김억이 1925년에 『조선문단』에 연재한 「작시법(作詩法)」에 이르러서 겨우 조선심을 배경으로하는 조선시의 기원과 전통을 민요와 시조에서 찾았고, 최남선은 이러한 김억의 뒤를 이어 「조선국민문학으로의 시조」를 조선 국민문학의 대표적인 갈래로 규정했던 것이다.

---

56) 淸水兵三, 「朝鮮の鄕土と民謠」, 위의 책, 128면.

조선총독부의 관리들의 조선민요연구와 '신진' 동인의 『조선민요의 연구』는 바로 이러한 1920년대 중반 이후, 프롤레타리아 문학과의 논쟁 가운데에서 부침을 거듭하고 있던 김억 등의 국민문학론에 어떠한 방식으로든 새로운 활기를 부여했던 것으로 여겨진다. 그것은 무엇보다도 앞서 최남선이 「조선국민문학으로의 시조」에서 처음 언급했던 조선 국민문학의 '향토성'이나, 이광수가 「민족개조론」을 거쳐 「예술과 인생」, 「문학강화(文學講話)」에 이르는 가운데 누누이 언급했던 조선 국민문학의 '민족성'의 개념과 그 함의가 분명하게 나타났던 것이, 바로 『조선민요의 연구』에 수록된 논문들이기 때문이다. 최남선, 이광수, 이은상의 논문을 통해서 알 수 있는 것은, 이들이 조선의 '향토성'이나 조선인의 '민족성'에 대해 검토하는 가운데, 식민지 종주국 지식인들의 오리엔탈리즘과 길항하는 한편으로 오리엔탈리즘과 긴밀히 제휴하고 있었다는 사실일 터이다.

따라서 1920년 이후 조선의 국민문학론은, 오리엔탈리즘과 길항하고 제휴하는 가운데, 식민지 종주국 지식인들이 정의한 조선 민족성에 대한 다양하고도 분열된 인식에 근간해서, 조선인의 정체성을 방법적 자기분리의 태도를 통해 구상했다고 할 수 있을 터이다. 바로 이 점이 1920년대 조선의 국민문학론의 실상이라고 해도 무방하다. 그러한 사정은 『조선민요의 연구』에 투고한 최남선 · 이광수 · 이은상 이외에도 앞으로 보다 자세히 검토할 김억 · 홍사용(洪思容) · 김동환(金東煥) 등이 1927년 이후에 본격적으로 발표하는 민요시론에서도 마찬가지였던 것으로 보인다. 『신진』 「조선민요의 연구」 특집호의 이치야마 모리오의 「편집후기(編輯後記)」에 따르면, 김억도 『조선민요의 연구』에 민요론을 투고했으나, 출판에 임박해서 투고한 까닭으로 결국 논문을 싣지 못했다고 하는데, 김억이 투고한 논문이 과연 무엇이었는지 확인하기 어렵지만, 그것은 「밟아질 조선시단(朝鮮詩壇)의 길」이거나, 그와 대동소이한 논문일 가능성이 높다. 아울러 김동환, 홍사용이 민요시론을 본격적으로 발표하기 시작한 것도, 공교롭게도 1927년 『조선민요의 연구』의 간행 직후라는 점은 매우 흥미롭다.

제5장

『朝鮮民謠の研究』와 그 이후, 국민문학론의 전도(顚倒)

1. 김억의 격조시형론과 국민문학론의 실상

1) 음성중심주의적 사고와 민족공동체의 이상

『신진[眞人]』지 1927년 신년호의 특집기사 「조선민요의 연구[朝鮮民謠の研究]」와, 동명의 단행본이 간행된 직후, 김억은 저 「조선심(朝鮮心)을 배경(背景)삼아」를 발표한 후 무려 3년여 만인 1927년 「밝아질 조선시단(朝鮮詩壇)의 길」을 2회에 걸쳐 연재한다. 이 글의 주된 골자는, 시의 언어는 단순한 사상의 부호가 아니라 조선인의 생활 · 사상 · 감정과 같은 향토성이 담긴 신성한 고유어이어야 한다는 것, 조선의 국민적 시가는 이 향토성이라는 심성을 지녀야 한다는 것, 마지막으로 조선인 고유의 호흡을 담은 민요와 시조를 절충한 새로운 시형에 근간한 국민적 시가를 써야 한다는 것, 이상 세 가지로 요약된다.[1] 일견 이러한 논지는 그가 앞서 「조선심(朝鮮心)을 배경(背景)삼아」를 비롯한 몇 편의 문학론을 통해서 누차 언급한 바와 대동소이한 것으로 보일지 모르나, 『조선민요의 연구』를 비롯해서 「밝아질 조선시단(朝鮮詩壇)의 길」이 발표되기 이전의 국민문학론을 둘러싼 조선 지식인사회의 분위기를 염두에 두고 보면, 대단히 중요한 문제점들을 발견할 수 있다.

그 가운데에서 무엇보다도 문학어로서 조선어에 대한 김억의 인식을 주목할 필요가 있다. 본래 1920년대 국민문학론이 구상한 근대적 조선 시가의 창출의 과제가 조선에서의 근대적인 자유시의 실현을 궁극적인 목표로 하고 있었다면, 그 문학어로서 조선어에 관한 문제는 사실상 문학론의 핵심이라고 할 수 있을 터이다. 그리고 1920년대 국민문학론자들 가운데에서 누구보다도 문학어로서 조선어에 대해 가장 민감했을 뿐만 아니라, 가장 구체적인 입장을 밝혔던 문학자는 바로 김억이었다는 사실을 주목할 필요가 있다. 그는 일찍이 박종화(朴鍾和)와의 논쟁을 벌였던 1921년경부터 동시대 조선의 문학에 대한 불만을 토로할 때마다 문학어로서 조선어에 대한 자신의 견해를 피력해 왔는데, 그 핵심은 문학자들의 일본어 어휘의 무분별한 사용에 관한 것이었다.[2] 이러한 비판 가운데에서 김억은 문학어로서 조선어는 조선인의 '내부생활(內部生活)'을 표현해야 한다는 것, 조선어는 문학어로서의 고유한 미와 힘이 있다는 것을 항상 주장했다. 그리고 그러한 논리는 앞서 검토한 바와 같이, 시의 언어는 조선인의 향토성이 담긴 신성한 고유어이어야 한다는 주장으로 나아가기에 이른다.[3]

우선 문학어, 즉 시어로서 조선어에 대한 김억의 인식의 변화 과정

---

1) 金岸曙, 「밝아질 朝鮮詩壇의 길 上・下」, 『東亞日報』, 京城: 東亞日報社, 1927.1.2~3.

2) 金億, 「無責任한 批評」, 『開闢』 第32號, 京城: 開闢社, 1921.2, 203면. 金岸曙, 「「朝鮮詩人選集」을 읽고서 (4)」, 『東亞日報』, 1926.12.12~22.

3) 金岸曙, 앞의 글, 앞의 책.

가운데에서 중요한 점은, 그가 일본식 한자어까지 포함하는 외국어는 물론이거니와, 한자어까지도 조선어의 신성함을 해치는 만큼 배격해야 한다고 보았다는 사실이다. 그가 특히 한자어를 배격해야 한다고 했던 이유는 무엇보다도 한자어가 조선어 특유의 어감과 음조미(音調美)를 소거시킬 뿐만 아니라,[4] 폭넓은 민중의 이해에도 방해가 되기 때문이었다.[5] 특히 이 가운데에서도 김억은 어감과 음조미에 대해 대단히 집착했으며, 심지어 당시 언문일치체의 종결법으로 흔히 쓰였던 '~다' 조차도 조선어의 어감과 음조미를 해칠 뿐만 아니라, 시인의 정서를 드러내지 못한다는 이유로 폐기할 것을 주장한다. 그 대신 굳이 '~다'를 써야 한다면 형용사, 첩어부사와 같은 의성어나 의태어와 함께 쓰는 편이 낫다고 한다. 그리고 그렇게 부득이한 경우가 아니라면 그는 자신이 즐겨 사용하는 문장종결법 가운데에서 '~어 / 서라'와 같은 감탄형을 이용하도록 권유했다.[6] 김억이 한자어, 특히 일본식 한자어가 아니라 고유어의 음조를 십분 활용하여 조선어의 시적 가능성을 적극적으로 모색하려 했다는 점은, 조선어로 근대적인 자유시를 구상하는 데에 가장 근본적이고 중요한 전제라는 점에서 주목할 만한 태도라고 할 수 있을 것이다. 아울러 자수율에 근간한 정형시를 주장한 김억이고 보면, 형용사와 부사의 빈번한 사용은 물론, 감탄형의 문장종결법을 사용해야 한다는 주장은, 시적 정서 표현의 효과를 극대화하기 위해 그가 선택할 수 있는 당연한 방법이었을 것으로 보인다.[7]

사실 김억이 주장했던 것은 한자어와 일본식 한자어라는 한자문화권,

4) 金岸曙, 「프로메나도 센티멘탈라 (三)」, 위의 책, 1929.5.20.
5) 金岸曙, 「프로메나도 센티멘탈라 (十)」, 위의 책, 1929.5.28.
6) 金岸曙, 「語意・語響・語美」, 『朝鮮日報』, 1929.12.18.
7) 이러한 문제와 관련해서 요시모토 다카아키[吉本隆明]가 일본문학의 사례를 통해 일본어의 여덟 품사를 자기표출성과 지시표출성에 따라 단계를 설정하고, 명사와 대명사, 동사 보다는 형용사나 부사가 자기표출성이 뛰어나며, 자기표출성이 가장 뛰어난 품사로서 감탄사를 지적한 사례는 참고할 만하다. 吉本隆明, 「第I章 言語の本質」, 『定本 言語にとって美とはなにか』 第1巻, 東京 : 角川書店, 1990, 69~71면.

일본제국의 에크리튀르(éctriture)가 아닌 지방어 혹은 속어(vernacular)로서의 조선어의 시적 가능성이었을 터이다. 그 가운데에는 비록 시적 언어에 국한된다고 하더라도 표음적인 에크리튀르의 우위를 옹호하는, 김억 나름의 음성중심주의(phonocentrisme)적 인식이 자리하고 있다. 그리고 그러한 김억의 인식이 가장 극명하게 드러난 사례가 바로 「프로메나도 센티멘탈라」(1929) 제3회라고 보아야 할 것이다. 이 글에서 그가 '유수(流水)'를 '흐르는 물'로 고쳐 쓰게 되면 음조뿐만 아니라 의미까지 전혀 달라진다는 주장을 할 수 있었던 것은, 바로 그러한 김억 나름의 음성중심주의적 인식 때문인 것으로 보아야 할 터이다.[8)] 김억이 '유수(流水)'가 아닌 '흐르는 물'에서 발견하였던 것은, 글보다 현존에 더 가까이 있는 말은 직접성, 그러한 말의 의미를 통해서 드러나는 서정적 주체의 내면, 그리고 그것을 통해서 포착할 수 있는 현존의 확실한 순간이었던 것으로 보인다.[9)] 물론 엄밀히 말해서 김억의 그러한 음성중심주의적 인식은, 산문의 경우에서만큼은 비록 국한문체라는 불완전한 형태로 나타나기는 했으나, 애국계몽기 이후 조선 지식인 사회의 보편적 지향이었음은 굳이 췌언을 요하지 않을 터이다.

그럼에도 불구하고 김억의 이러한 음성중심주의적 인식은, 속어로서 조선어의 내부에 존재하는 것으로 여겨지는 조선인의 심성, 그리고 그러한 심성을 공유하는 민족의 실체를 현존하는 것으로 환원시키고 만다. 뿐만 아니라 궁극적으로는 한문을 중심으로 한 조선사의 중세와 그 문화는 물론이거니와, 유럽어와 일본어로 표상되는 문명을 배제하게 되는 형국으로 나아갈 수 있는 가능성을 담지하고 있기도 하다. 본래 음성중심주의 내부는 물론이거니와, 김억의 음성주의적 인식의 근저에 가

---

8) 金岸曙, 「프로메나도 센티멘탈라 (三)」, 앞의 책, 1929.5.20.

9) 이러한 문제와 관련해서 다음의 서지를 참고할 필요가 있다. Jacques Derrida, 足立和浩 譯, 「第一部 第一章 書物の終焉とエクリチュールの開始」, 『根源の彼方に―グラマトロジーについて*De la grammatologie*』 第上卷, 東京 : 現代思想社, 2000.

로놓인 그러한 정치적 동기는 바로 독일의 낭만주의에서 흔히 나타나는 민족공동체에 대한 이상일 터이다. 김억의 음성중심주의적 인식에서 주목해야 할 대목은 그것이 저 서양의 경우에서와 같이 로고스 중심주의(logocentrism)로 나아가는 원천이 아니라, 종족중심주의(ethnocentrism)나 근대적 민족의 관념의 등장과 깊은 관계가 있다는 점이며, 바로 그러한 사정에서 근대적이라는 사실일 터이다.10) 아울러 그러한 김억의 음성중심주의적 인식에서 중요한 대목은, 그것이 궁극적으로는 '향토성'과 같은 조선인의 심성과 밀접한 관계가 있으며, '유수(流水)'와 '흐르는 물'에 대한 언급에서 알 수 있듯이, 음성언어로서 조선어가 지닌 음조, 즉 구술언어의 마술성의 복원과 관계가 있다는 사실일 터이다. 그러한 사정은 비단 김억만이 아니라, 앞서 검토한 최남선의 사례에서도 나타는 바이기도 하다는 점에서도 중요하다. 예컨대 최남선이 『백팔번뇌(百八煩惱)』의 모든 작품을 순전히 한글과 고유어로만 표기하면서, 부득이한 한자어는 주석으로 처리하는 가운데에 나타난 시각적 텍스트성(textuality)에 대한 반감도, 결국 음성중심주의적 인식의 소산이라고 볼 수 있을 터이다. 그러므로 김억의 문학론에 나타난 조선어에 대한 인식은, 1920년대 국민문학론자들은 물론이거니와, 그 무렵 조선의 문학자들, 특히 시인 가운데에서는 보기 드문 사례라고 할 수 있다.

아울러 김억이 초기의 문학론인 「시형(詩形)의 음율(音律)과 호흡(呼吸)」을 발표한 1919년경부터 이미 당시 소설과 논설에서는 이미 정착하기 시작했던, '~하였다' 혹은 '~했다'와 같은 서사적 과거시제의 종결법을 의식적으로 회피했다는 사실도, 그의 음성중심주의적 인식과 관련해서 고려해야 할 것이다. 물론 김억은 산문의 경우 한자어의 기의를 십분 활용하면서 이루어진 것은 사실이나, 시적 구문은 물론이거니와 산문에서까지 비교적 높은 수준의 공손법을 반영한 문장종결법을 구사하려고 노

---

10) 이러한 문제와 관련해서 다음의 서지를 참고할 필요가 있다. 柄谷行人, 「エクリチュールとナショナリズム」, 『ヒューモアとしての唯物論』, 東京 : 筑摩書房, 1993.

력하면서, 의식적으로 '~이다'나 '~했다'와 같은 서사적 과거시제의 문장종결법을 피했다. 이러한 김억의 태도는 근본적으로 그가 작가(writter)로서 익명의 독자를 대상으로 하는 글쓰기가 아니라, 발화자(speaker)로서 친근한 청중을 대상으로 하는 글쓰기를 염두에 두고 있지 않고서는 사실상 불가능하다. 바로 이러한 태도 또한 쓰인 텍스트보다 발화된 음성을 우위에 두는 김억 나름의 음성중심주의적 인식의 발로임은 두말할 나위도 없을 터이다. 본래 청중을 대상으로 한 발화자의 음성언어가 발화의 순간에는 청중과 발화자 사이의 일체감을 형성하며, 그러한 일체감이 청중과 발화를 굳게 결속하는 효과를 발휘한다는 것은 주지의 사실이다.[11] 김억 스스로도 인정하듯이, 주변의 만류와 비난에도 불구하고 이러한 문장종결법을 고수했던 것도,[12] 무엇보다도 그가 청중을 대상으로 한 음성언어의 발화가 발휘하는 효과를 십분 활용하기 위한 의도에서 비롯했다고 보아야 할 터이다. 나아가 김억의 이러한 글쓰기의 의도는 앞서 언급한 바와 같이 그의 민족공동체에 대한 이상과도 정확하게 부합한다.

그러나 한편으로 조선에서 언문일치의 정착이 문장종결법의 측면에서 그러한 서사적 과거시제의 종결의 탄생과 보편화를 의미한다면,[13] 사실상 김억은 당시 언문일치체의 근간을 부정하고 있는 셈이다. 무엇보다도 조선의 그러한 언문일치체가 서술 주체의 사적인 음성 혹은 내면과 판단을 전경화하는 효과를 지닐 뿐만 아니라, 궁극적으로는 근대적 개인의 자율성과 표현성을 드러내는 방식이기도 했다는 것은 주지의 사실이다. 그렇다면 김억의 글쓰기는 언문일치의 이상인 근대적 개인의 자율성과 표현성 대신, 그가 언급한 대로 저 '향토성'과 같은 조선

---

11) Walter J. Ong, 櫻井直文・林正寬・糟谷啓介 譯, 「第三章 聲の文化の心理學」, 『聲の文化と文字の文化*Orality and Literacy*』, 東京 : 藤原書店, 1991, 157면.

12) 金岸曙, 「語意・語響・語美」, 『朝鮮日報』, 1929.12.19.

13) 권영민, 「국문체란 무엇인가?」, 『한국문학이란 무엇인가』(이문열・권영민・이남호 편), 민음사, 1995. 임형택, 「근대계몽기 국한문체의 발전과 한문의 위상」, 『민족문학사연구』 제14권 1호, 1999.

인의 원초적인 공통심성, 그리고 그러한 심성을 공유하는 민족의 실체를 현존하게 하는 것이었음은 더욱 분명해지는 셈이다. 즉 김억은 근대적 개인의 자율성과 표현성이 아닌, 전근대적 구술사회(oral society)의 항상성을 유지하고 영위하는 데에 보다 큰 관심이 있었다고 해도 무방하다.[14] 아울러 언문일치에 대한 김억의 반감이야말로 그의 음성중심주의적 사고의 반근대적 성격을 드러내기에 충분할 터이다.

2) 허상으로서 국민시가론과 반근대의 논리

한편 시조와 민요를 절충해서 새로운 시가를 만들자는 김억의 주장 또한 대단히 미묘한 문제를 안고 있다고 하겠다. 김억의 이러한 주장은, 사실 앞서 그가 「작시법(作詩法)」 제4회에서 시조가 근대적 자유시로 발전할 수 있는 가능성을 조심스럽게 언급한 바[15]와 무관하지 않다고도 볼 수 있을지도 모른다. 그럼에도 불구하고 그가 「작시법(作詩法)」 제6회에서 조선문학의 장르를 구분하면서 '민요(民謠)'와 '시조(時調)'를 별개의 양식으로 나누었던 사정[16]을 염두에 두고 보면, 「밟아질 조선시단(朝鮮詩壇)의 길」에서의 주장은 분명히 '시가(詩歌)'에 대한 관념의 변화라고 할 만할 터이다. 그리고 그것은 무엇보다도 시조까지 조선의 민요로 보았던 이시카와 요시카즈[石川義一], 가토 모토미네[加藤覓峰]나 시미즈 헤이조[淸水兵三], 이치야마 모리오[市山盛雄]의 조선민요의 개념과 결코 무관하지 않을 터이다. 즉 김억은 적어도 『조선민요의 연구』의 발간을 바라보면서, 스스로 일본 지식인들의 '시이카[詩歌]' 관념을 그대로 받아들여 자신의 '시가(詩歌)' 관념까지도 수정했던 것이다. 김억의 이러한 '시

14) Walter J. Ong, 櫻井直文・林正寛・糟谷啓介 譯, 앞의 글, 앞의 책, 102면.
15) 金岸曙, 「作詩法 (4)」, 『朝鮮文壇』 第10號, 1925.7, 80면.
16) 金岸曙, 「作詩法 (6)」, 위의 책 第12號, 1925.10, 143~144면.

가'관의 변화가 암시하는 것은, 그가 시조의 정형성・가영성(可詠性), 민요의 음악성 사이에서 근대시 형식을 탐색하겠다는 입장을 분명히 했다는 사실일 터이다. 그리고 그러한 김억의 입장은, 그가 일관해 온 근대적인 자유시에 대한 입장을 사실상 철회한 것으로 볼 수 있기 때문이다. 외형률로부터 내재율로, 구술성으로부터 문자성으로의 이행이 근대적인 자유시의 본령이라는 점을 염두에 두고 보면, 외형률과 구술성에 근간한 시를 구상한다는 점에서는 김억 또한 궁극적으로는 최남선과 다를 바가 없는 셈이다.

그러한 김억의 사고는 「밝아질 조선시단(朝鮮詩壇)의 길」을 발표한 이듬해인 1928년에 발표한 「「조선시형(朝鮮詩形)에 관(關)하야」을 듯고서」부터 보다 분명하게 나타난다. 1928년 10월 13일 문예가협회의 강연회에서 주요한이 발표한 「조선시형(朝鮮詩形)에 관(關)하야」에 대한 반박문 성격인 이 글에서[17] 김억은 정형률에 대한 자신의 입장을 다음과 같이 밝히고 있다.

> 나는 언제나 詩的要素에 짤아서 詩形의 音節數를 定하고 맙니다. 웨 그런고 하니 옷이 몸에 꼭 마저야 하는 모양으로 詩的要素의 엇더함을 짤아서 그 그릇인 詩形과 言語를 먼저 選擇하지 안을 수 업는 까닭입니다.[18]

물론 김억은 이 글에서 "詩人 自信의 思想과 感情을 까닭스럽은 拘束업시 如實하게 그대로 內生命을 內在律에 依하야 表現하지 아니할

17) 김억이 언급한 주요한의 강연의 제목은 원래 「理想과 現實」이었던 것으로 보인다. "文藝講演과 映畵의 저녁"이라는 주제로 열린 이 강연회는, 1928년 10월 13일 토요일 저녁 7시부터 경운동 천도교회관에서 열렸다. 이 강연회에서 염상섭(廉尙燮)이 「最近朝鮮文學에 對하야」; 주요한이 「理想과 現實」; 정인섭(鄭寅燮)이 「文學文化와 社會的 意識」; 박팔양(朴八陽)이 「現實과 藝術」이라는 주제로 강연을 했으며, 기신양행(紀新洋行)의 제공으로 「貪慾(원제 : 그리드)」(第10卷)이라는 영화가 상영되었다. 이와 관련해서는 다음의 신문기사를 참조할 수 있다. 「文藝講演과 映畵의 저녁, 十三日밤에 文藝家協會 主催로」, 『東亞日報』, 1928.10.12.

18) 金岸曙, 「「朝鮮詩形에 關하야」을 듯고서 (四)」, 『朝鮮日報』, 1928.10.21.

수 없는 必然한 要求" 자체는 인정하고 있으나, 결국 시인 개인의 호흡을 '칠오조(七五調)'와 그 연장인 '구칠조(九七調)', '오오조(五五調)'와 그 연장인 '칠칠조(七七調)', '구구조(九九調)'와 같은 정형률로 고정시킬 필요가 있음을 역설하여, 결국 정형률을 옹호하는 방향으로 나아갔다. 그리고 그의 그러한 주장은 1930년에 발표한 「격조시형론소고(格調詩形論小考)」를 통해 보다 구체적으로 전개되기에 이른다. 이 글에서 흥미로운 사실은 김억이 그나마 「「조선시형(朝鮮詩形)에 관(關)하야」을 듯고서」에서 보인 자유시의 내재율에 대한 일말의 미련까지도 버리고 말았다는 사실일 터이다. 그는 「격조시형론소고(格調詩形論小考)」에서 우선, 자유시의 내재율은 산문과 혼동되기 쉬워 시와 산문의 경계를 모호하게 하는 위험을 지니고 있으므로, 앞으로 조선의 시가는 내재율을 버리고 '격조시형(格調詩形)', 즉 정형시가 바람직하다고 주장한 다음, 그러한 '격조시형'이 표현해야 할 것은 바로 '원시적(原始的) 감정(感情)'이어야 한다고 주장했다. 그리고 바로 이러한 사정에서 김억은 민요와 시조 가운데에서 오직 민요만을 '격조시형'의 전범으로 삼기에 이른다.[19]

김억이 정형률을 주장하게 된 배경에는 후술하겠지만 문학어로서 조선어에 대한 나름대로 분명한 인식이 가로놓여있는 것이 사실이다. 그리고 그 인식은 1931년에 발표한 「시형·언어·압운(詩形·言語·押韻)」에서 가장 분명하게 드러난다. 김억은 이 글에서 압운의 가치와 정형시를 선호한다는 입장을 밝히면서, 조선어가 압운을 할 수 없는 언어라는 사실을 대단히 불만스럽게 여기고 있다.[20] 그러나 압운을 할 수 없는 대신, 조선어의 형용사, 부사, 동사와 같은 실사는 물론 어미와 조사까지도 모음이 지배적인 만큼 얼마든지 음절의 축소와 확대가 가능하므로, 그나마 음수율에 근간한 정형율을 구현할 수 있다고 역설했다.[21] 앞

19) 金岸曙, 「格調詩形論小考」, 『東亞日報』, 1930.1.16~26, 28~30.
20) 金岸曙, 「詩形·言語·押韻 (五)」, 『每日申報』, 1930.8.5.
21) 金岸曙, 「詩形·言語·押韻 (六)」, 위의 책, 1930.8.6. 「詩形·言語·押韻 (七)」, 위

서 김억이 「「조선시형(朝鮮詩形)에 관(關)하야」을 듯고서」에서 언급한 그 '시적(詩的) 요소(要素)' 가운데에서 핵심이 바로 '조선어'이고 보면, 시적 요소에 따라 시형과 언어(시어)를 먼저 선택해야 한다는 논리는, 「시형・언어・압운(詩形・言語・押韻)」에서 조선어가 정형시로 발전할 수밖에 없는 김억 나름의 필연적 이유를 나름대로 정당화될 수 있을 터이다. 심지어 그는 문학 지망생을 상대로 처음 시를 쓸 때, 언어의 세련, 언어구사의 자유를 위해서는 정형시를 쓰는 길밖에 없다고 역설하기까지 한다.[22)]

이러한 김억의 주장은 무엇보다도 그가 저 「작시법(作詩法)」(1925)을 구상하면서 'poetry'의 번역어를 '시가(詩歌)'로 규정하고, 그 '시가'의 갈래구분을 하면서 일본 메이지 고쿠분가쿠의 성과들을 참조했던 당시부터 어쩌면 예정되어 있었는지도 모른다. 예컨대 김억이 조선 시가의 갈래를 구분하는 가운데 참조했던 오오타 요시오[太田善男]의 장르론이, 정형시를 완전율격으로, 자유시를 불완전율격으로 구분하는 가운데 정형시를 옹호론하는 방향으로 정초되어 있었던 사정은[23)] 김억의 정형시 옹호론을 이해하는 데에도 중요한 참조의 대상이 되기 때문이다. 그럼에도 불구하고 김억이 굳이 '원시적인 감정'을 표현하는 '격조시형'에 집착했던 것은 무슨 이유 때문인가. 물론 그것은 무엇보다도 동시대 조선사회, 심지어 근대 서양의 문명에 대한 비관적 인식과 시의 공리적 역할에 대한 김억 나름의 입장 때문인 것으로 볼 수 있을 것이다. 이와

의 책, 1930.8.7.

22) 金岸曙, 「詩歌를 쓰려면은」, 『新人文學』 第11號, 京城 : 新人文學社, 1936.1.

23) 太田善男, 「第四章 詩とは何ぞや」, 『文學概論』, 東京 : 博文館, 1916, 88면.

- 律格
  - 完全律格(律語)
    - 抑揚(Accent)
      - 量(Quantity)
      - 抑揚(Accent)
    - 數(Number)
    - 反復(Rebterion)
      - 頭韻(Allienration)
      - 尾韻(Rhythm)
  - 不完全律格(散文詩) — 好調(Melody)

관련해서 1930년 그가 발표한 「시론(詩論)」의 다음 구절을 재삼 검토할 필요가 있다.

> 이 現世界는 어데든지 混鈍한 世界이며 實行의 世界외다. 無反省의 世界이며 沒批判의 世界외다. 그러고 잇는 그대로의 世界외다. 그러나 詩歌의 世界는 엇더한 것입닛가. 現實의 그것과 反對외다. 다시 말하면 選擇밧은 世界이며 創造된 世界외다. 짤아서 反省의 세계이며 批判의 世界외다. 그러고 잇는 그대로 散亂한 世界가 아니요 整理된 世界외다. 詩歌의 世界에는 언제든지 그 時代의 現實이 詩的 感情의 洗禮를 거쳐 表現되지 아니할 수가 업습니다. 그러기에 詩歌는 어데까지든지 이 現實世界를 指導하며 鞭撻하는 것이외다.[24]

김억이 '혼둔(混鈍)한 세계(世界)', '실행(實行)의 세계(世界)', '무반성(無反省)의 세계(世界)', '몰비판(沒批判)의 세계(世界)', '잇는 그대로의 세계(世界)' 등의 수사를 통해 동시대 조선 사회, 나아가 세계 전체를 두고 타락했다고 역설할 수 있었던 근거는 이 「시론(詩論)」만으로는 정확히 알 수 없으나, 그가 1925년에 발표했던 「직관(直觀)과 표현(表現)」을 통해서 추측할 수 있을 것으로 본다. 이 「직관(直觀)과 표현(表現)」에 따르면, 김억은 조선인이 생활에 '자주(自主)'와 '창조(創造)'가 전혀 없는, 즉 "自我의 表現이 조곰도 업는 生活"을 하고 있으며,[25] 그런 이유로 물질의 노예가 되어 진정한 자기의 생을 표현할 줄 모르고 방종적인 쾌락에만 물들어 있다고 보았다. 나아가 그는 이러한 조선인을 타락으로부터 구제할 길이 바로 강제된 노동이 아닌 예술화한 노동을 통해 인생을 예술화하며, 인생의 예술화를 통해서 사회의 예술화로 나아가야한다는 주장을 한다.[26]

---

24) 金億, 「詩論 (2)」, 『大潮』 第4號, 1930.7.
25) 金億, 「直觀과 表現」, 『東亞日報』, 1925.3.25.
26) 金億, 「直觀과 表現(續)」, 위의 책, 1925.4.13.

김억의 이러한 주장은 그가 일찍이 "貴찬은 韻文의 모든 約束과 制裁를 쑤다려 부싀"는 자유시 혹은 산문시를 통해서 발견했던 "近代詩人의 內部生命을 아모러한 拘束도 업시 가장 自由롭게 表現하랴는 熱烈한 傾向",[27] 즉 근대문학 혹은 근대문학을 가능하게 한 근대성의 자기 쇄신의 역동성에 대한 동경과 매혹의 태도를 버리고, 근대문학과 근대성에 대한 상대적 태도를 취했을 때에 가능할 터이다. 즉 1925년으로부터 1930년까지 5년여의 세월이 지나는 사이, 근대적 조선 시가의 창출을 모색하고 있던 김억은, 자유시, 특히 산문시의 내재율이 표상하는 근대문학의 "모든 約束과 制裁를 쑤다려 부싀"는 자기 쇄신의 역동성을 마치 제1차 세계대전 가운데 일어난 반달리즘(vandalism)인 것으로 보는 문학관, 나아가 세계관의 변화로부터 비롯하는 것이다.

김억의 이러한 논리는 사실 버틀런드 러셀이나 에드워드 카펜터의 교육과 예술 중심의 개조론이나, 다이쇼기 일본의 민중예술론, 그리고 이돈화나 이광수의 민족개조론과 민중예술론의 자장 안에 놓여 있다. 근대적 개인의 자율성과 표현성을 '조선심'이라는 절대가치에 자발적으로 헌신하게 하는 방법이 바로 시가에 의한 지도 편달이라고 보는 입장이나, 서양과 서양문학, 나아가 그것으로 표상되는 근대성 자체를 상대화하는 태도까지도, 김억이 1920년대 『개벽(開闢)』지의 번역어 '문화'를 중심으로 한 담론의 연장선에 있다는 사실을 웅변적으로 시사하기에 충분하다. 그런데 앞서 검토한 바와 같이, 그러한 번역어 '문화'의 성립과정이란, 조선을 서구나 일본과 동일한 시간의 축에 놓는 한편으로, 그 사이에 가로놓인 로컬리티의 위계를 무화시켜 균질한 공간의 축에 놓는 기획었다면, 또한 그것이 조선인의 심성은 물론이거니와 조선의 개별적이고 특수한 지역성을 고안하여 조선을 재영토화 하는 기획이었다면, 김억이 서양과 서양문학, 나아가 그것으로 표상되는 근대성 자체를

27) 金岸曙, 「作詩法 (7)」, 『朝鮮文壇』 第12號, 1925.10.

상대화하는 태도를 취했다는 사실은 여러 모로 의미심장하다. 번역어 '문화'의 성립사정을 염두에 두고 보면, 결국 김억 또한 대단히 역설적인 방식으로 서구 혹은 문명과의 동시성을 선취하고자 하는 대단히 강렬한 열망을 지니고 있었음을 시사하기 때문이다. 김억의 자유시로 대표되는 근대문학, 그리고 근대성에 대한 반감이 강한 어조로 표명되었다는 사실은, 그에 비례하여 그의 세계문학 나아가 서구와 문명에 대한 열망 또한 강렬했음을 반증하기 때문이다.

그런가 하면 이돈화나 이광수가 민족성개조의 방법으로서 예술 전체의 개량을 제시하는 가운데, 시가의 개량을 선택 가능한 다양한 사례 가운데 하나로 생각하고 있었다면, 김억은 시가의 개량만을 염두에 두고 있었다는 점에서 분명한 차이가 있다는 사실 또한 간과할 수 없다. 또한 김억은 조선인의 심성 자체를 '원시적인 감정'으로 복원시키는 것을 인생의 예술화라고 보고 있다는 점에서도 분명한 차이를 지닌다고 하겠다. 이러한 인식은 이돈화가 주장한 선심의 회복을 연상하게도 하나, 이돈화보다도 더욱 완고하다는 점에서 흥미롭다. 뿐만 아니라 시가와 문학의 원형인 '민요' 혹은 '속요'에 근간한 격조시형으로 조선인의 심성을 개조한다는[28] 입장은, 근대적 개인의 자율성과 표현성을 '조선심'에 헌신하게 하는 가장 엄격한 권위를 지닌다는 점에서 김억의 완고함은 더욱 주목할 만하다. 요컨대 1924년부터 1930년까지의 김억의 시가개량의 논리는, 저 이광수와 마찬가지로 조선인의 민족성 개량의 논리일 뿐만 아니라, 나아가 민족공동체를 상상하는 문학의 논리였다고 하겠다. 아울러 매우 강력한 반근대의 논리이면서도 또한 역설적으로 세계문학의 중심을 향한 매우 강력한 동시성의 열망을 드러내는, 일견 모순으로도 보일 만큼 대단히 복잡한 논의였음을 알 수 있다.

28) 金岸曙, 「프로메나도 · 센티멘탈라 (一)」, 『東亞日報』, 1929.5.18.

3) 착종된 개념으로서 '조선심'

김억의 「밟아질 조선시단(朝鮮詩壇)의 길」에 제시된 조선의 국민적 시가가 갖추어야 할 요건들은, 궁극적으로는 조선의 '향토성'으로서 '조선심'을 현현하기 위한 의장(意匠), 즉 조선이라는 지역을 개별적이고 특수한 공간으로 재영토화 하기 위한 표상이라고 해도 무방할 터이다. 그러나 김억의 바로 그 '향토성', '조선심'이라는 개념은 「조선심(朝鮮心)을 배경(背景)삼아」 이후 「밟아질 조선시단(朝鮮詩壇)의 길」에 이르는 가운데에서도 결코 분명하게 드러나지 않는다. 그나마 가장 구체적으로 나타난 사례라고 할 수 있는 「조선심(朝鮮心)을 배경(背景)삼아」의 경우, '향토성' 혹은 '조선심'은 "모든 苦惱와 悲慘을 뚫코 나아가는 生과 힘"[29]을 의미한다. 그런데 이 모호하기 짝이 없는 '고뇌'와 '비참'이, 저 구리야가와 하쿠손[廚川白村]의 『근대문학십강(近代文學十講)』(1912)을 부분적으로 번역한 「근대문예(近代文藝)」에서의 사례대로 쓰였다면, 세기말의 유럽 문명이 초래한 인생의 '고뇌', '암담', '피로', '신경쇠약'과 거의 동의어일 터이며,[30] 그렇다면 김억이 후일 「시론(詩論)」에서 언급한 '혼둔(混鈍)한 세계(世界)', '실행(實行)의 세계(世界)', '무반성(無反省)의 세계(世界)', '몰비판(沒批判)의 세계(世界)', '잇는 그대로의 세계(世界)'로서 조선과 세계의 현실[31]과도 동치관계(同値關係)의 어휘일 터이다. 그렇다고 하더라도 이러한 순환적 동어반복의 과정, 혹은 의미의 차연이 김억이 언급한 '향토성'과 '조선심'의 본질을 드러내는 것은 아니다. 그리고 그것이 조선을 둘러싼 로컬리티의 위계를 탈구축하고 조선을 재영토화하고자 했던 동

29) 金億, 「朝鮮心을 背景삼아—詩壇의 新年을 마즈며」, 위의 책, 1924.1.1.

30) 金岸曙, 「近代文藝 (2)」, 『開闢』 第15號, 1921.9. 김억의 이 글은 구리야가와 하쿠손(廚川白村)의 『近代文學十講』(東京 : 大日本圖書, 1912)의 「第1講 序論」·「第2講 近代の成立」·「第4講 近代の思潮」·「第5講 自然主義 其一」·「第8講 最近思潮の變遷」·「第9講 非物質主義の文藝 其一」·「第10講 非物質主義の文藝 其二」에서 발췌 번역한 것으로 보인다.

31) 金億, 「詩論 (2)」, 『大潮』 第4號, 1930.7.

시대 지성사의 기획을 체현하기에는 미흡한 것이 사실이다.

그럼에도 불구하고 향토성과 조선심을 둘러싼 순환적 동어반복의 과정은 그 범위만을 확장시킬 뿐인데, 그러한 사정은 예컨대 「밝아질 조선시단(朝鮮詩壇)의 길」을 발표하기 불과 10일 전 경에 김억이 발표한 「『조선시인선집(朝鮮詩人選集)』을 읽고서」 연재 제4회에서 분명히 나타난다. 이 글에서 흥미로운 점은 김억이 조선의 국민적 시가가 갖추어야 할 조선적 배경과 사상의 중요성을 언급하는 가운데에, 인도의 국민적 시가로서 타고르(Rabindranth Tagore)의 문학작품을 그 전범으로 제시한 대목이다.[32] 그렇다면 김억은 과연 타고르, 혹은 인도의 문학에서 무엇을 보았던 것인가. 이와 관련해서 김억이 쓴 두 편의 인도문학론인 「타고아의 시(詩)」(1924)와 '인도의 나이팅게일(The Nightingale of India)'이라는 애칭으로 영국왕립문학회 회원의 지위에까지 올랐던 인도의 여성시인 사로지니 나이두(Sarojini Naidu)를 소개한 「사로지니 · 나이두의 서정시(抒情詩)」(1924)를 검토할 필요가 있다. 이 두 편의 문학론 가운데에서 「타고아의 시(詩)」의 경우, 김억은 타고르의 시에서 "사랑으로 모든 것을 사랑하며 모든 것을 理解하야 미워하지 아니하는 곳에 생명과 생명은 친교할 수 있는 길"[33]이라는, 종교적 박애라는 다소 범상할 수 있는 가치를 발견할 뿐이나, 오히려 나이두의 시에서 '동양의 맘'을 발견한다. 그 '동양의 맘'은 "하느님[神]에 대한 崇敬"으로부터 "자연의 美를 그립어 하는 맘", "애인을 그립어 하는 맘", "心的 恍惚", "無條件的으로 그립어하며 醉하는 맘", 그리고 "싸닭없이 울고만 십픈 듯한 감정"[34]까지 포함한다.

이 두 편의 글에서 김억은 타고르와 나이두의 작품이 영어로 쓰여진 것, 그리고 영시의 형식을 따른 것이라는 사실을 배제한 체, 그것을 통

32) 金岸曙, 「『朝鮮詩人選集』을 읽고서」, 『東亞日報』, 1926.12.21.

33) 金岸曙, 「타고아의 詩」, 『朝鮮文壇』 第2號, 1924.11, 60면.

34) 金岸曙, 「사로지니 · 나이두의 抒情詩 (1)」, 『靈臺』 第4號, 京城 : 靈臺社, 1924.12, 234~235면.

해 형상화된 정서의 심미적 가치에 주목했다. 그것은 무엇보다도 인도인의 공통심성을 배경으로 한 인도문학의 심미적 가치야말로 영국 왕립문학회와 노벨상의 권위를 통해서 인정받는 문학적 성취일 수 있다는 사실을 통해서, 김억은 조선의 '향토성'과 '조선심'을 통해서 조선의 근대적 국민시가 또한 동양문학, 나아가 세계문학 일반의 반열에 오를 수 있는 가능성을 상상했던 것으로 보인다. 바로 이러한 사정에서 김억은 타고르와 나이두의 문학작품이 표상하고 있는 '동양의 맘'의 항목들 가운데에서 조선의 '향토성'이나 '조선심'의 표상과 비견할 만한 공통점들을 찾거나, 혹은 조선의 '향토성'이나 '조선심'을 '동양의 맘'에 적응시키고자 했던 것으로 보인다. 그것은 우선 1924년을 전후로 해서 발표한 김억의 문학론들이 한결같이, 조선의 근대적 시가가 갖추어야 할 덕목으로서, 인생의 온갖 눈물, 설움, 괴로움을 곱게 하여주고, 인생의 피곤을 잊어버리게 해 주는 시가의 '심적(心的) 황홀(恍惚)'을 누누이 강조했던 사정을 통해서 어렵지 않게 짐작할 수 있기 때문이다.[35] 아울러 그것은 다음 장에서 후술하게 되겠지만 "자연의 美를 그립어 하는 맘", "애인을 그립어 하는 맘", "心的 恍惚", "無條件的으로 그립어하며 醉하는 맘", 그리고 "짜닭없이 울고만 십픈 듯한 감정" 등은, 김억의 시편에 미만한 정서이기도 했다.

한편 '향토성'과 '조선심'을 둘러싼 순환적 동어반복의 과정, 혹은 의미의 차연보다 더욱 심각한 문제는, 그러한 개념을 정의하는 가운데 가로놓인 모순이다. 일찍이 김억이 「조선심(朝鮮心)을 배경(背景)삼아」에서 언급했던 것이 '조선심'이고 보면, 이 '향토성'은 '조선심'과 동의어임에 틀림없을 터이다. 게다가 일찍이 김억은 앞서 언급한 「근대문예(近代文藝)」에서 '지방색(地方色)'과 '국민성(國民性)'을 동의어로 보고 있었다.[36]

---

35) 金億, 「詩壇의 一年」, 『開闢』 第42號, 1923.12, 41. 金億, 「朝鮮心을 背景삼아—詩壇의 新年을 마즈며」, 『東亞日報』, 1924.1.1. 金億, 「詩壇散策」, 『開闢』 第46號, 1924.4, 31.

36) 岸曙, 「近代文藝 (1)」, 『開闢』 第13號, 1921.7.

그러므로 김억이 언급한 '향토성'은 곧 조선의 '지방성' 혹은 조선인의 '국민성'으로서 '조선심'과 동의어임은 더욱 자명해진다. '향토'이든 '지방'이든 '민족'이든 혹은 '국민'(더 정확하게는 국가)이든, 이 모두가 '도회(都會)'와 '세계(世界)', '서구'와 '문명'과 같은 개념과 이항대립의 관계에 놓여 있으며, 이러한 개념들의 타자로서 존재하는 조선의 개별성, 특수성을 지시하는 다양한 준거들이다. 그리고 이러한 개념들은 한결같이 번역어 '문명'과 이항대립 관계에 있는 '문화'로부터 파생된 개념들임은 앞서 『개벽(開闢)』지의 논설들을 통해서 검토한 바와 같다.

그런데 사실 '향토'나 '지방'의 경우 독일어 'heimat'나 영어 'country'의 번역어이며, '국민'의 경우 독일어 'volk'나 'nation', 영어 'nation'의 번역어라는 사정을 염두에 두고 보면, '향토성', '지방성', '민족성', '국민성'을 동의어 관계에 놓을 수 없음은 두말할 나위도 없다. 독일어 'heimat'와 'volk', 'staat'와 'nation'은 물론이고 영어의 'country'와 'nation'도 경우에 따라서는 대립하는 개념이고 보면,[37] 김억이 동의어로 보았던 개념들은 사실 동의어라고 볼 수 없다. 그것은 무엇보다도 영어 'nation'은 물론이거니와 독일어 'staat', 'nation'까지도 모두 근대적인 의미의 국민국가를 의미하는 것이고 보면, 김억이 언급한 '국민성'은 1920년대 조선의 경우 기표는 존재하나 기의는 존재하지 않는 개념이기 때문이다. 김억이 언급한 '조선'이 일본의 식민지도, 근세의 왕조도, 심지어 고대의 정체(政體)도 아니라, 특정한 지역의 범위를 가리킨다고 하더라도, 기의가 부재하는 기표로서 'nation'이 아님은 두말할 나위도 없다. 이러한 사정이 비단 김억에게만 국한되지 않는다는 것은 지금까지 검토한 바를 통해서도 유

37) 'Country'과 'Nation'의 대립관계에 대해서는 다음의 서지를 참조할 수 있다. Raymond Williams, 椎名美智・武田ちあき・越智博美・松井優子 共譯 『キーワード辭典*Keywords : a Vocabulary of culture and society*』, 東京: 平凡社, 2002. 그리고 'Volk'와 'Nation'의 대립관계에 대해서는 다음의 서지를 참조할 수 있다. Otto Dann, 末川 淸・姫岡とし子・高橋秀壽 共譯 「第8章 ワイマール共和國」, 『ドイツ國民とナショナリズム*Nation und Nationalismus in Deutschland*』, 名古屋: 名古屋大學出版會, 1999.

추할 수 있을 터이다. 이미 1920년대 초부터 국민문학론자들이 '국민적 시가'·'국민적 정서'·'국민적 문학'·'국민문학'과 같은 개념을 언급하는 가운데에, 또한 이돈화나 이광수를 비롯한 『개벽(開闢)』지의 주요 필진들이 '민중'을 '민족' 혹은 '국민'의 개념으로 혼용하고 있던 가운데에, 기의가 부재하는 기표로서 '국민'의 개념은, 아무런 위화감 없이 부유(浮游)하고 있었던 것이다. 후술하겠지만 심지어 국민문학론과 분명한 경계를 그었던 김동환이 언급했던 '애국문학'의 '애국' 또한, 사실은 기의가 부재하는 기표로서 '국민'의 개념을 상정하고 있다고 보아야 할 터이다.

그러나 김억의 경우만을 한정해서 볼 때, 그가 기의가 부재하는 기표로서 '국민'의 개념을 위화감 없이 언급했던 문제도 그러하거니와, 더욱 심각한 문제는 그의 음성중심주의적 인식이나 정형시의 옹호 가운데에서 나타난 바와 같이, 그가 전근대적 구술사회에 조선인의 원시적 감정이 현존해 있다고 믿는 가운데 가로놓인 원시주의적 태도라 할 것이다. 그러한 원시주의적 태도는 저 『조선민요의 연구』의 일본인 필자들이 조선의 민요를 통해 조선의 '향토성' 혹은 '민족성'을 발견하는 한편으로, 조선의 '향토성'이나 '민족성'에서 고대의 일본을 발견하는 가운데에 나타난 바로 그 원시주의적 태도와 정확하게 부합한다. 이미 김억보다 앞서 이광수·최남선·이은상 또한 '신진' 동인들의 그러한 태도를 암암리에 내면하고 있었을 뿐만 아니라, 심지어 일본 오리엔탈리즘에 흡수될 수 있는 위험성에 노출되어 있었음을 염두에 두고 보자면, 김억 또한 그러한 위험성으로부터 결코 자유로울 수 없었다고 보아야 할 터이다.

특히 김억이 타고르와 나이두의 문학을 통해서 발견했던 '동양의 맘'의 항목들을, '신진' 동인들을 비롯한 일본인 지식인들의 오리엔탈리즘의 시각으로 바라보면, '체념과 찰나의 향락주의',[38] '애절한 이별의 고

38) 今村螺炎, 「朝鮮の民謠」, 『朝鮮民謠の研究』(市山盛雄 編), 東京 : 坂本書店, 1927, 88면.

통',[39] "비명으로 드러나는 연애욕망",[40] "불우한 운명에 대한 순종", "비정상적인 낙천적 태도",[41] "절망 · 염세 · 자기(自棄) · 찰나의 쾌락",[42] "소박하고 솔직하고 자연적이며 야생적인 무기교", '생명의 감격', '절실한 진정', '생활의 실감', '처녀의 조심스러움'[43] 등과 같은 조선민요에 나타난 조선인의 공통심성과 사실은 동전의 양면과도 같다는 점에서 더욱 그러하다. 바로 그러한 사정에서 김억 또한 저 최남선 · 이광수 · 이은상과 같은 정도는 아니라고 할지라도, 그 또한 결국 일본 오리엔탈리즘의 자장으로부터 결코 자유로울 수 없는 위치에 있었던 것이다. 본래 '향토성'과 '조선심'이 조선의 개별성, 특수성을 지시하는 가치였으나, 궁극적으로는 식민지 민족성의 정형을 확인하는 길로 나아가게 되는 역설적인 형국이야말로 김억의 국민문학론이 처한 가장 큰 환란이었던 셈이다. 하지만 김억은 자신이 처한 환란을 결코 직시하지 못했거나, 할 수 없었던 것으로 보인다. 그것은 앞서 언급한 바와 같이 그의 세계문학의 중심을 향한 동시성의 열망이 그토록 강렬했기 때문일 터이다. 그 강렬한 열망이 그로 하여금 그 어떤 착종도 보지 못하게 가로막았던 것이다.

---

39) 清水兵三, 「朝鮮の郷土と民謠」, 위의 책, 128면.

40) 岡田貢, 「朝鮮民謠に現はれた諸相」, 위의 책, 55~66면.

41) 高橋亨, 「第二 各論」, 『朝鮮人』, 京城 : 朝鮮總督府學務局, 1921, 54~60면.

42) 村田懋麿, 「民族性及民族精神」, 『朝鮮の生活と文化』, 東京 : 目白書院, 1924, 264~265면.

43) 難破專太郎, 「朝鮮民謠の特質」, 市山盛雄 編, 앞의 책, 84면.

2. 김동환과 애국문학의 논리

1) 민족해방운동의 무기로서 조선문학

김억을 중심으로 한 1920년대 국민문학론의 소강상태와, 그 가운데에서 일어난 최남선을 중심으로 한 시조부흥론, 저 『신진』지 1927년 신년호의 특집기사 「조선민요의 연구」와 동명의 단행본의 발간은, 문학적 입장을 전혀 달리하고 있었던 김동환에게도 조선의 현대적 시가에 대한 나름의 인식과 입장의 표명을 요구하고 있었던 것으로 보인다. 그리고 그것은 「애국문학(愛國文學)에 대(對)하야」(1927), 「시조배격소의(時調排擊小議)」(1927)를 통해서 본격적으로 나타났다. 이 가운데에서 김억의 「밟아질 조선시단(朝鮮詩壇)의 길」, 나아가 1920년대 국민문학론 전체에 대한 비판론의 성격을 띠는 「애국문학(愛國文學)에 대(對)하야」는 비단 동시대 주류담론에 대한 비판론으로서만이 아니라, 좌파문학계열의 문학론 가운데에서도 보기 드문 조선문학에 대한 원론적 성격의 글이라는 점에서도 중요하다.[44)]

김동환의 이 글은 우선 이광수를 위시해서 김억, 최남선이 강조해 마지않았던 '문학(文學)에 대(對)한 통관(通觀)', 즉 국민문학론의 문학사 인식에 대한 회의로부터 비롯한다. 그는 진정한 의미에서 조선의 국민문학의 시발은 20세기 초에 국문이 조선사회 표기체계 가운데에서 우위에 점하기 시작한 무렵으로 보면서, 인쇄술의 미개(未開), 교통의 막색(莫塞), 정신생활이 저조했던 고대의 구술장르가 조선문학의 시발이 될 수

---

44) 1920년대 김동환의 시론 가운데에서 중요하게 지는 것들은 다음과 같다. 「愛國文學에 대하야」(『東亞日報』, 1927.5.12~20) · 「時調排擊小議」(『朝鮮之光』, 1927.6) · 「亡國的歌謠掃滅策」(『朝鮮之光』, 1927.8) · 「新興民衆과 文과 劍」(『東亞日報』, 1927.9.23) · 「詩歌와 想像力」(『東亞日報』, 1927.9.23) · 「朝鮮民謠의 特質과 其將來」(『朝鮮之光』, 1929.1).

없다고 보았다.[45] 또한 유불선(儒佛仙) 삼교에 근간한 조선시대의 은둔적이고 도피적인 시가는 조선인의 생활을 반영하지 않았으므로 조선문학이라고 볼 수 없으며, 한편 국문소설은 중국소설의 모방이고, 애국계몽기의 신소설은 일본소설의 모방에 불과하고, 애국계몽기의 전기소설류 또한 조선의 역사·지리적 조건, 사회환경으로부터 발생하지 않았으므로, 조선문학이라고 볼 수 없다고 보았다.[46] 또한 김억을 위시한 1920년대 국민문학의 본질은, 조선의 혈통, 향토의 풍물, 문화가 세계제일이라는 자부의 소산이고, 조선의 역사와 사회적 분열을 극복하기 위한 종교적 심리의 표현이며, 또한 과거를 추억하고 현재를 노래하는 애절·읍울(悒鬱)의 만가의 연속, 패배의 시가인 만큼 "明日의 建設을 爲하는 노래가 아니라고 단언했다.[47]

물론 김동환은 이러한 문학적 자산들을 제외하고 남은 부분에서 조선문학의 범주를 구상했을 터이나, 「애국문학(愛國文學)에 대(對)하야」에서 그러한 조선문학의 범주 규정의 단계로까지 나아가지는 못했다. 그 대신 그는 흥미롭게도 김억이 언급했던 사로지니 나이두를 비롯하여, 아일랜드의 예이츠(William Butler Yeats)와 아일랜드 국민극장(후의 Abbey Theater)을 중심으로 한 아일랜드 문예부흥운동의 사례를 언급하면서, 민족해방운동(民族解放運動, national liberation movement)의 일환으로서 조선의 현실을 정당하게 비판하고 인식하는 문학이야말로 진정한 조선의 문학이라고 보았다.[48] 아마도 김동환은 조선의 문학적 자산을 국민문학의 개념으로 재편하여 궁극적으로는 세계문학의 반열에 올려놓고자 했던 국민문학론의 구상과 기획의 핵심을 이해하지 못했거나, 혹은 국민문학론과 전혀 다른 입장에서 세계문학을 구상했던 것으로 보인다. 조선의

45) 金東煥, 「愛國文學에 對하야 (1)」, 『東亞日報』, 1927.5.12.
46) 金東煥, 「愛國文學에 對하야 (2)」, 위의 책, 1927.5.13.
47) 金東煥, 「愛國文學에 對하야 (5)」, 위의 책, 1927.5.16.
48) 金東煥, 「愛國文學에 對하야 (2)」, 위의 책, 1927.5.13. 「愛國文學에 對하야 (6)」, 위의 책, 1927.5.17.

근대적 문학을 민족해방운동의 일환으로 보고 있었던 인식의 배경에는, 식민지 · 반식민지 민족들이 민족의 자결과 독립에 대한 각성과 그 투쟁을 정당화했던 1919년 코민테른(Comintern, 제3인터내셔널)의 강령과 방침이 가로놓여 있을 터이다. 그러므로 김동환에게 근대적인 의미의 문학은, 서구 자본주의 · 제국주의 열강들의 식민지 민족에 대한 억압으로부터의 해방, 그리고 자민족 내부의 봉건적 지배로부터의 해방을 위한 정치적 실천의 방법이었을 터이다.

김동환은 바로 그러한 입장에서 영국의 식민지인 인도는 물론이거니와 아일랜드의 근대문학의 성과들과 조선의 문학 사이의 유사성을 상정할 수 있었을 터이다. 이것은 김억의 경우 식민지인 인도의 문학이 표상하는 시적 정서의 심미적 가치들과 조선문학의 공통심성 사이의 유사성을 상정하는 가운데에, 조선문학이 동양문학과 세계문학으로 나아가는 길을 상정했던 사정과 분명한 대조를 이룬다. 그러나 한편으로는 동양, 식민지로서 인도와의 동일시를 통해서 조선의 문학이 나아가야 할 좌표를 구상한다는 점에서, 또한 인도의 문학이든 아일랜드의 문학이든 조선과는 달리 제국의 언어로 이루어진 문학이라는 사실은 소거한다는 점에서는 유사하다. 그럼에도 불구하고 김동환의 민족해방운동으로서 근대문학, 세계문학에 대한 인식은 최남선을 비롯한 국민문학론의 일반적인 인식보다도 협애(狹隘)하다. 아울러 김동환이 거론했던 나이두, 예이츠의 문학이 그의 주장대로 민족해방운동의 문학적 실천이었다고 하더라도, 사실은 넓은 의미에서 식민지 영문학일 뿐만 아니라, 나이두의 경우 왕립문학회 회원의 지위에까지 올랐던 작가이고 보면, 식민지의 언어인 조선어로 쓰인 조선문학은 결코 나이두, 예이츠의 문학과 같은 범주에 둘 수는 없다.

어쨌든 이러한 김동환의 정치적 입장을 염두에 두고 보면, 그가 국민문학론의 중심적인 가치 개념으로서 조선인의 통시적이면서 공시적 공통심성인 '조선심'이나 조선의 '향토성'은, 단지 국민의 허영심, 과대망상을 조장하며, 사유재산을 신성시하게 할 뿐만 아니라, 국민을 낙망(落望) · 분탄(憤嘆) · 태심(怠心) · 고민(苦悶)으로 질식하게 하는, 인텔리겐차의 보수주의의 소산에 불과하다고 보았던 이유를[49] 쉽게 알 수 있다. 그런데 이러한 비판 가운데 흥미로운 대목은, 김동환이 바로 이러한 근거에서 1920년대 국민문학론을 종교적 심리의 표현이라고 보았다는 사실일 터이다. 바로 이 점에서 일본을 비롯한 동북아시아나, 중동지역을 중심으로 한 서남아시아에서 근대화의 문화적 충격과 압력에 대한 반발로서 흔히 등장하는 단일민족신화가, 본래 한편으로는 서구 문명에 매료되면서, 또 다른 한편으로는 서구 문명에 대한 뼈저린 패배감을 감내하면서, 부단히 자국의 전통적 자산을 전유하고 새롭게 고안하는 가운데 등장했던 사정을 염두에 둘 필요가 있다. 특히 그러한 전통의 우월성, 자족성, 영속성을 주장하는 가운데에서 낭만적 민족 이데올로기의 형태로, 또한 세속 종교의 형태로 나타났다는 사실[50]을 상기할 필요가 있다. 이러한 사정을 염두에 두고 보면 김동환의 지적은 당시로서는 나름대로 예리했다고 할 수 있기 때문이다.

2) 시가의 갈래 구분과 가창중심의 갈래 인식

김동환의 민족해방운동의 무기로서 근대문학, 세계문학의 핵심 장르는 바로 '시가(詩歌)'이며, 그 가운데에서 '민요(民謠)'이다. 김동환의 '시가(詩歌)' 또한 김억을 비롯한 국민문학론의 입장과 마찬가지로 'poetry'의

---

49) 金東煥, 「愛國文學에 對하야 (6)」, 위의 책, 1927.5.17.

50) 로버트 벨라(Robert N. Bellah)는 일본 메이지 시대 이후 등장한 단일민족신화를 후진국형 근대 세속종교의 관점에서 보고, 그러한 신화에 근간한 민족 이데올로기를 낭만적 민족주의라고 정의한 바 있는데, 그러한 관점은 한국의 경우에 대단히 유효하다고 본다. Robert N. Bellah, 「近代アジアにおける宗教と進歩」, 『アジアの近代化と宗教』, 東京 : 金花舍, 1975.

번역어였던 것이었으며, 그 범주에는 향가 · 한시 · 시조와 같은 고대시가는 물론이거니와, 민요, 신시까지 포함된다. 김동환은 저 김억의 경우와 같이 애국문학으로서 '시가(詩歌)'의 갈래구분을 분명하게 한 적은 없으나, 「시조배격소의(時調排擊小議)」(1927)를 비롯하여, 「망국적가요소멸책(亡國的歌謠掃滅策)」(1927) · 「신흥민중(新興民衆)과 문(文)과 검(劍)」(1927) · 「시가(詩歌)와 상상력(想像力)」(1927) · 「초춘잡감(初春雜感)」(1928) · 「신흥가요운동(新興歌謠運動)」(1929)을 거쳐 「조선민요(朝鮮民謠)의 특징(特徵)과 기(其) 장래(將來)」(1929)에 이르기까지의 문학론을 일별해 보면 다음과 같은 도표로, 그의 '예술(藝術)' · '문학(文藝)' · '시가(詩歌)'를 비롯한 그 하위 갈래들에 대한 그의 인식을 나타낼 수 있다. 그리고 이러한 갈래인식이 가장 분명하게 나타난 사례가 바로 「조선민요(朝鮮民謠)의 특징(特徵)과 기(其) 장래(將來)」라 하겠다.

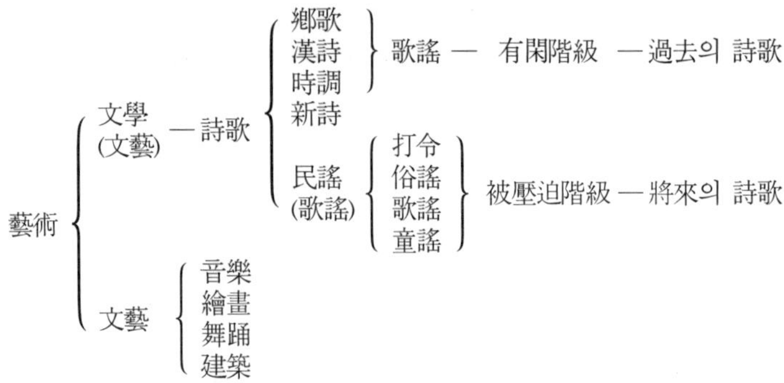

프롤레타리아 문학론에 입각해 있었던 김동환이고 보면, 그가 '유한계급(有閑階級)'의 시가와 '피압박계급(被壓迫階級)'의 시가로 시가의 종류를 이분했던 것이나, 또한 그가 유물론 사관에 근거해서 유한계급의 시가인 향가, 한시는 물론이거니와 부패한 귀족의 위시가(僞詩歌)라고 비판했던[51] 시조를 과거의 시가로 규정했던 사정은 충분히 이해할 수 있

51) 金東煥, 「時調排擊小議」, 『朝鮮之光』 第68號, 1927.6.

을 터이다. 그런데 이 가운데에서 흥미로운 것은, 김동환의 '시가'의 개념은 김억, 최남선의 경우와 같이 조선의 운문문학의 기원을 고대로 소급하여 장구한 역사성을 강조하거나, 혹은 중국의 『시경(詩經)』이나 일본의 『만엽집(萬葉集)』·『고금화가집(古今和歌集)』에 필적할 만한 조선의 문학적 전통을 상정하는 가운데에서 선택한 개념이 아니라는 사실이다. 그것은 무엇보다도 조선의 민중의 계급의식의 등장을 곧 민요의 기원으로 삼아, 조선의 민요가 마치 구한말의 신민요 혹은 잡가인 「경복궁타령(景福宮打令)」으로부터 비롯한 것처럼 주장했던 대목에서 분명히 드러난다.[52] 이러한 김동환의 주장은 국민문학론과의 대립각을 분명하게 하기 위한 의도로부터 비롯했다고 하더라도, 사실상 그가 고대 조선의 문학적 자산뿐만 아니라 구술문화의 자산까지도 폐기의 대상으로 삼았음을 나타낸다는 점에서도 주목할 만하다.

또한 김동환이 '민요(民謠)'와 '가요(歌謠)'의 개념을 특별히 구분하지 않고 혼용하고 있다는 사실도 쉽게 간과할 수 없는 대목이다. 김동환의 '가요(歌謠)'는 사실 「수심가(愁心歌)」·「유산가(遊山歌)」·「영변가(寧邊歌)」·「흥타령(興打令)」·「방아타령(打令)」과 같은 잡가를 비롯하여, 당시의 유행가, 민요(童謠, 婦謠), 창가는 물론이거니와,[53] 심지어 향가·한시·시조·신시까지 포함하는 개념[54]이라고 해도 무방하다. 따라서 김동환의 '가요'는 사실상 '詩歌'와 이음동의어의 관계에 있다고 보아야 한다. 이러한 개념의 혼용은 김동환의 장르인식이 철저하지 못했음을 나타내는 한편으로, 그가 고대가요라고 명명했던 향가, 시조는 물론이거니와 타령·속요·동요·동시대의 대중가요까지 모두 민요, 혹은 가요라고 지칭했던 데에서 알 수 있듯이, 근본적으로 구술성, 혹은 가창성을 중심으로 '시가'의 개념을 상정했다는 사실을 나타낸다. 이러한 김동환의 장르인식은 근본적으로

52) 金東煥, 「朝鮮民謠의 特徵과 其 將來」, 위의 책 第82號, 1929.1, 72~73면, 76면.
53) 金東煥, 「亡國的歌謠掃滅策」, 위의 책 第70號, 1927.8, 18면.
54) 金東煥, 「朝鮮民謠의 特徵과 其 將來」, 위의 책, 72~78면.

'시가'의 구술성을 염두에 두고 있었던 김억, 최남선의 입장과 다르지 않다. 하지만 사실은 김억이 시조의 정형성·가영성(可詠性), 민요의 음악성 사이에서 근대시 형식을 탐색하겠다는 태도나, 시조창의 방식을 고수했던 최남선보다도 훨씬 극단적인 형태로, 동시대 조선의 문학자들이 지향했던 근대적인 조선시가가 나아가야 할 길로서 근대적인 자유시의 이상과 무연한 지점에서 자신의 문학론을 전개했던 것이다.

그러나 이러한 김동환의 시가를 둘러싼 장르 인식과 저 국민문학론이 다다른 성취나 한계와 비교하는 것은 처음부터 무리인지도 모른다. 「망국적가요소멸책(亡國的歌謠掃滅策)」에서 알 수 있듯이, 비록 「경복궁타령(景福宮打令)」 이후로 국한되지만 조선의 민요를 통해서 "단 한사람의 가진 情熱이 瞬息間에 數千萬人郡에게 同一한 熱度를 가지고 同一한 喜怒哀樂의 情을 이르켜 놋는" 가능성, 즉 조선인의 공통감각에 근간해서 장래 조선의 시가를 구상하는 태도는 국민문학론자들과 유사하다 하더라도, 민요가 지닌 '정서(情緒)의 감염력(感染力)'을 민중을 프롤레타리아 민중운동의 목적의식에 복무하게 하는 수단으로 보았던 점에서는[55] 전혀 다른 문맥에 위치하고 있기 때문이다. 바로 이러한 이유로 김동환은 구한말 이전 조선의 문학적 자산뿐만 아니라 구술문화의 자산까지도 폐기의 대상으로 삼았던 것이다. 환언하자면 조선문학의 과거는 존재하지 않고 오로지 장래만이 존재할 뿐이라는 식의 김동환의 문학사 인식이나, 잡가로부터 신시에 이르는 다양하고 폭넓은 시가의 하위갈래들을 굳이 '가요(歌謠)'의 개념으로 재편하고자 하면서 시가를 구술의 장르로 환원시키고 말았던 것이다.

55) 金東煥, 「亡國的歌謠掃滅策」, 위의 책, 14면.

3) 국민성, 국민이라는 질곡

그러나 국민문학론자들이 상정한 조선인의 보편심성의 항목이, 사실은 조선인에게 허영심, 과대망상을 조장하며, 사유재산을 신성시 할 뿐만 아니라, 궁극적으로는 조선인을 질식하게 하는 인텔리겐치아의 보수주의의 소산이라고 비판해 마지않았던[56] 김동환도, 사실은 국민문학론자들이 그러했던 것처럼 조선의 시가를 통해서 조선인의 보편심성의 항목을 구상하고 있었던 점에서는 저 국민문학론자들과 다를 바가 없었다. 김동환은 기회가 있을 때마다 '국민성'의 개념으로 조선인의 보편심성을 규정하려고 했는데, 그 대표적인 사례는 역시 「망국적가요소멸책(亡國的歌謠掃滅策)」이라고 할 수 있다. 이 글에서 김동환은 고대로부터 조선의 민요, 타령과 같은 속요가 한결같이 수백 년 학대받은 백성의 신음성(呻吟聲)으로 미만한 망국적 만가(挽歌)유형이라면서, 이러한 속요가 용감하고 진취성 있는 조선의 국민성을 침울하고 퇴영적, 패잔적(敗殘的)으로 만들고 말았다고 비판했다.[57] 그리고 그나마 시조에 나타난 조선인의 낙천적 국민성도 현세적 세상의 모든 것을 단념하고 몽유병자처럼 정신의 낙토를 구하며, 환락과 평화를 구하는 가운데에 나타난 것에 불과하다고 보았다.[58]

김동환의 이러한 진술의 근저에는, 본래 조선인의 공통심성은, 조선왕조에 이르러 침울하고 퇴영적・패전적으로 타락한 것이 아니라, 고대의 '용감'이나 '진취성'과 같은 것이라고 정의하는 일종의 방법적 자기분리의 책략이 가로놓여 있다. 또한 그것은 이돈화, 이광수 등의 조선인 민족성론의 핵심이기도 했다. 특히 조선왕조를 거치는 동안 조선인의

---

56) 金東煥, 「愛國文學에 對하야 (5)」, 『東亞日報』, 1927.5.16.

57) 金東煥 「亡國的歌謠掃滅策」, 위의 책, 13면. 金東煥 「朝鮮民謠의 特徵과 其 將來」, 위의 책, 74면.

58) 金東煥, 「時調排擊小議」, 『朝鮮之光』 第68號,, 1927.6, 9면.

공통심성이 타락하게 되었다는 인식은, 저 『개벽(開闢)』지의 지식인들이나 국민문학론자들, 예컨대 조선왕조를 거치는 동안 조선인의 공통심성이 허위 · 나태 · 이기 · 겁나(怯懦)로 미만하게 되었다는 이광수의 입장[59]과 대단히 유사하다.

뿐만 아니라 조선의 민요를 백성의 신음성이나 망국적 만가로 본 김동환의 태도는, 근본적으로 사상의 고착 · 사상의 종속 · 형식주의 · 당파성 · 문약 · 심미관념의 결핍 · 공사혼효(公私混淆) 등을 조선인의 민족성이라고 보았던 다카하시 토오루의 관점이나,[60] 「아리랑」 · 「담바고타령」을 통해서, 절망 · 염세 · 자기(自棄) · 찰나의 쾌락과 주색 추구 등을 조선의 민족성으로 규정했던 무라타 시게마로의 관점[61]과 대동소이하다. 또한 앞서 검토한 『조선민요의 연구』의 필자들이 조선의 민요에서 "피폐곤비(疲弊困憊)해서 활력이 없고 탄력이 없는 성격",[62] "괴로운 사랑, 슬픈 사랑", "피가 스며 나오는 듯한 연가 가운데 애절한 이별의 고통"[63]을 발견했던 태도와도 다를 바가 없다. 즉 김동환 또한 동시대 조선총독부의 관리, 일본 지식인들은 물론이거니와 동시대 조선의 문학자들이 공유하고 있었던 조선인 민족성론, 일본 오리엔탈리즘으로부터 결코 자유롭지 못했던 것이다.

그러나 이보다 더욱 흥미로운 대목은, 조선의 민요가 언어와 혈통적 단일성에 근간한 '민족성', '향토성'과 관계가 없는 학대받는 사회민중의 공통한 노래임을 강조하면서,[64] 다른 한편으로는 조선의 민요가 용감하고 진취성 있는 '국민성'을 반영해야 한다고 주장하는 가운데[65] 드

59) 李春園, 「民族改造論」, 『開闢』 第23號, 1922.5.

60) 高橋亨, 「第二 各論」, 『朝鮮人』, 京城 : 朝鮮總督府學務局, 1921, 54~60면.

61) 村田懋麿, 「民族性及民族精神」, 『朝鮮の生活と文化』, 東京 : 目白書院, 1924, 264~265면.

62) 井上收, 「抒情詩藝術としての民謠」, 市山盛雄 編, 『朝鮮民謠の研究』, 東京 : 坂本書店, 1927, 44~46면.

63) 淸水兵三, 「朝鮮の鄕土と民謠」, 위의 책, 128면.

64) 金東煥, 「朝鮮民謠의 特徵과 其 將來」, 위의 책, 73면.

러난, 김동환의 '민족성', '향토성', '국민성'에 대한 인식이다. 김동환은 한편으로는 최남선이나 김억의 경우와 같이 '민족성'과 '향토성'을 동일한 개념으로 보면서, '민족성'이나 '향토성'이 '국민성'과 대립되는 개념으로 보고 있다. 앞서 김억의 경우를 검토하면서 언급한 바와 같이, '향토'와 '민족'이 엄밀한 의미에서 동의어일 수 없으며, 또한 식민지 조선의 정치적 상황에서 학대받는 사회 '민중'이 곧장 '국민'으로 호명될 수는 없는 법이다. 김억의 경우에서와 같이 김동환의 경우에도 '국민성'은 기표는 존재하나 기의는 존재하지 않는 개념이기 때문이다.

따라서 비록 김동환은, 조선인 전체가 아니라 학대받는 사회민중을 조선사회의 중심적 위치에 놓았다는 점에서 국민문학론과 변별되는 입장에 서 있었다고 하더라도, 조선의 민요가 조선인의 공통심성, 혹은 공통감각을 표상한 것이라는 인식이나, 식민지 조선의 정치적 상황에서 기표로서만 존재하는 '국민성'에 근간하여 조선의 시가를 개량해야 한다는 입장에 서 있었다는 점에서, 국민문학론과 상동성(homology)을 지니고 있었다고 보아야 할 터이다. 환언하자면 김동환의 '애국문학'의 개념은 김억을 비롯한 '국민문학'의 개념과 대척점에 놓여있었다고 하더라도, 사실은 국민문학의 개념과 닮은꼴이었다고 할 수 있을 터이다. 김동환이 그토록 타기해마지 않았던 국민문학과 그의 애국문학의 논리가 단순히 유사한 차원이 아니라 닮은꼴이었다는 사실은, 그도 저 『개벽(開闢)』지의 '조선문화의 기본조사'는 물론, 『조선민요의 연구』에 이르는 가운데 조선에서 이루어진 민요의 조사, 발굴, 소개의 과정과, 그로부터 형성된 조선인 민족성 담론의 자장이 지닌 위력을, 또한 조선인 민족성 담론의 질곡으로부터 결코 자유로울 수 없었던 사정을 새삼 깨닫게 한다. 그리고 그러한 김동환의 딜레마는, 문학에 대한 입장의 차이와 크게 관계없이, 조선인 민족성 담론, 조선의 민요를 근간으로 조선인의 공통

65) 金東煥, 「亡國的歌謠掃滅策」, 위의 책, 13면.

심성, 조선인의 공통감각에 근간하여 조선의 근대적인 시가를 구상하는 문학자들에게 공통된 운명이었음을 시사한다는 점에서 중요한 의미를 지닌다.

3. 홍사용의 '메나리' 발견과 그 이후

1927년 '신진' 동인의 『조선민요의 연구』 발간 이후 1920년대 조선문학자들의 문학론 가운데에서 마지막으로 주목해야 할 것은, 바로 홍사용(洪思容)의 사실상 유일한 문학론이라고 해도 과언이 아닌, 「민요(民謠)자랑-둘도 업는 보물(寶物), 특색(特色)잇는 예술(藝術), 조선(朝鮮)은 메나리 나라」(1928)이다. 홍사용의 이 글은 엄밀히 말하자면 문학론이라기보다는 민요론에 가깝다. 그리고 앞서 검토한 김억을 비롯한 1920년대 국민문학론자들, 김동환이 한결같이 조선민요에 근간한 근대적 시가를 구상하는 가운데 결국 근대적인 자유시의 이상과 가치를 포기하는 데로 나아갔던 사정들의 극단적인 사례이기도 하다. 그런데 홍사용의 이 글은 사실 1920년대 국민문학론과 특별한 관련이 없는 가운데 등장한 것이기는 하나, 한편으로는 국민문학론의 주된 논지와 일치하는 입장에 서 있다는 점에서 흥미롭다. 그것은 무엇보다도 조선의 민요가 "이 세상에는 둘도 업는 보물", "(흙구덩이 속에다) 파무더 두엇다고 썩어업서질리는 업는 보물"이며, 그래서 '거룩한 보물'이라면서 조선민요의 가치를 역설하는 대목[66]에서, 또한 조선의 예술적 자산이 풍부하다 할 수

66) 露雀, 「民謠자랑-둘도 업는 寶物, 特色잇는 藝術, 朝鮮은 메나리 나라」, 『別乾坤』 第3卷 第2號, 京城 : 開闢社, 1928.5, 170면. 앞으로 홍사용의 이 글을 언급할 경우 다

없어도 조선은 바로 '민요국(民謠國)'이며, 조선인은 그 백성이라고 자랑할 만큼 풍부한 민요의 자산을 메나리를 지니고 있을 뿐만 아니라, 온 세계에 자랑할 만한 것임을 애써 강조했던 대목[67]에서 분명히 나타난다. 그것은 최남선이 한 해 전 조선의 민요를 두고 "문학의 소재국(素材國)으로서 조선은 부끄럽지 않은 부력(富力)을 지니고 있는, 아직 열려지지 않은 보물창고이고, 그 오랜 문화사의 배후에는 바닥을 알 수 없는 깊이와 신기함이 잠재해 있다"[68]고 주장한 바와 대동소이하기 때문이다. 그리고 홍사용은 바로 그러한 조선민요의 자산이야말로 조선인과 함께 태어나서 성장하며 형성되어 온 '넉(넋)'이라면서, 곧장 조선의 민요야말로 조선인의 공통심성의 현현임을 강조하기에 이른다.[69]

그러나 홍사용과 최남선의 민요관(民謠觀)이 대동소이하다는 사실을 지적하는 것보다 더욱 중요한 것은, 홍사용이 조선민요의 가치를 역설하는 가운데 '양시조(洋時調, 근대시조)', '서투른 언문풍월(諺文風月)', 심지어 '신시(新詩)'까지도 '내 것'이 아니라는 이유로 부정해 버렸다는 사실이다. 또한 최남선이 조선문학의 전통적 자산 가운데에서 외래적인 요소로서 "지나(支那)에서 수입된 문학과 사상", "지나의 정악(正樂)류화"한[70] 시가를 배제하는 가운데에서 민요나 시조를 선택했던 데에 비해, 홍사용은 애국계몽기 이후에 등장한 운문장르 전체를 부정해 버렸다는 사실이다. 김억의 경우만 하더라도 민요와 시조가 조선의 근대적 시가가 갖추어야 할 격조시형의 모델이었다면, 홍사용의 경우 오로지 민요만이 진정한 조선의 시가이며, 그 외의 운문장르들에 대해서는 "되지도 못하고 어색스러운 앵도(櫻桃)장사"[71] 운운하며 일고의 가치도 없는 것

만 「朝鮮은 메나리 나라」로 약칭하기로 한다.

67) 위의 글, 위의 책, 172면.

68) 崔南善, 「朝鮮民謠の槪觀」, 市山盛雄 編, 앞의 책, 10면.

69) 露雀, 앞의 글, 앞의 책, 172면.

70) 崔南善, 앞의 글, 앞의 책, 10면.

71) 露雀, 앞의 글, 앞의 책, 174면.

으로 타기해 버린 셈이다.

오로지 '조선적'인 민요만이 조선의 유일한 시가라는 홍사용의 인식은, 사실 김동환이 잡가로부터 신시에 이르는 다양하고 폭넓은 시가의 하위갈래들 뿐만 아니라 장래의 조선 시가마저 '가요(歌謠)'의 개념으로 재편하고자 하면서, 조선의 시가를 구술의 장르로 환원시키고 말았던 사정과도 유사하다고 할 수 있을 것이다. 예컨대 조선의 민요가 "글도, 말도, 시가 아니라 조선의 넋일 뿐"[72]이라면서 조선인의 '넋'을 누누이 강조했던 홍사용의 태도에서 알 수 있듯이, 민요에 대한 홍사용의 인식과 논의에는 이미 문자성에 근간한 근대적인 문학관념, 저 김억의 사례와 같은 음성중심주의적 인식, 조선의 '시가'와 서구의 'poetry'의 동일시, 나아가 근대적인 자유시의 이상과 가치 등이 틈입할 여지는 전혀 없다. 오로지 "몃 千代 몃 百代 우리 祖上의 靈魂이 오래ㅅ동안 진이고 각구어" 온, "億萬古 그동안을 이 나라 이 사람에게로, 거처 나려 온"[73] 조선인의 '넋'이 곧 민요이며, 시가이며, 문학인 것이다. 이러한 홍사용의 인식과 논의도 어쩌면 조선은 문학의 소재로서 민요의 부국이므로, 그 자체로 문학국이라고 보았던 최남선의 인식의 연장선에 있는지도 모르겠으나, 결국 그것은 시 혹은 문학부정의 논리로 나아갈 수밖에 없을 터이다.

한편 조선인의 '넋', 즉 조선의 향토성 혹은 조선인의 민족성에 대한 홍사용의 애착은, 궁극적으로 조선인이 이른바 '신화세계(神話世界)'의 동일성을 면면히 계승하고 있다는, 그래서 조선인의 '운률적(韻律的) 생활사(生活史)'가 곧 조선의 민요라는 인식과 신념으로부터 비롯한 것일 터이다.[74] 그로부터 홍사용은 비록 지역적 차이에도 불구하고 「아리랑」·「흥타령」·「산염불」·「수심가(愁心歌)」이 모두 조선인의 '넋'의 표현이

72) 위의 글, 위의 책, 171면.
73) 같은 면.
74) 위의 글, 위의 책, 171~172면.

라는 점에서는 모두 조선의 '메나리'임을 역설하고자 했던 것이다.[75] 그럼에도 불구하고 지역적 차이를 넘어서는 조선인의 공통심성, 공통감각에 대한 홍사용의 신념 또한, 조선인이라는 집단이 역사적 변천 과정 가운데에서도 어떻게 동일한 정체성을 지닐 수 있는가라는 딜레마를 일거에 은폐시켜버리고 만다는 문제점을 내포하고 있다. 그것은 이미 홍사용이 조선의 민요를 굳이 '메나리'라고 명명한 데에서 알 수 있듯이, 강원도·경상도에서 김매기를 할 때에 부르는 노동요를 가리키는 고유명사인 '메나리'를, 조선의 민요 전체를 가리키는 보통명사로 치환하는 가운데 이미 내재해 있는 것이다. 그러나 '신화세계(神話世界)'의 동일성을 면면히 계승하고 있다는, 그래서 조선인의 '운률적(韻律的) 생활사(生活史)'가 곧 조선의 민요라고 믿어 의심치 않았던 홍사용에게, 조선인의 심성과 감각의 어떠한 지역적 경계와 차이도 틈입할 여지는 없었을 터이다.

게다가 홍사용은 「제석거리」·「푸리」·「거리」와 같은 서사무가 뿐만 아니라, 판소리를 가리키는 것으로 보이는 「심청전」(沈淸歌)·「춘향전」(春香歌)·「흥부전」(興甫歌)·「톡기전」(水宮歌), 그리고 「념불」·「회심곡」과 같은 불교음악 혹은 서도잡가, 「산듸도감」·「꼭두깍시」와 같은 연희음악이나, 심지어 「기심노래」·「베틀가(歌)」와 같은 노동요까지도 모두 '메나리'라는 개념 아래에 포괄하면서[76] 그 차이를 무화시켜버렸다. 이를 두고 홍사용의 민요에 대한 근본적인 인식의 결여를 지적하는 일은 단지 현재적 관점에서의 비판에 불과할 터이다. 홍사용에게 무엇보다도 중요한 것은, 그가 「조선(朝鮮)은 메나리 나라」의 말미를 "넉시야 넉시로다. 이 넉시 무슨 넉?"[77]이라는 자조 섞인 한탄으로 삼았던 데에서 알 수 있듯이, '신화세계(神話世界)', '운율(韻律)의 생활사(生活史)'로서 조선인의 향토성 혹은 민족성과 같은 공통심성에 근간한 공통감각에 대한

---

75) 위의 글, 위의 책, 172~173면.
76) 같은 면.
77) 위의 글, 위의 책, 174면.

홍사용의 입장에서 보자면 '메나리'의 이름으로 이루어지는 이와 같은 동일시는 당연한 일일 터이기 때문이다.

4. 민요론의 본격적인 등장과 신민요론

조선의 민요가 조선인이 이른바 '신화세계(神話世界)'의 동일성을 면면히 계승하고 있으며, 그 동일성의 핵심인 조선인의 '넋'으로서 향토성과 민족성이 곧 조선의 민요, 시가, 나아가 문학 자체라는 홍사용의 인식이나 그러한 문학부정의 논리는, 1927년 이후 족출하는 민요・신민요론에 이르러서 더욱 극단적인 형태로 나타난다. 그리고 그 대표적인 사례로서 우선 이학인(李學仁)의 「민요연구(民謠硏究)」(1928)를 꼽을 수 있다. 이 논문은 1928년 8월 5일부터 1928년 10월 24일까지 『중외일보(中外日報)』에 무려 49회에 걸쳐 연재된 논문으로서,[78] 일단 그 규모의 면에서 당시로서는 보기 드물게 방대할 뿐만 아니라, 민요에 대한 정의와 범주로부터 조선민요와 조선민요연구의 가치, 나아가 그가 수집한 민요의 역사적・사회사적 배경에 대한 소개와 해설에 이르기까지 폭넓게 다루었다는 점에서 주목할 만하다. 이 논문에서 우선 주목할 만한 대목은, 이학인이 민요를 민중과 악수하여 생활의 정조를 표현한 유일한 향토시, 민중시라고 정의하면서,[79] 사실상 문학의 범주로 이해하고 있다는

---

78) 『中外日報』에 발표된 牛耳洞人(이학인)의 「民謠硏究」는 1928년 8월 5일에 발표된 첫 회분부터 「民謠硏究」부터 둘째 회분까지 2회에 걸친 연재기간 한결같이 논문의 제목이 각각 연재 제2호로 표시되어 있는 것으로 보아, 첫 회분의 제2회 표시는 오식인 것으로 보인다.

79) 牛耳洞人(李學仁), 「民謠硏究 (2)」, 『中外日報』, 京城 : 中外日報社, 1928.8.5.

사실일 터이다. 또한 조선의 민요를 크게 서정민요와 서사민요로 구분한 뒤, 서사민요의 범주에 「심청전(沈淸傳)(沈淸歌)」·「춘향전(春香傳)(春香歌)」·「추풍감별곡(秋風感別曲)」·「과부가(寡婦歌)」 등을 포함시키면서,[80] 민요가 판소리(혹은 판소리계 소설)와 잡가까지 아우르는 구술문학 전체를 의미하는 것으로 보았다는 사실일 터이다. 이와 같은 정의는 민요에 대한 정의의 경우 앞서 검토한 김억이나 김동환의 경우와 대동소이하며, 민요의 범주에 대한 정의는 홍사용의 경우와 일치한다는 점에서, 1927년 이후 조선의 문학자들 일반의 논리를 따르고 있다.

그런데 이학인이 조선의 민요를 향토시, 민중시로서 문학의 범주로 보았던 논리의 근저에는 조선의 문학적 전통 뿐만 아니라, 동시대 조선문학에 대한 부정이 가로놓여 있다. 그는 연재 첫 회부터 마지막 회에 이르기까지 기회가 있을 때마다 조선문학의 수준은 세계문학 가운데에서 가장 뒤떨어졌지만, 그나마 민요는 세계문학의 유산으로 자랑할 만한 문학적 유산임을 누누이 강조하면서, 그 근거로 최남선이 『조선민요의 연구』에 발표했던 「조선민요의 개관」을 들고 있다. 최남선은 물론이거니와 앞서 검토한 바와 같이 김동환과 홍사용을 거쳐 이학인에게 이르기까지, 조선민요의 가치를 역설하는 민요론들이 한결같이 조선의 문학적 전통 일체를 부정하는 입장을 취한다는 것, 아울러 그러한 가운데에서도 조선의 민요가 곧 조선의 문학이라는 식의 주장을 반복하고 있다는 사실은 대단히 흥미롭다.

그러나 이학인은 최남선이 조선민요의 가치를 역설하면서 조선을 문학의 소재국이라고 보았던 것이, 본래 "지나(支那)에서 수입된 문학과 사상", "지나의 정악(正樂)류화"한 문학의 배제한 조선문학사의 가능성, 조선문학사 기원을 고대로 소급하는 문제와 관련 있다는 사실[81]까지 염두에 두고 있지 않은 것으로 보인다. 즉 이학인은 최남선의 「조선민요

---

80) 牛耳洞人(李學仁), 「民謠硏究 (22)」, 위의 책, 1928.8.22.
81) 崔南善, 앞의 글, 앞의 책, 10면.

의 개관」이 본래 조선의 문학적 유산 안에서 조선적인 것과 외래적인 것을 구분하고, 외래적인 것을 배제하고 남은 가장 순도 높은 조선의 심성, 그리고 그러한 심성으로서 조선심에 근간한 조선문학을 정의하기 위한 방법적 자기 분리의 논리이기도 하다는 사실을 인식하지 못했던 것이다. 그러한 가운데에서 이학인은 저 김억을 비롯한 국민문학론자들과 달리 그가 민요시인이라고 칭한 김소월(金素月)과 김석송(金石松)을 제외한 '신시'의 가치조차도 부정하는 데로 나아갔다.[82] 그러한 논리가 가능했던 것은 무엇보다도 이학인이 민요가 신시와는 달리 특별한 기교와 형식을 요하지 않으며, 허위 없는 감정을 허식 없이 표현하는 가운데 원시적 정서를 표현한다고 보았기 때문이다.[83] 물론 이러한 태도는 김억으로부터 김동환, 홍사용에 이르기까지 일관된 것이나, 이학인의 경우 오로지 민요를 우위에 둔다는 점에서 그들보다 훨씬 극단적이라고 해야 할 것이다. 바로 그러한 입장에서 이학인은 민요와 시가 모두 인생에 대한 관조의 세계를 그린다는 점에서는 동일하나,[84] 국민에 의해 널리 불릴 수 있다는 점에서 민요의 우위를 주장한다.[85]

이학인이 기교라고 몰아붙인 시적 의장(意匠), 허식이라고 몰아붙인 서정적 주체의 내면으로서 시적 정서와 그것을 가능하게 하는 근대적 개인의 자율성과 표현성을 일절 배제하고 남은 원시적 정서만으로 조선의 문학이 가능하다거나, 그것이 곧 세계적인 가치를 지니고 있다는 식의 주장은, 단순히 민요의 가치를 부각하기 위한 문학부정론이라기보다는, 조선민요에 대한 일본 오리엔탈리즘을 내면화한 결과라는 혐의가 짙다. 그것은 무엇보다도 그가 『조선민요의 연구』의 이치야마 모리오의 서문(例言)을 인용하면서, 문학예술을 연구하는 사람이라면 누구나 조선

82) 牛耳洞人(李學仁), 「民謠硏究 (21)」, 『中外日報』, 京城 : 中外日報社, 1928.8.21.
83) 「民謠硏究 (4)」, 위의 책, 1928.8.9.
84) 「民謠硏究 (17)」, 위의 책, 1928.8.30.
85) 「民謠硏究 (3)」, 위의 책, 1928.8.7.

인의 민족성, 민족정신의 원시적 근원인 조선의 민요를 연구해야 한다고 주장한 사실[86]을 통해서 분명히 드러난다. 이학인이 이치야마 모리오를 비롯한 '신진' 동인의 『조선민요의 연구』로부터 감화를 받았다면, 그것은 무엇보다도 문명국에서는 자료조차 남아있지 않은 민요연구의 자료가 조선에 무진장하며, 아직 단 한 번의 쟁기질도 이루어지지 않은 상태로 민요연구자의 손길을 기다리고 있다[87]는 대목이었을 터이다. 이학인은 바로 그러한 이치야마 모리오의 오리엔탈리즘의 시선을 매개로 하여 도리어 세계문학 일반, 심지어 문명의 중심으로 나아가는 가능성을 예감했던 것으로 보인다. 그것은 무엇보다도 민요가 야만인이든 문명인이든 인간정서의 핵심임을 역설하면서, 민요의 원시적 정서가 환기하는 효과의 면에서는 야만과 문명의 경계가 없다고 보았던 데에서 분명히 드러난다.[88]

한편 최영한(崔榮翰)의 「조선민요론(朝鮮民謠論)」(1932)도 이학인의 경우와 마찬가지로 수식도 기교도 없이 방언으로 표현된 조선인의 충동적 감정을 표현한 것이 조선의 민요이며,[89] 그러한 조선의 민요야말로 조선인의 민족적 특성인 '악천사상(樂天思想)'을 기조로 삼아 '조선심'을 면면히 계승한 문학작품이고 조선문학 사상사 그 자체라고 주장했다. 민요가 조선심을 가장 잘 표현한 문학작품이며, 그러한 민요에서 조선문학의 사상사를 엿볼 수 있다는 최영한의 주장 또한, 민요나 민요에 반영된 조선인의 공통심성 그 자체가 바로 조선의 문학이라는 전도된 문학개념에 근간한 것임은 두 말할 나위도 없을 터이다. 최영한의 이러한 주장은 시조가 한시의 모방이며, 동시대의 자유시가 조선의 향토성을 결여한 '구화(歐化)된 문명(文明)의 산물(産物)'이므로 모두 조선문학일

---

86) 「民謠研究 (2)」, 위의 책, 1928.8.5.
87) 市山盛雄 編, 「例言」, 市山盛雄 編, 앞의 책, 5면.
88) 牛耳洞人(李學仁), 「民謠研究 (17)」, 『中外日報』, 京城 : 中外日報社, 1928.8.30.
89) 崔榮翰, 「朝鮮民謠論」, 『東光』 第33號, 東光社, 1932.5, 82면.

수 없다는 입장으로부터 비롯했다. 그리고 그는 "文學의 文學은 詩요 詩의 詩는 民謠"라는 근거를 들어 조선문학의 정화(精華)이며 조선시가의 원류는 오로지 민요임을 거듭 강조한다. 나아가 최영한은 『고악부(古樂府)』 「고금주(古今註)」 소재의 「공후인(箜篌引)」으로부터 『삼국사기(三國史記)』 소재 고구려 유리왕(琉璃王)의 「황조가(黃鳥歌)」, 신라의 「회소곡(會蘇曲)」, 『삼국유사(三國遺事)』와 『균여전(均如傳)』의 향가로 이어지는 조선 민요의 역사적 개관과, 『후한서(後漢書)』·『삼국지(三國誌)』 등의 고적을 통해서 고대 조선인의 민요와 관련된 풍속의 개관을 통해서, 조선의 민요가 조선 민중의 생활과 함께 그 생명이 영원히 존속할 것임을 주장하기에 이르렀다.[90]

조선의 민요를 통해서 조선인의 공통심성으로서 '조선심'이 바로 '악천사상(樂天思想)'이라는 그의 주장이나, 그러한 조선심을 곧장 '향토성'의 개념과 동치관계에 놓는 그의 태도는, 이 논문의 참고문헌에 인용된 이광수의 「민요소고(民謠小考)」나 이은상의 「청상민요소고(青孀民謠小考)」를 통해서 짐작할 수 있듯이, 사실상 국민문학론자들의 주장을 그대로 받아들인 결과라고 할 수 있을 것이다. 그리고 최영한이 조선의 민요를 통해 음수율에 근간한 조선시가의 기본형식을 정의해야 한다고 주장한 대목에 이르러서는, 앞서 검토한 1927년 이후 김억의 문학론과도 접점이 있다는 점에서, 국민문학론의 입장을 충실히 따르고 있음은 더욱 분명해진다.[91]

그러나 최영한의 「조선민요론(朝鮮民謠論)」에서 주목해야 할 것은, 이 국민문학론의 자장에서 연원한 민요론이 신작민요(新作民謠)의 정리와 민요수집을 민요연구의 급선무임을 주장하는 데로 나아갔다는 사실이다. 그에 따르면 조선의 농촌은 라디오와 축음기의 보급으로 도회문명의 퇴폐적 속요의 유행으로, 조선인의 현대적 취향에 적합한 향토민요를 가지

90) 위의 글, 위의 책, 82~83면.
91) 위의 글, 위의 책, 88면.

지 못했으며, 신진 민요시인들 또한 현대인의 취미를 만족시킬 만한 향토민요를 창작하지 못하고 있는 만큼, '화류가(花柳街)의 노래'나 '영화의 주제가'가 아니라, 계급갈등의 해소, 부인문제, 노동문제의 철폐를 위한 신민요의 등장이야말로 조선에서 절실한 문제라는 것이다.[92] 아울러 일본 문부성(文部省) 문예위원회(文藝委員會)가 편찬한 『이요집(俚謠集)』과 『이요집습유(俚謠集拾遺)』, 오스트리아 정부가 편찬한 『가요곡보(歌謠曲譜)』, 구독일제국의 독일민요조사위원회(獨逸民謠調査會委員)의 『독일민요곡집(獨逸民謠曲集)』, 영국민요협회(英國民謠協會)와 영국민용협회(英國民踊協會)의 『수집조사회보(蒐集調査會報)』의 사례를 참조하여, 조선에서도 민요를 수집하여, 신생활양식의 침입에 따른 조선민요의 연멸(煙滅)을 막아야 한다고 역설했다.[93] 민요수집에 대한 최영한의 주장은 다분히 경성제국대학 법문학부의 조선어문학연구실(朝鮮語文學硏究室)이 벌인 '조선민요수집(朝鮮民謠蒐集)' 사업을 의식한 것으로 보인다. 1929년 6월 29일 『매일신보(每日申報)』 기사에서도 알 수 있듯이, 당시 조선어문학연구실에서는 1929년 말까지 경찰과 각급학교장 및 지역유지들을 통해서 조선문학사상의 연구를 위해, 타령, 잡가, 시조, 사설, 푸리 등을 수집하고 있었으며, 민요를 부른 사람의 성명, 주소, 직업, 연령과 같은 인적사항은 물론, 반주의 유무, 정조(情調), 음조(音調)에 이르기까지 폭넓게 조사하고 있었으며,[94] 최영한의 「조선민요론(朝鮮民謠論)」의 참고문헌 가운데에 「조선민요수집취지서(朝鮮民謠蒐集趣旨書)(城大法學部 朝鮮語文學硏究室)」가 포함된 것은 바로 그러한 사정을 입증한다.[95]

한편 신민요에 대한 최영한의 주장은 이후 이하윤(異河潤)·김사엽(金思燁)·김종한(金宗漢) 등의 신민요론 등장 이전의 효시(嚆矢)였다는 점에

92) 위의 글, 위의 책, 87면.
93) 위의 글, 위의 책, 88~89면.
94) 「文學硏究資料로 朝鮮民謠를 蒐集」, 『每日申報』, 1929.6.29.
95) 崔榮翰, 앞의 글, 앞의 책, 89면.

서 중요하다. 특히 이 가운데에서 이하윤과 김사엽의 경우, 도회문명의 퇴폐적 속요에 대응하기 위해 현대인의 취미를 만족시킬 만한 향토민요의 필요성을 역설했던 최영한과 입장을 함께 했다. 예컨대 콜롬비아 레코드사 문예부장으로서 직접 유행가와 신민요 창작에도 앞장섰던 이하윤의 경우, 향토성이 농후한 현대의 민심을 바로 파악하여, 누구나 부를 수 있는 민중의 참된 노래가 바로 신민요임을 천명한 뒤, 이러한 신민요의 창작을 위해 재능 있는 민요시인은 조선민요의 연구와 수집의 성과들을 존중하여 새로운 유행가사의 창작을 위한 자산으로 삼아야 한다고 주장했다.[96] 그러나 그가 염두에 두었던 신민요란 결국 '가벼운 우울(憂鬱)', '실망(失望)과 실연(失戀)의 영탄(詠嘆)'과 같은 정서의 표현이라는 점에서, 저 최영한이 언급했던 계급갈등의 해소, 부인문제, 노동문제의 철폐와 같은 주제와는 거리가 멀었다. 결국 이하윤의 신민요란 그 스스로도 명명한 바와 같이 '가요시(歌謠詩)' 즉 유행가였으며, 그에게 조선민요의 연구와 수집은 사실 유행가의 창작과 개량을 위한 방편에 불과했던 것이다.

또한 김사엽은 이하윤의 경우와 다소 다른 입장에 서 있었으나, 본질적으로 큰 차이는 없었던 것으로 보인다. 그는 우선 중국의 『시경(詩經)』은 애지중지하면서 조선어로 된 가요는 배격했던 조선왕조의 사대부의식과 신문학 작가들의 인식을 비판한 뒤, 당시 민요연구자들도 방언과 풍속연구에만 관심이 있을 뿐, 민요의 본질적 가치를 연구하고 규명하여 신민요 창작의 자산을 제공하는 사례는 태무(殆無)하다고 개탄했다.[97] 그리고 레코드 회사에 소속된 신민요 작가들도 민중의 대변자임을 자처해야 함에도 불고하고 정작 조선민요의 본질적 가치에 대한 이해가 없다고 비판했다.[98] 김사엽이 염두에 두었던 신민요는, 한편으로

96) 異河潤, 「新民謠와 民謠詩人」, 『東亞日報』, 1934.8.10.
97) 金思燁, 「新民謠의 再認識 (2)」, 『朝鮮日報』, 1935.12.13.
98) 「新民謠의 再認識 (3)」, 위의 책, 1935.12.14.

는 이하윤이 언급한 '가요시(歌謠詩)'로서 유행가이면서도, 개인의 창작으로서가 아니라 '향토민중(鄕土民衆)의 공동시집(共同詩集)', '향토민중(鄕土民衆)의 내적생활(內的生活)의 영상(影像)'으로서 동시대 새롭게 부상하던 민요나 잡가에 가까운 것이었다. 그러면서도 그는 조선의 민요가 단순한 기교와 수식 없이 평명(平明)한 정서로 이루어져 있지만, 분명히 '詩'의 반열에서 운위될 수 있다고 보았다.[99] 요컨대 김사엽에게 조선의 민요는 곧 신민요 창작의 자산이면서 또한 그 자체로도 문학이었던 것이다.

그러나 김종한에 이르면 1924년 이후 국민문학론자들이 강조해 마지않았던 '문학(文學)에 대(對)한 통관(通觀)'의 가치는 물론이거니와, 1927년 이후의 민요론이나 1930년대 이후의 신민요론도 사실상 폐기되고 만다. 그는 향토성에 근간한 전통 민요가 높은 문화적 가치를 지니는 것은 사실이나, 향토성이라는 가치도 생활양식과 교통양식의 발달로 결코 영구적이지 않다고 전제한 후,[100] 당시 조선이 농촌중심의 중세적 사회가 아니며, 자본주의 사회양식에 근간한 도시중심의 사회인만큼 향토성이 사라진 사회이므로, 새문화의 등장에 따른 새문화 민요형식이 요구된다고 했다.[101] 이러한 입장에서 김종한이 무엇보다도 민요를 상아탑에서 구해야 한다는 것, 그리고 향토성이 패배한 금일의 시대성과 사회상에 부합하는 새로운 민요적 인간상을 표현해야 한다는 것을 역설했다.[102]

99) 「新民謠의 再認識 (2)」, 위의 책, 1935.12.13.
100) 乙巴素(金宗漢), 「新民謠의 精神과 形態 (1)」, 위의 책, 1937.2.6.
101) 「新民謠의 精神과 形態 (4)」, 위의 책, 1937.2.13.
102) 「新民謠의 精神과 形態 (3)」, 위의 책, 1937.2.10.

5. 문학개념의 전도와 혼란, 자유시 이상의 좌절

1927년 『조선민요의 연구』 이후, 김억의 「밟아질 조선시단(朝鮮詩壇)의 길」(1927)로부터 「시형 · 언어 · 압운(詩形 · 言語 · 押韻)」(1930)에 이르는 과정뿐만 아니라, 홍사용의 「민요(民謠)자랑－둘도 업는 보물(寶物), 특색(特色)잇는 예술(藝術), 조선(朝鮮)은 메나리 나라」(1928), 김동환의 「조선민요(朝鮮民謠)의 특질(特質)과 기장래(其將來)」(1929)까지 이르는 과정은 물론이거니와, 이학인의 「민요연구(民謠硏究)」(1928), 최영한의 「조선민요론(朝鮮民謠論)」(1932), 이하윤의 「신민요(新民謠)와 민요시인(民謠詩人)」(1934), 김사엽의 「신민요(新民謠)의 재인식(再認識)」(1935)을 거쳐 김종한의 「신민요(新民謠)의 정신(精神)과 형태(形態)」(1937)에 이르는 10여 년 동안, 조선의 민요를 둘러싼 조선인 문학자들의 담론은, 사실상 '신진' 동인의 『조선민요의 연구』의 등장에 따른 연쇄반응의 결과였다고 해도 과언이 아닐 터이다. 바로 이 점에서 『조선민요의 연구』가 국민문학론측은 물론이고, 좌파 혹은 좌파의 동반자적 문학자와 『폐허(廢墟)』지 계열의 낭만주의 문학자, 심지어 신민요론자들에 이르기까지 민요를 통해 조선의 근대적 시가를 구상하거나, 대중예술의 지도와 편달을 가능하게 했다는 점에서, 동시대 조선문학자들과 지식인들에게 끼친 영향은 결코 적다고 할 수 없을 것이다.

그것은 무엇보다도 이들이, 이시카와 요시카즈[石川義一], 가토 모토미네[加藤寛峰], 시미즈 헤이조[淸水兵三]의 민요론[103] 이래, '신진' 동인들까지 한결같이 조선의 시가 전체, 혹은 구술문화의 자산 전체를 '민요'로 명명하고 그대로 따르고 있었던 사정을 통해서 드러난다. 아울러

103) 石川義一, 李慶孫 譯, 「朝鮮民謠」, 『東亞日報』, 1924.10.13. 加藤寛峰, 「頌德慶賀の意を含める朝鮮民謠」, 『朝鮮』 第83號, 1922.1. 「朝鮮國王の作にかゝれる民謠」, 위의 책 第84號, 1922.2. 淸水兵三, 「朝鮮の民謠」, 위의 책 第147號, 1927.8.

김억과 김동환, 홍사용까지 모두 민요가 단순히 조선의 근대적 시가 개량의 거점으로서만이 아니라, 조선인의 공통심성과 공통감각이 현현한 결과로서 민요에 근간하여 개량한 조선의 근대적 시가를 통해, 조선인의 공통심성과 공통감각을 개조할 수 있는 가능성을 전망했던 사정이나, 그들의 자장 안에서 민요론을 발표했던 최영한이 그러한 민요를 신민요 창작을 위한 근간으로서만이 아니라, 동시대 조선인의 심미적 이성을 형성할 수 있는 가능성을 전망했던 사정을 통해서도 드러난다. 심지어 시가 개량의 문제와 무연한 관계에 있었던 이학인마저도 최남선과 이치야마 모리오의 논의에 근간해서, 조선을 세계문학사상 전인미답의 민요 소재국으로 규정하고, 그러한 이유로 조선의 민요가 곧 세계문학에 자랑할 만한 조선의 문학적 자산임을 믿어 의심치 않았던 사정도, 저 『조선민요의 연구』가 조선문학자들과 지식인들에게 끼친 영향을 밝히기에 충분한 사례라고 할 수 있다. 비록 홍사용의 경우에는 분명하지 않다고 하더라도, 바로 그와 같은 사정에서 김억, 김동환 그리고 이학인, 최영한의 경우 일본인 조선민요론자들이 정의한 조선인 민족성의 항목들을 여과 없이 받아들였으며, 그 가운데에서 암암리에 일본 오리엔탈리즘의 시각을 내면화하기에 이르렀던 것으로 보인다. 환언하자면 1927년 1월 이후 김억 등의 문학론과 민요론은 사실상 조선문학자들과 지식인들이 조선의 민요를 통해서 일본 오리엔탈리즘의 자장 안으로 흡수되고 있었던 사정을 반영하고 있는 셈이다.

그러나 그보다도 더욱 중요한 문제는 『조선민요의 연구』의 발간 이후 김억으로부터 김동환을 거쳐 홍사용에 이르는 문학론의 전개과정이 조선의 근대적 시가가 근대적인 자유시를 근간으로 개량되어야 한다는 이상을 외면하거나 심지어 스스로 폐기해 간 과정이기도 하다는 점일 터이며, 이학인으로부터 최영한, 이하윤과 김사엽을 거쳐 김종한에 이르는 민요론·신민요론은 바로 그러한 과정이 이르게 될 최종의 국면이었다는 것이다. 앞서 검토한 바와 같이 김억은 민요야말로 조선인의 원시적 감정을 보존하고 있는 격조시형의 전범으로 삼으면서, 자유시의 내재율이 아닌 정형시의 외재율을 옹호하는 데로 나아갔으며,[104] 김동환은 김억만큼 폭넓게 시에 대한 원론적인 논의로 나아가지 못했지만, 향가·시조는 물론이거니와 타령·속요·동요·동시대의 대중가요까지 모두 민요, 혹은 가요라고 지칭하여, 근본적으로 구술성, 혹은 가창성을 중심으로 조선의 근대적 시가의 개념을 상정하면서,[105] 결국 시가를 구술의 장르로 환원시키고 말았다.

그렇다면 김억, 나아가 국민문학론과 동시대 조선의 문학계에서 첨예하게 대립하고 있었던 프롤레타리아문학론 뿐만 아니라, 이 양계열의 문학론과 다소 소원한 거리에 있었던 1920년대 동인지 문학의 낭만주의 계열의 작가까지도, 하필이면 왜 저 『조선민요의 연구』의 발간과 더불어 문자성이 아닌 구술성, 가창성에 근간한 조선의 근대적 시가의 개량을 구상하게 되었던 것인가. 그러한 의문에 대한 해답은 흥미롭게도 김억을 비롯한 국민문학론자들이나 김동환보다도 훨씬 소박한 수준에 머물러 있었던 홍사용에게서, 또한 그의 배후에 자리한 최남선을 통해서 발견할 수 있을 것이다. 예컨대 조선인의 '넋'이 곧 민요이며, 시가이며, 문학으로 보거나,[106] 조선은 문학의 소재로서 민요의 부국이므로, 그 자체로 문학국이라는[107] 데에서 알 수 있듯이, 김동환과 홍사용은 물론이거니와 김억까지도 암암리에 조선심, 향토성, 혹은 조선인의 넋과 같은 조선인의 공통심성 자체가 곧 문학이라거나, 민요라는 문학의 소재 그 자체가 곧 문학일 수 있다는, 전도된 문학 개념을 공유하고 있었다.

뿐만 아니라 그러한 인식의 근저에는 우선 근대적 개인의 자율성과

104) 金岸曙, 「格調詩形論小考」, 『東亞日報』, 1930.1.16～26, 28～30.

105) 金東煥, 「朝鮮民謠의 特徵과 其 將來」, 『朝鮮之光』 第82號, 1929.1, 72～78면.

106) 露雀, 「民謠자랑－둘도 업는 寶物, 特色잇는 藝術, 朝鮮은 메나리 나라」, 『別乾坤』 第3卷 第2號, 1928.5, 171면.

107) 崔南善, 「朝鮮民謠の概觀」, 『朝鮮民謠の硏究』(市山盛雄 編), 東京 : 坂本書店, 1927, 10면.

표현성이 아닌, 전근대적 구술사회의 항상성으로부터 면면히 계승된 조선인의 공통심성이야말로, 조선인의 현존 그 자체라고 믿어 의심치 않았던, 그들 나름의 신념이 가로놓여 있었던 것이다. 김억, 김동환, 홍사용은 1920년대 조선의 문화적 민족주의의 득세의 분위기에서, 바로 그러한 신념이야말로 근대적인 자유시의 이상보다도 우선한다고 믿었을 터이며, 그러한 믿음을 더욱 굳게 했던 것이 바로 '신진' 동인의 『조선 민요의 연구』이었을 터이다. 또한 이들의 전도된 문학개념의 이면에는 한편으로 저 김억을 비롯한 국민문학론자들과 김동환, 심지어 최영한의 경우에서 알 수 있듯이, 근대적 개인의 자율성과 표현성을 '조선심'이나 '애국심'라는 절대가치에 자발적으로 헌신하게 하는 방법이, 바로 시가에 의한 지도 편달이라고 보는 이념 우위의 태도가 가로놓여 있다.

또한 그러한 이념 우위의 태도는 한편으로 김억과 최남선의 경우와 같이, 조선은 서구 근대문학을 사숙하지 않더라도, 오로지 민요만으로도 세계문학 일반의 반열에 들 수 있는 상당한 문학국이라거나,[108] 문명으로 표상되는 서구세계를 혼돈・무반성・산란(散亂)의 세계로,[109] "韻文의 모든 約束과 制裁를 쭈다려 부싀"[110]는 자유시 혹은 산문시를 통해 표상되는 산문시로 표상되는 서구의 근대문학 혹은 근대성의 자기 쇄신의 역동성마저도 반달리즘에 불과한 것으로 보거나, 다른 한편으로는 김동환의 경우와 같이 동시대의 세계체제를 자본주의・제국주의 국가들과 애국주의의 피식민지의 대결구도로 보는 가운데, 서양과 서양문학, 나아가 그것으로 표상되는 근대성 자체를 상대화하는 태도로 나아갔다.

요컨대 조선의 민요에 대한 일본 오리엔탈리즘을 조선의 문학자들의

108) 崔南善, 「朝鮮國民文學으로의 時調」, 『朝鮮文壇』 第16號, 1926.5, 4면. 崔南善, 위의 글, 市山盛雄 編, 앞의 책, 10면.

109) 金億, 「詩論 (2)」, 『大潮』 第4號, 1930.7.

110) 金岸曙, 「作詩法 (7)」, 『朝鮮文壇』 第12號, 1925.10.

문화적 민족주의가 역설적으로 내면화하는 가운데에, 조선의 문학자들이 조선인의 공통심성 그 자체, 혹은 그것의 본향(本鄕)이며 시가의 기원인 민요 그 자체를 근대적인 의미의 문학(literature)이나 시(poetry)로 보았던 전도된 문학개념을 공유하는 가운데에, 아울러 구술성, 혹은 가창성에 근간한 조선의 구술문화와 심지어 전통음악 전체를 사실상 민요나 시가로 환원시키는 가운데에, 그리고 그 가운데에서 서양과 서양문학, 근대성 자체를 상대화하는 가운데, 1920년대 조선문학에서 근대적인 자유시의 이상은 점차 외면당하고 폐기되기에 이르렀던 것이다. 그것은 궁극적으로 1924년 이후 국민문학론, 아울러 근대적인 자유시의 이상의 좌절을 의미하는 것으로 보아야 할 터이다. 그리고 이학인으로부터 비롯하는 본격적인 민요론의 등장과 최영한으로부터 김종한에 이르는 신민요론의 전개과정에서 그러한 사정은 보다 극단적인 형태로 나타나기에 이르렀던 것이다.

제6장
메이지·다이쇼기 일본의 구어자유시론과 조선문학

1. 메이지기 일본의 고쿠분가쿠[國文學]와 민요연구

1920년대 조선의 문학자들이 본격적으로 시에 대해 원론적인 논의를 시작하면서, 조선의 문학을 국민문학으로서 국문학이라는 범주로 인식하고, 국문학을 국민성의 표상으로 인식할 수 있었던 것은, 앞서 언급한 바와 같이 하가 야이치[芳賀矢一]의 『국민성십론(國民性十論)』(1907), 이가라시 치카라[五十嵐 力]의 『일본문학사(日本文學史)』(1912), 오오타 요시오[太田善男]의 『문학개론(文學概論)』(1916), 요코야마 유사쿠[橫山有策]의 『문학개론(文學概論)』(1921), 혼마 히사오[本間久雄]의 『문학개론(文學概論)』(1926), 도이 코우치[土居光知]의 『문학서설(文學序說)』(1927)과 같은 일본 메이지 고쿠분가쿠의 성과들은 물론, 1915년에 일본에서 번역된 R.G. 몰튼(Moulton)의 『문학의 근대적 연구*The Modern Study of Literature*』와 같이 메이지 고쿠분가쿠 연구자들 사이에서 각광을 받았던 영문학의 저작들, 심지어 혼마 히사오[本間久雄], 가토 가즈오[加藤一夫], 오스기 사카에[大杉榮], 가와지 류코[川路柳虹] 등의 민중예술론이나, 쓰보우치 쇼요[坪內逍遙]를 비롯한 와세다대학[早稻田大學]의 문화사업연구회(文化事業硏究會)나 시마무라 호게츠[島村抱月]의 문화주의 연극론과 무관하지 않다는 사실은 앞서 언급한 바 있다.

이 가운데에서 1924년 이후 국민문학론자들로 하여금 '문학(文學)에 대(對)한 통관(通觀)'과 민요에 대한 인식을 가능하게 했던 메이지 고쿠분가쿠의 성과들에 대해서 보다 면밀히 검토할 필요가 있다. 특히 메이지 고쿠분가쿠가 일본시가의 기원을 역사 이전의 '민요'로 설정하고 『만엽집(萬葉集)』을 정전화했던 과정은, 조선의 국민문학론을 이해하는 데에 매우 중요한 참조사항을 제공한다. 그 가운데에 하나는 바로 1906년 시다 기슈[志田義秀]가 발표한 세 편의 논문인 「일본민요개론(日本民謠槪論)」·「일본시학에서 민요의 위치[日本詩學上における民謠の位置]」·「민요에 대하여[民謠に就いて]」이다. 이 가운데 「일본민요개론(日本民謠槪論)」은 사실상 일본 최초의 민요론으로서, '민요'가 바로 헤르더(J.G. Herder)의 조어(造語)인 'volkslied'의 번역어이자, 전문적인 작가의 창작을 의미하는 기교시(技巧詩, kunstpoesie)의 반의어이며, 국민의 내부생명과 국민성을 가장 솔직하게 드러낸 서정시[1]라는 정의를 담고 있다는 점에서 주목할 만하다. 시다 기슈의 이러한 '민요'의 개념은 물론 민족적·민중적 시가를 의미하는 '국민시(國民詩)(volkspoesie)'의 개념에서 비롯한 것이며, 이는 또한 독일의 문헌학에 근간한 일본시가학의 체계를 세운 하가 야이치의 고쿠분가쿠 연구의 핵심개념이기도 했다.[2]

---

1) 志田義秀, 「日本民謠槪論」, 『帝國文學』 第12卷 第2 第137號, 帝國文學會, 東京 : 大日本圖書株式會社, 1906.2, 181～182면.
2) 志田義秀, 「芳賀博士と日本詩歌學」, 『國語と國文學』, 第14卷 第4號, 東京大學國語國文學會, 東京 : 至文堂, 1937.4.

시가 기슈의 이러한 정의에서 주목해야 할 대목은, 민요가 곧 서정시의 기원이 아니라 그 자체로서 이미 서정시라는 정의에는 이미 'lied'와 'poesie'의 차이와 경계를 무화시키는 그의 장르인식일 터이다. 물론 이러한 장르인식은 한어적(漢語的)인 문맥의 '시(詩)'를 '가요(歌謠)'로 인식하고, 서양(泰西)의 '시(詩)'를 단지 그 길이의 측면에서 일본의 '단가(短歌)'나 '장가(長歌)'와 비교했던,[3] 이노우에 테츠지로[井上哲次郎] 등 『신체시초(新體詩抄)』(1882)의 편찬자들보다는 훨씬 앞선 것이기는 하나, 여전히 '詩'를 개인적 묵독에 의존하는 장르가 아니라 가영성과 가창성을 전제로 한 장르로 보았던 점에서는 시다 기슈도 저 이노우에 테츠지로 등과 마찬가지이다. 그러나 이와 같은 사정을 두고 이들이 'lied'와 'poesie'의 차이와 경계에 대한 근대적 인식의 결여로부터 비롯한다고 비판할 수 있겠으나, 그것은 그들의 인식의 결여의 문제가 아니라, 저 서양의 'poetry'와 일본의 '우타[歌]'나 '카요[歌謠]' 혹은 '시이카[詩歌]'에 대응시키는 언어횡단적 실천[言語橫斷的 實踐, translingual practice]의 과정[4]에서 비롯한 문학을 둘러싼 비서구 사회의 특수성 때문이라고 보아야 할 터이다. 시다 기슈 스스로 언급한 바와 같이, 그가 염두에 두고 있었던 '민요'의 개념은 바로 헤르더(J.G. Herder)로 대표되는 독일 낭만주의로부터 연원하는 것이었으며, 그 독일의 낭만주의 또한 시(poetry)의 리듬이 발화(speech)가 아닌 노래(song)의 리듬과 결코 다르지 않은 것으로 보았던 유럽 낭만주의에서 연원한 것이기 때문이다.[5] 그러나 사실 시다 기슈에서 알 수 있듯이, 그를 비롯한 메이지 고쿠분가쿠 학자들이 이 '詩'의 근대적 개념을 보다 더욱 중요시했던 것은,

---

3) "泰西之詩, 其短者雖似我短歌, 而其長者至幾十卷, 非我長歌之所能企及也" 井上哲次郎, 「新體詩抄序」, 外山正一・矢田部良吉・井上哲次郎 仝撰, 『新體詩抄(初編)』(特選 名著複刻全集 近代文學館) 東京 : 丸屋善七版, 1882, 1면.

4) Lydia H. Liu, "Language and Cross-Cultural Studies", *Translingual Practice : Literature, National Culture, and Translated Modernity-China 1900~1937*, Stanford : Stanford University Press, 1995, 25.

5) Andrew Welsh, "Rhythm", *Roots of Lyric : Primitive poetry and Modern Poetics*, Princeton, New Jersey : Princeton University press, 1978, 191~192면.

바로 일본의 민요를 비롯한 시가가 "국민의 내부생명과 국민성"을 담지하고 있는지의 여부였던 것이었다. 이와 같은 사정에서 시다 기슈가 이 논문에서 신체시(新體詩)를 비롯한 서양문학의 무분별한 수용이 결국 국민성의 멸망을 의미한다면서, 국민성의 현존을 이해한 후에 외국문학을 수용해야 한다고 하는 한편, 그 방법 가운데 하나가 바로 민요연구를 통한 국시(國詩)의 혁신[6]이라고 주장했던 대목을 주목할 필요가 있다. 민요나 시가의 가치가 바로 '국민성'의 유무로 결정된다는 사고방식은, 일본문학의 본질을 국민의 정신사에서 파악하려는 시다 기슈 나름의 입장을 나타낸다. 그의 이러한 입장은 「일본시학에서 민요의 위치[日本詩學上における民謠の位置]」(1906)의 경우에서 알 수 있듯이, '국민성'의 차이가 개별 '국민문학' 사이의 차이를 나타낼 뿐만 아니라, 전혀 다른 새로운 시의 이론과 미학을 요구한다는 주장으로 나아가기까지 했다.[7] 이러한 시다 기슈의 문학론이 하가 야이치 이래 고쿠분가쿠의 문헌학적 학풍, 그리고 『신체시초(新體詩抄)』의 편찬자들이 언급한 바와 같이, 고대로부터 면면히 전해온 일본 시가의 고토타마[言靈][8]에 대한 인식의 근대적 표현임은 두 말할 나위도 없을 터이다. 그러나 시다 기슈는 그 '새로운 시의 이론' 즉 '국시의 이론'이 저 하가 야이치의 경우와 같이 국민성의 분석에 근간한 일본문학의 일반론의 수준을 넘어서 군소(群小) 시인에게 창작의 방향을 제시하고, 천재(시인)와 국민을 육성하는 과학이라고 보았던 점에서, 그의 민요, 문학론은 단순한 일본문학에 대한 일반론이 아니라 그 자체로 국민문학의 이념을 제시했다는 점에서 흥미롭다.

이러한 시다 기슈의 「일본민요개론(日本民謠槪論)」을 비롯한 일련의 문학론은, 저 김억 등의 국민문학론의 문학에 대한 원론적 논설들 가운

---

6) 志田義秀, 「日本民謠槪論」, 『帝國文學』 第12卷 第2 第137號, 帝國文學會, 東京 : 大日本圖書株式會社, 1906.2, 184~186면.

7) 志田義秀, 「日本詩學上における民謠の位置」, 『白百合』 第4卷 第1號, 東京 : 純文社, 1906.11, 8~9면.

8) 外山正一 · 矢田部良吉 · 井上哲次郎 仝撰, 「水屋主人軒文」, 앞의 책, 454면.

데 나타난 민요의 가치에 대한 자각, 조선인 공통심성에 대한 옹호의 기원은 물론이거니와, 민요를 기원으로 하는 자국 문학사에 대한 인식이, 사실 메이지 일본 고쿠분가쿠의 '국수(國粹)'에 대한 인식과 유비관계에 있다는 사실을 강하게 시사한다. 그것은 무엇보다도 일본 시가의 고토타마, 혹은 일본의 국민성은 이미 『만엽집(萬葉集)』 소재의 민요로부터 비롯한다거나, 국민성이 다른 외래의 시상(詩想)이 자국의 고유한 시상을 왜곡하는 것으로 보았다는 점, 그리고 민요의 연구가 국어개량의 기초이며, 국악(國樂)개량의 기초라고 보았다는 점에서 나타난 시다 기슈 나름의 '국수(國粹)'관을 통해서 알 수 있다. 물론 그는 스스로 자신이 동시대의 '국수보존론(國粹保存論)'과 다른 입장에 있음을 애써 강조했으나, 이와 같은 그의 문학관이 동시대의 '국수('國粹)'론의 자장 안에서 형성된 것임은 두말할 나위도 없을 터이다. 또한 시다 기슈의 '국수(國粹)' 관념은 메이지 일본의 근대적 국민국가 형성의 중심 이념이기도 했다는 점[9]을 염두에 두고 보면, 비록 20여년의 간격을 두고 지역을 달리해서 등장하기는 했으나, 1920년 조선의 문화적 민족주의와, 그러한 자장에서 형성된 국민문학론 또한 그러한 이념의 자장으로부터 결코 자유로운 것이 아님을 분명히 알게 된다.

한편 시다 기슈로부터 비롯한 일본 민요론과 아울러 '향토'의 개념 또한 등장하고 있었던 사정도 간과해서는 알 될 것이다. 그 가운데 가타야마 마사오[片山正雄]의 「향토예술론(鄕土藝術論)」(1904)은 김억과 최남선의 '향토' 개념을 이해하는 데에 중요한 참조사항을 제공한다. 가타야마 마사오의 이 글은 일본 메이지기 서구지향의 사상적 풍경 가운데에서도 도회중심의 유럽 문명을 상대화하는 태도를 취하고 있다는 점에서 일단 흥미롭다. 이 글에서 그는 유럽 문명의 근대성(modernität)과 도회

9) 山本新 著, 吉澤五郎 編, 「第四章 歐化と國粹」, 『周邊文明論』, 東京 : 刀水書房, 1985, 174~175면. 安田浩, 「近代日本における「民族」觀念の形成」, 『思想と現代』 第32號, 東京 : 白石書店, 1992.9.

(grossstadt)가 생활의 부패와 도덕적 타락에 근간한 자연주의나 상징주의와 같은 유럽 문학과 예술의 부패타락(decadence)의 근원이라고 보면서, 역사와 국토관념에 근간한 독일의 국민시(volkspoesie)에 대해서 주목한다. 그리고 이 유럽에서 문학과 예술의 부패타락에 청신한 토취(土臭)를 불어넣은 것이 바로 독일의 향토예술(heimatkunst)이며, 이 향토예술은 국민시인(volksdichter)이 향토·민족·자연을 시화(詩化)한 것으로 정의한다.[10)]

가타야마의 이러한 정의에서 중요한 것은, 그가 향토예술이 곧 종족예술(種族藝術)이라고 한 데에서도 보다 분명하게 알 수 있듯이,[11)] 역시 향토·민족·국가를 사실상 동의어로 보는 그의 관점이라고 하겠다. 그리고 그것은 앞서 검토한 바와 같이, 김억과 최남선의 경우에도 나타나는 현상이었다. 그런데 가타야마 마사오의 경우를 검토하게 되면, 김억과 최남선이 한결같이 독일어 'heimat'와 'volk', 'staat'와 'nation'은 물론이고 영어의 'country'와 'nation'도 경우에 따라서는 대립하는 개념임에도 불구하고 '향토', '지방', '민족', '국민'을 동의어 관계에 놓을 수 있었던 것 또한, 사실은 일본 메이지 고쿠분가쿠의 선례를 따른 것임을 알게 된다.

그러한 개념에 대한 인식의 착종은 청일전쟁과 러일전쟁 이후의 고쿠분가쿠 연구자들 스스로 국민국가 일본에 대한 고양된 자긍심을 경험하면서, 국민적 공통감각의 본질과 기원을 발견하는 가운데 자연스럽게 등장했다고 보아야 할 것이다. 그것은 국시의 이론, 즉 일본시학이 바로 청일전쟁과 러일전쟁 이후 국민전체의 자각에 대한 고쿠분가쿠 연구자들의 호응이며, 또한 일본시학이 시인, 천재, 국민으로 하여금 국민성을 자각하도록 지도편달해야 하는 사명을 지니고 있다고 한,[12)] 시

10) 片山正雄, 「鄕土藝術論」, 『帝國文學』 第12卷 第4 第137號, 帝國文學會, 東京 : 大日本圖書株式會社, 1906.4, 432~433면.

11) 위의 글, 위의 책, 454면.

12) 志田義秀, 앞의 글, 앞의 책, 10~12면.

다 기슈의 주장을 통해서도 분명히 알 수 있기 때문이다. 따라서 김억과 최남선은 국민성과 같은 국민의 공통감각을 문학연구의 초월적 기의로 상정하는 가운데 일어나는 이질적인 개념들의 강제적 결합 상태를 가능하게 하고 정당화하는 일본 메이지기의 국민국가주의의 이면을 간파할 겨를도 없이, 국민문학의 개념과 방법론을 전유하는 가운데 일본 메이지 고쿠분가쿠의 선례들을 그대로 따라가고 말았던 것이다.

그러나 시다 기슈의 '국수(國粹)' 개념, 가타야마 마사오의 '향토예술(鄕土藝術)'의 개념의 근저에 가로놓인 착종성을 지적하는 것보다 더욱 중요한 것은, 그들의 문학론이 일본 메이지 문학계 전반에서 일어난 국민문학운동(國民文學運動)의 중심에 있었다는 사실일 터이다. 이들의 문학론을 중심으로 우에다 빙[上田敏] 등 도쿄대학[東京大學] 문과대학 출신의 문학자들을 중심으로 이루어진 제국문학회(帝國文學會)의 『帝國文學』은 물론, 이와노 호메이[岩野泡鳴]·소마 교후[相馬御風]·마에다 린가이[前田林外] 등 와세다대학[早稻田大學]의 문학자들을 중심으로 이루어진 『명성(明星)』·『백백합(白百合)』 등은, 괴테와 헤르더의 국민시가론의 소개, 민요에 근간한 국민시가의 연구, 『만엽집(萬葉集)』 소재의 「최마악(催馬樂)」·「동유(東遊)」나 『고금화가집(古今和歌集)』 소재의 「동가(東歌)」 등의 민요 발견 등을 통해서, 메이지 일본문학의 국민문학 담론의 거대한 장을 형성하고 있었던 것이다.[13)]

아울러 이 가운데 마에다 린가이는 1906년부터 1907년에 걸쳐 『백백합(白百合)』지에 민요 특집호를 주도하여 민요연구의 분위기를 고조시키는 한편으로, 『백백합(白百合)』지 동인들과 수백 명에 달하는 전국의 투고자들의 참여로 『일본민요전집(日本民謠全集)』(1907)과 『日本民謠全集 속편(日本民謠全集 續篇)』(1907)을 발표한다. 앞서 제4장에서 언급한 바와 같이, 마에다 린가이는 『일본민요전집(日本民謠全集)』에 홋카이도[北海

13) 品田悅一, 「第三章 民族の原鄕」, 『萬葉集の發明』, 東京 : 新曜社, 2001, 190~200면.

道]·류큐[琉球]·타이완[臺灣]의 민요까지 일본 민요의 범주에 포함시키는 가운데,[14] 스스로 '동포민중(同胞民衆)', '국민(國民)'의 경계를 확장시켰다. 또한 이즈미 교카[泉鏡花]를 대표로 한 '동요연구회(童謠硏究會)'는, 『제국동요대전(諸國童謠大全)』(1909)에 홋카이도, 류큐, 타이완의 민요와 동요는 물론, '한국(韓國)'의 「권주가(勸酒歌)」와 「잡가(雜歌)」까지 포함시키면서,[15] 일본 메이지기 고쿠분가쿠의 외연을 확장시켰다. 이러한 고쿠분가쿠의 자기 확장의 기획이 바로 국민국가주의의 식민주의, 제국주의적 확장 담론의 실천임은 두말할 나위도 없을 터이다. 문부성(文部省) 중심의 관주도 민요수집[16]에 앞서 고쿠분가쿠와 일본문학계의 국민문학운동이 그러한 제국일본의 자기확장 담론을 주도해 나아갔다는 것, 바로 그것이 시다 기슈로부터 비롯한 일본 메이지기 문학론, 민요론을 주목해야 하는 이유이다.

2. 기타하라 하쿠슈[北原白秋]의 『思ひ出』(1911)와 민요론

1920년대 조선의 국민문학론 저 일본 메이지기 고쿠분가쿠의 민요론과 문학론을 이론의 준거점으로 삼았다면, 다른 한편으로는 다이쇼기 일본 근대문학의 민요론을 비롯해서, 구어자유시론, 민중시론을 중요한 참조의 대상으로 삼았던 것으로 보인다. 그 가운데에서도 기타하라 하쿠슈

14) 前田林外 選訂, 「凡例」, 『日本民謠全集』, 東京 : 本鄉書院, 1907.
15) 童謠硏究會, 『諸國童謠大全』, 東京 : 春陽堂, 1909.
16) 文部省文藝委員會 編, 『俚謠集』, 東京 : 國定敎科書共同販賣所, 1914.

[北原白秋 1885~1942]와 노구치 우조[野口雨情 1882~1945]를 주목해야 한다. 기타하라 하쿠슈는 『명성(明星)』지의 단카[短歌]시인으로 출발해서, 우에다 빙의 『해조음(海潮音)』(1905)으로 대표되는 프랑스 상징주의 영향으로 일본 데카당스 문학의 선언서격인 시집 『사종문(邪宗門)』(1909)을 비롯해서, 『추억[思ひ出]』(1911), 『동경경물시급기타(東京景物詩及其他)』(1913)를 통해서 메이지 말기로부터 다이쇼 초기에 이르는 가운데 일본 최고 시인의 자리를 차지했던 작가이다. 뿐만 아니라 『오동꽃[桐の花]』(1913)를 비롯해서 『운모집(雲母集)』(1916), 『참새알[雀の卵]』(1921) 등의 단카집, 『잠자리의 눈알[トンボの眼玉]』(1919)과 같은 동요집에 이르기까지, 상징주의의 데카당스를 거쳐 이후 다시 단카와 민요·동요시인으로 전신(轉身)하는 가운데, 메이지기와 다이쇼기 초기까지 일본문학계를 대표하는 시인이었다. 또한 그는 서양시의 모방을 통한 서구지향으로부터 단카나 하이쿠 혹은 민요로의 회귀를 통한 전통지향이라는 일본 근대시인의 전형인 동시에,[17] 서구지향으로부터 일본회귀 현상의 반복으로서 일본 근대문화사·사상사의 국면을 드러내는 사례라는 점에서도 일본문학사에서 대단히 중요한 인물이다. 무엇보다도 그는 일본근대문학의 상징주의와 자연주의문학을 사숙(私淑)하면서 맹렬한 서구지향에 앞장섰던 김억 등의 국민문학론자들이, 전통지향으로 선회하도록 한 계기이자 전범이었던 것으로 보인다.

김억 등의 국민문학론자들을 비롯한 조선의 문학자들이 기타하라 하쿠슈로부터 받았던 감화의 흔적은, 이미 주요한의 「일본근대시초(日本近代詩抄)」(1919), 황석우의 「일본시단(日本詩壇)의 이대경향(二大傾向)」(1920)과 같은 일본 상징주의 소개의 논문들과 번역시들 가운데 미키 로후[三木露風]와 함께 일본 근대시단의 대가로 소개되는 가운데 등장하기 시작한다.[18] 특히 주요한이 「일본근대시초(日本近代詩抄)」에 소개한 24편의 작

17) 野山嘉正, 「第二章 西洋詩東京の結實」, 『日本近代詩歌史』, 東京 : 東京大學出版會, 1985, 177면.

품 가운데에서 무려 7편이 기타하라 하쿠슈의 작품이었다는 사실은, 주요한이 기타하라 하쿠슈에 대해 대단히 깊은 관심을 지니고 있었던 사정을 나타내기에 충분하다.[19] 그러나 이들이 기타하라 하쿠슈의 문학적 편력에서 주목했던 것은, 비단 상징주의 혹은 낭만주의 시인으로서의 면모만은 아니었던 것으로 보인다. 그것은 무엇보다도 기타하라 하쿠슈가 우에다 빙을 비롯한 메이지 국민문학론을 민요연구와 작품창작을 통해서 실천했던 작가로서도 결코 간과할 수 없는 비중을 지니고 있었으며,[20] 1920년대 조선의 문학자들 또한 바로 그러한 사정을 충분히 알고 있었기 때문이다. 『사종문(邪宗門)』으로부터 『추억[思ひ出]』과 『동경경물시급기타(東京景物詩及其他)』의 등장, 특히 그 가운데에서도 기타하라 하쿠슈가 자신의 고향인 야나가와[柳川]에서의 유년시절의 체험을 7·5조의 율격을 중심으로 한 민요조의 반복어구와 각운의 형식, 오감이 교차하는 가운데 빚어내는 공감각적 이미지를 야나가와 지역 방언을 통해서 그려낸 『추억[思ひ出]』은, 그 자체로서 일본문학계의 변화의 추이에 민감했던 조선의 문학자들에게 상징주의 이후 근대시의 한 가능성으로 받아들여졌을 터이다. 예컨대 호화로운 도회의 훤소(喧騷)가 아닌 전원의 풍광과 그 원시적 단순함 가운데에서 발견하는 신생(新生)의 비전[21]이, 저 『사종문(邪宗門)』의 데카당스의 수사로서 파악할 수 없는 감각의 기억, 즉 향토의 냄새[鄕土の匂ひ]를 '노래하는' 가운데에 있다는[22] 기타하라 하쿠슈의 인

---

18) 벌꽃(朱曜翰), 「日本近代詩抄 (2)」, 『創造』 第2號, 東京 : 創造社, 1919.2. 黃錫禹, 「日本詩壇의 二大傾向 (1)」, 『廢墟』 創刊號, 京城 : 廢墟社, 1920.7.

19) 기타하라 하쿠슈가 주요한의 문학에 끼친 영향에 대해서는 다음의 서지를 참조할 수 있다. 朱耀翰, 「「創造」時代」, 『朱耀翰文集 새벽』 第1卷, 耀翰記念事業會, 1982, 710면. 이 글에서 주요한은 중학 3학년 시절의 애독서로 '일역본 『바이런詩集』'과 기타하라 하쿠슈의 '『思出』(Omoide 北原白秋의 초기 작품)'을 언급하고 있다. 梁東國, 「第二章 日本近代詩受容」, 『朱耀翰と日本近代詩』, 東京 : 東京大學大學院 博士學位論文, 1997.

20) 品田悅一, 앞의 글, 앞의 책, 294면.

21) 北原白秋, 「餘言」, 『東京景物詩及其他』, 東京 : 東雲堂書店, 1913.

22) 北原白秋, 「わが生ひたち」, 『思ひ出』, 東京 : 東雲堂書店, 1911.

식과 그 작품세계는, 김억의 『민요시집(民謠詩集)』(1929)의 첫 장을 차지하는 「옛 마을 황포(黃浦)」에 수록된 황포(黃浦)와 장전(長箭)의 항구를 배경으로 한 연작시 성격의 시편들은 물론이거니와, 비록 시간적인 상거가 가로놓여 있다고 하더라도, 김억이 「격조시형론소고(格調詩形論小考)」(1930)에서 민요의 형식을 근간으로 한 격조시형의 원시적 감정을 옹호했던 사정을 명확하게 이해하는 데에 참조점을 제공할 뿐만 아니라,[23] 홍사용의 「나는 왕(王)이로소이다」(1923)나 김동환의 「적성(赤星)을 손가락질하며」(1924)까지도 사실은 『추억[思ひ出]』의 작품세계와 유비관계에 있다고 할 수 있다.

그러나 작품 세계 사이의 유비관계보다도 더욱 중요한 것은, 근대시의 시발은 물론이거니와 그 핵심까지도 민요에 두는, 근대시에 대한 관점의 문제일 터이다. 이미 자신의 시편들을 '서정소곡(抒情小曲)'이라고 명명하는 가운데에 시를 '노래[歌]'의 관점에서 바라보는 데에서 알 수 있듯이, 적어도 『추억[思ひ出]』과 『동경경물시급기타(東京景物詩及其他)』를 가로지르는 기타하라 하쿠슈의 장르인식은, 근본적으로 시의 본질이 문자성보다는 구술성에 있다는 전제로부터 비롯한다. 예컨대 기타하라 하쿠슈와 동시대 문학자로서 민요시인으로 유명한 노구치 우죠[野口雨情] 또한 기타하라 하쿠슈의 문학을 두고 '도회의 민요'라고 보았던 것이나,[24] 기타하라 하쿠슈 스스로도 후일 『명치대정시사개관(明治大正詩史槪觀)』(1929)에서, 언문일치의 구어중심의 일본 근대시가 바로 '가요체(歌謠體)'를 매개로 이루어졌으며, 자신의 시집인 『추억[思ひ出]』·『동경경물시급기타(東京景物詩及其他)』에 수록된 작품들 또한 향토적 민요조의 작품들이었다고 술회했던[25] 사정이 바로 그 예이다.

---

23) 특히 김억과 기타하라 하쿠슈의 관계에 대해서는 다음의 서지를 참고하기 바란다. 林容澤, 「金億의 詩에 나타난 日本的 要素」, 『日本文化學報』 第7號, 韓國日本文化學會, 1997.

24) 野口雨情, 「民謠の價値とその發展」, 『現代詩の作り方硏究』(生田春月先生 外), 東京 : 近代文藝社, 1928, 366~367면.

이러한 기타하라 하쿠슈에 대한 장르인식이나 일본 근대시에 대한 관점은, 후일 민중시파의 대표적인 시인인 시라토리 세이고[白鳥省吾]와 민요와 시의 개념을 둘러싼 논쟁의 과정에서, 일본의 근대시는 산문시가 아니라 '일본'이라는 통일되고 광범위한 향토정신, 국민정신의 위에 선 민요의 본질에서 출발해야 하며, 그 민요는 단순히 읽는 민요가 아니라 부르는 민요이어야 한다고[26] 주장했던 가운데 분명히 나타난다. 이 기타하라 하쿠슈의 「읽는 민요란 무엇인가[讀む民謠とは何か]」(1922)는 앞으로 검토하게 되겠지만, 단순히 시라토리 세이고와 민중시파는 물론 이거니와 가와지 류코[川路柳虹] 등의 구어자유시와 시론에 대한 노골적인 반감과 부정의 표현일 뿐만 아니라, 메이지 국민문학운동 이래 민요에 근간한 근대적 시가, 즉 향토성을 담지한 일본의 국민시가를 구상하는 논리의 근저에 가로놓인 일본 메이지기의 국민국가주의와 구어자유시의 이상 사이의 길항관계를 극적으로 드러낸 사례라는 점에서도 중요한 의미를 지닌다.[27]

아울러 구어자유시의 이상과 길항하는 입장에서 시, 혹은 민요의 가창성을 고수했던 기타하라 하쿠슈의 장르인식은, 잡가로부터 신시에 이르는 다양하고 폭넓은 시가의 하위갈래들 뿐만 아니라 장래의 조선시가마저 '가요(歌謠)'의 개념으로 재편하고자 하면서, 조선의 시가를 구술의 장르로 환원시키고 말았던 김동환의 경우나, '조선적'인 민요만이 조선의 유일한 시가라고 보았던 홍사용의 경우와도 유사하다는 점에서도 대단히 중요하다. 이와 같이 조선의 문학자들에게 상징주의 이후 근대

---

25) 北原白秋, 「明治大正詩史槪觀」, 『白秋全集』 第21卷, 東京 : 岩波書店, 1986, 130면, 173면.

26) 北原白秋, 「讀む民謠とは何か」, 『白秋全集』 第18卷, 1985.

27) 이 논쟁이 지니는 문학사적 의의에 대해서는 다음의 서지를 참조할 수 있다. 坪井秀人, 「第一章 〈聲〉と〈書くこと〉」, 『聲の祝祭 — 日本近代詩と戰爭』, 名古屋 : 名古屋大學出版會, 1997. 安智史, 「論争する民衆詩派」, 『日本近代文學』 第67集, 東京 : 日本近代文學會, 2002.

시의 한 가능성으로 받아들여졌던 사정은, 궁극적으로 김억을 비롯한 국민문학론자들, 그 외 김동환, 홍사용 등의 조선문학자들은 물론이거니와, 후일 이학인, 최영한, 이하윤, 김사엽 등의 민요론자들까지도 위화감이나 회의 없이 근대적인 자유시의 이상을 외면하고 폐기하게 한 근본적인 이유로 볼 수 있기 때문이다. 그것은 앞서 언급한 바 있지만 이 가운데에서 김사엽의 「신민요(新民謠)의 재인식(再認識)」(1935)을 통해서도 알 수 있듯이, 1920년대 조선의 문학자들과 민요론자들은 기타하라 하쿠슈의 문학론과 민요론의 전범과 같은 작가로 이해하면서 그를 통해 조선의 문학론과 민요론을 구상했으며,[28] 또한 후일 『조선민요집(朝鮮民謠集)』(1929), 『조선민요선(朝鮮民謠選)』(1933), 『언문조선구전민요집(諺文朝鮮口傳民謠集)』(1933) 등의 민요집을 발간하는 과정에서 기타하라 하쿠슈의 유력한 후원을 얻었던 김소운(金素雲)은,[29] 조선의 민요가 산문적 자유시의 척도만으로는 이해할 수 없는 순박한 시적 정신을 지니고 있는 노래임을 역설하면서,[30] 사실상 기타하라 하쿠슈의 시와 민요를 중심으로 한 장르인식을 그대로 받아들였던 사정을 염두에 두고 보면 더욱 분명해진다.

28) 金思燁, 앞의 글, 앞의 책.
29) 이에 대해서는 다음의 서지를 참고할 수 있다. 金素雲, 崔博光・上垣外憲一 譯, 「白秋城」, 『天の涯に生くるとも』, 東京 : 新潮社, 1983, 124~130면.
30) 金素雲, 「序」, 『諺文 朝鮮口傳民謠集』, 東京 : 第一書房, 1933.

3. 노구치 우죠[野口雨情]의 민요론과 그 자장(磁場)

한편 기타하라 하쿠슈와 더불어 다이쇼기 민요론의 대표적인 문학자로서 노구치 우죠를 주목할 필요가 있다. 그는 『문고(文庫)』지(1902), 와세다시사[早稲田詩社]의 동인(1907), 시화회(詩話會) 회원(1907)부터 민요시인으로 성장해서, 민요시집 『가지꽃[茄子の花]』(1902)을 비롯해서 다수의 민요시집을 발표했으며, 1919년부터는 동요운동을 전개하면서 『보름달님[十五夜のお月様]』(1921)과 같은 수준 높은 동요집을 발표했던, 메이지기와 다이쇼기 대표의 민요・동요시인이었다. 또한 노구치 우죠는 저 김사엽이 정확하게 알고 있었던 것처럼[31] 메이지기로부터 다이쇼기에 이르는 동안, 민요의 연구는 물론이거니와, 수집과 창작에 이르기까지, 와세다시사의 소마 교후, 마에다 린가이, 이와노 호메이 등이 『白百合』지를 중심으로 불러일으킨 민요연구의 외연을 확장시킨 선구적인 문학자로서 평가받고 있었다.[32] 그러한 사정에서 노구치 우죠는 1920년대 일본은 물론이거니와 조선의 문학자들 사이에서도 구술문화로서만이 아니라 근대적인 의미의 서정시로서 민요의 개념과 역사를 이해하는 교사의 입장에 있었던 인물이라고 할 수 있다.

이러한 노구치 우죠의 민요론은 『신진[眞人]』 동인의 민요론들에서 처음으로 소개되기 시작해서, 이후 이학인・김사엽과 같은 조선문학자들의 민요론, 그리고 김재철(金在喆)・조윤제(趙潤濟) 등 경성제국대학 출신의 초기 국문학자들의 민요 및 동요연구에도 노구치 우죠의 이름이 직접 거명될 뿐만 아니라, 그의 민요론의 골자까지 소개 되는 등 중요한 참조점의 역할을 했던 것으로 보인다.[33] 그리고 그들이 주로 참조했

---

31) 金思燁, 앞의 글, 앞의 책.

32) 藤澤衛彦, 「民謠研究期時代の民謠」, 『日本民謠史』, 東京 : 雄山閣, 1925, 232면.

33) 이와 관련해서는 다음의 서지를 참조할 수 있다. 「童謠研究案內」, 『朝鮮語文學會

던 것은 주로 『민요와 동요의 작법[民謠と童謠の作りやう]』(1924)에 수록된 노구치 우죠의 민요론이었던 것으로 보이는데, 이 책은 후지가와[藤川]라는 청년과 노구치 우죠 사이의 대담을 대화체의 형식으로 정리한 것으로, 민요의 개념, 민요의 향토성 개념과 가치 등 노구치 우죠의 민요론의 골자를 담고 있다는 점에서 대단히 중요하다.

『신진』 필자들 가운데에서 노구치 우죠의 민요론과 관련해서 주목할 만한 논문은, 최남선의 「조선민요의 개관[朝鮮民謠の概觀]」, 이노우에 오사무[井上收]의 「서정시예술로서의 민요[抒情詩藝術としての民謠]」, 그리고 난파 센타로[難破專太郎]의 「조선민요의 특질[朝鮮民謠の特質]」인데,[34] 이들은 민요가 국민생활의 정서, 즉 향토성을 담고 있는 유일한 향토시(鄕土詩)이며 민중문학이라는 민요의 정의, 그러한 민요는 민족의 탄생과 함께 자연스럽게 형성되어 왔다는 민요의 역사적 기원, 아울러 그러한 국민생활의 정서, 향토성이 곧 국민성이며, 어떠한 근대예술보다도 민요가 국민성을 훌륭히 보존하고 있다는 민요의 가치에 대한 정의를 주로 인용하고 있다.[35] 이러한 사정은 저 이학인의 경우도 마찬가지인데, 민요가 민중생활의 정서를 표현한 유일한 향토시, '토(土)의 자연시(自然詩)'이며, 마음으로 만든 시가 아니라 귀로 만든 시, 즉 음악이라는 정의가 바로 그러하다.[36]

이와 같은 노구치 우죠의 정의가 시다 기슈 등의 메이지기 고쿠분가쿠 연구자들이 공유하고 있었던, 문자성이 아닌 구술성, 가창성에 근간한 '시(詩)'의 개념, 서로 이질적인 '향토', '지방', '민족', '국민' 사이의

報』 第1號, 京城 : 漢城圖書株式會社, 1931.7, 7면.

34) 崔南善, 「朝鮮民謠の概觀」, 井上收; 「抒情詩藝術としての民謠」; 難破專太郎, 「朝鮮民謠の特質」, 『朝鮮民謠の研究』(市山盛雄 編), 東京 : 坂本書店, 1927, 42~43면, 77~78면.

35) 野口雨情, 「民謠とz童謠の作りやう」, 『定本 野口雨情』, 第8巻, 東京 : 未來社, 1987, 38~48면.

36) 李學仁, 「民謠研究 (2)」, 『中外日報』, 1928.8.6.

차이가 무화된 채 뒤섞인 '국수(國粹)'에 대한 관념의 다이쇼기의 판본임은 두 말할 나위도 없을 터이다. 일본의 고쿠분가쿠 연구자들은 물론이거니와 작가에 이르기까지 그러한 시의 개념과 국민성에 대한 관념을 공유하고 있었던 상황이고 보면, 고쿠분가쿠의 성과와 민요론에 근간해서 국민문학론과 민요론을 구상했던 1920년대 조선의 문학자들 또한 그 선례를 따르지 않을 수 없었음은 자명한 이치였을 터이다.

그런데 1920년대 조선의 문학자들이 노구치 우죠를 통해서 참고했던 것은, 비단 민요의 개념과 가치에 대한 정의만은 아니었던 것으로 보인다. 그러한 사정은 노구치 우죠의 민요에 근간한 '국민시(國民詩)'의 개념과 가치, 그리고 그 사명에 대해서 언급한 대목을 통해서 분명히 알 수 있다. 그는 민요는 단순히 도회중심의 문예에 신선한 공기를 불어넣는 가치만을 지니고 있지 않다고 하면서, 오히려 민요는 서양시의 모방에 불과하며, 국민성을 담고 있지도 않으며, 단지 문자의 나열에 불과한 동시대의 시를 대신할 국민시로서의 가치를 지니고 있다고 역설했다. 나아가 국민시인 민요가 담고 있는 국민생활의 감정, 향토성으로 민중의 감정과 사회를 교화하여, 궁극적으로 민중이 향토에 대한 애정과 애국적 정신을 함양하는 데에 기여해야 한다고 주장하기에 이르렀다.[37]

사실 이와 같은 주장은 직접 노구치 우죠를 거명하지 않았던 1920년대 조선의 국민문학론자들의 문학론에서도 발견된다는 점에서 중요하다. 예컨대 주요한이 자유시를 '노래'의 범주에서 이해하려고 했던 것, '개념(概念)'의 문학에 불과한 동인지 문학의 데카당티즘과 신경향파의 민중주의 대신 "민중에 각가히 가려는" 문학의 의의를 역설했던 것,[38] 이광수가 조선인의 예술적 개조는 양반적 · 신사적 · 자본주의적 · 도회적인 것이 아닌, 민중 전체가 향락할 만한 예술로서 민요를 비롯한 시

37) 野口雨情, 앞의 글, 앞의 책, 48~49면, 166면.

38) 朱耀翰, 「노래를 지으시려는 이에게 (1)」, 『朝鮮文壇』 創刊號, 1924.10. 朱耀翰, 「노래를 지으시려는 이에게 (2)」, 위의 책 第2號, 1924.11. 朱耀翰, 「책읏헤」, 『아름다운 새벽』, 1924.

가를 통해 이루어야 한다고 주장했던 것,[39] 김억이 시가와 문학의 원형인 '민요' 혹은 '속요'에 근간한 격조시형으로 조선인의 심성을 '원시적인 감정'으로 복원시킬 것을 요구했던 것[40]은, 사실상 1920년대 조선의 국민문학론자들 또한 노구치 우조의 민요론의 자장으로부터 결코 자유로울 수 없었다는 사정을 시사하기에 충분하다.

그러나 1920년대 누구보다도 노구치 우죠의 민요론의 자장 내부에 있었던 조선의 문학자는 역시 홍사용이라고 보아야 할 터이다. 예컨대 이미 『폐허(廢墟)』지의 동인으로 활동하던 당시부터 누구보다 일찍이 '민요시'를 표방한 창작활동에 앞장섰던 사정은 물론이거니와, 조선의 민요가 이 세상에는 둘도 없는 거룩한 보물이며, 조선의 예술적 자산이 풍부하다 할 수 없어도 풍부한 '메나리'의 자산과 전통으로 세계문학의 반열에 오를 수 있는 문학국이라고 주장하면서, '양시조(洋時調, 근대시조)', '서투른 언문풍월(諺文風月)', 심지어 '新詩'까지도 '내 것'이 아니라는 이유로 부정할 수 있었던 것이나, 조선의 민요에 담긴 조선인의 '넋'이 곧 민요이며, 시가이며, 문학이라고 주장할 수 있었던[41] 배경에는, 사실상 노구치 우죠의 「민요의 가치와 그 전개[民謠の價値とその發展]」(1928)가 자리하고 있다고 보아야 한다. 특히 이 글에서 노구치 우죠가 일본의 민요를 두고 과학문명을 자랑하는 서양의 여러 나라들조차도 아직 지니지 못한 '보고(寶庫)'라고 했던 것은,[42] 홍사용으로 하여금 조선민요의 가치를 자각하게 한 계기가 되었을 뿐만 아니라, 그의 문학적 입장을 결정하게 한 계기가 되었던 것으로 보인다.

아울러 노구치 우죠의 「민요의 가치와 그 전개」는 홍사용뿐만 아니

---

39) 京西學人(李光洙), 「藝術과 人生」, 『開闢』 第19號, 1922.1.

40) 金岸曙, 「프로메나도 · 센티멘탈라 (一)」, 『東亞日報』, 1929.5.18.

41) 露雀, 「民謠자랑－둘도 업는 寶物, 特色잇는 藝術, 朝鮮은 메나리 나라」, 『別乾坤』 第3卷 第2號, 1928.5.

42) 野口雨情, 「民謠の價値とその發展」, 『現代詩の作り方研究』(生田春月先生 外), 東京 : 近代文藝社, 1928, 366～367면.

라, 최영한·이하윤·김사엽의 이른바 신민요론의 이론적 배경이 되었던 것으로 보인다. 예컨대 노구치 우죠가 전통의 민요만으로는 국민생활의 정서를 만족시킬 수 없다면서, 현대에는 현대를 반영하는 신민요가 요구되므로, 현대의 시인은 민중을 위로하고 민중의 감정을 예술의 경지로 고양시키는 역할을 담당해야 한다고 했던[43] 대목은, 조선의 신민요론 등장의 중요한 이론적 근거가 되었던 것으로 보아야 할 터이다. 노구치 우죠의 바로 이러한 주장이야말로, 최영한이 국민문학론의 자장에서 연원한 민요론이 신작민요(新作民謠)의 정리와 민요수집을 민요연구의 급선무임을 주장하는 데로 나아가는 가운데, 도회문명의 퇴폐적 속요가 아닌 조선인의 현대적 취향에 적합한 향토민요의 등장을 촉구했던 것, 그리고 그러한 향토민요는 계급갈등의 해소, 부인문제, 노동문제의 철폐를 위한 방편이라고 주장하고,[44] 이하윤이 향토성이 농후한 현대의 민심을 바로 파악하여, 누구나 부를 수 있는 민중의 참된 노래가 바로 신민요를 창작을 위해 민요시인은 조선민요의 연구와 수집의 성과들을 존중하여 새로운 유행가사의 창작을 위한 자산으로 삼아야 한다고 주장하고,[45] 김사엽이 '향토민중(鄕土民衆)의 공동시집(共同詩集)', '향토민중(鄕土民衆)의 내적생활(內的生活)의 영상(影像)'으로서 민요의 본질적 가치를 연구하고 규명하여 신민요 창작으로 나아가야 한다고 주장했던[46] 배경이 되었을 터이기 때문이다.

43) 위의 글, 위의 책, 363~365면.
44) 崔榮翰, 「朝鮮民謠論」, 『東光』 第33號, 1932.5.
45) 異河潤, 「新民謠와 民謠詩人」, 『東亞日報』, 1934.8.10.
46) 金思燁, 앞의 글, 앞의 책.

4. 가와지 류코[川路柳虹]와 구어자유시론의 전말

앞서 검토한 바와 같이, 김억이 「작시법(作詩法)」(1925.4~10) 연재 이후 「밟아질 조선시단(朝鮮詩壇)의 길」(1927.1~3)을 거쳐 「격조시형론소고(格調詩形論小考)」(1930.1)를 발표하기에 이르기까지, 무려 5년여의 세월동안 암중모색을 하고 있던 사이, 그를 결국 구어자유시의 이상을 외면하고 폐기하도록 이끌었던 것은, 앞서 언급한 바와 같이 일본 다이쇼기의 민중예술론, 『개벽(開闢)』지의 민족개조론과 민중예술론, 아울러 저 『조선민요의 연구』의 민요론이었다. 그러나 한편으로 김억이 조선의 근대적 시가를 구상하는 가운데에서 결국 민요나 시조에 근간한 정형률을 선택하게 되었던 것은, 결국 일본 다이쇼기 문학계의 구어자유시론의 전말과 무관하지 않다. 이러한 사정은 예컨대 「노래를 지으시려는 이에게」(1924)와 『아름다운 새벽』(1924) 이후 조선의 근대적인 시가가 민요나 동요에 근간한 자유시이어야 한다는 입장을 바꾸어 「시조부흥(時調復興)은 신시운동(新詩運動)에까지」(1927)에서는, 조선의 자유시운동이라는 것은 일시적이고 과도기적인 것에 불과하다면서, 시조를 동시대 단편소설, 신시와 동등한 반열에 올리는 한편으로 시조가 서양의 소네트와 같은 가치를 지닐 수 있음을 역설했던,47) 주요한의 경우도 마찬가지인 것으로 보인다.

1920년대 조선의 문학자들은 동시대 일본문학계의 주류담론 가운데 하나가 바로 구어에 근간한 자유시 창작과 이를 둘러싼 다양한 논의들이었음을 잘 알고 있었을 것이다. 예컨대 황석우가 「일본시단(日本詩壇)의 이대경향(二大傾向)」(1920)의 서두에서부터 구어시의 자유시운동을 언급했던 것이 바로 그 예라고 할 수 있을 것이다. 일본시단의 두 경향이

47) 朱耀翰, 「時調復興은 新詩運動에까지」, 『新民』 第23號, 京城 : 新民社, 1927.3, 82~83면.

상징주의운동과 민중시가운동이라고 본 황석우의 견해가[48] 전적으로 타당하다고는 할 수 없지만, 그럼에도 불구하고 그는 당시 일본시단의 주류가, 가와지 류코[川路柳虹 1888~1959]와 산구 마코토[山宮 允, 1892~1967]의 주도로, 시라토리 세이고[白鳥省吾 1890~1973]를 비롯한 민중시파를 중심으로 1917년에 결성된 시화회(詩話會)였음을 나름대로 이해하고 있었던 것으로 보인다. 그것은 무엇보다도 그가 이 글에서 소개한 9명의 시인 가운데에서, 미키 로후[三木露風 1889~1964]와 감바라 아리아케[蒲原有明 1876~1952]를 제외한 히나츠 코노스케[日夏耿之介 1890~1971], 기타하라 하쿠슈, 산구 마코토, 야나기자와 켄[柳澤 健 1889~1953] 사이죠 야소[西條八十 1892~1970], 하기와라 사쿠타로[萩原朔太郎 1886~1942], 이와노 호메이[岩野泡鳴 1873~1920] 등 7명의 시인이, 시화회의 주요 구성원이었기 때문이다.

그러나 황석우가 언급했던 일본문학계의 구어시의 자유시 운동은, 「일본시단(日本詩壇)의 이대경향(二大傾向)」이 발표되었던 시점의 현상이 아니라, 사실은 1908년 무렵부터 소마 교후가 「시계의 근본적 혁신[詩界の根本的革新]」에서 동시대의 구어와 주관의 리듬에 근간하여 신체시로부터 비롯한 7·5조의 문어정형시(文語定型詩)의 병폐를 일소해야 한다고 주장한 이래,[49] 와세다시사의 문학자들을 중심으로 등장했다. 이에 따라 시마무라 호게츠[島村抱月]가 「구어시문제(口語詩問題)」(1910.1)에서 사상적 율격, 작가의 생리적 상태에서 비롯한 자연적 구법(句法), 구어문법에 근간한 구어시의 등장을 촉구한 뒤,[50] 핫토리 요시카[服部嘉香]가 찰나적 충동, 오관(五官)의 인상에 근간한 주관적 율격은 일본 국민성에 적합한 구어시의 율

---

48) 黃錫禹, 앞의 글, 앞의 책, 76면.

49) 相馬御風, 「詩界の根本的革新」, 『早稻田文學』, 東京: 早稻田文學社, 1907.10. 『島村抱月·片上天弦·長谷川天溪·相馬御風集』(明治文學全集) 第43卷, 筑摩書房, 1967, 301~303면.

50) 島村抱月, 「口語詩問題」, 『抱月全集』 第2卷 文藝評論, 東京: 日本圖書センター, 1919, 404~405면.

격이며,[51] 또한 개인의 혈액의 순환, 심장의 고동이나 호흡과 같은 주관의 호흡, 내적 생활의 호흡에 근간한 일본 구어시의 새로운 리듬을 요구하는[52] 가운데에 구체적인 윤곽을 갖추기에 이르렀다.

이러한 와세다시사의 구어자유시론은, 자유시의 율격이 심률(心律), 영률(靈律)을 근간으로 한다고 정의했던 황석우의 「조선시단(朝鮮詩壇)의 발족점(發足點)과 자유시(自由詩)」(1919)는 물론이거니와, 특히 "詩人의 呼吸을 刹那에 표현한 것은 詩歌"이며, 그러한 시가의 율격은 "血液돌아가는 힘과 心臟의 鼓動에 말미암아서" 형성되며, "民族의 共通的되는 衝動"과 "一般으로 共通되는 呼吸과 鼓動"에 근간한 조선의 시가는 작가 개인의 주관으로부터 비롯한다는[53] 김억의 「시형(詩形)의 음율(音律)과 호흡(呼吸)」(1919)에 결정적인 영향을 미친 것으로 보인다.[54] 황석우와 김억이 사실상 1910년대 조선에서 근대적 자유시의 율격에 대해 구체적으로 언급한 최초의 사례들이었던 사정을 염두에 두고 보면, 와세다시사의 구어자유시의 논리는 비단 이 두 문학자들만이 아니라, 1910년대에서 1920년대를 거치는 사이 조선에서 자유시의 창작과 이론의 준거점이 되었음에 틀림없다.

그런데 와세다시사의 구어자유시론을 근간으로 조선의 근대적 자유시의 가능성을 상상했던 이들이, 1924년 이후 문학적 입장을 바꾸게 되었던 사정 또한 역설적이게도 사실은 일본 다이쇼기 구어자유시론의 근본적 변화와 직접적인 관계가 있다고 보아야 할 터이다. 그리고 그 변화의 시작은 1925년 이후 가와지 류코[川路柳虹 1888~1959]의 몇 편의 문학론 영향이 큰 것으로 보인다. 가와지 류코는 일본문학사에서 본격적인 구어자유시의 시발로 인정받는 「쓰레기통[塵溜]」(1907.9)을 통해,

51) 服部嘉香, 「詩歌の主觀的權威」, 『早稻田文學』, 1908.11.
52) 服部嘉香, 「詩のリズムと呼吸」, 위의 책, 1911.1.
53) 岸曙 生, 「詩形의 音律과 呼吸」, 『泰西文藝新報』 第14號, 京城: 廣益書鋪, 1919.1.13.
54) 구인모, 「고안된 전통, 민족의 공통감각론」, 『한국문학과 근대의식』(동국대 한국문학연구소 편), 이회출판사, 2001.

『신체시초(新體詩抄)』 이래 감바라 아리아케, 가와이 스이메이[河井醉茗 1874~1965], 요사노 히로시[與謝野 寬 1873~1935], 기타하라 하쿠슈 등에 의해 일본 근대시의 주류로 자리 잡았던 문어정형시가 아닌 구어자유시의 가능성을 열어, 와세다시사를 중심으로 한 구어자유시 창작의 선편을 잡았을 뿐만 아니라, 소마 교후로부터 핫토리 요시카에 이르는 구어자유시론의 본격적인 등장과 '구어자유시'라는 명칭의 등장까지 가능하게 했던 작가이다.55) 그리고 1927년에는 경성에서 문학강연회를 열만큼 조선문학계에서도 인기가 높았던 작가이기도 했다.56)

그러한 가와지 류코가 「자유시의 이론과 효과[自由詩の理論と效果]」(1917)에서 구어자유시가 미키 로후와 기타하라 하쿠슈로 대표되는 문어정형시의 형식을 개조한 것은 의미가 있지만, 소마 교후 등의 구어자유시의 율격과 구어자유시론이 극단적인 무법칙, 무질서로 간다고 개탄하면서, 구어자유시와 구어자유시론에 대한 회의적 태도를 나타낸 뒤,57) 「시의 시대[詩の時代]」에서는 당시 일본시단의 침체가 바로 와세다시사를 중심으로 형성된 구어자유시의 산문화 현상임을 지적하면서, 정서를 울리는 율어적(律語的) 표현이야말로 시의 본령임을 주장하게 된다. 이러한 그의 주장은 세계의 대세가 산문화의 시대를 떠나 시의 시대가 되었으며, 그러한 변화는 무엇보다도 '개조사상'으로 인해 유럽과 미국의 시가 르네상스를 맞이했다는 인식을 근간으로 하고 있다.58) 가와지 류

---

55) 乙骨明夫, 「川路柳虹論」, 『現代詩人群像－民衆派とその周邊』, 東京 : 笠間書院, 1991, 340면.

56) 가와지 류코의 문학강연회는 단카 시인인 와카야마 보쿠스이[若山牧水]와의 공동강연이었으며, 1927년 6월 6일 경성공회당(京城公會堂)에서 개최되었다. 이 강연회에서 가와지 류코는 「문학과 민족[文學と民族]」이라는 주제로, 문학과 예술에 나타난 민족성, 국민문학과 민족성, 동양문학의 특성과 관련된 내용을 강연했다. 이 강연에 대해서는 다음의 자료를 참조할 수 있다. 一記者, 「若山牧水氏と川路柳虹氏の講演を聽く」, 『朝鮮及滿洲』 第236號, 京城 : 朝鮮及滿洲社, 1927.7, 51면.

57) 川路柳虹, 「自由詩の理論と效果」, 『早稻田文學』, 1917.2.

58) 川路柳虹, 「詩の時代」, 위의 책, 1920.3.

코가 언급한 개조사상은 두말할 나위도 없이 동시대 일본을 풍미하고 있었던 버트런드 러셀과 에드워드 카펜터의 서구문명비판의 사상을 가리킬 것이나, 한편으로는 로망 롤랑의 민중예술론과도 결코 무관하지 않을 터이다. 이미 앞서 언급한 바도 있지만 가와지 류코는 혼마 히사오, 가토 가즈오, 오스기 사카에 등과 함께 민중예술론쟁을 벌이는 가운데에서, 민중예술이란 근본적으로 소박한 민요나 무용으로부터 비롯하는 것으로, 다수의 개인이 '全'의식을 각성하여 하나로 통일되어 존재하게 하는 이상적 예술이며, 또한 그것은 만인공통의 의식으로 이해할 수 있도록 형식의 단순성과 종합성, 사상의 구상성을 갖추어야 한다고 주장한 바 있다.[59]

이러한 주장의 핵심은 형식의 단순성과 종합성, 사상의 구상성에 근간한 근대적 민중예술의 기원과 그 중심이 '민요'임을 천명했다는 것, 아울러 그로부터 시의 산문화 경향과 정서를 울리는 율어적 표현이 궁극적으로는 민중의 공통감각 형성에 이바지해야 한다고 주장한 것일 터이다. 그리고 그것은 특히 주요한이 '개념(概念)'의 문학에 불과한 동인지 문학의 데카당티즘과 신경향파의 민중주의 대신 "민중에 각가히 가려는" 문학의 의의를 역설하게 한[60] 중요한 배경이 되었던 것으로 여겨진다. 1917년부터 가와지 류코가 시화회의 회원으로서 『일본시인(日本詩人)』을 창간하고(1921), 연간 시집인 『일본시집(日本詩集)』의 발간에 주력하는 한편으로, 『반주(伴奏)』, 『현대시가(現代詩歌)』 등의 잡지를 주관했던 당시부터, 주요한은 가와지 류코에게 직접 시를 사사했으며, 1917년에는 『반주(伴奏)』에 7편을, 다음해인 1918년에는 『현대시가(現代詩歌)』에 무려 19편의 시를 발표한 바 있다는 사실은,[61] 그러한 사정을 이

59) 川路柳虹, 「民衆及び民衆藝術の意義」, 『雄辯』, 1918.3, 遠藤祐・祖父江昭二, 『近代文學評論大系－大正期 II』 第5巻, 角川書店, 1982, 49～50면.

60) 朱耀翰, 「노래를 지으시려는 이에게 (1)」, 『朝鮮文壇』 創刊號, 1924.10. 朱耀翰, 「노래를 지으시려는 이에게 (2)」, 『朝鮮文壇』 第2號, 1924.11. 朱耀翰, 「책씃헤」, 『아름다운 새벽』, 京城 : 朝鮮文壇社, 1924.

해하는 데에 충분한 근거가 될 터이다.

그러나 비단 주요한뿐만 아니라 1920년대 조선의 국민문학론자들을 염두에 두고 볼 때 더욱 중요한 것은, 가와지 류코가 구어자유시에 대한 회의, 로망 롤랑의 민중예술론을 거치는 가운데에서 발견한 민요의 가치에 대한 인식이, 저 「민요적정신의 갱생[民謠的精神の更生]」(1925.5)에 이르러서는 국민문학으로서 일본문학의 사명에 대한 자각으로 나아갔다는 사실일 터이다. 이 글에서 가와지 류코는 구어에 근간한 사상과 감정의 자유로운 표현이, 궁극적으로는 민족적 특징이나 향토성으로 회귀하는 가운데 일본문학의 새로운 전통의 탄생에 이바지해야 하며, 그러한 사명은 무엇보다도 하이쿠와 민요와 같은 민족 전통의 서정시가 현현하고 있다고 주장했던 대목이다.[62] 가와지 류코의 이 글을 주목해야 하는 이유는, 우선 이러한 그의 주장이 사실상 그가 스스로 부정의 대상으로 삼았던 기타하라 하쿠슈를 비롯한 메이지 국민문학운동의 논리로 회귀하고 말았던 사정을 시사하기 때문일 터이다. 아울러 이러한 가와지 류코의 문학론은 1924년부터 본격적으로 등장한 국민문학론, 특히 시의 언어는 단순한 사상의 부호가 아니라 조선인의 생활·사상·감정과 같은 향토성이 담긴 신성한 고유어이어야 한다는 것, 조선의 국민적 시가는 이 향토성이라는 심성을 지녀야 한다는 것, 그리고 조선인 고유의 호흡을 담은 민요와 시조를 절충한 새로운 시형에 근간한 국민적 시가를 써야 한다는 것을[63] 주장한 저 「밝아질 조선시단(朝鮮詩壇)의 길」(1927)에 적지 않은 영향을 주었던 것으로 보인다. 이 「밝아질 조선시단(朝鮮詩壇)의 길」이 「작시법(作詩法)」(1925) 이후 김억이 국민문학론과 관련해서 이렇다 할 만 한 문학론을 발표하지 못했던 가운데에 1924년

---

61) 朱耀翰, 「記者生活의 追憶」, 「『創造』時代」, 앞의 책, 674면, 710면. 김학동, 「주요한의 시와 산문」, 『현대시인연구 II(시와 산문—서지 및 연보)』, 새문사, 1995, 98~99면.

62) 川路柳虹, 「民謠的精神の更生」, 『明星』, 東京 : 明星發行所, 1925.5, 705~706면.

63) 金岸曙, 「밝아질 朝鮮詩壇의 길 上·下」, 『東亞日報』, 1927.1.2~3.

이후 김억의 문학적 편력이나, 국민문학론의 전기를 마련했던 것임을 염두에 두고 보면, 가와지 류코의 문학론은 김억에게 중요한 참조점이 되었음에 틀림없다.

이와 같은 가와지 류코와 조선의 국민문학론자들 사이의 유사성, 혹은 공통성은 민요와 하이쿠를 민족의 자연시 혹은 서정시라고 정의하면서, 『신체시초(新體詩抄)』 이후 일본의 시가 근간으로 하고 있던 서양의 '시(poetry)' 개념을 상대화하는 한편으로, '정음자유시(定音自由詩)'라는 사실상 정형시라고 할 수 있는 '신율격(新律格)'을 주장했던 가운데에서 더욱 자명해진다. 특히 가와지 류코의 「신율격의 제창[新律格の提唱]」(1925)과 「시의 내용율의 부정[詩における內容律の否定]」(1926)은 1927년 이후 김억의 문학론과 관련해서 대단히 중요하다. 이 가운데에서 우선 「신율격의 제창」에서 가와지 류코는 우선 일본의 구어자유시가 문어정형시로부터의 해방과 시정신의 자유를 가져온 동시에 옥석동가(玉石同架)의 '잘못된 자유'로 빠지게 되었다면서, 시의 율격에 대한 원론적인 검토를 통해서 자유시의 '신율격'을 창안해야 한다고 역설했다. 이에 따라서 그는 프랑스시의 12음절 율격인 알렉상드렝(Alexandrin)을 따라 시의 한 행을 12음절의 범위 내에서 다양한 음수율로 표현하는 이른바 '정음자유시'가 구어자유시의 새로운 율격이 될 수 있음을 주장했다.[64] 일견 프랑스시의 율격 모델과 일본시의 음수율 사이의 절충을 모색한 것으로도 보이는 가와지 류코의 논리는, 사실은 강세를 중심으로 한 유럽어의 음절과 일본어의 음절이 결코 동일할 수 없다는 사실을 간과했다는 점에서 모순을 내포하고 있을 뿐만 아니라, 일본 전통율격인 7・5조를 부정했다고 하더라도 결국 음절의 수를 기본적인 율격단위로 보았다는 점에서, 결국 문어정형시의 정형률의 질곡으로부터 자유로울 수 없었다. 그러나 가와지 류코는 자신의 '신율격'론이 지닌 모순을 자각하지

64) 川路柳虹, 「新律格の提唱」, 『日本詩人』 第5巻 第3號, 東京 : 新潮社, 1925.3.

않은 채 자신의 논리를 보다 심화해 나아가는데, 「시의 내용율의 부정」에서 그는 내용율, 즉 내재율을 '유령과 같은 존재'라고 폄하하면서, 이러한 내재율의 속성이 도리어 일본 근대시가 음수율에 근간해야 한다는 것을 정당화한다고 역설했다.[65]

이러한 가와지 류코의 정음자유시론은 김억의 「「조선시형(朝鮮詩形)에 관(關)하야」을 듯고서」(1928)를 비롯해서 「격조시형론소고(格調詩形論小考)」(1930), 「시형・언어・압운(詩形・言語・押韻)」(1930)을 이해하는 데에 중요한 근거가 된다. 우선 「「조선시형(朝鮮詩形)에 관(關)하야」을 듯고서」에 따르면 주요한이 강연 가운데에서 자신의 『창조(創造)』지 시대의 자유시가 조선의 시형을 잘못되게 한 죄에 대해서 사과를 했다는 대목[66]에서 알 수 있듯이, 그는 자유시의 형식에 대한 뿌리 깊은 회의를 품고 있었던 것으로 보인다. 그러나 김억은 "낡은 것이면 이것저것 할 것 업시 모도다 두다려 부싀고 말자는" 자유시형이 근대문학의 '필연(必然)의 요구(要求)'임은 인정하면서도,[67] 음위율(音位律)과 음성률(音聲律)을 구사할 수 없는 조선의 시가가 취해야 할 율격의 형식을 음수율이라고 규정하고, 시적 요소에 따라 7・5조만이 아니라 9・7조, 7・9조, 5・5조, 7・7조, 4・4조 등 다양한 형식을 선택할 수 있다고 주장했다. 그리고 김억은 다시 시구(詩句)에 따라 다시 하나의 음조율도 2・3조, 3・2조, 3・4조로 나눌 수 있다는 것을 자신의 창작경험을 근거로 역설했다.[68] 이러한 김억의 주장은 「격조시형론소고(格調詩形論小考)」, 「시형・언어・압운(詩形・言語・押韻)」에서 더욱 적극적으로 나타나게 되는데, 앞서 검토한 바와 같이 김억은 이 「격조시형론소고(格調詩形論小考)」에서 자유

65) 川路柳虹, 「詩における內容律の否定」, 『日本詩人』 第6卷 第8號, 東京 : 新潮社, 1926.8.
66) 金岸曙, 「「朝鮮詩形에 關하야」을 듯고서 (一)」, 『朝鮮日報』, 1928.10.18.
67) 金岸曙, 「「朝鮮詩形에 關하야」을 듯고서 (二)」, 위의 책, 1928.10.19.
68) 金岸曙, 「「朝鮮詩形에 關하야」을 듯고서 (三)」, 「「朝鮮詩形에 關하야」을 듯고서 (四)」, 위의 책, 1928.10.23.

시의 내재율은 산문과 혼동되기 쉬워 시와 산문의 경계를 모호하게 하는 위험을 지니고 있으므로 앞으로의 조선의 근대적인 시가는 '원시적(原始的) 감정(感情)'을 표현할 정형시로서 '격조시형(格調詩形)'에 근간해야 한다고 주장하는 한편, 그러한 '격조시형'의 전범은 바로 민요라고 보았으며,[69] 「시형・언어・압운(詩形・言語・押韻)」에서는 압운을 할 수 없는 조선어에 적합한 시적 형식은 오로지 음수율에 근간한 정형률뿐이라고 보았다.[70] 이러한 김억의 주장은 다만 프랑스시의 알렉상드렝을 전범으로 삼지 않았던 것을 제외하면, 사실상 가와지 류코의 문학론의 주된 요지와 대동소이하다.

요컨대 김억은 일본문학계에서 구어자유시의 선구자격인 문학자마저도 음수율에서 구어자유시의 형식적 가능성을 모색하고 있었던 상황을 바라보면서, 가와지 류코의 문학론이 조선의 국민문학론을 구상하는 과정에서도 유효할 것으로 판단했던 것으로 보인다. 특히 가와지 류코가 자신의 정음자유시론을 저 『시의 본질・형식[詩の本質・形式]』(1932)이나, 『시학(詩學)』(1935)에서 일본 근대시의 일반론으로,[71] 일본시가형식의 역사적 전개과정의 최종적 단계로 정립시키고자 했던 사정은, 김억에게 단지 조선의 근대적 시가, 국민문학을 구상하는 참조점으로서만이 아니라, 그 자체로서 하나의 이론적 전범으로 받아들이기에 충분한 가치가 있었을 터이다. 물론 가와지 류코는 직접 언급하지 않았지만, 앞서 검토한 바와 같이 그가 구어에 근간한 사상과 감정의 자유로운 표현이, 궁극적으로는 민족적 특징이나 향토성으로 회귀하는 가운데 일본문학의 새로운 전통의 탄생에 이바지해야 하며, 그러한 사명은 무엇보다도 하이쿠와 민요와 같은 민족 전통의 서정시가 현현하고 있다고 주장했던

---

69) 金岸曙, 「格調詩形論小考」, 『東亞日報』, 1930.1.16~26, 28~30.

70) 金岸曙, 「詩形・言語・押韻 (六)」, 『每日申報』, 京城 : 每日申報社, 1930.8.6. 「詩形・言語・押韻 (七)」, 위의 책, 1930.8.7.

71) 川路柳虹, 「II. 詩形の概念」, 『詩の本質・形式』, 東京 : 金星社, 1932. 「形式の發生と轉向」, 『詩學』, 東京 : 耕進社, 1935.

사정[72]을 염두에 두고 볼 때, 그의 정음자유시는 궁극적으로 민족의 공통감각을 현현하는 유일한 시적 형식이라고 볼 수 있을 터이다. 그리고 이와 같은 논리는 김억과 주요한에게도 공감을 얻기에 충분했다고 할 수 있을 것이다.

5. 시라토리 세이고[白鳥省吾]와 민중시론의 구어자유시론

그러나 가와지 류코의 정음자유시론은 사실 시화회 내부에서도 전혀 호응을 얻지 못했던 것으로 보인다. 예컨대 시라토리 세이고의 경우 이 정음자유시론이야말로 가와지 류코의 문학적 편력을 스스로 부정하는 논리로 보았던 것이나,[73] 하기와라 사쿠타로의 경우 새로운 정형시의 논리이며 '자유시의 해골'이라고 비난했던 것은[74] 대표적인 사례이다. 그런데 김억과 주요한을 비롯한 국민문학론자들은 이들의 비판에 대해서도 몰랐을 리가 없음에도 불구하고, 그 비판론을 경청했던 것으로는 보이지 않는다. 특히 시라토리 세이고의 경우, 가와지 류코와 함께 시화회의 주요 회원으로서, 와세다시사의 구어자유시와 구어자유시론의 형성기를 대표하는 시집인 『세계의 한 사람[世界の一人]』(1914)을 발표한 시인이며, 또한 『민주적 문예의 선구[民主的文藝の先驅]』(1919), 『현대시의 연구[現代詩の研究]』(1924), 『흙의 예술을 말한다[土の藝術を語る]』(1925), 『시와 농

72) 川路柳虹, 「民謠的精神の更生」, 『明星』, 東京 : 明星發行所, 1925.5, 705~706면.
73) 白鳥省吾, 「「詩における內容律の否定」を讀む」, 『日本詩人』 第6卷 第9號, 東京 : 新潮社, 1926.9.
74) 萩原朔太郎, 「自由詩の矛盾概念」, 『日本詩人』 第6卷 第10號, 東京 : 新潮社, 1926.10.

민생활[詩と農民生活]』(1925) 등의 평론집을 통해, 휘트먼(Walter Whitman), 에드워드 카펜터의 문학과 제1차 세계대전 이후 유럽을 풍미한 사회민주주의 사상의 문학적 실천으로서 농민과 노동자의 민요에 근간한 민중시와 그 시론의 유행을 주도한 평론가이기도 했다. 나아가 『지상낙원(地上樂園)』지 창간(1926)을 통해서 그러한 문학관을 민요의 수집, 창작, 연구로 확장시키는 가운데, 민요시로부터 산문시에 이르기까지 구어자유시의 다양한 가능성을 모색하면서 이른바 민중시파라는 문학적 유파를 형성하고 주도하기도 했다.[75] 게다가 시라토리 세이고는 1929년 5월과 6월 사이에는 부산・목포・광주・수원・경성 등지를 돌면서 문학강연회를 열었으며, 이 가운데에 경성에서는 경성제국대학 법문학부 학생들에게 직접 강의도 할 만큼, 조선에서는 상당히 인기가 있었던 작가이기도 했던 사정을[76] 염두에 두고 보면, 김억을 비롯한 조선의 국민문학론자들이 시화회 내부의 비판에 무관심했던 것은 더욱 깊은 의구심을 환기한다.

조선의 국민문학론자들 가운데에서 김억의 경우 시라토리 세이고를 위시한 민중시파의 시와 문학론에 대해서 비교적 일찍부터 알고 있었던 것으로 보이는데, 그러한 사정은 무엇보다도 아서 시몬즈(Arthur Symons)의 시편들을 번역한 시집인 『잃어진 진주(眞珠)』(1924)의 서문 「서문대신(序文代身)에」에서 '민요시(民謠詩)'와 '민중시(民衆詩)'에 대해 언급한 대목에서 엿볼 수 있다. 이 글에서 김억은 이미 「작시법(作詩法)」 제7회(1925.10)에서 보인 시가의 갈래구분에 앞서,[77] 프랑스의 고답파(高踏派, Parnassiens) 문학으로부터 상징주의와 미래파 등의 모더니즘 문학을 거쳐, 메이지기 다이쇼기 일본의 민중시에 이르기까지를 서정시로, 호메로스(Homeros)의 『오디세이아*Odysseia*』를 서사시로, 괴테의 『파우스트』를 희곡시로 규정하여 시의 갈래

75) 乙骨明夫, 「白鳥省吾論」, 『現代詩人群像－民衆派とその周邊』, 東京 : 笠間書院, 1991. 松浦壽輝, 「不能と滯留－口語自由詩の成立をめぐる一視點－近代的起源とジャンル」, 『文學』 第9卷 第4號, 1998, 秋.

76) 大桑文藏, 「朝鮮行脚同行記 (三)」, 『地上樂園』 第7卷 第8號, 東京 : 大地舍, 1929.12.

77) 金岸曙, 「作詩法 (7)」, 『朝鮮文壇』 第12號, 1925.10, 143～144면.

를 구분했다.[78] 김억 자신의 단편적인 문학지식에 의한 주관적인 판단에 따른 것으로 보이는 이러한 갈래 구분에서 바로 "ᄯᅵ모크라틱 思潮와 함ᄭᅴ 쫘 流行"하는 민중시에 대한 소개와 자신의 입장을 밝히고 있다. 김억은 자신이 본래 민중시를 대단히 좋아하지만, 최근 새삼스럽게 'ᄯᅵ모크리씨'라는 말과 유행하는 민중시는 좋아하지 않는다면서, 유행을 좇기보다는 '민중시(民衆詩)의 근본의(根本義)'를 구하고 싶다고 한다.[79]

민중시 자체에 대해서는 관심이 많으나 당시 유행하는 민중시에 대해서는 관심이 없다는 김억의 진술은, 두 가지 방향에서 검토할 수 있을 것이다. 우선 시라토리 세이고가 시집인 『세계의 한 사람[世界の一人]』을 발표할 무렵부터, 저 「산문시의 요구[散文詩の要求]」(1918)에서도 알 수 있듯이, 시라토리 세이고는 휘트먼의 시를 예로 들면서, 신비와 환상의 광휘를 음악적으로 회화적으로 표현할 수 있는 산문시의 가치를 역설해 온,[80] 산문시 옹호론자였다는 사실을 염두에 둘 필요가 있다. 이미 1924년 무렵에는 조선인의 공통심성과 공통감각에 근간한 근대적인 '순정한 서정시가'를 구상하고 있던 김억에게, 시라토리 세이고의 산문시론은 큰

---

78) 金億, 「序文代身에」, 『岸曙金億全集』(박경수 편) 제2-1권, 한국문화사, 1987, 453면.

- 詩
  - 抒情詩
    - 民衆詩(人生詩)
    - 寫像詩(Imagist)
    - 未來詩(Futurism)
    - 後期印象詩(Post-impressionism)
    - 立體詩(Cubism)
    - 民謠詩(Chantson)
    - 自由詩(Vers libre)
    - 象徵詩(Symbolis)
    - 寫實詩(Parnassians)
    - 理智詩(哲理詩 理想詩)
  - 敍事詩 (오뒷시)
  - 戲曲詩 (ᄡᅡ우스트)

79) 위의 글, 위의 책, 462면.

80) 白鳥省吾, 「散文詩の要求」, 『詩歌』 第8卷 第1號, 東京 : 白日社, 1918.1.

관심의 대상이 될 수 없었을 터이다. 게다가 동시대 기타하라 하쿠슈와 같은 시인으로부터도 시라토리 세이고의 시를 비롯한 민중시파의 시가 그들이 주장하는 바와 같이 민요에 근간한 자유시, 읽는 민요시라기보다는 시도 아니고 산문도 아닐뿐더러, 국민시가로서 갖추어야 할 향토정신과 국민정신마저도 갖추지 않았다고 비판을 받았던 터이고 보면,[81] 또한 그러한 비판이 모모다 소지[百田宗治 1893~1955]와 같은 민중시파 내부의 작가로부터도 제기될 뿐만 아니라,[82] 그러한 비판이 오늘날까지도 타당한 것으로 인정되고 있음을 염두에 두고 보면,[83] 김억에게는 일고의 가치도 없는 것으로 여겨졌을 가능성이 크다.

그러나 김억을 비롯한 국민문학론자들이 시라토리 세이고의 문학론에 비판적인 입장일 수밖에 없었던 것은, 김억을 비롯한 국민문학론자들과의 정치적 입장의 차이 때문이었을 터이다. 시라토리 세이고는 메이지 고쿠분가쿠의 연구성과나 국민문학운동에서 민족과 향토성이 느껴지지 않는다면서, 그들이 오래된 유령에 사로잡혀 있다고 비판하는 한편, 동시대 일본이 나아가야 할 바가 제국주의가 아닌 국민주의, 즉 인터내셔널리즘이며, 위대한 시인의 시라면 마땅히 인터내셔널의 요소와 민족·국토에 대한 애정을 겸비해야 한다고 주장한 데에서 알 수 있듯이,[84] 근본적으로 국제주의의 입장에 서 있다. 그리고 그의 이러한 정치적 입장은, 구어자유시의 이상이 인류의 자유, 평등, 박애의 정신과 일상생활의 아름다움을 사랑하는 데에 있고, 그러한 자유시는 일상어에

---

81) 北原白秋, 「讀む民謠とは何か」, 『白秋全集』第18卷, 東京 : 岩波書店, 1985. 기타하라 하쿠슈의 시라토리 세이고에 대한 비판과 그 가운데에서 일어난 논쟁에 대해서는 조선의 문학자들도 "社會詩人 白鳥省吾對 保守詩人 北原白秋의 격쟁"으로 잘 알고 있었던 것으로 보인다. 이러한 사정에 대해서는 다음의 서지를 참고할 수 있다. 朴鍾和, 「現文壇의 世界的傾向-아즉 알 수가 업는 日本文壇의 最近傾向」, 『開闢』第44號, 1924.2, 93면.

82) 百田宗治, 「所謂民主詩の功罪」, 『日本詩人』第5卷 第5號, 東京 : 新潮社, 1925.5.

83) 坪井秀人, 앞의 글, 앞의 책, 36. 安智史, 앞의 글, 앞의 책, 95~96면. 乙骨明夫, 앞의 글, 앞의 책, 329면.

84) 白鳥省吾, 「民族の詩, 鄕土の詩」, 『土の藝術を語る』, 東京 : 聚英閣, 1925.

근접한 평명(平明)한 것이어야 하며, 자유분방한 율격을 갖추어야 한다는 문학론의 핵심에 그대로 반영되어 있다.[85)]

그의 이러한 입장은 때로는 농민시로서 민요가 '경제의식의 각성', '인류의 평등', '계급투쟁의 반항정신'을 반영하고 있다는[86)] 식의 주장을 통해서, 프롤레타리아 국제주의, 사회주의에 근접하는가 하면, 다른 한편으로는 문학이 프롤레타리아 계급혁명을 위한 선전선동의 수단이 되어서는 안 되며,[87)] 예술의 자유를 지키면서도 가난한 농민의 자녀로서, 무산자로서 사회성을 구가해야 한다는[88)] 일종의 동반자문학의 형태로 나타나기도 했다. 그것은 무엇보다도 그가 스스로 밝힌 바와도 같이, 그의 사회주의적 입장이 사실은, 엄밀한 의미에서 사회주의이나 프롤레타리아 혁명론이 아니라, 윌리엄 모리스(William Morris, 1834~1896)의 예술공예운동(Arts and Crafts movement)에 근간해 있었기 때문으로 보인다.[89)] 시라토리 세이고가 자신이 창간한 잡지의 제호를 윌리엄 모리스의 『지상낙원*The Earthly Paradise*』(1868~1870)을 의식해서 만든 것도 바로 그러한 이유에서라고 여겨진다.

이러한 사정을 염두에 두고 보면, 시라토리 세이고의 문학론이나 문학적 편력이 김억 등의 국민문학론자들의 관심 밖에 있었던 것은 당연할 터인데, 한편으로 김동환이나 김소운에게는 반드시 그렇지만은 않았던 것으로 보인다. 예컨대 앞서 검토한 바도 있지만 김동환이 「애국문학(愛國文學)에 대(對)하야」(1927)에서, 조선시대의 시가는 물론이거니와 1920년대 조선의 국민문학의 민족주의를 두고, 패배의 시가이며 "明日의 建設을 爲하는 노래가 아니"라고[90)] 단언했던 것, 국민문학론의 핵심

---

85) 白鳥省吾, 「第一編 詩と農民生活」, 『詩と農民生活』(農民文藝雙書 第1編), 東京 : 春陽堂, 1926, 30~31면.

86) 위의 글, 위의 책, 7면.

87) 白鳥省吾, 「民衆詩の起源と發達」, 『現代詩の研究』, 東京 : 新潮社, 1924, 235~241면.

88) 위의 글, 위의 책, 222~223면.

89) 위의 글, 위의 책, 215~216면.

개념인 '조선심'이나 조선의 '향토성'을, 단지 인텔리겐차의 보수주의의 소산에 불과하다고 보았던 것이나,[91] 조선문학이 나아가야 할 바가 제3 인터네셔널의 강령에 입각한 민족해방운동의 일환으로 보고 있었던 것은,[92] 사실 시라토리 세이고 문학론의 주된 논리를 더욱 심화시킨 형태라고 볼 수 있을 터이다.[93]

한편 시라토리 세이고의 "시를 짓기보다는 밭을 갈아라[詩を作るより田を作れ]", "시를 짓는 것처럼 밭을 갈 수 있다[詩のやうに田を作り得る]", "밭을 갈면서 시를 써라[田を作りながら詩を作れ]"라는 '생활의 예술화'[94]의 논리는, 시라토리 세이고를 비롯한 『지상낙원(地上樂園)』지의 민중시파 시인들이, 『매일신보(每日申報)』 학예면(學藝面)의 독자투고를 통해서, 또한 일본에 거주하고 있던 조선인 노동자들의 민요를 수집하고 정리하던 김소운으로 하여금, 조선의 민요 그 자체가 바로 조선 민중의 시이며, 그러한 민요를 수집해서 정리하는 일 그 자체가 문학적 행위라고 여길 수 있게 하는[95] 근거가 되었던 것으로 보인다. 시라토리 세이고의 후원으로 『지상낙원(地上樂園)』지에 5회에 걸쳐 「조선(朝鮮)の농민가요(農民歌謠)」(1927)를 연재했던[96] 김소운이 스스로를 『지상낙원(地上樂園)』의 동인으로서, 또한 시인으로서 자처했던 것은 바로 그 예일 터이다.[97]

---

90) 金東煥, 「愛國文學에 對하야 (5)」, 『東亞日報』, 1927.5.16.

91) 金東煥, 「愛國文學에 對하야 (6)」, 위의 책, 1927.5.17.

92) 金東煥, 「愛國文學에 對하야 (2)·(6)」, 위의 책, 1927.5.13, 1927.5.17.

93) 뿐만 아니라 김동환은 후일 그가 주재하던 『三千里』지를 통해 시라토리 세이고가 쓴 시를 게재한 바도 있다. 白鳥省吾, 「海外詩人이 읊픈 朝鮮情緖 (1)-柳」, 『三千里』 第5卷 第10號, 三千里社, 1933.10, 118~119면.

94) 白鳥省吾, 「第一編 詩と農民生活」, 앞의 책, 『詩と農民生活』(農民文藝雙書 第1編), 1926, 2~3면.

95) 金素雲, 「序」, 『諺文 朝鮮口傳民謠集』, 東京 : 第一書房, 1933.

96) 金教煥, 「朝鮮の農民歌謠 (一)~(五)」, 『地上樂園』 (第二卷 第一號)~(第二卷 第六號), 東京 : 大地舍, 1927.1~1927.6.

97) 金素雲, 崔博光·上垣外憲一 譯, 「白秋城」, 『天の涯に生くるとも』, 東京 : 新潮社, 1983, 124~130면. 上垣外憲一, 「土田杏村から見るデビュー時代の金素雲」, 『比較文學研究』 第79號, 東京 : 東大比較文學會, 2002, 35~36면.

6. 향토의 냄새[郷土の匂ひ], 흙의 냄새[土の匂ひ]

이러한 사정을 염두에 두고 보면, 일본 메이지기로부터 다이쇼기에 이르는 고쿠분가쿠, 국민문학운동이나 구어자유시론이, 1920년대 조선의 문학자들의 근대적인 자유시론, 나아가 이에 근간한 조선의 국민문학의 이론적인 전범이 되었던 것으로 보인다. 물론 앞서 검토한 시라토리 세이고의 경우에서 알 수 있듯이, 시다 기슈로부터 시라토리 세이고에 이르기까지의 문학론의 전개과정이 결코 단일한 문맥을 형성하고 있었던 것은 아니다. 우선 민요에 대한 정의만 두고 보더라도 기타하라 하쿠슈는 키키분가쿠[記紀文學], 『만엽집(萬葉集)』을 기원으로 하면서 무로마치[室町]시대 이후 민족의 정신을 면면히 계승한 카요[歌謠]로 보았던 한편,[98] 노구치 우죠는 와카[和歌], 하이쿠[俳句], 근대시가 등장하기 이전에 민족과 함께 생겨난 사상과 감정의 표현형식으로서, 유행가와는 다른 것으로 보았다.[99] 아울러 그는 이러한 민요는 결코 타락한 도회중심의 문화가 범접할 수 없는 순수한 향토예술로 보았다.[100]

한편 시라토리 세이고는 기타하라 하쿠슈나 노구치 우죠와 마찬가지로 향토를 배경으로 한 민중의 가요로서 어떠한 수식도 없이 평범한 언어로 음악이나 무용에 맞추어 부르는 것이 바로 민요이며, 그것은 또한 『고사기(古事記)』·『만엽집(萬葉集)』·『고금화가집(古今和歌集)』을 기원으로 하는 시의 한 갈래로 보았다. 그러나 그는 민요가 근본적으로 농부, 뱃사공, 나무꾼과 같은 노동자의 생활과 사상·감정을 표현한 것임을 강조했다는

98) 北原白秋, 「民謠について」, 『白秋全集』 第17巻, 東京 : 岩波書店, 1985, 557면. 「民謠略史」, 위의 책 第21巻, 1986, 170면.
99) 野口雨情, 「民謠の起源其他」, 『定本 野口雨情』 第6巻, 東京 : 未來社, 1986, 270~274면. 「民謠と童謠の作りやう」, 위의 책 第8巻, 1987, 45면.
100) 野口雨情, 「都會文藝と民謠」, 위의 책 第6巻, 1986, 214면.

점에서는 기타하라 하쿠슈나 노구치 우죠와는 다른 입장에 있었다.101) 시라토리 세이고는 민주주의가 생활과 예술에 개성의 자유로운 표현을 요구하는 시대에 와카나 하이쿠의 전통적인 형식으로 민중의 목소리를 절실하게 표현할 수 없다는 입장에서, 현대의 민요는 일상어에 근접한 평명(平明)한 시어와 자유분방한 율격에 근간해야 하며, 구술성이 아닌 문자성에 근간해야 한다고 보았다.102) 특히 언어와 율격의 측면만 두고 보면, 가와지 류코 또한 시라토리 세이고와 마찬가지로 근본적으로 민요나 민요에 근간한 일본근대시는 일상의 화성(話聲), 문체에 근간한 언문일치의 시어와 7・5조나 5・7조의 기성형식을 파괴한 자유시의 형식을 취해야 한다고 보았다.103) 이와 같은 문학자들 사이의 입장 차이는, 기타하라 하쿠슈와 노구치 우죠가 민요를 근본적으로 읽는 것이 아니라 부르는 것으로 정의하고,104) 심지어 방언을 버리고 표준어로 시를 쓰는 일 자체가 어불성설이라는105) 입장을 고수하면서, 시라토리 세이고를 비롯한 민중시파의 작품에 나타난 민요의 산문화 현상이나, 계급문학적 성격을 비판했던 사정에서 가장 분명하게 나타났다.

그러나 이와 같이 서로 상이한 입장에도 불구하고 이들은, 한결같이 '향토의 냄새[鄕土の匂ひ]' 혹은 '흙의 냄새[土の匂ひ]'를 일본근대시의 정체성의 원리이자, 가치의 척도로 보았다는 점에서는 서로 유사하다. 이 '향토의 냄새', '흙의 냄새'는 기타무라 토코쿠의 경우 고향 야나가와의 '추억'이며,106) 노구치 우죠의 경우 일본인이라면 누구나 쉽게 이해할 수 있는 선조로부터 면면히 계승된 원시적 정서일 뿐만 아니라, 기쁨

101) 白鳥省吾, 「二. 民謠編」, 『新しい詩の國へ』, 東京 : 一誠社, 1926.

102) 白鳥省吾, 「民衆詩の起源と發達」, 『現代詩の硏究』, 東京 : 新潮社, 1924, 122~123면. 「第一編 詩と農民生活」, 『詩と農民生活』(農民文藝雙書 第1編), 東京 : 春陽堂, 1926, 30~31면.

103) 川路柳虹, 「口語詩以後の世界」, 『現代詩歌』 第1巻 第10號, 東京 : 曙光詩社, 1918.11.

104) 北原白秋, 「讀む民謠とは何か」, 『白秋全集』 第18巻, 東京 : 岩波書店, 1985.

105) 野口雨情, 「民謠と童謠の作りやう」, 『定本 野口雨情』 第8巻, 東京 : 未來社, 1987, 124면.

106) 北原白秋, 「わが生ひたち」, 『思ひ出』, 東京 : 東雲堂書店, 1911.

[喜]・슬픔[悲]・쓸쓸함[寂]과 같은 인간의 보편적 정서였다.107) 그리고 시라토리 세이고의 경우 '향토의 맛[鄕土の味]'은 자연과 생활, 전설에 미만한 애욕(愛慾)이나 환희와 같은 단순하고 소박한 정서와, 사회경제적 현실에 대한 원차(怨嗟)와 반항과 같은 계급의식108)이었으며, 가와지 류코의 경우 '향토의 색과 냄새[鄕土の色と味]'는 사소한 일상의 차탄(嗟歎)과 위무(慰撫), 자연미가 환기하는 정취(情趣)였던 것이다.109)

앞서 검토한 시다 기슈의 사례를 통해서도 알 수 있듯이, 일본 메이지기의 고쿠분가쿠 연구자들은 물론이거니와 국민문학운동측의 문학자들이 'volkslied' 혹은 'volkspoesie'의 번역어로서 민요를 기교시(kunstpoesie)의 반의어로서 이해하고 있었던 사정을 염두에 두고 보면, 일본의 민요는 물론이거니와 『고사기(古事記)』나 『일본서기(日本書紀)』, 『만엽집(萬葉集)』, 『고금화가집(古今和歌集)』에 수록된 고대가요가 한결같이 일본인의 보편적 심성과 정조를 면면히 계승하고 있다는 신념은 어쩌면 당연한 것인지도 모른다. 하지만 그보다 더욱 중요한 것은, 기타하라 하쿠슈를 비롯한 이 세 명의 문학자들이 한결같게 민요가 표상하고 있는 일본인 공통의 경험과 정서가 후각이나 미각과 같은 원초적인 감각의 형태로 현존하고 있다는 신념을 공유하고 있다는 사실이다.

일단 문학론의 차원에서 조선의 국민문학론자들이, 일본 메이지기 고쿠분가쿠의 성과들로부터 기타하라 하쿠슈, 노구치 우죠, 가와지 류코, 시라토리 세이고와 같은 일본 메이지기와 다이쇼기의 문학자들의 문학론과 대면하는 가운데에 주목했던 것은, 우선 민요와 동요를 비롯해서 『고사기(古事記)』와 같은 역사서나 수록된 카요[歌謠], 『만엽집(萬葉集)』이나 『고금화가집(古今和歌集)』의 와카[和歌]는 물론이거니와, 이후의

107) 野口雨情, 「民謠の價値とその發達」, 앞의 책, 369면.
108) 白鳥省吾, 「現代の民謠」, 『土の藝を術語る』, 東京 : 聚英社, 1925, 199면. 「二. 民謠編」, 『新しい詩の國へ』, 東京 : 一誠社, 1926, 250~253면.
109) 川路柳虹, 「民謠的精神の更生」, 『明星』, 東京 : 明星發行所, 1925.5, 706~707면.

하이쿠[俳句]와 단카[短歌], 그리고 『신체시초(新體詩抄)』 이후의 근대시에 이르기까지 모두 시이카[詩歌]의 범주에 포함시켰던 장르인식이었을 것이다. 다음으로는 그러한 일본의 문학적 전통 속에서 근대적인 문학의 가능성을 구상하는 태도였을 것이다. 그리고 마지막으로는 '향토의 냄새', '흙의 냄새'로 표상되는 공통심성과 공통감각을 일본근대시의 정체성의 원리이자, 가치의 척도로 보는 태도였던 것으로 보인다. 이 가운데에서 조선의 국민문학론자들은 물론이거니와 그 외 1920년대 조선의 문학자들은, 조선의 근대적인 시 혹은 시가 또한 국민성 혹은 향토성과 같은 국민국가의 공통심성을 보존한 민요와 정형시의 형식에 근간하여, 국민국가의 공통감각을 현현하는 것이었음을 터득했던 것으로 보인다. 그리고 바로 그것이 조선의 국민문학론자들에게는 조선의 근대문학이 당연히 나아갈 바로 여겨졌을 것으로 보인다.

그런데 여기에서 주목해야 할 것은, 일본 메이지기와 다이쇼기의 문학론들의 '향토의 냄새', '흙의 냄새'에 상응하는, 1920년대 조선의 국민문학론의 '조선심', '조선적 정조', 혹은 '조선의 넋' 등이, 일본의 경우와 같이 공동체의 원초적인 감각의 형태로 현존하는 것이 아니라, 대단히 모호하거나 심지어 관념적인 것이었다는 사실이다. 그나마 가장 구체적으로 제시한 최남선의 경우 '조선심'은 일차적으로 조선인의 조선스러운 사상감정(思想感情)・고뇌희원(苦惱希願)・미추애락(美醜哀樂)[110]이나, 궁극적으로는 단군의 건국정신이나 단군에 대한 흠숭(欽崇)과 신앙을 의미하는 것이었다. 그 외 김억의 경우 조선의 민요나 시가에 존재하는 원시적 감정으로서 향토성 혹은 조선심은, "모든 苦惱와 悲慘을 뚫코 나아가는 生의 힘"[111]이었다. 그리고 국민문학론 외부의 문학자들로서 김동환의 경우 조선의 '국민성'은 '용감'과 '진취성'[112]이었다. 심

110) 崔南善, 「朝鮮國民文學으로의 時調」, 『朝鮮文壇』 第16號, 1926.5, 6면.
111) 金億, 「朝鮮心을 背景삼아-詩壇의 新年을 마즈며」, 『東亞日報』, 1924.1.1.
112) 金東煥, 「亡國的歌謠掃滅策」, 『朝鮮之光』 第70號, 1927.8.

지어 홍사용의 경우 "몃 千代 몃 百代 우리 祖上의 靈魂이 오래ㅅ동안 진이고 각구어", "億萬古 그동안을 이 나라 이 사람에게로, 거처 나려 온"[113] '조선의 넋'이야말로 글이나 말이 지닌 가치와는 비견할 수 없는 절대적 가치를 지녔다고는 역설했으나, 결코 그 '조선의 넋'이란 무엇인지 밝히지 못했다.

오히려 1920년대 조선의 국민문학론자들에게 '조선심'의 감각적 현존에 대한 각성이나 재현이라는 문제보다도, 문학어로서 조선어의 심미적 자질과 가치의 현현, 조선시가의 율격과 형식의 구현과 같은 문제가 보다 절실했던 것으로 보인다. 그것은 이미 국민문학론이 본격적으로 등장했던 1924년 주요한이 조선어의 미와 힘을 역설하고,[114] 이광수가 조선시가의 리듬과 시형을 구상했던 사정을[115] 통해서도 알 수 있을 터이다. 뿐만 아니라 최남선을 둘러싼 시조부흥론의 내부에서도 오로지 시조의 한취적(漢臭的) 내용과 형식적 제약만이 관심의 대상이었으며,[116] 주요한의 「이상(理想)과 현실(現實)」과 김억의 「「조선시형(朝鮮詩形)에 관(關)하야」을 듯고서」 사이의 주된 쟁점도 결국 시형의 문제였다.[117] 특히 이 가운데에서 김억이 「밟아질 조선시단(朝鮮詩壇)의 길」 이래 「프로메나도 센티멘탈라」, 「시형・언어・압운(詩形・言語・押韻)」을 거쳐 「격조시형론소고(格調詩形論小考)」에 이르는 가운데 고수했던 것은, 음성언어의 발화를 전제로 한 글쓰기를 통해서 전근대적 구술사회의 원시적 감정을 유지하고 영위할 수 있다는 신념이었다. 그리고 김억은 그러한 신념을 시적으로 형상화하는 유일한 길은 시가와 문학의 원형인 '민요'에 근간한 격조시

113) 露雀, 「民謠자랑—둘도 업는 寶物, 特色잇는 藝術, 朝鮮은 메나리 나라」, 『別乾坤』 第3卷 第2號, 1928.5.

114) 朱耀翰, 「노래를 지으시려는 이에게 (1)」, 『朝鮮文壇』 創刊號, 1924.10.

115) 李光洙, 「民謠小考 (1)」, 위의 책 第2號, 1924.11, 28~31면.

116) 孫晋泰, 「반다시 古型을 固執함은 退步」; 權悳奎, 「新詩形 發見의 經路」; 梁柱東, 「漢臭的 內容을 打破하라」, 『新民』 第23號, 京城 : 新民社, 1927.3.

117) 金岸曙, 「「朝鮮詩形에 關하야」을 듯고서 (四)」, 『朝鮮日報』, 1928.10.21.

형을 구현하는 데에 있다고 보았던 것이다.[118)]

이러한 사정은 1920년대 조선의 국민문학론과 일본 메이지기와 다이쇼기 문학론 사이의 차이를 시사한다고 할 수 있다. 근본적으로 조선의 국민문학론자들이 일본 메이지기와 다이쇼기의 문학론에서 주목했던 것은, 근대적인 시란 자국의 문학적 전통 가운데 존재하는 고유성, 혹은 개별성을 표상하는 것이며, 또한 그러한 고유성이나 개별성은 공동체의 보편적 심성과 감각의 형태로 표상된다는 주장이었을 것이다. 아울러 그러한 근대적인 시는 문자성보다는 구술성에 근간한 형식, 정형률을 통해서 가능하다는 주장이었을 것이다. 앞서 검토했던 기타무라 토코쿠를 비롯한 몇몇 일본의 문학자들 가운데에서 조선의 국민문학론자들이 시라토리 세이고의 문학론에 상대적으로 큰 관심을 보이지 않았던 것은, 바로 그러한 사정과도 무관하지 않다. 바로 여기에서 일본 메이지기와 다이쇼기 문학론에 대한 1920년대 조선의 국민문학론자들 나름의 전유의 한 방식, 즉 언어횡단적 실천의 입장을 엿볼 수 있다.

한 시대, 한 지역의 개별문학이 동시대 다른 지역의 개별문학과 그 외 문학을 둘러싼 다양한 지식들을 도입, 선택, 재(再)고안하는 일련의 과정에서, 새로운 담론이 형성되는 것은 지극히 당연한 현상일 것이나, 조선의 경우 문학론의 전개과정에서 공통심성의 감각적 현존에 대한 각성이나 재현이라는 문제가 상대적으로 간과되었던 것은, 1920년 당시 조선의 국민문학론자들에게는 기타하라 하쿠슈를 비롯한 일본의 문학자들에게 자명하게 존재했던 문학적 전통과 그것을 가능하게 했던 정전(正典, cannon)이 부재했다는 사실과 결코 무관하지 않다. 환언하자면 기타하라 하쿠슈를 비롯한 일본의 문학자들이, 근대적인 문학을 구상하는 가운데 전유의 대상으로 삼았던 『만엽집(萬葉集)』이나 『고금화가집(古今和歌集)』 이전의 민요나, 그 이후의 와카의 전통에 비견할 만한 문학적 전통과 그

118) 金岸曙, 「格調詩形論小考」, 『東亞日報』, 1930.1.16~26, 28~30.

정전은, 조선의 국민문학론자들의 입장에서 보자면 조선에는 부재했던 것이다. 앞서 제1장, 제2장, 그리고 제5장에서 검토한 바와 같이, 조선의 문학론자들은 『만엽집(萬葉集)』이나 『고금화가집(古今和歌集)』에 필적할 만한 정전을 발굴하거나, 조선의 문학적 전통 가운데에서 정전을 고안해 내야 했던 상황에 놓여 있었다. 아울러 정전의 발굴·고안과 동시에 조선인의 공통심성과 공통감각을 발견하여 문학적으로 형상화해야 했던, 대단히 복잡하고 분망한 상황에 놓여 있었다. 심지어 그 모든 발굴, 고안, 혹은 발견의 필요성에 대한 인식 또한 사실은 일본 메이지기와 다이쇼기의 문학연구와 문학론을 참조하는 가운데 형성되었던 것이 사실이다. 바로 그러한 이유로 1920년대 조선의 국민문학론은 일본과는 다른 문맥을 형성해 나아갈 수밖에 없었던 것으로 보인다.

제7장
국민문학론의 문학적 실천과 그 수준

1. 국민적 시가의 과제와 그 실천

그렇다면 1920년대 국민문학론자들은, 그들이 문학론을 통해서 제시한 조선의 근대적 시가에 대한 구상을 어떻게 창작을 통해 체현해 나아갔던 것인가. 지금까지 검토한 바를 염두에 두고 보면, 1920년대 국민문학론자들의 작품 하나하나는, 문학론과 그 밖의 논설들을 통해서 거듭 검토했던 바와 같이, 새로운 시대, 새로운 문학의 전범이어야 했고, 새로운 시대의 사명을 체현해야 하는 힘 그 자체이어야 했다. 이를테면 시가와 문학의 원형인 '민요'나 조선 고유의 문학적 양식인 '시조'에 근간한 근대적인 조선시 시형의 전범이어야 했고, 음성언어의 발화를 전제로 한 문학어로서 조선어의 심미적 자질과 가치를 현현해야 했다. 또한 조선인의 공통심성으로서 '조선심' 혹은 '향토성'을 재현하여, 민족 관념을 문학적으로 현현해야 했다. 나아가 서구 중심의 근대성을 상대화하는 삶의 가치와 힘을 현현해야 했다. 그리고 궁극적으로 그러한 글쓰기는 곧 조선의 지역적 경계를 넘는 세계 보편, 일반의 가치를 지녀야 했다. 이 장에서는 무엇보다도 1920년대 국민문학론자들이 문학론을 통해서 제시한 조선의 근대적 시가에 대한 구상을 어떻게 창작을 통해 체현해 나아갔던 것인가를 검토하는 데에 주안점을 두어야 하겠지만, 사실 이 장에서 궁극적으로 검토해야 하는 바가 이로써 그치는 것은 아니다.

하지만 앞서 이 책 모두에서 간략하게 언급한 바도 있듯이, 사실 이러한 일들이 1920년대 국민문학론자들에 의해 집단적으로 일사분란하게 이루어졌다고는 볼 수 없음은 두말할 나위도 없다. 실제 문학 작품의 층위에서 보자면, 이러한 일들은 김억·주요한·이광수·최남선, 그리고 김동환은 물론이거니와 그 밖의 몇몇 문학자들에 의해 산발적으로 이루어졌다고 보는 편이 타당할 터이다. 이를테면 이미 검토한 최남선의 『백팔번뇌(百八煩惱)』(1926)는 물론, 김억 스스로 민요시집이라고 표방한 『금모래』(1925), 『봄의 노래』(1925), 『안서시집(岸曙詩集)』(1929), 주요한의 『아름다운 새벽』(1924)과 『봉사꽃』(1930), 이광수·주요한·김동환 이 세 사람이 함께 발표한 『삼인작시가집(三人作詩歌集)』(1929)은 바로 그러한 성과들이라고 하겠다. 그런가 하면 1920년대 국민문학론자들과 문학론의 차원에서 보조를 함께 했던 것은 아니나, 변영로(卞榮魯)의 『조선(朝鮮)의 마음』(1924)이나 양주동(梁柱東)의 『조선(朝鮮)의 맥박(脈搏)』(1932)은, 국민문학론자들의 외연에서나마 문학 창작이 지닌 빛과 그늘을 반영한다는 의미에서 간과할 수 없는 성과들이라고 하겠다.

그럼에도 불구하고 1920년대 국민문학론의 공과(功過)를 검토하기 위해 이들 문학자들이 조선어에 대한 인식과 감각을 어떻게 표상했던가, 조선적 형식을 어떻게 구현했던가, '조선심' 혹은 '조선적 정조'를 어떠한 시적 수사, 의장(意匠), 심상을 통해 표상했던가를 묻지 않을 수 없다.

아울러 이들이 동시대 지성사의 과제를 문학작품을 통해 체현해 가는 가운데, 조선이라는 지역의 로컬리티와 심상지리를 어떻게 구축, 혹은 탈구축하고 재영토화 했던가를 물어야 할 것이다. 환언하자면 그것은 불과 10여 년 전만 하더라도 예컨대 서양의 문학의 사숙 없이는 조선의 근대문학은 성립 불가능하다거나,[1] 그 가운데 조선의 문학적 전통 따위는 아무 의미도 없다고[2] 역설했던 이들이, 도대체 그들은 스스로 "아무 의미도 없는" 조선이라는 지역(local)에서 무엇을 발견하고자 했고 또 발견했던가, 조선이라는 지역을 어떻게 의미 있는 공간으로 표상했으며, 그 표상이란 어떠한 것이었던가를 묻는 일인 것이다.

1920년대 국민문학론자들과 동시대 문학자들의 작품세계에 이러한 질문들을 던지는 가운데 주목해야 할 것은, 바로 그들의 작품세계 가운데 빈번히 등장하는 출향(出鄕)하여 타향(他鄕)을 전전하거나, 타향에서 영락(零落)하여 귀향한 탕자(蕩子)의 초상이다. 또한 이러한 탕자들의 귀향과 고향의 재발견이라는 모티프이다. 그것은 1920년대 국민문학론자들의 이른바 '조선으로의 회귀'란, 본질적으로 식민지 문학자들의 자기 정체성 탐색의 과정이었음을 시사하기 때문이다. 그리고 궁극적으로는 한국 근대시 형성의 토대와 조건들, 그 근저를 가로지르는 문학자들의 어떤 욕망을 시사하기 때문이다.

---

1) 岸曙 生, 「쯔란스 詩壇」, 『泰西文藝新報』 第10號, 京城 : 廣益書鋪, 1918.12.7.
2) 岸曙 生, 「詩形의 音律과 呼吸」, 위의 책 第14號, 1919.1.13.

2. 김억의 『봄이 오면』으로부터 『岸曙詩集』까지

1) 조선심, 혹은 향토성의 실상

앞서 간단히 언급한 바와 같이 김억이 1924년 「조선심(朝鮮心)을 배경(背景)삼아」로부터 1930년 「시형 · 언어 · 압운(詩形 · 言語 · 押韻)」에 이르는 6년여의 세월동안 문학론을 전개하는 가운데 발표했던 시집은 『금모래』(1925) · 『봄의 노래』(1925) · 『안서시집(岸曙詩集)』(1929) 세 권이며, 이 가운데에서 오늘날에는 『금모래』를 제외한 나머지 두 권을 통해서 김억의 작품세계를 엿볼 수 있다. 이 『봄의 노래』가 발표된 것이 1925년 9월 28일이고 김억이 시집의 서문을 쓴 것이 1925년 3월 10일인 점을 염두에 두고 보면, 이 시집은 김억이 「조선심(朝鮮心)을 배경(背景)삼아」(1924.1.1)와 「작시법(作詩法)」(1925.4) 사이, 혹은 「작시법(作詩法)」을 구상하고 집필하던 단계에서 발표한 것임을 알 수 있다. 이 시집의 서문에서 주목할 만한 대목은, 『봄의 노래』의 시편들이 김억의 "남의 것을 옴긴" '강징(强徵)된 생활과 표현' 가운데에 추구한 '자기(自己)의 진실(眞實)한 심상(心像)을 차즈랴고 애쓴' 결과라는 것, 그리고 "斷念的 哀傷에서 한거름을 나외여 빗과 밝음을 찻는" 것이었다고 술회한 부분들이다.[3] 이것은 김억이 한 해 전에 발표했던 「조선심(朝鮮心)을 배경(背景)삼아」에서, '조선심'을 배경으로 하지 않은, '창작(創作)도 번역(飜譯)도 아닌 작품(作品)'을 두고 남의 개성을 '절도(竊盜)'하는 것이며, '기생충(寄生蟲)'보다도 더 그 존재의 가치가 없는 '병신(病身)의 작품(作品)'이라고[4] 역설했던 것보다는 다소 완곡한 표현이나, 근본적으로는 「조선심(朝鮮心)을 배경(背景)삼아」의 주된 내용과 일치한다.

---

3) 金億, 「自序」, 『봄의 노래』, 京城 : 賣文社, 1925, 2~5면. 박경수 편, 『岸曙金億全集』 제1권 창작시집, 한국문화사, 1987, 715~718면.

4) 金億, 「朝鮮心을 背景삼아—詩壇의 新年을 마즈며」, 『東亞日報』, 1924.1.1.

김억이 『봄의 노래』의 「자서(自序)」 가운데에서 언급한 '자기(自己)의 진실(眞實)한 심상(心像)'이 「조선심(朝鮮心)을 배경(背景)삼아」에서 언급한 '조선심'이라면, 이때 '조선심'은 곧 진정한 조선적 심성의 감각적 표상을 의미할 것이고, 그러한 '심상(心像)'이 그려낸 공간이 바로 '조선(朝鮮)'일 것이다. 그리고 『봄의 노래』의 시편들에 미만한 사랑과 이별의 설움, 고적함, 향수의 정서들이고 보면[5] 이러한 정서들이 곧 '조선심'의 구체적인 현현이자, 그러한 정서를 통해 표상된 공간이 바로 '조선(朝鮮)'이라고 보아야 할 것이다.

요리도 孤寂한가을이
어데서 차자왓슬가.
나무닙사귀 붉히드니
이番에는 흔들어 써러지누나.
요리도 孤寂한가을이
어데잇다가 왓슬가.

보슬보슬 내리는비는
누구를 울니랴고 써러지며,
살살 휘도는 갈바람은
누구의귀에 설음을 소군거리노.
새밝하고도 孤寂한가을은
갈사록 울고만십구나.

—「孤寂한 가을」 전문[6]

저의 고요하야 잔물살도업는 맘바다우에

5) 『봄의 노래』에 수록된 62편의 작품들 가운데에 사랑과 이별을 주제로 한 작품들은 11편이며, 이러한 주제와 관련되어 '孤寂'이라는 어휘가 구체적으로 등장하는 시편은 8편, '설움'은 8편, '하소연' 혹은 '歎息'이 2편, '술'과 '醉氣'는 모두 3편, '눈물'은 6편, '鄕愁'는 7편으로, 모두 합하면 45편이 된다.
6) 金億, 「孤寂한 가을」, 박경수 편, 위의 책, 40면.

그대의 엿튼그림자가 빗최여 어리울때에
봄빗에 미친듯이 휘도는 醉한바람이
실버드나무의 간은가지에 매달녀
노래를 불으며, 한것 춤을 추엇습니다.
只今 저의 물살짓는 맘바다우에
그대의 어리운그림자가 깨여진 이때에는
海岸의 시들어가는海棠花만 바람에 불녀
끗업는 하늘로 香내를 떠돌니며
바람에 쓰서는 方向도업시 헤미입니다.

—「嘆息」 전문[7)]

『봄의 노래』의 시적 정서를 가장 잘 드러낼 뿐만 아니라, 완성도 또한 높은 편인 이 두 편의 작품을 통해서 알 수 있는 것은, 여전히 이 시집이 베를렌느(Paul Verlaine)의 「가을의 노래(Chanson d'automne)」가 환기하는 정서적 자장의 가운데에 있다는 사실일 터이다. 특히 「고적(孤寂)한 가을」의 '가을'이라는 시간적 배경과, '흔들어 떠러지'는 '나무닙사귀'가 환기하는 '고적(孤寂)'의 정서는 물론이거니와, 「탄식(嘆息)」의 마지막 연 세 행은 「가을의 노래」의 제3연 여섯 행을[8)] 연상하게까지 한다. 이 가운데 인용한 두 편의 작품의 근저를 가로지르는 '고적', '비애', '그리움'과 같은 정서와, 조락(凋落)한 '나무닙사귀', '바람에 불녀' '떠돌니며' '헤미'이는 '해당화(海棠花)'의 심상에 주목할 필요가 있다. 김억이 밝힌 바와 같이 이러한 정서와 심상이 곧 '자기(自己)의 진실(眞實)한 심상(心像)'이라면, 그것은 곧 서정적 주체의 자기정체성의 감각이기도 할 터이다. 또한 그러한 위화감, 소외감이나 좌절감을 수반한 심상들이, 이를테면 김억의 표현을

7) 金億, 「嘆息」, 위의 책, 293면.
8) 이를테면 다음과 같은 대목이다. "하여 나는 간다 / 거친 바람이 휘몰아가는 대로 / 이리로, 저리로 / 마치 / 낙엽처럼(Et je m'en vais / Au vent mauvais / Qui m'emporte / Deça, delà / Pareil à la / Feuille morte) //" Paul Verlaine, "Chanson d'automne", *Verlaine Œuvres poétiques complètes : Bibliothèque la pléiade*, Paris : Gallimard, 1962, 72~73면.

빌자면 온전한 의미의 창작도 번역도 아닌 상호텍스트성을 가로지르고 있는 사정이란, 환언하자면 '저곳' 혹은 '저것'으로서 서양 혹은 서양문학과 '이것' 혹은 '이곳'으로서 조선 혹은 조선문학 사이에서 저회(底廻)하는 조선문학자의 처지를 반영하는 것으로도 읽을 수 있다. 또한 그것은 내 몸은 '이곳' 문명과 근대의 주변에 있으나, 내 영혼은 '저곳' 문명과 근대의 중심에 있고, 또 있어야 한다는 이중의 자기정체성의 인식으로부터 비롯한 것이기도 하다. 어쩌면 그것은 흔히 탈식민주의 담론이 '검은 피부, 하얀 가면'이라는 상징적 수사로 대변한, 식민지인의 분열증적이고 양가적인 운명의 근원일 지도 모른다.[9)]

요컨대 김억의 문학작품에서 이러한 이중의 자기정체성의 감각이나 분열증적이고 양가적인 운명의 십자가를 질 수밖에 없는 서정적 주체가 돌아온 곳이 바로 '고향'인 조선이고, 바로 그곳에서 발견한 자기 치유의 비전이 바로 "모든 苦惱와 悲慘을 뚤코 나아가는 生과 힘",[10)] 즉 '조선심'이었던 것으로 보인다. 그리고 이러한 사정은 『안서시집(岸曙詩集)』 도처에서 읽을 수 있다.

바람에몰녀 定向업는몸일래
이날도하로 물결은찰랑찰랑.
써돌길래로 제故鄕이그립어
모래밧에서 설니도노래하네.

나의사람은 어데를메매는고.
바릴곳업는 하소연한이心思
날마다혼자 물소리듯노라면
지내간일만 솜솜히숨여들고.

---

9) Frantz Fanon, 海老坂 武・加藤晴久 譯, 『黒い皮膚・白い仮面*Peau noire, masques blancs*』, 東京 : みすず書房, 1998.

10) 金億, 「朝鮮心을 背景삼아－詩壇의 新年을 마즈며」, 『東亞日報』, 1924.1.1.

—「바다까에서」[11]

어머님이 기달이길래
故鄕이라 차자왓으나,
어즈럽히 쒸노는물결
이내心思 둘곳이어데.

흘너들인 바위를치고
다시밀녀 휘도는바다
世上시름에 넉을잃은
이내맘의 그것아니랴.

드나드는물은 모래밧에 덥은키쓰를 거듭해도
씻겨나니 흔적도업고.

몸을비꼬며 어이업시
불으짓는 물결소리는
사랑에도 臨終노래라.

—「黃浦海岸서」[12]

인용한 「바다까에서」에서 알 수 있듯이, 저 『봄의 노래』의 '흔들어 써러지'는 '나무닙사귀'가 환기하는 '고적(孤寂)'의 정서는, 이제 서정적 주체 혹은 '나의 사람'의 유적(流謫)의 삶과, '나의 사람'에 대한 그리움의 정서로 환치된다. 김억의 『안서시집(岸曙詩集)』을 지배하는 유적과 이별의 주제, 그리고 그 가운데에서 비롯하는 '하소연한 심사(心思)'라는 정서는, 앞서 인용한 「탄식(歎息)」과 위에서 인용한 「바다까에서」를 통해 알 수 있듯이, 고향을 떠났다가 영락하여 귀향한, 마치 신약복음서의

11) 金億, 「바다까에서」, 『岸曙詩集』, 京城 : 漢城圖書株式會社, 1929, 109～110면.
12) 金億, 「黃浦海岸서」, 위의 책, 51～52면.

유명한 인간형 가운데 하나인 탕자(蕩子)의 정서 바로 그것이라고 하겠다.[13]

바로 그러한 사정에서 인용한 「황포해안(黃浦海岸)서」에서, 어머니의 기다림만을 믿고 도회에서 세상 시름에 넋을 잃어 돌아온 탕자에게 고향이란 어머니의 임종(臨終)만을 알려줄 뿐이라는 탄식은 여러 가지로 음미해 볼 만 하다. 그것은 탕자가 돌아간 곳이 아버지가 아닌 어머니(la mère)가 계신 곳이고, 대륙이 아닌 바다(la mer)라는 사실이다. 인용한 시편들의 서정적 주체들이란, 일찍이 자신들을 교도(教導)할만한 자격을 지닌 부로(父老)도, 학교도, 사회도, 선각자도 없다고[14] 했던, 조선 사회의 전통적인 부성적 위계(hierarchy)를 부정하고, 서양의 문명을 통해 새로운 부성적 위계를 상상하고 그들 스스로 그러한 세계의 입법자가 되고자 했던 조선의 문학청년 바로 그들이었다. 그런데 이들이 탕자로 영락하여 귀향한 고향, 즉 조선은 여성성 혹은 모성의 공간인 것이다. 환언하자면 이들이 서양문명 혹은 세계로부터 위화감, 소외감, 좌절감을 뼈저리게 경험한 이후 돌아온 고향 조선이란 근본적으로 위로와 치유의 공간이었던 것이다.

그러나 한편으로 인용한 작품들은 고향에 돌아왔으나 그 곳이 고향이 아닌, 즉 그 어디도 고향일 수 없는 탕자의 저회의 운명을 암시하기도 한다. 고향 조선이 위로와 치유의 공간일 수 없다는 사실은, 내 몸은 비록 '이곳' 문명과 근대의 주변에 있으나, 내 영혼은 '저곳' 문명과 근대의 중심에 있고, 또 있어야 한다는 이중의 자기정체성의 인식의 균열을 의미한다고 하겠다. 심지어 이 탕자들의 영토는 결국 어디에나 현존하는 듯하지만 어디에도 실존하지 않는, 즉 그들이 스스로의 삶을 의미

---

13) "되찾은 아들의 비유", 「루카복음서」 15 : 11~32, 『성경』(주교회의 성서위원회), 한국천주교중앙협의회, 2005. St. Jerome, R. Weber ed., *Biblia Sacra Iuxta Vulgatam Versionem*, New York : American Bible Society, 1990.

14) 李光洙, 「今日我韓青年의 境遇」, 「朝鮮사람인 青年에게」, 『少年』 第3年 第6卷, 京城 : 新文館, 1910.6.

있는 것으로 발현할 수 있는 현실적 소여가 부재하는 엄혹한 현실을 의미하기도 하는 것이다. 그리고 그러한 '현실'이야말로 이를테면 김억이 「시론(詩論)」에서 언급했던 '혼둔(混鈍)한 세계(世界)', '실행(實行)의 세계(世界)', '무반성(無反省)의 세계(世界)', '몰비판(沒批判)의 세계(世界)', '잇는 그대로의 세계(世界)'로서 조선과 세계의 현실[15] 바로 그것이라고 하겠다. 그리고 그러한 현실이란 『안서시집(岸曙詩集)』에서 흔히 등장하는 '돈々하는' 도회의 삶을 냉소적으로 표현한 일련의 작품들을 통해서 분명히 알 수 있다.

돈々하는 이世上에서
詩는지어 무엇에쓰오.
참말올소 그말이올소.
돈々하는 世上이길래
할 일업서 詩째나지어
혼자보고 즐겨웃지요.

쎄야하는 이世上에서
술은먹어 무엇을하오.
틀님업소 올흔말이요.
모다눈뜬 世上이길래.
고단하야 잔을쌀고서
혼자醉해 울며놀지요.

—「詩와 술」에서[16]

인용한 시에서 "돈々하는 이世上", "모다눈뜬 世上"은, 김억이 다른 작품들에서도 "사랑은 商品, 한 째의 市勢라고 / 只今의 道令들과 春香아씨들",[17] 혹은 "서울은 큰 都市, 계집도 만소 / 맘낙시 살낙시 別別낙

15) 金億, 「詩論 (2)」, 『大潮』 第4號, 1930.7.
16) 金億, 「詩와 술」, 『岸曙詩集』, 京城 : 漢城圖書株式會社, 1929, 109~110면.

시에 / 銀金밋기를 토독히 물녀도 / 게집들 배돌다 밋기만 짜오"[18]라고 했던, 이른바 "팔고 사는 이 세상"[19]이며, 또한 그것이 바로 물질의 노예가 되어 진정한 자기의 생을 표현할 줄 모르고 방종의 쾌락에만 물들어 있는 조선인의 타락한 인정세태일 것이다.[20] 그렇다면 이 탕자들은 '혼둔(混鈍)한 세계(世界)', '실행(實行)의 세계(世界)', '무반성(無反省)의 세계(世界)', '몰비판(沒批判)의 세계(世界)', '잇는 그대로의 세계(世界)'가 아닌 어디에서 어떻게 훼손된 자기정체성의 감각을 어디에서 어떻게 위로받고 치유받을 것인가. 그들의 진정한 고향, 영토인 조선은 어디에 있는가. 그것은 저 「바다싸에서」의 '하소연한 이 심사(心思)'가 현실적 공간에서의 저회의 정서가 아닌, 관념적 공간에서의 소생의 예감으로 전환하는 가운데 드러나는 것으로 보인다.

여봅소 西關아씨,
永明寺 牧丹峰엔
오늘도 넘는해가 빨핫게 불이붓소.

西關에 불이붓고,
東山에 불이붓고,
大同江 복판에도 불빗이 붉소구료.
여봅소 西關아씨,
이내의 열여듧엔
하소연한 심사의, 불길이 타는구료.

—「여봅소 西關아씨」[21]

---

17) 金億, 「春香이와 李道令」, 위의 책, 162면.
18) 金億, 「고기잡이」, 위의 책, 88면.
19) 金億, 「돈」, 위의 책, 59면.
20) 金億, 「直觀과 表現(續)」, 『東亞日報』, 1925.4.13.
21) 金億, 「여봅소 西關아씨」, 앞의 책, 13~14면.

인용한 작품에서 주목해야 할 대목은, 우선 평안북도 정주(定州)가 고향인 김억의 '서관(西關)'에 대한 향수와 '서관(西關)아씨'를 향한 '하소연한 心思'이다. 특히 이 '하소연한 심사(心思)'란 앞서 인용한 일군의 작품들에 미만한 그리움으로, 유적의 삶으로부터 비롯하는 '고적(孤寂)'이나, 허무와 상실감과 같은 저회의 정서가 아니라, 임종한 어머니를 대신하는 고향의 처녀에 대한 사춘기의 신열(身熱)이다. 물론 그것은 범박한 차원의 생의 신산(辛酸)과 풍상(風霜)을 총칭하는 모호한 정서에 불과할 뿐만 아니라, 과연 『안서시집(岸曙詩集)』 전편에 걸친 서정적 주체의 분열되고 훼손된 자기정체성의 감각을 쇄신하는 역동성을 지닐 지는 의문이다.

그럼에도 불구하고 이 '하소연한 심사(心思)'야말로, 김억이 근대적인 조선의 시가로 표현해야 한다고 보았던 조선인의 '원시적인 감정', 즉 '혼돈(混鈍)한 세계(世界)', '실행(實行)의 세계(世界)', '무반성(無反省)의 세계(世界)', '몰비판(沒批判)의 세계(世界)', '잇는 그대로의 세계(世界)'로서 조선과 세계의 현실[22]을 "뚤코 나아가는 생(生)과 힘"으로서 '조선심' 바로 그것이었을 것이고, 그러한 '조선심'이 현현하는 '서관(西關)'이라는 지역은 고향이라는 협소한 한계를 넘어 '조선(朝鮮)' 전체를 표상하는 공간으로 확장될 수 있는 것이다. 즉 김억은 서관(西關)의 아씨를 향한 사춘기의 신열과 같은 조선인의 '원시적인 감정'과 서관이라는 향토가, 한 때의 시세이며, 마음 낚시, 살 낚시에 불과한 상품으로 유통되는 사랑이나 그러한 세태로 미만한 도회를 '지도편달하는 힘'을 지니고 있다고 보았던 것이다.

그런데 김억에게 이 '하소연한 심사(心思)'라는 '원시적인 감정'으로서 '조선심'이란, 앞서 제5장에서 검토한 바와 같이, 근대나 문명 자체를 상대화하는 관념 혹은 매우 강력한 반근대, 반문명의 관념으로부터 비롯할 터이다. 또한 그러한 관념을 현현하는 심상지리의 공간이 바로

---

22) 金億, 「詩論 (2)」, 『大潮』 第4號, 1930.7.

'서관(西關)'이라는 향토이고 '조선(朝鮮)'이라고 하겠다. 이러한 사정을 염두에 두고 보면, 이 「여봅소 서관(西關)아씨」와 같은 작품은 한편으로는 서양의 근대·문명과 조선의 원시성 사이에 가로놓인 로컬리티의 위계를 상대화하거나 심지어 탈구축하는 가능성마저 담지하고 있다고 볼 수 있을 것이다. 그런데 흥미로운 것은, 앞서 인용했던 작품들과 이 작품을 두고 보면, 도회의 춘향(春香)과 서관의 아씨, 도회의 물신주의와 서관의 아씨를 향한 '하소연한 심사(心思)'이라는 서정적 주체의 신열에서 알 수 있듯이, 도회 서울이 잃어버린 생과 힘을 평양의 영명사(永明寺), 모란봉(牧丹峰), 대동강(大同江), 혹은 서관으로 표상되는 고향이나 향토의 세계가 지니고 있다는 로컬리티의 인식의 근저에 일종의 원시주의적 사고가 가로놓여 있다는 사실이다. 특히 서관의 아씨에 대한 서정적 주체의 심리란, 제4장에서 검토한 『신진[眞人]』 동인들이 식민지 조선과 일본 사이의 대조·대립을 젠더화해서, 조선을 아직 파과를 경험하지 않은 처녀지로서 표상하고, '여성화'되고 수동적·복종적·이국적이고, 성적으로 신비로운 유혹적 존재로 간주하는 가운데, 고쿠분가쿠의 자기 확장의 논리를 투사했던 가운데 나타난 오리엔탈리즘적 사고와 유사하다는 점에서 중요하다.

그와 같은 사정에서, 김억이 자신의 문학론을 통해서 역설했던, 인생의 온갖 눈물, 설움, 괴로움을 곱게 하여주고, 인생의 피곤을 잊어버리게 해 주는 시가의 '심적(心的) 황홀(恍惚)'과 그 가치[23]의 문학적 현현인 『봄의 노래』와 『안서시집(岸曙詩集)』의 정서는, 결국 『신진』지 동인들이 누누이 지적했던 조선민요의 주제이자 조선인의 민족성인, '체념과 찰나의 향락주의', '애절한 이별의 고통', "비명으로 드러나는 연애욕망", "불우한 운명에 대한 순종", "비정상적인 낙천적 태도", "절망·염세·

23) 金億, 「詩壇의 一年」, 『開闢』 第42號, 1923.12, 41면. 金億, 「朝鮮心을 背景삼아—詩壇의 新年을 마즈며」, 『東亞日報』, 1924.1.1. 金億, 「詩壇散策」, 『開闢』 第46號, 1924.4, 31면.

자기(自棄)·찰나의 쾌락", "소박하고 솔직하고 자연적이며 야생적인 무기교", '생명의 감격', '절실한 진정', '생활의 실감', '처녀의 조심스러움'[24] 등과 먼 거리에 있다고는 결코 말할 수 없을 터이다. 즉 김억의 신념대로 『봄의 노래』와 『안서시집(岸曙詩集)』에서 현현한, 서관 아씨를 향한 사춘기적 신열이 환기하는 '심적(心的) 황홀(恍惚)'의 세계가, 근대적 조선의 시가가 표상해야 할 생과 힘이었다면, 그것은 이미 제국 일본의 식민지에 대한 원시주의와 오리엔탈리즘과 제휴할 가능성을 충분히 지니고 있는 것이다.

물론 김억 자신이 이러한 사정까지 염두에 두고 있었을 리는 만무하다. 도리어 김억은 식민주의자의 원시주의적이고 오리엔탈리즘적인 시선과 인식을 통해서 '자기(自己)의 진실(眞實)한 심상(心像)', 즉 근대적인 조선의 시가가 표상해야 할 생과 힘의 실재와 대면했던 것으로 보인다. 그리고 그 생과 힘의 실재란 한편으로는 매우 강력한 세계문학의 중심을 향한 동시성의 열망으로부터 비롯했던 것으로 보인다. 그것은 『봄의 노래』와 『안서시집(岸曙詩集)』의 작품세계의 주조를 이루는 정서가, 사실은 김억이 이 두 시집을 발표하기 전인 1924년 무렵 사로지니 나이두(Sarojini Naidu)의 시에서 발견했던 "자연의 美를 그립어 하는 맘", "애인을 그립어 하는 맘", "心的 恍惚", "無條件的으로 그립어하며 醉하는 맘", 그리고 "까닭없이 울고만 십픈 듯한 감정"으로서 '동양의 맘'[25]의 조선적 판본에 가깝다는 사실을 통해 충분히 짐작할 수 있다. 인도의 여성시인인 사로지니 나이두가 '인도의 나이팅게일(The Nightingale of India)'이라는 애칭으로 영국왕립문학회 회원의 지위에까지 오를 수 있었던 것은, 무엇보다도 사로지니 나이두가 작품에서 현현했던 '동양의 맘'이었다는

24) 岡田貢, 「朝鮮民謠に現はれた諸相」; 難破專太郎, 「朝鮮民謠の特質」; 今村螺炎, 「朝鮮の民謠」; 淸水兵三, 「朝鮮の鄕土と民謠」, 『朝鮮民謠の硏究』(市山盛雄 編), 東京 : 坂本書店, 1927.

25) 金岸曙, 「사로지니·나이두의 抒情詩 (1)」, 『靈臺』 第4號, 京城 : 靈臺社, 1924.12, 234~235면.

사실을 김억이 역설했을 때에, 이미 그는 식민지 여성시인에 대한 대영제국의 식민주의적 시선을 의식했다기 보다는, 도리어 비서구지역의 향토성이 세계문학 일반의 수준, 혹은 중심적 지위로 나아가는 가능성을 보았을 것이다.

그럼에도 불구하고 영락하여 귀향한 탕자로서 서정적 주체가 범박한 차원의 생의 신산과 풍상이 환기하는 '하소연한 심사(心思)'와 같은 '원시적인 감정'으로서 '조선심'을 통해서 어떻게 분열되고 훼손된 자기정체성의 감각을 쇄신할 수 있고, 또한 반근대 반문명의 거점일 수 있는가는 여전히 의문으로 남는다. 뿐만 아니라 그러한 '조선심'의 표상을 통해 어떻게 조선이라는 지역을 둘러싼 로컬리티를 탈구축할 수 있는가는 더욱 회의적일 수밖에 없다. 그럼에도 불구하고 김억은 그러한 일들이, 서정적 주체에게 선험적으로 주어진 향토의 풍요로운 삶의 질서를 깨닫는 순간에, 이를테면 정주(定州)의 황포(黃浦)와 같은 공간이 인정세태의 무상한 변화와 무관하게 우주적 질서 가운데에서 현존하고 있다는 것을 노래함으로써 발견하고자 했다.

> 陽地귀 잔디밧에
> 속닙 프르고
> 바다엔 어름풀녁
> 오가는흰돗
> 어야데야 배소리
> 하늘에 찻소.
>
> 하늘中天 내ㅅ川字
> 行列을 지어
> 넓은플을 날도는
> 기럭 그기럭
> 기럭이는 왓노라

잘도 울것다.

十里浦口 질편타
두둥실 뜬배,
고기잡이 노래에
浦口아씨네
제속은 싼데두고
웃지만 마소.

無心한 갈매기도
限껏 목노하
여저긔 노래노래
雙雙히 돌며
새라새봄 제興에
잘도 놀것다.

—「黃浦의 첫봄」[26)]

인용한 작품에 나타난 공간을 구성하는 푸른 잔디밭, 풍어가(豊漁歌) 가득한 어선, 쌍쌍이 하늘을 가로지르는 갈매기, 포구의 아가씨들의 웃음, 이 봄의 흥성거림이 이루어내는 그러한 질서는 하나의 거대한 유기체적 일체감과 우주적 질서를 형성하고 있다. 김억은 바로 그러한 유기체적 일체감, 우주적 질서에 순응하는 가운데 비로소 “모든 苦惱와 悲慘을 뚫코 나아가는 生과 힘”을 얻을 수 있다고 말하고 있는 것이다. 김억이 「황포(黃浦)의 첫봄」에서 그려낸 유기체적 일체감의 정서와 우주적 질서에 순응하는 서정적 주체의 거룩한 감개야 말로, 앞서 최남선의 경우는 물론이거니와 앞으로 검토하게 될 다른 문학자들에서도 공통적으로 나타나는, 민족주의 수사가들의 상투적인 환유임은 두말할 나위도

26) 金億, 「黃浦의 첫봄」, 『岸曙詩集』, 京城 : 漢城圖書株式會社, 1929, 9~12면.

없다.

김억은 『안서시집(岸曙詩集)』의 첫 장인 「옛 마을 황포(黃浦)」 편에 수록된 20편의 시편들을 중심으로, 향토의 범위를 북선(北鮮)지역 전체로 확장하면서,[27] 황포라는 개별적이고 특수한 지역이 환기하는 시적 정서나 시적 체험을, 조선인 전체의 일반적이고 보편적 심성으로서 '조선심'에 포함시키고자 했다. 특히 북선의 지역에 편중되어 있으나, 서정적 주체가 특정한 지리적 공간을 매개로 자신의 감회를 표현하는 형태의 작품이 『안서시집(岸曙詩集)』의 창작시 전체 96편 가운데 34편(35%)이나 된다는 사실은 주목할 만하다. 이와 같은 작품들은 일견 대다수의 동포를 알 수도, 만날 수도 없고, 서로에 대해 어떠한 정보도 알 수 없는 익명의 조선인 독자들 사이에 영통(communion)의 이미지를 제공하여, 민족 공동체를 상상하게 하는 역할을 할 터이다.[28]

아울러 이 「황포(黃浦)의 첫봄」에 묘사된 풍경이란, 엄밀하게 말하자면 현존하는 공간의 묘사로 이루어진 것이 아니라, 도회로 출향(出鄕)한 서정적 주체가 향수의 정서로 기억 속에서 불러낸 환영이다. 또한 그것은 김억이 북선 지역을 마치 조선심이 현현한 공간인 양 표상하는 가운

27) 『岸曙詩集』에 등장하는 주요 지명들을 정리하면 다음과 같다.

黃浦(平安北道 定州)	「黃浦의 첫봄」, 「오다가다」, 「비」, 「오늘하루도」, 「浦口노래」, 「눈」, 「별」, 「黃浦海岸서」, 「水夫의 노래」
郭山(平安北道)	「郭山」
身彌島(平安北道 宣川郡)	「갈매기」
元山(咸鏡北道)	「元山서」, 「松濤園小夜景」, 「燈臺」, 「消遺」, 「밀녀드니」
平壤(平安南道)	「여봅소 西關아씨」, 「버들가지」, 「無信」, 「님생각」
南浦(平安南道)	「南浦」, 「낫달」
開城(平安南道)	「松京서」
長箭(江原道 高城郡)	「長箭海岸에서」, 「고기잡이」, 「나리꽃」
雪嶽山(江原道)	「산고개」
서울(京城)	「고기잡이」, 「님생각」, 「봄은 와서」, 「昌慶苑」, 「再會」
국외(中國, 滿洲峯川)	「再會」
기타(南國)	「지는 봄」

28) Benedict Anderson, 白石さや・白石隆 譯, 「I. 序」, 『增補 想像の共同體－ナショナリズムの起源と流行*Imaginated Communities : Reflection on the Origin and Spread of Nationalism*』, 東京 : NTT出版, 1997, 24면.

데 관념적으로 구성된 심상지리의 공간이기도 하다. 김억은 이러한 우주적 질서 가운데 환영처럼 현존하는 관념적인 공간으로서 조선이야말로, 식민지 조선인의 분열되고 훼손된 자기정체성의 감각을 쇄신할 수 있다는 신념을 지니고 있었던 것으로 보인다. 더욱이 그러한 신념은 서양의 근대·문명과 조선의 향토성 사이에 가로놓인 로컬리티의 위계가 관념적 차원에서 이미 탈구축 혹은 전도된 이후에 등장할 수 있을 것이다. 바로 이러한 북선의 지역이, 나아가 조선이 단순한 반근대 반문명의 지역으로서의 차원을 넘어서, 영락한 탕자로서 귀향한 식민지 지식인의 저회는 물론이거니와 조선인의 훼손되고 분열된 정체성의 극복하고 치유하는 공간일 수 있다면, 그것은 무엇보다도 김억 스스로 고향으로서 북선 지역 나아가 조선이 도구적 합리성이나 탈마법화를 결코 경험하지 않은 공간이라고 믿었기 때문이다. 이러한 신념이야말로 고향 북선 지역은 물론이거니와 나아가 조선이라는 지역에 특권적인 지위를 부여하여 재영토화 하는 중요한 근거라고 하겠다.

그런데 김억의 작품세계 대부분을 차지하는 것은, 저 「황포(黃浦)의 첫봄」에서 나타난 바와 같은 조선의 향토가 현현하는 우주적 질서나 유기체적 일체감보다는, 저 「여봅소 서관(西關)아씨」에서 나타난 바와 같은 서정적 주체의 유적이나 비련(悲戀)의 애상, 세계와의 불화에서 비롯한 '하소연한 심사(心思)'를 토로하는 작품들이라는 사실을 지적하지 않을 수 없다.

> 元山기슭 감돌아나는 東海바다에
> 뒤숭숭한 이내시름을 모다던지고
> 이하로는 모래밧우에 눕어섯노라.
>
> 맑한하늘 예도는구름은 뭉긔뭉긔
> 드나드는물결은 혼자서 찰삭찰삭

내여버린시름 하나둘 쏘밀녀든다.

世上시름 바릴곳업서 바다까 가섯노라,
드는물 나는물은 기슭치며 서로쒸놀고
도토리한알 定向업시 그우에 써돌네라,
나는다시 돌아왔노라, 서럽은이光景 보고.

술먹는親故들의 쏘이는말이
쓴시름 아조니저 몸便타기로
한甁두甁 長나발 불어냇드니,
하늘만핑핑 새시름은 웬일고.

―「消遣」전문[29]

이 연작시 「소유(消遣)」는 『안서시편(岸曙詩篇)』의 주된 시적 공간 가운데 하나인 함경북도 원산(元山)을 배경으로 한 작품 가운데에서 비교적 완성도가 높은 작품이다. 하지만 이 작품에서 서정적 주체는 바다에 뜬 도토리 한 알처럼 정처 없고 고적한 존재일 뿐이며, 그에게 이 원산의 해안은 시름과 설움만을 환기시키는 공간일 뿐이다. 이 「소유(消遣)」에 이르게 되면, 『안서시집(岸曙詩集)』의 근간인 '시름'과 '설움', '정처 없음'과 '고적'의 정서나 명정(酩酊)과 같은 제재가 어떤 시적 진실이나 진정성을 담고 있다기보다는, 그 자체가 이미 김억 스스로 시적인 것이라고 여기는 관습적 의장(意匠)이라는 것을 알게 된다. 즉 "자연의 美를 그립어 하는 맘", "애인을 그립어 하는 맘", "心的 恍惚", "無條件的으로 그립어 하며 醉하는 맘", 그리고 "까닭없이 울고만 십픈 듯한 감정"으로서 '동양의 맘'을 현현하는 것 자체가 한 편의 시가 되고 마는 형국인 셈이다. 그러한 가운데에서 동시대의 "모든 苦惱와 悲慘을 뚤코 나아가는 生과 힘"으로서 '조선심'은 김억의 작품세계에서 대단히 제한적으로 드러날

29) 金億, 「消遣」, 앞의 책, 124~126면.

수밖에 없거나, 아니면 처음부터 작품을 통해서 형상화되기 어려운 것일 수밖에 없다.

바로 이 점이야말로 김억의 작품세계가 지닌 가장 심각한 한계라고 해야 할 것이다. 또한 그러한 사정에서 김억이 문학론을 통해서 전개했던 문학적 입장도 공소한 수준에 머무르고 마는 위험을 지니게 되는 것이다. 하지만 김억은 이러한 형국을 심각하게 여기지 않았을 터이다. 그에게 보다 중요하고도 절실했던 문제는, 그가 표상하고자 했던 '조선심'이 어떻게 저 사로지니 나이두의 '동양의 맘'과 같이, 세계문학의 장에서 인준을 얻을 수 있을 것인가 하는 것이었기 때문이다. 김억에게는 그러한 문제가 조선의 향토에 깃든 우주적 질서나 유기체적 일체감을 표상함으로써 조선의 향토성을 특권화하는 일보다도 더욱 긴요한 일이었다고 하겠다. 그리고 그러한 김억의 태도의 근저에는, 앞서 그의 문학론을 검토하는 가운데에서도 드러난 바와 같이, 조선문학의 세계성 선취를 향한, 혹은 세계문학에 대한 매우 강력한 동시성의 열망이 가로놓여 있었다고 하겠다. 그러한 김억의 열망이 작품성 혹은 문학적 가치와 관련한 어떠한 고민도 할 수 없게 만들었던 것인지도 모른다.

2) 음성중심주의의 한계와 격조시형의 경직성

한편 김억의 『봄의 노래』·『안서시집(岸曙詩集)』의 시편들은, 여전히 국문과 한자의 병용이라는 표기의 이중성으로부터도 결코 자유롭지 못하다는 사실 또한 간과할 수 없겠다. 이러한 사정은 이미 『안서시집(岸曙詩集)』 발표를 전후로 해서 김억이, 근대적인 조선시가의 시어는 조선인의 향토성이 담긴 신성한 고유어이어야 하며, 한자어는 조선어 특유의 어감과 음조미(音調美)를 소거시킬 뿐만 아니라, 독자의 이해에도 방해가 되며, 더욱이 고유어의 신성함을 해치기 때문에 배격해야 한다고[30] 주장했던 바와 결코 부합하지 않는다. 문학론과 작품세계 사이의 불일치는 우선 앞서 인용한 몇 편의 작품들을 통해서도 충분히 알 수 있다.

> '孤寂'(「孤寂한 가을」), '醉한'·'只今'·'海岸'·'海棠花'·'香내'·'方向'(「嘆息」),
> '定向'·'故鄕'·'心思'(「바다까에서」),
> '西關'·'永明寺'·'牧丹峰'·'大同江'(「여봅소 西關아씨」),
> '世上'·'詩'·'醉해'(「詩와 술」), '故鄕'·'世上'·'臨終'(「黃浦海岸서」),
> '陽地'·'하늘中天'·'내ㅅ川字'·'行列'·'十里浦口'·'無心한'·'限쩟'·'雙雙히'·'제興에'(「黃浦의 첫봄」),
> '元山'·'東海'·'世上'·'定向'·'光景'·'親故'·'便타'·'한甁두甁'·'長나발'(「消遣」)

이 어휘들 가운데에서 '서관(西關)', '영명사(永明寺)', '목단봉(牧丹峰)'과 같은 지명을 가리키는 고유명사를 일단 제외하고 보더라도, 나머지 어휘들 대부분은 한자로 표기해서 얻게 될 시적 효과는 희박해 보인다. 특히 김억이 「프로메나도 센티멘탈라」에서 '유수(流水)'와 '흐르는 물' 사이에는 음조의 차이뿐만 아니라 의미의 차이까지 있음을 역설했던 사정을[31] 염두에 두고 보면, '바다까'가 아닌 '해안(海岸)', '친구'나 '동무'가 아닌 '친고(親故)'를, '취해'가 아닌 '취(醉)해', '무심한'이 아닌 '무심(無心)한', '한쩟'이 아닌 '한(限)쩟', '쌍쌍히'가 아닌 '쌍쌍(雙雙)히'를 선택했을 때, 음조나 의미에 대한 세심한 배려는 엿볼 수 없다. 특히 김억이 '제흥에'가 아닌 '제흥(興)에'를 선택했던 순간에는, 황포는 유기체적 일체감과 우주적 질서 가운데에서 조선심이 현현하는 향토로서 존재하기 어려워지는 것이다.

---

30) 金岸曙, 「밝아질 朝鮮詩壇의 길 上·下」, 『東亞日報』, 1927.1.2~3. 金岸曙, 「프로메나도 센티멘탈라 (三)」, 위의 책, 1929.5.20. 金岸曙, 「프로메나도 센티멘탈라 (十)」, 위의 책, 1929.5.28.

31) 金岸曙, 「프로메나도 센티멘탈라 (三)」, 『東亞日報』, 1929.5.20.

이와 같은 어휘들은 김억이 여전히 문자언어보다 현존에 더 가까이 있는 음성언어의 직접성이나, 음성언어를 통해서 드러나는 서정적 주체의 내면, 그 현존의 확실한 순간과의 조우를 불안하게 여기고 있었음을 나타내기에 충분하다. 그것은 '취(醉)해', '무심(無心)한', '한(限)껏', '쌍쌍(雙雙)히'와 같이, 고유명사에 비해서 서정적 주체의 자기표출성이 뛰어난 품사인 형용사나 부사마저도[32] 한자의 시각적 텍스트성(textuality)에 의해 지배받는 사정을 통해서 분명히 나타난다. 그리고 그러한 사정은 역시 '하늘'과 '天'이 사실은 지시적 의미의 동일성을 나타내는 데에도 불구하고 '하늘中天'의 형태로 나타날 수밖에 없는 가운데에서 극명하게 나타난다. 이러한 사실은 결국 김억의 음성주의적 인식이 그다지 분명하지 않았다는 것을 시사한다. 그것은 무엇보다도 김억의 문학론과 작품세계 사이의 괴리나 길항을 의미할 터이나, 그보다 더욱 중요한 문제는, 그러한 괴리와 길항으로 인해, 그가 구상했던 것처럼 청중을 대상으로 한 음성언어의 발화 형식을 통해 청중 공동체 사이의 일체감을 형성하기도 어려울 뿐더러, 그러한 일체감이 김억 자신은 물론이거니와 동시대 지식인들의 민족공동체의 이상과도 부합하지 않는다는 사실이다.

十里浦口 山넘언
그대사는곳,
쑝이쑝이 살구쏫
바람에 논다.

—「오다가다」에서[33]

봄날저녁에 내리는비는

32) 吉本隆明, 「第I章 言語の本質」, 『定本 言語にとって美とはなにか』 第1巻, 東京 : 角川書店, 1990, 69~71면.
33) 金億, 「오다가다」, 『岸曙詩集』, 京城 : 漢城圖書株式會社, 1929, 17면.

보슬보슬 고요도합니다.

—「봄비」에서[34]

새감한밤에 물결은 찰삭찰삭
흰등대 몟번이나 반듯거리고
붉은등대 몟번을 헤적엿는고
덧없는때는 혼자서 희여질제.

—「燈臺」에서[35]

송이송이 포도알
토독히 달녀
포도가지 무겁어
허리굽혓소.

—「포도」에서[36]

한자어의 배제와 함께 김억이 시어의 음조미를 위해서 당부했던 것 가운데 주목해야 할 것은, 이른바 언문일치체의 평서형 종결어미인 '~다'의 배제, 형용사나 첩어(疊語)부사와 같은 의성어·의태어의 사용과 관련된 대목이다. 김억은 평론이나 그 밖의 산문에서도 그러했듯이 시에서도 의도적으로 '~다'의 사용을 극도로 자제하고 있다. 뿐만 아니라 인용한 구절들을 통해서 알 수 있듯이, '송이송이', '보슬보슬', '찰삭찰삭'과 같은 첩어부사들을 빈번히 사용하고 있다. 이러한 첩어부사들은 그 자체로 이미 음성상징의 호음조(好音調)를 형성할 뿐만 아니라, 7·5조의 정형율격을 지키는 효과까지 있다. 또한 인용한 「오다가다」의 구절 가운데 2행과 3행 마지막의 '곳'·'솟', 「등대(燈臺)」의 2행과 3행 마지막의 '곳', 「포도」의 2행과 3행 마지막의 '녀'·'어'와 같은 각운의 요소까지 더하면, 하나의 연 전체가 동일한 음절의 반복으로 인한 리듬감

34) 金億, 「봄비」, 위의 책, 67면.
35) 金億, 「燈臺」, 위의 책, 86면.
36) 金億, 「포도」, 위의 책, 100면.

을 형성하게 된다. 그러한 리듬감을 형성하는 가운데 무엇보다도 강렬한 인상을 남기는 것은 역시 첩어부사일 것이다.

물론 그러한 첩어부사가 김억이 시어의 어감과 음조미를 드러내고 나아가 서정적 주체의 정서를 십분 표현하기 위해, 조선어의 시적 가능성을 적극적으로 모색한 결과이며, 민요의 전통을 염두에 둔 수사적 표현일 것이다. 그러나 이러한 첩어부사가 7·5조라는 제한된 시형에서 도리어 서정적 주체의 심화된 시적 인식의 전개를 가로막아, 전체적으로 시의 격을 떨어뜨리는 결과를 초래한다는 점을 간과할 수는 없을 것이다. 그럼에도 김억이 첩어부사에 남다른 애착을 지니고 있었던 것은, 김억 스스로 밝힌 바와 같이 '하소연한 생각'과 '아와이(淡い)한 늣김'[37] 이야말로 시의 심미적 가치라고 보았던 그의 미적 인식 때문일 것이다. 이러한 사정을 충분히 인정한다손 치더라도, 첩어부사로 표현하는 '하소연한 생각'과 '아와이한 늣김'이, 동시대의 물질주의가 빚어낸 "모든 苦惱와 悲慘을 뚤코 나아가는 生과 힘"으로서 '조선심'을 표현하기에 합당한 것이라고는 보기 어렵다. 도리어 이러한 사정은 김억의 작품세계가 지닌 심각한 한계와 그의 공소한 수준의 문학적 입장을 부각시킬 뿐이다.

또한 김억이 앞서 인용한 대부분의 작품들에서, 한 연에 적어도 두 번씩 반드시 구두점을 사용하고 있었다는 점도 간과해서는 안 될 대목이다. 이러한 구두점은 음조미의 형성과는 무관하지만, 한편으로는 한 작품에서 시상의 전개과정을 몇 개의 단위로 나누는 분명한 표지가 된다. 뿐만 아니라 김억이 한 연을 하나의 문장단위로 인식하고 있었음을 시사하기도 한다. 행과 연을 구분하는 가운데 이미 시상의 전개나 율격의 단위가 구분되는데, 굳이 구두점을 사용하고 있었던 것은, 실제 김억의 작품세계를 문학론에서와는 다르게 온전한 의미에서 청중을 대상으

---

37) 金岸曙, 「「朝鮮詩形에 關하야」을 듯고서 (五)」, 『朝鮮日報』, 1928.10.23.

로 하는 음독의 글쓰기라고 보기 어렵게 한다.

그러나 김억은 시적 인식보다도 언어의 음조미와 심미적 의식을 심화하는 데에 애착을 지니고 있었던 것으로 보이며, 그 궁극적인 경지는 바로 격조시형의 완성에 있다고 여겼던 것으로 보인다. 김억이 스스로 "詩的 要素에 쌀아서 詩形의 音節數를 定"하는 일이 창작의 시작이라고 밝힌 바도 있듯이, 작품의 주제나 제재에 앞서 어떠한 정서를 표현할 것인가에 따라 시의 형식을 결정했다.

> 5・5조 : 黃浦바다에 / 내리는눈은 / 내려도連해 / 녹고맙니다. //
>
> —「눈」에서[38]
>
> 7・5조 : 송이송이 포도알 / 토독히 달녀 / 포도가지 무겁어 / 허리굽혓소 //
>
> —「포도」에서[39]
>
> 7・7조 : 드나드는 魚泳島 / 한바다의 밀물은 / 하로에도 두째는 / 들어왔다 가건만 //
>
> —「浦口노래」에서[40]
>
> 7・9조 : 그대의맘은 알길업고 / 고요히 돌아서서 / 돌을집어 물에던지니 / 물살은 희롱희롱 / 끗도업시 넓어지거니 //
>
> —「돌던지기」에서[41]

김억은 『안서시집(岸曙詩集)』을 발표하기 이전 「「조선시형(朝鮮詩形)에 관(關)하야」을 듯고서」(1928)에서, 이미 '지나간 일을 追悼하는 늣김'에는 7・9조가, 같은 정서라도 다소 가벼운 경우에는 7・5조가 적합하며, '엿튼 애수(哀愁)를 맛볼 수 있는' 형식 가운데에서 여유 있는 호흡과 완만한 장단, 고저(高低)에는 7・7조가, 같은 정서를 표현하더라도 비교적 '가벼얇은 맛'을 나타내는 데에는 5・5조가 적당하다고 했다. 그리고

---

38) 金億, 「눈」, 『岸曙詩集』, 京城 : 漢城圖書株式會社, 1929, 33면.
39) 金億, 「포도」, 위의 책, 100면.
40) 金億, 「浦口노래」, 위의 책, 29~30면.
41) 金億, 「돌던지기」, 위의 책, 127면.

5・5조, 7・5조, 7・7조, 7・9조의 형식을 다시 두 개의 행으로 나누고 한 행을 하나 혹은 두 호흡단위로 읽을 것을 주장했다.42) 그리고 인용한 구절들은 바로 김억의 시형과 율격에 대한 입장을 그대로 반영한 사례들이라고 할 수 있다. 아울러 김억은 바로 이러한 정형 시형과 더불어 인용한 작품에서도 알 수 있듯이, 음위율의 요소까지 결합했을 뿐만 아니라, 첩어부사를 이용한 호음조의 효과까지 고려하는 등, 음조미를 위한 다양한 의장들을 복합적으로 배치하고 있다. 특히 「돌던지기」의 경우, 7・9조 혹은 9・7조의 음수율을 근간으로 두운과 각운을 모두 구사하는 음위율과, '희롱희롱'과 같은 호음조의 첩어부사까지 등장하는 등, 김억이 후일 「시형・언어・압운(詩形・言語・押韻)」에서 밝힌 음수율과 음위율을 중심으로 한 조선어 시가의 형식적 요건을 모두 구사한 작품이라고 할 수 있을 것이다.43)

그러나 이와 같은 시의 형식이 과연 김억이 문학론에서 언급한 바와 같은 정서적 효과나 율격적 효과를 환기하는지는 검증하기 대단히 곤란하다. 그것은 시적 요소에 따라서 시형의 음절수를 정해야 한다는 입장이, 사실은 가와지 류코[川路柳虹]가 「신율격의 제창[新律格の提唱]」(1925)과 「시의 내용율의 부정[詩における內容律の否定]」(1926)을 통해서 주장했던, '정음자유시(定音自由詩)'의 논리로부터 비롯했던 사정과44) 결코 무관하지 않다. 특히 김억은 「「조선시형(朝鮮詩形)에 관(關)하야」를 듯고서」에서도 언급한 바 있듯이, 세 호흡으로 한 절을 읽어야 시간의 여유도 있고 '엿튼 애수(哀愁)'를 맛볼 수 있는 7・9조의 형식이나, 한 호흡으로 읽으면 "長短과 高低에 急해지는" 4・4조나 5・5조가 아니라, 두 호흡으로 한 절을 읽으면 "조금 늘인 맛이 있어서 …… 가이업는 듯한 생각"을 환기하

42) 金岸曙, 「「朝鮮詩形에 關하야」을 듯고서 (四)・(五)」, 『朝鮮日報』, 1928.10.21~23.

43) 金岸曙, 「詩形・言語・押韻 (五)」, 『每日申報』, 1930.8.5. 金岸曙, 「詩形・言語・押韻 (六)」, 『每日申報』, 1930.8.6. 「詩形・言語・押韻 (七)」, 위의 책, 1930.8.7.

44) 川路柳虹, 「新律格の提唱」, 『日本詩人』 第5卷 第3號, 東京 : 新潮社, 1925.3. 川路柳虹, 「詩における內容律の否定」, 위의 책 第6卷 第8號, 1926.8.

는 7・5조에 대해서 더 큰 애착을 보였던 사정은, 가와지 류코의 정음자유시론과 관련해서 중요하다. 김억은 7・5조야말로 시의 내용이나 음조미가 시형과 완전한 조화를 이루며 일치하는 시형이라고 보고 다른 시형들에 비해 상대적으로 깊은 애착을 보였다.[45] 이러한 김억의 7・5조에 대한 애착은, 사실 가와지 류코가 정음자유시의 형식을 프랑스시의 12음절율격인 알렉상드렝(Alexandrin)을 따라 시의 한 행을 12음절의 범위 내에서 다양한 음수율로 표현해야 한다고 보았던 사정과 무관하지 않을 것이다.

하이한 코스모스 혼자피여서
늦가을 찬바람에 시달니우네.
봄서럽은 그景狀 하도애연해
손잡으니 가엽다, 쏫지고마네.

—「코스모스」 전문[46]

『안서시집(岸曙詩集)』의 전체 96편의 작품 가운데에서 「시(詩)와 술과」・「보람업는희망(希望)의」・「하로에도 맘은」 편에 수록된 28편이, 바로 이와 같은 시형을 취하고 있는 것으로 보아, 엄격한 7・5조의 자수율, 2・3・4행과 같은 각운, 4행이 한 연을 이루는 단시형(短詩形)으로 이루어진 이러한 시야 말로, 김억이 구상했던 완전율격, 혹은 완전시형으로서 '격조시형(格調詩形)'이라고 할 수 있을 것이다. 또한 이러한 시형이야말로 가와지 류코의 정음자유시의 조선적 현현인 것으로 보아야 할 것이다. 그런데 김억은 이미 「격조시형론소고(格調詩形論小考)」에서 민요와 시조 가운데에서 오직 민요만이 격조시형의 전범일 수 있다고 보았지만,[47] 인용한 「코스모스」를 통해서도 알 수 있듯이, 이러한 시형은 민요가 아니라, 또한 가와지 류코가 언급했던 알렉상드렝(Alexandrin)이 아니라, 사실은 시조나 한시의 형식에 가깝다고

45) 金岸曙, 「「朝鮮詩形에 關하야」을 듯고서 (五)」, 『朝鮮日報』, 1928.10.23.
46) 金億, 「코스모스」, 『岸曙詩集』, 京城 : 漢城圖書株式會社, 1929, 141면.
47) 金岸曙, 「格調詩形論小考」, 『東亞日報』, 1930.1.16~26, 28~30.

보아야 할 것이다. 그것은 「코스모스」를 비롯해서 『안서시집(岸曙詩集)』에 수록된 28편의 작품이, 절구(絶句)의 형식을 연상하게 하는 4행으로 이루어져 있을 뿐만 아니라, 기승전결(起承轉結)의 구도를 지니고 있으며, 다음으로 제2행과 제4행을 중심으로 각 행의 마지막에 음절이 대부분 각운을 이루고 있다는 사실이 바로 그 증거라고 하겠다. 이러한 시형은 김억이 후일 『안서시초(岸曙詩抄)』(1941)·『민요시집(民謠詩集)』(1948)에서는 물론이거니와, 『망우초(忘憂草)』(1934)·『동심초(同心草)』(1943)·『지나명시선(支那名詩選)』(1944)과 같은 한시역시집에서도 기본적인 시형이었다는 사실도 이와 같은 사정을 입증한다.

김억은 강세의 자질이 없는 조선어의 계통적 특성상 음수율과 음위율의 율격을 구사하는 가운데 조선시가의 완전율격을 구사할 수 있으며, 그 가운데에 비록 산문시의 요소이기는 하나 첩어부사를 통해서 호음조를 구현하는 가운데, 보다 이론적으로 완벽한 조선시가의 율격을 완성할 수 있다고 보았을 것이다.[48] 또한 그는 바로 이러한 조선시가의 율격이야말로 '혼둔(混鈍)한 세계(世界)', '실행(實行)의 세계(世界)', '무반성(無反省)의 세계(世界)', '몰비판(沒批判)의 세계(世界)', '잇는 그대로의 세계(世界)'를 지도편달할 수 있으며, 물질의 노예가 된 조선인의 인생을 예술화하고, 조선 사회를 예술화할 수 있는 형식이라고 보았을 것이다. 그러나 시적 요소, 즉 서정적 주체가 표현하고자 하는 정서에 따라 그

---

48) 太田善男, 「第四章 詩とは何ぞや」, 『文學槪論』, 東京 : 博文館, 1916, 88면.

- 律格
  - 完全律格(律語)
    - 抑揚(Accent)
      - 量(Quantity)
      - 抑揚(Accent)
    - 數(Number)
    - 反復(Rebterion)
      - 頭韻(Allienration)
      - 尾韻(Rhythm)
  - 不完全律格(散文詩) — 好調(Melody)

김억은 이 가운데에서 '數', '反復(眉韻)', '好調' 이 세 요소가 바로 조선에 가장 적합한 율격의 요소일 뿐만 아니라, 완전율격에 근접한 율격의 요소로 보았던 것으로 여겨진다.

것을 표상하는 시형의 음절수가 선험적으로 주어질 뿐만 아니라, 그러한 시형을 감상하고 향유하는 독법까지 선험적으로 주어진 시의 형식이, 과연 김억이 구상했던 근대적 조선시가의 이상을 실현할 수 있는 것인지는 의심스럽다.

도리어 「코스모스」와 같은 '격조시형(格調詩形)'은, 그가 「직관(直觀)과 표현(表現)」에서 언급했던 개념을 빌자면, 조선인 생활의 '자주(自主)'와 '창조(創造)', 혹은 '자아(自我)의 표현(表現)'[49]과 같은, 근대적 개인의 자율성과 표현성을 '조선심'에 헌신하게 하는 가장 엄격한 권위를 표상하는 시형이라고 할 수 있을 것이다. 따라서 그가 문학론을 통해서 강조해 마지않았던, "모든 苦惱와 悲慘을 뚫코 나아가는 生과 힘"으로서 '조선심'이, 작품세계에서 대단히 제한적으로 드러나거나, 혹은 사실상 작품에서 형상화되기 어려운 것이었다고 하더라도, 그의 '격조시형'만큼은 역사와 계급의 차별을 넘어서 단일한 조선인의 공통감각을 표상하는 엄격한 형식인 것만큼은 분명하다. 뿐만 아니라 김억의 '격조시형' 또한 최남선의 『백팔번뇌(百八煩惱)』에 수록된 시조들과 마찬가지로, 그 자체로서 하나의 민족 이데올로기를 표상하는 형식이기도 하다.

하지만 그러한 형식은 자유시를 통해 현현될 근대적 개인의 자율성이나 표현성, 심지어 근대시와 근대문학의 이상마저도 폐기함으로써 비로소 가능했다는 사실을 간과할 수 없다. 즉 김억은 근대시와 근대문학의 이상을 폐기함으로써 도리어 '근대적인 조선의 시가'를 이룬다는 자가당착에 빠지고 말았던 것이다. 이러한 자가당착은 비단 김억의 문학적 역정의 성패만을 의미하는 것은 아니다. 앞서 검토한 최남선의 경우는 물론이거니와 이제 검토할 주요한의 경우까지도, 결국 국민문학론의 이상(理想)이 결국 허상(虛像)이 되고 마는 비극적인 결말을 암시하기 때문이다.

---

49) 金億, 「直觀과 表現」, 『東亞日報』, 1925.3.25.

3. 주요한의 『아름다운 새벽』으로부터 『봉사꽃』까지

주요한은 「노래를 지으시려는 이에게」를 발표할 무렵, 첫 시집인 『아름다운 새벽』을 발표한다. 이 시집은 「불노리」(1919) 이후 「노래를 지으시려는 이에게」(1924)를 발표하기까지 약 5년간 주요한의 문학적 편력을 담고 있을 뿐만 아니라, 특히 이 시집의 저자 후기격인 「책씃헤(跋)」는 1924년 이후 국민문학론의 등장과 관련해서 대단히 중요하다. 앞서 언급한 바 있듯이, 이 「책씃헤」에서 주요한은 우선 '개렴(槪念)'으로 노래를 부르는 동시대 조선의 시인은 물론이거니와, '데까단티즘'을 경계하는 한편으로, "민즁에 각가을수 있는" '민중시'야말로 시가의 본질이며, 그것은 바로 "사상과 정서와 말이 민즁의 마음과 가치 울리는 것"이라고 역설한다.[50] 이 『아름다운 새벽』을 발표하기 한 달 전, 주요한이 「노래를 지으시려는 이에게」에서 국민적 정조, 혹은 조선의 피가 뛰는 민요야말로 자유시의 발족점으로 삼자고 했던 사정을 염두에 두고 보면,[51] 주요한이 "민즁의 마음과 가치 울리는" "사상과 정서와 말"이 조선의 국민적 정조, 조선의 피라는 민족의 공통심성과 공통감각임은 두말할 나위도 없을 터이다.

주요한은 그러한 작품이 「나무색이」와 「고향생각」에 수록된 시험적 시편들임을 분명히 밝히고 있다. 이 두 장에서 우선 주목해야 할 것은, 바로 자신의 고향 평양을 중심으로 한 유년시절 추억과, 마치 저 최남선과 김억에게서도 나타나는 바와 같은 영락한 탕자의 귀향을 연상시키는 시편들이다. 이 가운데에서 특히 「고향생각」의 시편들 가운데 수작으로 꼽을 수 있는 「녯날의 거리」를 주목할 필요가 있다. 이 작품에서 서정적 주체의 '녯날의 거리'는, 그가 도회를 유적하는 동안 잊고 있

50) 朱曜翰, 「책씃헤」, 『아름다운 새벽』, 1924, 168~169면.
51) 朱曜翰, 「노래를 지으시려는 이에게 (2)」, 『朝鮮文壇』 第2號, 1924.11, 49면.

었던 '새벽 물장수', '석양녁제 주정군', '아이들의 어름지치기', '셰배난 니는 남녀', '밤엿장수 길게 웨치는소리', '다듬이 방맹이' 소리가 흥성거리는, 평범하고 안온한 조선인의 '고향'으로 묘사되어 있다. 이 '고향'은 서정적 주체가 기억하는 과거에서는 "먼눈파는 아이가 돌뿌리에 너머질때"에는 웃음을 참지 못하고 웃고, '길고긴 녀름밤'에는 "수절하는 과부의 긴한숨을 위로하"는 공간이었으며, 또한 '평화', '참을성', '다스함'과 기다림으로 고향에 거주하는 향촌 사회의 구성원들을 포용하는 모성성의 공간이었다. 이러한 대목들을 통해서 알 수 있듯이, 주요한이 묘사하는 고향이란, 근본적으로 침략과 저항으로 얼룩진 세계사적 소외나 폭력적인 주체 구성의 원리와 격절된, 또한 도구적 합리성이나 탈마법화를 경험하지 않은 총체성의 세계라고 할 수 있다. 이러한 총체성의 세계로서 고향에 대한 인식이야말로, 조선의 로컬리티를 탈구축하고, 조선을 재영토화 하는 근간임은 두말할 나위도 없을 것이다.

그런데 서정적 주체가 도회에서 다시 돌아온 이러한 '녯날의 거리'가, 서정적 주체를 '몰라보'거나, '곁눈질'만 하거나, 심지어 '모른체'하는 비정한 공간이 되어 버렸다는 사정은, 적어도 주요한에게는 조선의 로컬리티를 탈구축하거나 조선을 재영토화 하는 일이 사실은 지난(至難)했음을 시사하기에 충분하다.

너를둘너싼 숨속의평화
대々대로 전하는 게으름,
너는 그를 불상하게 보앗슬지언정
나무러지는 아녓다.
너는 놀날만한 참을셩으로
그네가 그네의 행복을찻도록
한결가티 기두럿섯다.
그적에 나는 너의몸가짐, 눈찟을
너의가슴에 다스함을

오々, 거리어
아럿섯다, 드럿섯다, 만젓섯다.

그러커늘, 그러커늘
오늘 너는 나를 몰라보고,
나도 너와 초면이 되엇다.
네 좌우에잇는 초라한 전들이
멀즉이 물러나서 겻눈질만 한다.
너는 네우에서 아모런비극이 생겨도
아조 모른체할난다.

—「녯날의 거리」에서[52)]

그러나 인용한 시에서 '물장수', '아이들', '밤엿장수', '과부'와 같은 고향의 군상(群像)은 물론이거니와, 고향의 모성 또한 사실은 서정적 주체의 기억이 불러내고 구성한 심상으로 나타난다는 사실을 주목할 필요가 있다. 그것은 도회에서 돌아온 탕자에게 '녯날의 거리'는 단지 기억 속에만 존재하는 공간일 뿐이며, 결코 현존하는 공간은 아니라는 것, 심지어 서정적 주체가 불러낸 환영(幻影)에 불과하다는 사실을 암시하기 때문이다. 아울러 도회에서 돌아온 탕자인 서정적 주체는 한편으로는 그 고향이 환영을 불러내는 순간 존재한다는 사실을 분명히 인식하는 자의식을 지니고 있기도 하다. '녯날의 거리'가 서정적 주체로부터 "멀즉이 물러나서 겻눈질만" 하는 가운데 서정적 주체는 소외감과 위화감을 감내하는 것은 바로 그러한 사정에서 비롯한다.

그러나 '녯날의 거리'의 '겻눈질'이란 사실은 돌아온 탕자의 '겻눈질', 즉 고향에 대한 서정적 주체의 심리적 거리라고 보아야 타당할 것이다. 예전에 '녯날의 거리'의 육체와 심성을 알고, 듣고 만졌던 서정적 주체 또한 마치 '초면'의 입장으로 그 거리에 서 있다는 서술이, 이미 그러한

52) 朱曜翰, 「녯날의 거리」, 『아름다운 새벽』, 京城 : 朝鮮文壇社, 1924, 58~59면.

심리적 거리를 반영하기 때문이다. 따라서 이와 같은 서정적 주체와 고향 사이의 심리적 거리는, 그가 탕자이기 때문에 지닐 수밖에 없는 자의식으로부터 비롯한 것임은 두 말할 나위도 없다. 또한 이 고향에 대한 '겻눈질'의 심리적 거리는, 예전의 감각적이고 정서적인 체험의 심도만큼 반비례하여, 결국 고향을 '모른체'하고 외면하는 형국으로 나아가게 된다.

주요한이 고향을 오로지 기억 속에만 존재하는, 사실상 부재하는 공간으로 인식했다는 사정은, 일견 「나무색이」와 「고향생각」에 수록된 시험적 시편들은 물론 『아름다운 새벽』의 전체 시편들과도 모순되는 것으로 보일 지도 모른다. 그러나 주요한은 기억 속에 현존하는 고향의 심상을 관념적인 차원에서 표상함으로써, 고향을 부재하는 공간이 아니라, 세월의 풍상을 가로질러 면면히 현존하는 공간으로 추상화시킨다.

> 우리집 동편 담 밋헤는 돌챵을 파고
> 서편 담은 겻집 담벼락으로 대신하엿소.
> 그담에 부터잇는 닭이홰를 가리운 듯이
> 비스듬이 쌔더난 살구나무, 첫 녀름에
> 막대기로 썰구는 선 살구의 신 맛이
> 나의 조화하는 것의 하나이엇소.
> (…중략…)
> 봄에는 호믜들고 메케러 들에 가며
> 가을엔 맵다란 짐장무 날로 먹는 맛도
> 나의 조화하는 것의 하나 이엇소
> 해마다 추석이면 의례히 햇기장쌀에
> 밀기구미 길구어 노티를 지지더니
> 늙으신 할머님 지금은 누구를 위하야
> …….
>
> —「우리집」에서[53]

서정적 주체의 '우리집'은 현존하는 공간이 아닌 부재하는 공간이고 과거의 공간이다. 그것은 인용한 작품이 근본적으로 과거시제의 구문을 중심으로 이루어져 있다는 것, 또한 '늙으신 할머님'이 노티를 부쳐서 주었던 서정적 주체는 이미 '우리집'으로부터 떠나 있다는 사정을 통해서도 충분히 짐작할 수 있다. 따라서 '우리집'은 심상지리의 공간이며, 향수의 공간이다. 그런데 이러한 고향은 '선 살구의 신 맛', 봄의 '메(나물)', '맵다란 짐장무 날로 먹는 맛', '햇기장쌀'과 '밀기구미(밀기울)'로 구운 '노티'와 같이 미각의 기억을 환기하는 가운데 현존하는 시간과 공간 가운데에 가로놓여 있다. 서정적 주체가 기억하는 고향의 사계는, 근대의 도구적 이성에 의한 역법(曆法)에 의해 구성되는 것이 아니라, '메'로부터 '선 살구', '맵다란 짐장무'를 거쳐 '햇기장쌀'과 '밀기구미(밀기울)'로 구운 '노티'로 이어지는 순환으로 구성된다. 그리고 그러한 음식과 미각은 '메', '짐장무', '밀기구미', '노티'와 같이 방언의 보통명사와 고유명사로서, 다른 지역의 방언이나 다른 언어로 결코 표상할 수 없는, 오로지 서정적 주체의 개별적이고 실재적인 감각의 세계에만 존재한다.

그러므로 이러한 서정적 주체의 감각의 기억이 환기한 고향은, 육체의 직접성으로 현존하는 유명론(唯名論 nominalism)의 세계이며, 고향을 구성하는 시간과 공간의 개별성으로 인해, 근대의 도구적 이성을 전제로 한 합리성으로는 결코 불가능한 주체와 객체의 합일이 실현되는 세계이다. 주요한은 바로 이와 같은 방법으로 고향을 특권화하고 재영토화한 것이다. 특히 음식을 먹는 행위와 미각을 통해 구성되는 시간과 공간의 경험, "봄에는 호미들고 메케러 들에 가"는 토속적 경험과 그러한 행위가 빚어내는 공감각의 경험이야말로, 근대의 폭력적인 주체 구성의 원리와 격절된, 도구적 이성의 합리성과 탈마법화 이전의 총체성의 현현임은 두말할 나위도 없다. 아울러 서정적 주체의 정체성 또한 바로

53) 朱曜翰, 「우리집」, 위의 책, 42~43면.

이러한 총체성에 근간하고 있다. 주요한이 미각을 비롯한 육체적 감각의 기억으로 고향의 심상을 표상하여, 고향을 세월의 풍상을 가로질러 면면히 현존하는 공간으로 복원시킨 것은, 국민문학론자들 그 가운데에서도 주목할 만한 문학적 성취라고 할 수 있다. 나아가 주요한은 『아름다운 새벽』의 「나무색이」와 「고향생각」에서 그려낸 개별적이고 실재적인 감각과 기억의 총체성을 넘어선, 조선의 자연과 그 생명력을 통해서 조선인 공통의 감각으로 표상하는 가능성을 염두에 두고 있었던 것으로 보인다. 그것은 『삼인작시가집(三人作詩歌集)』에 발표한 주요한의 작품 가운데에서 비교적 수작으로 꼽을 수 있는 「조선」을 통해서 알 수 있다.

> 어떤이는 무리진 달을 사랑하고
> 안개 끼인 봄밤을 즐기지마는—
> 어떤이는 봄물에 드린 버들 가지를
> 황혼의 그윽한 그림자를
> 오동닢 떨어지는 가을을
> 소 소리 처량한 가을의 저녁을
> 떠나는 목선의 배따락이를
> 그 끊였다 닛는 곡조를 사랑하지마는
> 오, 조선의 자연이어 오직 나는
> 너의 위대한 녀름을 껴안으련다.
> (…중략…)
> 아, 녀름은 나의 고향 나의 조국
> 그의 품은 나를 단련하는 풀무불
> 해외에 떠단닐때에 생각을 이끌어가고
> 일에 지쳐 곤할때에 새긔운을 북돋우는
> 나의 집, 나의 어머니, 조선의 녀름—
>
> —「조선」에서[54]

인용한 시에서 '조선'은, '무리진 달', '안개 끼인 봄밤', '버들 가지', '황혼의 그윽한 그림자', '오동닢 떨어지는 가을', '소 소리 처량한 가을 저녁', '떠나는 목선의 배따락이' 등이 어우러져 이루어 내는, 자연 풍경의 거대한 파노라마이다. 도회에서 돌아와 "멀즉이 물러나서 겻눈질만" 하는 탕자였던 「녯날의 거리」의 서정적 주체가 소외감과 위화감을 감내하는 길이, 「우리집」에서는 오로지 자신의 육체에 새겨진 개별적인 감각의 기억의 세계로만 존재하는 고향의 심상을 표상하는 일이었다면, 인용한 「조선」에서는 저 서도잡가 '배따락이'가 암시하는 바와 같이, 서도 지역의 향토성의 차원을 넘어서, 조선의 전원적 풍경 가운데 세월의 풍상을 가로질러 면면이 현존하는 생명력을 발견하는 것으로 확대해 나아간다. 주요한은 바로 이러한 서도의 자연 풍경, 그리고 조선의 자연 풍경을 낳는 '여름'이야말로 "조용하고도 큰 힘가튼 예술"의 원천일 뿐만 아니라,[55] 그것이 바로 조선인의 '국민적 정조'이며 '조선의 피'라고 보았던 것으로 보인다.[56]

고향에 돌아왔으나 환대는커녕 "햇기장쌀에 밀기구미 길구어" 지진 할머니의 노티도 "멀즉이 멀즉이 물러나서 겻눈질만" 해야 하는 탕자가, 드디어 도착한 '나의 집', '나의 어머니', '나의 고향' '나의 조국'이 바로 '조선의 자연'이었다는 사실은 여러 가지로 흥미롭다. 이러한 서정적 주체의 전언을 음미해 보면, 사실 그가 궁극적으로 귀의하고자 하는 곳이 '조선'이라기보다는 '자연'과 그 생명력과 같은 관념의 세계였다는 것을 알게 된다. 또한 이 '자연'과 그 생명력이야말로 일찍이 주요한이 언급한 바 있었던 조선 사람의 개성과 인간의 공통성, 배타적인 국수주의를 넘어선 인류애 사이의 임계점(臨界點)인 '조선혼(朝鮮魂)'일 것이

54) 朱曜翰, 「조선」, 『三人作詩歌集』(李光洙・朱曜翰・金東煥), 京城 : 永昌書館, 1929, 99~100면.

55) 朱曜翰, 「책씃헤」, 『아름다운 새벽』, 1924, 169면.

56) 朱耀翰, 「노래를 지으시려는 이에게 (2)」, 『朝鮮文壇』 第2號, 1924.11, 48면.

다.[57] 이러한 주요한의 인식은 예컨대 「전원송(田園頌)」에서 알 수 있듯이, '아우성치는 고독의 거리'로서, "인공과 함흑과 시긔와 잔혹의 도회"와, 그 '도회의 핏줄선 눈', 그리고 그 가운데에 '수그러진 억개와 가쁜 호흡'을 감내해야 하는 도회의 현실적 소여[58]에 대한 적대감으로부터 비롯한다.

주요한의 이러한 인식에 가로놓여 있는 것은, 도회와 전원, 나아가 문명과 자연 사이의 이항대립의 구도임은 두말할 나위도 없다. 아울러 이러한 인식의 근저에는 조선의 자연이야말로 근대의 문명이 상실한 가치를 온존하고 있다는, 일종의 원시주의적 사고가 가로놓여 있음은 두말할 나위도 없다. 이미 검토한 『조선민요의 연구』를 통해서도 알 수 있듯이, 일본 지식인이 바라보았던 조선의 향토가 이미 그러한 폭력적 자기구성의 원리에 근간한 세계사의 행정(行程) 가운데에서 타자로서 발견되고, 고안된 시간과 공간이었다는 사실을 염두에 두고 보아도 그러하기 때문이다. 그러므로 주요한의 '전원' 혹은 '자연'이란, '도회'로 상징되는 근대의 문명으로부터 초월한 어떤 귀의의 지점이 아니라, 그 자체로서 이미 근대의 문명으로부터 소외되고 핍박받은 탕자의 '환영(幻影)'이라는 사실은 더욱 자명해지는 것이다.

그러므로 주요한의 문학적 성취나, 문학적 인식이 국민문학론자들 가운데 상대적인 우위에 있었다고 인정하더라도, 이러한 사정으로 인해 결국 그 또한 저 김억과 같은 한계를 극복하기 어렵다고 하겠다. 하지만 주요한은 이러한 자신의 한계를 결코 직시하지 못했던 것으로 보인다. 그러한 사정은 무엇보다도 감각의 기억과 그 심상으로만 존재하는 「우리집」의 고향과, 문명비판의 과정에서 추상적으로 인식되는 '조선의 녀름' 사이에, 조화로운 매개항이 없다는 사실을 통해 분명히 드러난다. 특히 저 「조선」에서 주요한이 '무리진 달', '안개 끼인 봄밤', '버들 가

57) 朱耀翰, 위의 글, 위의 책, 49면.
58) 朱曜翰, 「田園頌」, 李光洙 · 朱曜翰 · 金東煥, 앞의 책, 26~27면.

지', '황혼의 그윽한 그림자', '오동닢', '소 소리', '목선의 배따락이'나 그 곡조와 같은 객관적 상관물들이 환기하는 육체적 감각과 그 기억의 보편성이 아니라, 도리어 '여름'의 생명력이라는 관념의 추상성으로 나아갔다는 사실이야말로, 그의 작품세계가 지닌 가장 큰 한계라고 할 수 있다.

주요한의 문학세계가 결국 이러한 형국으로 귀결되고 말았던 사정 또한 앞서 검토한 김억의 사례와 마찬가지로, 근본적으로는 조선문학의 세계성 선취를 향한, 혹은 세계문학에 대한 매우 강렬한 동시성의 열망으로부터 비롯했다고 보아야 할 것이다. 즉 조선 사람의 개성과 인간의 공통성, 배타적인 국수주의를 넘어선 인류애 사이의 임계점이, 그에게는 설령 '조선혼(朝鮮魂)'이었다고 하더라도, 그것은 선험적으로 주어진 개별적이고도 특수한 어떤 것이라기보다는 부단한 고투(苦鬪)의 과정을 통해 나아가야 할 어떤 보편적이고 일반적인 것, 하지만 역동적인 것이었어야 했을 터이다. 그럼에도 불구하고 주요한 또한 그 강렬한 동시성의 열망으로 인해 그 부단한 고투의 과정을 쉽게 생략해 버리고 말았던 것이다. 바로 그러한 사정에서 결국 주요한은 '고향'이나 '전원'을 '조선'으로 치환하는 가운데에서 무엇보다도 중요한 서정적 주체의 특수한 육체적 감각과 기억이 조선인의 공통감각으로 나아가는 역동성을 추구하는 대신, 『삼인작시가집(三人作詩歌集)』과 『봉사꽃』에 이르러서는 시조나 7·5조의 형식을 통해서 선험적이고 공리적인 질서체계와 자신의 육체적 감각, 기억과 운명을 일치시키는 길로 나아갔다.

> 봄해도 늦엇고나 뜰 뒤에 살구 열매
> 선채로 따서먹던 시월달이 내일이다
> 늘으신 한머님께선 탈없는가 하노라
>
> —「望鄕」(二)[59]

---

59) 朱耀翰, 「第3部 第4章 봉사꽃」, 『朱耀翰文集 새벽』 第1卷, 耀翰記念事業會, 1982, 595면.

인용한 시조는 앞서 검토한 바 있는 「우리집」을 시조의 형식으로 옮긴 것이라고 보아도 무방할 정도로 「우리집」과 대단이 유사한 작품이다. 그러나 주요한이 「우리집」에서 미각을 비롯한 육체적 감각의 기억으로 고향의 심상을 표상하는 가운데, 고향을 세월의 풍상을 가로지르는 감각과 기억의 총체성이 현현한 공간으로 복원시킨 문학적 성취는, 이 작품에서는 소거(消去)되어 버리고 말았다. 그 대신 남은 것은 『봉사꼿』의 지배적인 형식인 '3·4·3·4/3·4·4·4/3·5·4·3'의 엄격한 자수율의 형해(形骸)이며, 고향에 대한 즉자적이고 단성적인 시적 진술과, "봄해도 늦엇고나"의 '~고나'나 "늘으신 한머님께선 탈없는가 하노라"의 '~노라'와 같은 시조의 관습적 가성(假聲)이다.

주요한은 『아름다운 새벽』, 『삼인작시가집(三人作詩歌集)』의 근소한 문학적 성취 이후 사실상 『삼인작시가집(三人作詩歌集)』 이후, 그리고 『봉사꼿』에 이르러서는 더욱 적극적으로 시조 창작으로 나아갔다. 이러한 주요한의 변화는, 일찍이 「노래를 지으시려는 이에게」에서 중국 한시를 내용적으로 모방한 갈래라는 이유로 시조를 배제했던[60] 자신의 문학관을 철회한 것을 의미하지만, 궁극적으로는 그가 근대적인 자유시의 이상과 가치를 부정하고 폐기했음을 의미한다. 그러한 변화의 징후는 주요한이 1927년 『신민(新民)』지의 특집에 투고한 「시조부흥(時調復興)은 신시운동(新詩運動)에까지」에서 이미 나타났다. 이 글에서 주요한은 우선 조선 민중의 높은 문맹률을 감안하면 시조뿐만 아니라 조선문학 전체가 민중에게 친근하지 않으므로, 굳이 시조가 민중적이지 못한 장르라고 외면할 필요가 없다고 했다. 그리고 시조의 엄격한 형식은 프랑스의 '엘넥쎈드(알렉상드렝)'이나 영국의 '쏘네트'와 유사하게 시형을 확대할 수 있다면서 시조의 근대적 개량의 가능성까지 언급했다. 그런데 시조에 대한 주요한의 입장의 변화는 무엇보다도 자유시운동이 "一時的 過渡期 運動에 不過한

---

60) 朱耀翰, 「노래를 지으시려는 이에게 (2)」, 『朝鮮文壇』 第2號, 1924.11, 49면.

것으로 決코 깁흔 뿌리를 박을 것이 못된다"는 데에서 알 수 있듯이, 자유시의 가능성에 대한 근본적인 회의로부터 비롯했다.[61]

물론 1930년대까지도 조선인의 문맹률이 약 78퍼센트에 달했던 사정을 염두에 두고 보면,[62] 시조뿐만 아니라 조선문학 전체가 조선 민중과 무연한 것이었다는 주장은 일리가 있다고 하겠으나, 그러한 이유로 시조를 조선문학에서 굳이 배제할 이유가 없다는 주장은 큰 설득력을 지니지 못한 것으로 보인다. 뿐만 아니라 자유시운동이 일시적이며, 결코 조선에 정착하지 못할 것이라는 주장이나, 그러한 이유로 시조나 시조부흥운동이 조선문학이 나아갈 바라는 주장 또한 설득력을 지니지 못한다. 사실 주요한이 자유시운동에 대해 회의를 품었던 것은, 김억의 「「조선시형(朝鮮詩形)에 관(關)하야」을 듯고서」를 통해서 알 수 있듯이, 『삼인작시가집(三人作詩歌集)』을 발표하기 전인 1928년 10월 13일 문예가협회의 강연회에서 주요한이 「이상(理想)과 현실(現實)」을 발표한 무렵부터였던 것으로 보인다.[63] 이 「이상(理想)과 현실(現實)」은 주요한의 문집에조차 실리지 않아서 그 전모를 알 길이 없으나, 김억이 「「조선시형(朝鮮詩形)에 관(關)하야」」에서 언급한 바를 통해서 정리해 보면, 첫째 조선의 시형이 근본적으로는 서양시를 모방한 일본시형을 다시 모방한 것에 불과하다며, 오늘날 조선의 시가 오늘날 불완전한 형태를 지니게 된 것은 오로지 주요한 자신과 김억의 책임이라는 것,[64] 조선어는 억양의 고저가 없으므로 압운이 불가능하며, 따라서 영시나 한시와 같은 완전한 시형을 갖출 수 없다는 것,[65] 민요의 4·4조가 근대 조선시의 형식적 가능성을 지니고 있다는 것[66]으로 정리할 수 있다.

---

61) 朱耀翰, 「時調復興은 新詩運動에까지」, 『新民』 第23號, 1927.3, 82~83면.
62) 盧榮澤, 「日帝時期의 文盲律 推移」, 『國史館論叢』 第51集, 國史編纂委員會, 1994.
63) 「文藝講演과 映畵의 저녁, 十三日밤에 文藝家協會 主催로」, 『東亞日報』, 1928.10.12.
64) 金岸曙, 「「朝鮮詩形에 關하야」을 듯고서 (一)」, 『朝鮮日報』, 1928.10.18.
65) 金岸曙, 「「朝鮮詩形에 關하야」을 듯고서 (二)」, 위의 책, 1928.10.19.
66) 金岸曙, 「「朝鮮詩形에 關하야」을 듯고서 (三)」, 위의 책, 1928.10.20.

이 가운데에서 우선 일본의 시형과 조선의 시형에 대한 주요한의 회의는 사실 그가 문학에 입문할 당시부터 사사했던 가와지 류코가 구어자유시에 대한 자신의 신념을 사실상 철회하고 '정음자유시(定音自由詩)'라는 정형시 옹호론으로 나아갔던 사정과[67] 무관하지 않을 것이다. 특히 주요한이 『삼인작시가집(三人作詩歌集)』과 『봉사꽃』의 시조를 창작하기 시작 시점이, 『아름다운 새벽』을 발간한 1924년 이후부터 가와지 류코가 정음자유시론을 발표한 1925년 무렵과 대략 일치한다는 점이 바로 그 증거이다.[68] 즉 주요한은 가와지 류코가 사실상 자유시로부터 정형시로 문학적 입장을 선회하고, 하기와라 사쿠다로가 가와지 류코의 정음자유시를 '자유시의 해골'이라고 비난했을 때,[69] 조선의 자유시운동 또한 회의적인 시선으로 바라보게 되었던 것으로 보인다. 그러한 가운데 주요한은 압운과 자수율을 통한 정형시의 가능성을 모색했으며, 가와지 류코가 염두에 두고 있었던 알렉상드렝에 가까운 조선의 시형으로서, 8음절로 한 행을 이루는 민요 대신 14음절에서 15음절 내외로 한 행을 이루는 시조를 선택했던 것으로 보인다.

그럼에도 불구하고 주요한이 『아름다운 새벽』과 『삼인작시가집(三人作詩歌集)』의 일부 작품에서 추구했던 근대적 개인의 내면, 육체적 감각과 기억 가운데 새겨진 자율성과 표현성을 폐기하고서라도, 시조의 형식을 통해 선험적이고 공리적인 질서체계에 자신의 운명을 맡기려고 했던 이유는 무엇인가. 그것은 우선 주요한이 구상했던 '조선혼(朝鮮魂)'이란 「조선」에서도 알 수 있듯이, 사실은 '조선 사람의 개성'에만 국한하지 않는 '인간의 공통성', '배타적인 국수주의를 넘어선 인류애'와 같은 추상적인 관념에 보다 매료되었기 때문이다. 그리고 김억의 「「조선

67) 川路柳虹, 「新律格の提唱」, 『日本詩人』 第5卷 第3號, 東京 : 新潮社, 1925.3. 川路柳虹, 「詩における內容律の否定」, 위의 책 第6卷 第8號, 1926.8.

68) 주요한은 『봉사꽃』의 「餘言」에서 자신의 시조 창작이 『아름다운 새벽』 이후부터라고 분명히 밝힌 바 있다. 朱曜翰, 「第3部 第4章 봉사꽃」, 앞의 책, 591면.

69) 萩原朔太郎, 「自由詩の矛盾概念」, 『日本詩人』 第6卷 第10號, 1926.10.

시형(朝鮮詩形)에 관(關)하야」」를 통해서 엿볼 수 있듯이, 주요한은 개인의 특수한 육체적 감각과 기억에 근간한 조선인의 공통감각을 구상하는 가운데에, 작품내부에서 표상해야 할 객관적 상관물보다도 시형이 보다 결정적인 요소라고 보았기 때문이다. 그리고 주요한은 그러한 '조선혼'을 문학작품으로 형상화할 수 있는 유일한 시형이, 서양문학과 일본문학의 모방인 자유시형이 아니라, 도리어 가장 조선적인 문학적 형식이라고 여겼던 시조라고 보았던 것이다.

이러한 주요한의 인식 또한 궁극적으로는 김억·이광수·최남선과 마찬가지로 조선의 문학을 세계문학의 반열에 올려놓아야 한다는 국민문학론 일반의 절실한 사명감으로부터 비롯했을 터이다. 예컨대 주요한이 시조의 형식을 알렉상드렝이나 소네트와 비견했던 데에서 알 수 있듯이, 조선의 문학을 영문학·불문학·일본문학과 같은 세계문학의 성과들과 비교하고 대조하는 가운데, 이미 세계문학으로서 조선문학의 미래에 대한 강박증적 태도가 가로놓여 있는 것이다. 그러한 태도가 개인의 개별적이고 특수한 육체적 감각과 기억을 조선인의 공통감각으로 재편하는 가운데, 심지어 '인간의 공통성'이나 '인류애'의 차원으로 나아가게 하는 데에, 무엇보다도 개별과 일반 사이의 매개항이 필요하다는 사실을 간과하게 만들었던 것으로 보인다.

4. 이광수의 『三人作詩歌集』과 그 외연

이광수는 1910년대부터 정론적 성격의 논설들을 발표하는 가운데, 최남선의 뒤를 이어 「옥중호걸(獄中豪傑)」(『大韓興學報』 第9號, 1910.1)과 「우리영웅(英

雄)」(『少年』 第3卷 第3號 1910.4), 「곰」(『少年』 第3卷 第6號 1910.6) 등, 한국 근대시 형성의 서막을 예고한 바 있다. 그러나 문학자로서 이광수의 득의의 영역은 문학론과 소설이었으며, 『창조(創造)』지를 위시한 동인지들을 중심으로 당시 이른바 '신시(新詩)'가 개화하던 가운데에서도, 시인으로서 분명한 자의식을 지니고 창작에 임했던 것은 아니다. 물론 1910년대 그가 발표했던 「옥중호걸(獄中豪傑)」·「우리영웅(英雄」)」·「곰」과 같은 작품들이, 누구보다도 먼저 근대적 개인의 자기 해방과 확장의 이상, 감각적 갱생의 비전을 문학적으로 형상화 한 사례라는 점에서 후한 평가를 얻기도 하지만,[70] 그러한 이광수의 문학적 성취가 1910년대 이후에도 계속되었던 것은 아니다.

그러나 이광수는 1920년대에 이르러 「문사(文士)와 수양(修養)」(1921)·「문학(文學)에 뜻을 두는 이에게」(1922)를 통해 본격적인 국민문학의 논리를 전개했으며, 1924년부터는 『조선문단(朝鮮文壇)』지의 주재자로서 매호 「권두언(卷頭言)」과 「소설선후언(小說選後言)」은 물론이거니와, 단편소설 「혈서(血書)」(創刊號)·「H군(君)을 생각하고」(第2號)·「어떤 아침」(第3號)·「사랑의 주렸던 이들」(第4號), 평론 「문학강화(文學講話)」(第2號)·「민요소고(民謠小考)」(第3號)를 발표하고, 그 보다 1개월 앞서 『동아일보(東亞日報)』지에는 「재생(再生)」(1924.11.9)을 연재하는 등, 문학자로서 그 어느 때보다도 활발한 활동을 벌였다. 그리고 그는 「문사(文士)와 수양(修養)」을 발표했던 당시까지 발표한 작품의 수가 대략 20여 편에 불과했던 사정과 무색할 정도로[71] 「민요소고(民謠小考)」와 「문학강화(文學講和)」를 발표했던

70) 波田野節子, 「李光洙と自我」, 『朝鮮學報』 第139輯, 天理 : 朝鮮學會, 1991.4, 86면.

71) 「獄中豪傑」(『大韓興學報』 第9號, 1910.1); 「우리英雄」(『少年』 第3卷 第3號, 1910.4); 「곰」(『少年』 第3卷 第6號, 1910.6); 「말듣거라」(『새별』, 1913.9); 「새아이」(『青春』 第3號, 1914.12); 「님나신날」(『青春』 第4號, 1915.1); 「沈默의 美」·「한그믐」·「내소원」·「生活難」(『青春』 第6號, 1915.3); 「벗」(『青春』 第7號, 1917.5); 「양고자」·「青春」·「窮한선비」(『青春』 第8號, 1917.6); 「極熊行」(『學之光』 第14號, 1917.6); 「어머니의 무릎」(『女子界』 第3號, 1918.9); 「미쁨」(『創造』 第6號, 1920.5); 「江南의 봄」(『創造』 第7號, 1920.7); 「기운을 내어라」·「너는 青春이다」·「평범」(『創造』 第8號, 1921.1); 「樂府」·「金蛙」·「柳花」·「해모수」(『白潮』 第1~2號, 1922.1~5) 이상 25편.

1924년 한 해에만 12편을, 다음 해인 1925년에는 28편을 발표하는 등, 그 어느 때보다도 활발하게 작품을 발표했다.[72] 나아가 이광수는 1924년에서 1925년까지 대략 2년 동안의 작품뿐만 아니라, 1910년대 『청춘(青春)』지 시대의 작품들로부터 1920년대 후반의 『삼천리(三千里)』지 시대의 작품에 이르기까지, 사실상 이광수가 20년 동안 발표한 대략 79편의 작품 가운데에서 46편을 고르고, 1920년대 『조선문단(朝鮮文壇)』지나 『동광(東光)』지를 중심으로 발표한 작품들 이외에도, 「오도답파여행기(五道踏破旅行記)」(1917)에 수록된 시조 7편과 번역시 3편을 더한 56편의 작품을 1929년 『삼인작시가집(三人作詩歌集)』에 수록했다. 따라서 『삼인작시가집(三人作詩歌集)』에 수록된 시편들은, 국민문학의 논리를 주도한 평론가로서, 또한 시인으로서 이광수의 문학적 편력을 집약적으로 제시한 성과라고 보아야 할 것이다. 바로 이러한 『삼인작시가집(三人作詩歌集)』의 작품 가운데에서 주목해야 할 대목은, 마치 독자를 대상으로 끊임없이 무엇인가를 '노래'하고 간구하는 서정적 주체이다.

> 나는 노래를부르네
> 긋업는 슬픈노래를 부르네
> 천지가 모다 고요한
> 한밤중에 내홀로 깨어잇서
> 목을노아 긋업는 노래를 부르네.
> (…중략…)
> 나는 귀를기울이네

72) 「同志」·「朝鮮아!」(『開闢』, 1924.2); 「落膽하는 자」·「舍監」·「通學」·「반딋불」·「밤차」(『朝鮮文壇』 第2號, 1924.5); 「벗」·「凶年」·「선물」·「八十錢」·「入山하는 벗을 보내고서」(위의 책 第3號, 1924.12) 이상 12편. 「벗님」·「불꽃」·「비」·「노래」·「새해의 希望」(위의 책 第4號, 1925.1); 「牛頌」(『開闢』 第55號, 1925.1); 「가시관」·「붓한자루」·「약」·「한그믐」·「세가지 맹세」·「의의인」(『朝鮮文壇』 第5號, 1925.2); 「江」·「軍艦」·「汽車」·「東京」·「님네가 그리워」·「馬關」·「別莊」·「살려는 노력」·「生新」·「羊의 우리」·「朝鮮列車」·「朝鮮을 버리자」·「朝鮮의 山」(第6號, 1925.3); 「꿈」(『東亞日報』, 1925.10.9); 「仲秋月」·「哭白嚴先生」(『東亞日報』, 1926.3.2) 이상 28편.

한노래가 끗날때마다 귀를 기울이네
산에서나 들에서나 어느 바다에서나
행여나 화답이 오나하고 귀를기울이네
그리고는 또 끗업는 내노래를 부르네.

―「노래」에서[73)]

형제여 자매여
문허지는 돌탑밋헤 쏠어안저,
읍저리는 나의 노래ㅅ소리를
듯는가―듯는가.
(…중략…)
형제여 자매여
님너를 그리워 그 가슴ㅅ속이 그리워,
성문밧게 서서울고 기다리는 나를
보는가―보는가.

―「님네가그리워」에서[74)]

인용한 두 편의 작품 모두 "천지가 모다 고요한 한밤중에 내 홀로 깨어잇서 목을 노아 끗업는 노래를 부르"는 나, "문허지는 돌탑밋헤 쏠어안저 읍저리"며 "성문 밧게 서서 울고 기다리는" 나, "행여나 화답이 오나하고 귀를 기울이"는 나의 간절한 모습을 반복적으로 제시하고 있으나, 정작 서정적 주체로서 그러한 '나'가 간절히 부르고, 또 듣기를 기다리는 '노래'가 무엇인지는 분명하지 않다. 어쩌면 그 '노래'는 "뎐한사람 쑴쑬제 / 나만 일어나, // 하날을 울얼어 / 깁분노래 부르네. //"[75)]라는 「새벽」과 같은 시에서 알 수 있듯이, 서정적 주체만이 깨달은 우주의 비의

73) 李光洙, 「노래」, 『朝鮮文壇』 第4號, 1925.1. 李光洙·朱曜翰·金東煥, 『三人作詩歌集』, 京城 : 永昌書館, 1929, 26면.
74) 李光洙, 「님네가그리워」, 『朝鮮文壇』 第6號, 1925.3. 李光洙·朱曜翰·金東煥, 앞의 책, 3~4면.
75) 李光洙, 「새벽」, 위의 책, 1면.

(秘意)나 사적인 계시(啓示)인 것처럼 보인다. 그렇다면 서정적 주체의 그 '노래'란 근본적으로 '형제'나 '자매'로 명명하는 조선인 독자들이나, '산', '들', '바다'와 같은 우주와의 교감과 대화라기보다는, 서정적 주체의 일방적인 '부름'의 발화에 더욱 가깝다고 보아야 할 것이다. 그런데 「조선(朝鮮)을 버리자」와 같은 작품에 이르면, 보다 맨얼굴에 가까운 모습으로 육화한 서정적 주체와, 그의 '노래'에 담긴 우주의 비의와 계시에 대해서 알게 된다.

> 조선을 버리자
> 내힘으론 못 구할것을
> 아々 찰하리 버리고갈가
> 못한다!
> 네 힘 것은 해보렴음
> 죽기까지는 네 의무인것을
> 그러나 여보
> 이 백성을 어이한단말요?
> 헷것만 좃는것을
> 갈가나 갈가
> 조선이 안뵈는곳에 가서
> 울고 닛고 세상을 마촐가나
>
> —「朝鮮을 버리자」[76]

이 「조선(朝鮮)을 버리자」에서 알 수 있듯이, 서정적 주체가 「노래」에서 애타게 반향을 간구했던 '산', '들', '바다'는 바로 '조선'이며, 「님네가그리워」에서 그리워했던 '형제'나 '자매'는 바로 '헷것만 좃는' 조선의 '백성'이다. 그리고 그 '조선'과 '백성'을 향한 서정적 주체의 '노래'란, 결국 '헷것'으로부터 구하기 위한 복음(福音)이었던 것이다. 이 가운

76) 李光洙, 「朝鮮을 버리자」, 『朝鮮文壇』 第6號, 1925.3. 李光洙・朱曜翰・金東煥, 앞의 책, 1면.

데에서 흥미로운 것은 그러한 복음에 응답해야 할 조선인이 「양(羊)의 우리」에서 알 수 있듯이, "조고만 양의 우리"에 갇힌 '양(羊)'으로 묘사되고,[77] 또한 복음을 전하는 서정적 주체가 흔히 낙백(落魄)한 사도(使徒)로 묘사되고 있다는 사실이다. 그리고 그러한 이미지는 「가시관」에서 보다 분명하게 나타난다.

> 내머리에는 가시관이 가장 합당하도다. 가시관을 내 머리에 꽉 눌러 씨우라 님아! 그리하여서 니마의 수업는 생채기에서 흐르는 아프고 쓰린피를 열손ㅅ가락으로 찍어쑤리며 통곡하게 할지어라.
>
> —「가시관」에서[78]

세상의 '헷것'을 없애는 사도로서의 서정적 주체는, 어떠한 퍼스나(persona)도 필요치 않는, 민족의 스승을 자임했던 맨얼굴의 이광수 자신으로 보아야 할 것이다. 그리고 이러한 서정적 주체는, 이미 이광수가 저 『무정(無情)』(1917)에서부터 드러낸 민족의 스승으로서 도저한 자의식과,[79] 이미 메이지(明治) 학원 중학부시절부터 개신교 신자로서 청교도적 정결성에 근간한 금욕과 회계로부터 훈습(薰習)한 그의 윤리적 감각이 빚어낸 인간형으로부터 비롯했다고 해도 과언이 아닐 터이다.[80] 이러한 스승과 사도로서의 이광수의 자의식은, 그 무렵 이광수가 허영숙(許英淑)에게 보낸 서신의 도처에서 "예수를 좇아서 눈처럼 희게 淨化" 되어 가고 있음을[81] 역설하는 가운데에서도 알 수 있듯이, 자신을 예수

77) 李光洙, 「羊의 우리」, 위의 책. 李光洙・朱曜翰・金東煥, 앞의 책, 31~32면.

78) 李光洙, 「가시관」, 『朝鮮文壇』 第5號, 1925.2. 李光洙・朱曜翰・金東煥, 앞의 책, 39~40면.

79) 김윤식, 「『無情』의 문학사적 성격」, 『한국근대문학사상사』(오늘의 사상신서 54), 한길사, 1984, 44~52면.

80) 李光洙, 「그의 自敍傳」, 『李光洙全集』 第19卷, 三中堂, 1963, 313면. 이러한 사정에 대해서는 다음의 서지를 참조할 수 있다. 김태준, 「춘원의 문예에 끼친 기독교의 영향」, 『명지대논문집』 제3집, 명지대, 1969, 232면. 이철호, 「무정과 낭만적 자아」, 동국대 석사논문, 1999, 42면.

와 동일시하는 일종의 자기 황홀경에 가깝다.

이와 같이 어떠한 시적 발화의 요건도, 시적 의장(意匠)도 갖추지 않은 채 서정적 주체의 자의식만을 전경으로 내세워, 조선과 조선인을 향해 간절히 노래를 부르고, 또한 조선과 조선인이 그의 노래를 간절히 듣기를 기다리는 시편들이야 말로 『삼인작시가집(三人作詩歌集)』의 주된 선율이라고 해도 과언이 아니다. 마치 신약복음서의 전편에 걸쳐 예수가 누누이 "들을 귀가 있는 사람은 알아들어라(qui habet aures audiendi audiat)"라고 역설했던 바를[82] 연상하게 하는 이광수의 시편에서, 그가 조선인 독자가 알아듣기를 바랐던 복음으로서 '노래'는 과연 무엇인가. 그 간절한 '노래'는 바로 조선인이 허위・궤휼(詭譎)・증오・분노・원혐(怨嫌)・시기와 같은 열등감정을 버리고 무실(務實)과 역행(力行)의 덕목을 갖추도록 간구하는 기도이거나,[83] 또한 그러한 덕목을 갖추어 시가를 통해 스스로 자연과 인간을 예술작품으로 보게 된 조선인이 부르는[84] 송가(頌歌)일 수도 있을 것이다.

그럼에도 불구하고 이러한 시편들이, 도리어 근대적 개인의 자기 해방과 확장의 이상, 감각적 갱생의 비전을 갈망했던 초기 작품들의 수준에도 미달할 뿐만 아니라, 국민의 품성도야, 국민정신의 고취, 민족의 정신적 생활의 지도, 민족적 성격의 수련과 개조의 이상을 문학적으로 현현했다고 볼 수는 없다. 과연 이광수는 바로 이러한 작품들이, 그가 역설해마지 않았던 국민문학의 이상을 구현한 작품들인지 의심스럽다. 도리어 이러한 작품들은 이광수의 시가 문학론이나 정론적 논설들로서는 표상하기 힘든, 자신의 심경을 직접적으로 토로하는 글쓰기에 불과

81) 李光洙, 「사랑하는 英淑에게」, 『李光洙全集』 第18卷, 三中堂, 1963, 472~480면.
82) 「마태오 복음서」 11 : 15, 13 : 9, 「마르코 복음서」 4 : 9・23, 8 : 18, 「루카 복음서」 14 : 35, 「요한 복음서」 13 : 9, 『성경』(주교회의 성서위원회), 한국천주교중앙협의회, 2005. St. Jerome, R. Weber ed. *Biblia Sacra Iuxta Vulgatam Versionem*, New York : American Bible Society, 1990.
83) 李春園, 「民族改造論」, 『開闢』 第23號, 1922.5.
84) 京西學人(李光洙), 「藝術과 人生」, 위의 책 第19號, 1922.1.

하다는 사실을 시사할 따름인 것이다. 그러한 사정은 다음의 「세가지 맹세」와 같은 작품에서 더욱 자명하게 입증된다.

내 일신의 안락 말고
의를위해—동포를 위해 바치게하기로
맹세 하옵니다.
(…중략…)
일생을
죽을 때까지—죽을지라도
털 끗만한 허위도 업시
진리의 생활 오직 진리의 생활을 하기로
맹세 하옵니다.
(…중략…)
동포를
모든 인류를 모든 생류를
조곰이라도 미워함 해치람업시
앗기고 사랑하고 용서하기로
이날에 맹세합니다.

—「세가지 맹세」에서[85)]

한 편의 시라기 보다는 조선과 조선인을 향한 종교인의 종신서원문에 가까운 이 「세가지 맹세」는, 이광수의 시, 혹은 시가가 김억을 비롯한 동시대 국민문학론자들에게 주어졌던, 조선인의 공통심성으로서 '조선심' 혹은 '향토성'의 발견과 문학적 재현이나, 음성언어의 발화를 전제로 한 문학어로서 조선어의 심미적 자질과 가치의 현현과 같은 사명과는 애초부터 무연한 것이었음을 시사하기에 충분하다. 그러나 이광수의 「여(余)의 작가적(作家的) 태도(態度)」(1931)를 염두에 두고 보면, 그의

---

85) 李光洙, 「세가지 맹세」, 『朝鮮文壇』 第5號, 1925.2. 李光洙 · 朱曜翰 · 金東煥, 앞의 책, 37~38면.

시편들에 대한 이러한 지적조차도 어쩌면 무용한 것인지도 모른다. 이 글에서 이광수는 자신의 소설을 비롯한 문학작품을 두고, "文學的 作品을 쓴다는 意識으로 썻다는 것 보다는 대개가 論文代身으로", "자유로 同胞에게 通情할 수 없는 心懷의 일부분을 말하는 방편으로" 쓴 '一餘技'에 불과하다고 하는 한편, 스스로 "나는 지금도 文士는 아니"며, 문학이 "내 本分이 아니라는"입장을 분명히 밝혔기 때문이다.[86)]

물론 이 「여(余)의 작가적(作家的) 태도(態度)」에서 이광수가 '논문대신(論文代身)' 쓴 것이라고 했던 '문학적(文學的) 작품(作品)'은 대체로 그의 소설을 가리키는 것으로 보이나, 그의 시편이라고 해서 예외는 아니라고 보아야 할 것이다. 그것은 인용한 「세가지 맹세」를 통해서도 충분이 알 수 있다. 사실 이 「세가지 맹세」는, 이광수가 안창호(安昌浩)에게 보낸 공개서한인 「도산(島山) 안창호선생(安昌浩先生)에게」(1925.8)에서 밝힌 바, "말이나 행실에 거줏이 업스라!", "저를 닛고 朝鮮을 생각하라!", "朝鮮을 위하야 한 직무를 담당할 덕행과 학식과 지능을 준비하라!", "이러한 주의를 가진 자끼리 굿게 뭉치라!", 그리고 무엇보다도 "朝鮮ㅅ사람끼리 서로 사랑하자"라는 수양동맹회(修養同盟會)를 향한 안창호의 가르침을,[87)] 최소한의 시적 의장만을 빌어 고쳐 쓴 것에 불과하기 때문이다.

> 만일 한울이 우리 민족을 버리지 안하신다 하면 반다지 힘잇는 자를 우리에게 주서서 선생의 뜻을 실현하는 큰 일ㅅ군이 되게 하실 줄 밋습니다. 그것을 밋기 때문에 死를 기다리는 저도 생명이 許하는 순간까지 참된 朝鮮의 아들과 딸을 차자다닐 것입니다.
>
> —「島山 安昌浩先生에게」에서[88)]

86) 李光洙, 「余의 作家的 態度」, 『東光』 第20號, 1931.4, 81~82면.
87) 李光洙, 「島山 安昌浩先生에게」, 『開闢』 第62號, 1925.8, 29면.
88) 위의 글, 위의 책, 29면.

이러한 사정을 염두에 두고 보면, 「노래」와 「님네가 그리워」와 같은 작품은 특히 인용한 대목에서 강조한 이광수의 진술로부터 비롯한 작품들임이 분명해진다. 그러므로 지금까지 검토한 이광수의 시편 모두가, 사실은 궁극적으로 그의 수양동맹회 활동을 전후로 한 편력과 무관하지 않다는 것을 알게 된다. 이광수의 시편이 집중적으로 발표된 1924년과 1925년은, 「예술(藝術)과 인생(人生)」(1922)과 「민족개조론(民族改造論)」(1922)으로 대표되는 민족개조의 논리가 조선총독부의 검열과 조선인독자의 반발로 인해 좌절을 감내해야 했던 시기이며,[89] 또한 안창호의 지시로 수양동맹회 운동을 본격적으로 일으킨 시기이기도 했기 때문이다.[90] 이광수는 그러한 정치적 좌절과 새로운 희망의 가운데에서, 조선총독부의 검열을 피하는 한편으로, 정론적 논설로서는 불가능한 정서적 호소력을 지닌 글쓰기로서 '시가(詩歌)'를 선택했던 것으로 보인다. 이러한 사정을 염두에 두고 보면, 그러한 '시가(詩歌)'란 저 안창호의 "朝鮮 사람끼리 서로 사랑하자"는 궁극적인 가르침이 "새 조선의 생명"으로 자라나, "만사람이 그것을 우럴어볼",[91] 민족의 공통심성 개조의 이상을 실현하는 가운데에서 영통의 체험을 제공하는 사명을 부여받았을 터이다. 그러나 이광수는 바로 그러한 영통의 체험을 가능하게 하는 '시가(詩歌)'를 통해서 궁극적으로 표상해야 할 것이, 앞서 검토한 김억이나 주요한, 최남선의 경우와 같이, 조선의 향토, 나아가 조선의 산하에 깃든 역사의 풍상을 가로질러 현존하는 원시적 생명력의 체험이나, 감각의 기억, 혹은 그 심상과 같은 심미적 자질에 근간한 공통감각이라는 사실에 대해서, 분명히 인식하고 있지 못했거나, 혹은 그러한 공통감각을 표상할 문학적 역량이 부족했던 것으로 보인다.

---

89) 김윤식, 「제5부 同友會의 길과 작가의 길」, 『이광수와 그의 시대』 제2권, 솔출판사, 1999.

90) 李光洙, 앞의 글, 앞의 책, 33면.

91) 위의 글, 위의 책, 33면.

그것은 일찍이 이광수가 「민요소고(民謠小考)」에서 역설했던 '새로운 조선의 문학'의 요건을, 그 스스로 창작활동을 통해서 실현하지 못했던 사정과 결코 무관하지 않다.

> 어야드야 어어혀리
> 어긔어차 닷감아라,
> 녯나라야 잘잇거라
> 어긔어차 새나라로.
> (…중략…)
> 어야드야 어어혀리
> 어긔어차 돗달아라.
> 잘잇스오 잘잇스오
> 나는가네 새나라로
>
> —「새나라로」에서[92]

> 내 어대로 갈거나 필마단긔로
> 첩첩 산중에 풍우도 잣다,
> 천하를 건지잔 뜻은 어이코
> 시대 짤아 헤매는 늙은 영웅아.
> (…중략…) 왕릉 겨례 우뚝 솟은 젓나무
> 웬걸 천년이야 살앗스리라,
> 황혼에 우뚝 솟은 그 긔우
> 영웅인듯하여 다시 우럴다.
>
> —「弓裔王陵」에서[93]

인용한 두 작품은 이광수가 「민요소고(民謠小考)」에서 제시했던 요건들을 비교적 가장 잘 갖추고 있다고 볼 수 있는 사례일 것이다. 그것은

92) 李光洙, 「새나라로」, 『三千里』 創刊號, 京城 : 三千里社, 1929.6. 李光洙·朱曜翰·金東煥, 앞의 책, 6~7면.

93) 李光洙, 「弓裔王陵」, 『東光』 第6號, 1926.10. 李光洙·朱曜翰·金東煥, 앞의 책, 9~10면.

이광수가 「민요소고(民謠小考)」에서 주장했던 '새로운 조선의 문학'이란, 첫째 민요와 전설을 근간으로 한 것이며, 둘째 그 가운데에서 민요는 4·4조의 음수율과 음위율을 갖춘 것이었기 때문이다.[94] 그러나 이러한 형식적 요건들은 인용한 두 편의 작품을 제외하고는 거의 지켜지지 않았다. 이광수는 이 가운데에서 4·4조의 음수율이야말로 '느림'·'즐거움'·'한가함'의 정취와 조선인 생활의 특징을 반영하는 중요한 시적 의장이라고 보았으나,[95] 정작 그는 자신의 작품세계를 통해서 그러한 정취와 조선인 생활의 특징을 시적으로 표상할 수 없었던 것으로 보인다. 결국 그러한 가운데에서 인용한 작품은 물론이거니와 앞서 검토했던 「노래」, 「님네가 그리워」까지도 엄격한 압운의 규칙이나 반복되는 조흥구가 이루어내는 리듬감만 남고 말았다.

그것은 앞서 검토한 바와 같이, 이광수의 「민족개조론(民族改造論)」이 이미 다카하시 토오루[高橋亨]를 비롯한 일본 지식인의 조선인 민족성론의 안티테제(antithesis)이면서, 한편으로는 긴밀히 제휴한 결과일 뿐만 아니라, 그 「민족개조론(民族改造論)」을 통해서 표상한 조선인의 민족성이란, 『산해경(山海經)』을 비롯한 중국 고전과 역사서로부터 이끌어 낸 고대의 심성이거나, 맹자(孟子)나 동중서(董仲舒)의 인성론과 유사한 관념에 근간해서 고안된 것, 아울러 그의 「민족개조론(民族改造論)」은 다분히 잠언(箴言)적 수사에 가까운 안창호의 가르침이 지닌 윤리적 위의(威儀)에 순명(順命)하는 것이었던 사정과 결코 무관하지 않다. 따라서 이광수의 조선인 민족성론. 민족개조론이, 그러한 관념성과 윤리성의 압도적 우위를 배경으로 하고 있었던 만큼, 결코 감각적으로 현현하기가 용이하지 않았을 터이다. 환언하자면 이광수는 김억, 주요한이 감각적 체험을 통해서 빚어낸 심미적 자질로부터 공통감각으로 나아가고자 했던 사정과는 전혀 다른 방향에서 시를 바라보고 있었던 것이다.

---

94) 李光洙, 「民謠小考 (1)」, 『朝鮮文壇』 第2號, 1924.11, 31면.
95) 위의 글, 위의 책, 32면.

이광수가 시, 나아가 문학을 정론적 글쓰기의 현실적 임계점에서 선택할 수 있는 글쓰기의 한 형태로 바라보았던 이른바 '여기(餘技)'의 관점, 그리고 정론적 글쓰기로서 표현할 수 없는 정서를 음수율과 음위율과 같은 정형률의 의장에 따라 배열한다면 이미 '시가'로서의 자격은 충분하다는 소박한 사고는, 그로 하여금 시조를 선택하게 했던 가운데에서도 일관되었던 것이다. 예컨대 그가 1928년 『동아일보(東亞日報)』지에 발표했던 「시조(時調)」에서, 자신이 "詩的 天分이 貧弱한" 사람임을 인정하면서, 도리어 그러한 사정에서 시조를 선택하게 되었다고 술회했던 것은 바로 그 증거라고 하겠다.[96] 아울러 시조가 "「新羅鄕歌」라는 名目으로 總稱하는 國風中의 一形式"에서 진화하여, "現存한 朝鮮文學中에 最古한 形式"이며, 중국의 『시경(詩經)』과 일본의 『만엽집(萬葉集)』, 『고금화가집(古今和歌集)』에 비견할 만한 장르라는 점, 뿐만 아니라 내용으로는 저 '인도사상(印度思想)'이나 '구미사상(歐美思想)'까지도 담을 수 있다는 점이[97] 그로 하여금 시조를 선택하게 했던 계기가 되었던 것이다. 그러나 이광수가 시조를 선택했던 근본적인 이유는, '3·4·4·4/3·4·4·4/3·5·4·3//'의 15음절 3장 형식과, 두 장에 걸친 "各各獨立且完成된 事實"의 표현과 "獨立한 一表現이면서 同時에 全篇의 結論을 成한"[98] 종장의 구성을 지키는 수사적 안배만으로도 문학적 글쓰기의 요건을 모두 갖출 수 있을 뿐만 아니라, 정론적 글쓰기가 요구하는 번다한 논증의 과정이 없는 잠언(箴言)적 수사를 표현할 수 있으며, 나아가 이를 통해서 조선의 문학적 전통이 인증하는 고전적 위의(威儀)까지도 얻을 수 있기 때문이었을 것이다. 그리고 『삼인작시가집(三人作詩歌集)』에 수록된 13편의 시조는 바로 이와 같은 배경에서 발표되었다고 보아야 할 것이다.

96) 李光洙, 「時調」, 『東亞日報』, 1928.1.1. 『李光洙全集』 第16卷, 三中堂, 1963, 164면.
97) 위의 글, 위의 책, 164~165면.
98) 李光洙, 「時調」, 『東亞日報』, 1928.1.9. 위의 책, 174면.

泗沘城 宮闕터에 보리밀 누럿스니
當時 繁華를 어대가 차질는가
동문밧 累累한 무덤에 夕陽차자가시오.

—「泗沘城에서」에서[99]

滄波엔 四月이요, 靑山엔 淸風이라
淸風明月이 高樓에 가득하니
紅塵에 막혓던 胸襟이 豁然開를.

—「海雲臺에서」에서[100]

江南에 달 밝은제 이玉笛이 어대선고
矗石樓에 홀로안저 귀기우려 듯노라니
中流에 一葉畵舫이 任去來를 하더라.

—「矗石樓에서」[101]

인용한 이 작품들은 원래 이광수가 1917년 6월에서 9월까지 조선총독부의 기관지였던 『경성일보(京城日報)』와 자매지 『매일신보(每日申報)』에 연재했던 「오도답파여행(五道踏破旅行)」(1917)에 수록되었던 작품들이었다. 이광수는 「금강산유기(金剛山遊記)」(1922)에서도 무려 121수의 시조를 수록했음에도 불구하고, 『삼인작시가집(三人作詩歌集)』에는 「오도답파여행(五道踏破旅行)」의 시조만 3편 총 9수의 시조를 수록했던 것은 여러 모로 의미심장하다. 그것은 무엇보다도 「오도답파여행(五道踏破旅行)」이 기행문인 「대구(大邱)에서」(1916), 장편소설인 『무정(無情)』(1917)을 거쳐 「민족개조론(民族改造論)」(1922)으로 나아가는 가운데 일관하는 이광수의 이른바 '준비

99) 李光洙, 「泗沘城에서」, 李光洙・朱曜翰・金東煥, 앞의 책, 42면. 李光洙, 「五道踏破旅行」, 『李光洙全集』 第18卷, 三中堂, 1963, 134면.
100) 李光洙, 「海雲臺에서」, 李光洙・朱曜翰・金東煥, 앞의 책, 41면. 李光洙, 「五道踏破旅行」, 앞의 책, 164면.
101) 李光洙, 「矗石樓에서」, 李光洙・朱曜翰・金東煥, 앞의 책, 43면. 李光洙, 「五道踏破旅行」, 앞의 책, 167면.

론사상'의 맥락에 놓여 있기 때문이다. 이 「오도답파여행(五道踏破旅行)」은 근본적으로 조선 사회가 아직 신문명을 충분히 소화하고 있지 못하고, 현대를 이해하고 있지 못하다는 이광수의 위기감과,[102] 자신이 알고 있던 조선은 단지 상상에 불과했다는 뼈저린 그의 반성으로부터 비롯한 자기 발견의 서사이다.[103] 그리고 그러한 서사를 가로지르는 것은, 조선을 "貧窮하게 만들고 愚弱하게 만든 옛날은 永遠히 死藏하고, 우리는 우리의 새 世代를 最善을 다하여 곱고 아름답고 富하고 强하게 만들어야"[104]한다는 이광수의 계몽주의이다.

그러한 이광수의 계몽주의에 더해서 기행문 자체가 제공하는 간접체험은, 당시 신문의 독자들로 하여금 작가가 묘사한 지방의 풍경이나 지방에 거주하는 주민들의 생활·풍습에 대한 이해를 촉구하는 한편으로, 조선이라는 지리 공간 내부에 거주하는 공동체를 상상하게 하는 데 중요한 역할을 담당했던 것으로 보인다. 「오도답파여행(五道踏破旅行)」이 연재되는 동안 독자들의 환영이 대단했다는 사실은,[105] 그러한 사정을 이해하는 근거가 된다. 근대적인 교통수단과 메스미디어가 동시대에 동일한 지역권에 거주하는 주민들을 알지도 만나지도 못하고 심지어 그들에 관한 이야기도 듣기 쉽지 않았던 시대에 영통의 이미지를 제공하고, 나아가 민족이라는 상상의 공동체를 '재현'하는 기술적 수단을 제공한다는 것은 알려진 바와 같다.[106] 그러한 사정을 염두에 두고 보면, 이광수는 조선의 향토와 산하의 풍광과 세월의 풍상을 가로질러 현존하는 역사적 현장에서 얻은 감개를 시조의 형식으로 표현하는 가운데, 마

102) 위의 글, 위의 책, 125면.
103) 위의 글, 위의 책, 169면.
104) 위의 글, 위의 책, 175면.
105) 編輯部, 「解說」, 『李光洙全集』 第18卷, 三中堂, 1963, 518면.
106) Benedict Anderson, 白石さや·白石隆 譯, 「II.文化的起源」, 『增補 想像の共同體ーナショナリズムの起源と流行*Imaginated Communities : Reflection on the Origin and Spread of Nationalism*』, 東京 : NTT出版, 1997, 24면.

치 시조의 엄격한 형식에 깃든 선험적이고도 공리적인 질서를 통해, 조선인이라는 상상의 공동체의 보편적 기억과 그 역사적 구체성을 부여할 뿐만 아니라, 이를 통해 조선인의 공통감각을 환기하려고 했던 것으로 보인다.

그러나 인용된 작품에서 알 수 있듯이, 이광수의 시조가 표상하고 있는 것은, 조선왕조 사대부계층의 시조에 미만한 '풍류'에 가까우며, 그 수사 또한 조선왕조 사대부들의 그것과 크게 다르지 않다. 특히 「사비성(泗泌城)에서」의 경우 「오도답파여행(五道踏破旅行)」에서는 부여의 어느 기생이 이광수에게 불러 주는 단가(短歌) 한 소절로 소개되었던 작품이었다는 것을 염두에 두고 보면 더욱 그러하다. 그런데 이광수가 조선의 향토와 산하를 '풍류'의 세계로 바라보는 시선은, 「해운대(海雲臺)에서」을 쓴 부산(釜山)의 금정(金井)의 한 노변에서 나타나는 바와 같이, "科學文明의 世上에 科學을 利用하지 않은 原始的 種族生活"의 "不潔하고 散亂한 양은 보기만 해도 嘔逆이 난다"[107]는, 위생론을 위시한 과학을 앞세운 근대주의자의 시선과 마치 동전의 앞뒷면과 같이 결합해 있다. 나아가 그러한 시선은 내지 오사카[大阪], 코배[神戶]와의 교류로 발달일로에 있는 부산의 금융업에 대한 찬탄과도 결합해 있다.[108] 또한 진주(晋州)에서 쓴 「촉석루(矗石樓)에서」의 경우, 과거의 "詩人騷客들이 閑暇하게 玉壺를 기울이던 光景"을 돌이켜보는 회고의 시선은, 현재 '優遊度日'의 환락으로 타락한 청년들에 대한 "榮光있는 너의 祖先을 생각하여 大奮發하라"는 준엄한 비판과,[109] "工業을 일으켜 그들에게 業을 주어야 하겠다"[110]는, 산업자본주의자의 포부와도 결합해 있다.

시조라는 운문으로 표상한 '풍류'의 감수성, 그 견고한 형식이 환기

---

107) 李光洙, 「五道踏破旅行」, 앞의 책, 164~165면.
108) 위의 글, 위의 책, 170~171면.
109) 위의 글, 위의 책, 166~167면.
110) 위의 글, 위의 책, 168면.

하는 공통감각과 산문적 현실이, 「오도답파여행(五道踏破旅行)」에서 아무런 모순도 없이 결합되어 있을 수 있는 것은, 근본적으로 그러한 결합을 통해서 궁극적으로 민족개조의 이상으로 나아가고자 했던 이광수의 강렬한 정치적 열망 때문일 터이다. 그러나 그러한 정치적 열망과, 그것을 근간으로 한 「오도답파여행(五道踏破旅行)」이 기행문 곳곳에서 드러나듯이, 조선총독부의 강력한 후원을 배경으로 하고 있으며, 아울러 「오도답파여행(五道踏破旅行)」 자체가 이미 집필단계에서부터 조선총독부의 시정(施政) 홍보를 위한 선전으로서의 역할을 담당하고 있었다는 사실을 주목하지 않을 수 없다. 이러한 사정을 염두에 두고 보면, 시조가 표상하는 조선인이라는 상상의 공동체의 보편적 기억, 감각과, 그 역사적 구체성, 그리고 그로부터 비롯하는 선험적이고 공리적인 형식의 운명은, 궁극적으로 식민주의의 자장 한 가운데에 가로놓이게 되는 역설을 안고 있는 셈이다. 환언하자면 이광수의 시조는 결국 식민주의가 불러낸 환영이며, 바로 그러한 환영에 조선인으로 하여금 자발적으로 자신의 운명을 내맡기게 하는 역할을 담당하는 것이다.

한편 이광수의 시조가 지닌 이와 같은 사정과 더불어 주목해야 할 또 다른 문제가 있다. 이광수의 이러한 시조는 비록 민요가 아니라고 하더라도 전설을 근간으로, 15음절 3장 형식을 갖춘 이러한 시조야말로 이광수가 구상했던, '새로운 조선의 문학'에 가장 근접한 사례라고 할 수 있을 것이다. 그러나 이광수는 이러한 시조의 형식을 선택하는 순간, 그가 시가를 통해서 견지하고 있던 구어에 가까운 문자성에 근간한 시어의 가능성조차도 사상해 버리고 말았다. 예컨대 인용한 시조 전편에 미만한 한문투의 어휘는 물론이거니와 '~이요', '~이라', '~더라'와 같이, 서정적 주체의 내면의 육성(肉聲)이 아닌 선엄적이고 공리적인 질서체계 아래에서의 가성(假聲)을 현현하는 종결어미만으로도 그러한 사실은 자명해진다. 김억을 비롯한 동시대 국민문학론자들이나, 시조를 고수했던 최남선마저도 표음적인 에크리튀르로서 조선어의 문학적 가능성을 끝까지 모색하고 있었던 사정을 염두에 두고 보면, 적어도 위에서 인용한 이광수의 시조는 동시대 국민문학론자들의 이상과 무연한 입장에서 씌어졌다고 보아야 할 것이다. 특히 이광수가 일찍이 「문학(文學)이란 하(何)오」에서 이미 "朝鮮人이 朝鮮文으로 作한 文學"만이 조선의 문학임을 천명했던 사정을 염두에 두고 보면, 그것은 더욱 자명해진다.[111]

5. 국민문학론의 외연(外緣), 조선으로 귀향하는 다른 탕자들

한편 1920년대 국민문학론자들과 동일한 문학관을 공유하지 않았더라도, 그들의 외연에서 동시대 지성사의 과제를 문학작품을 통해 체현해 가고자 했거나, 혹은 국민문학론자들과 마찬가지의 체험을 통해 조선으로 회귀하고자 했던 문학자들 또한 간과할 수 없다. 예컨대 앞서 이광수, 주요한과 함께 『삼인작시가집(三人作詩歌集)』(1929)을 발표했던 김동환(金東煥)이나, 『조선문단(朝鮮文壇)』을 중심으로 국민문학론이 본격적으로 전개될 무렵 『조선(朝鮮)의 마음』(1924)을 발표했던 변영로(卞榮魯), 그리고 김억을 중심으로 한 국민문학의 논리가 심도를 더해 갈 무렵 『조선(朝鮮)의 맥박(脈搏)』(1932)을 발표했던 양주동(梁柱東)과 같은 이들이 그 대표적인 예라고 하겠다. 이들 또한 저 국민문학론자들과 마찬가지로 한때나마 서양의 문명을 통해 새로운 부성적 위계를 상상하고 그들 스스로 그러한 세계의 입법자가 되고자 했던 조선의 문학청년들이었다고 하겠다.

---

111) 李光洙, 「文學이란 何오」, 『李光洙全集』, 第1卷, 三中堂, 1968.

이를테면 쿠리야카와 하쿠손[廚川白村]의 『근대문학십강(近代文學十講)』(1912)을 읽고 마치 현기증과 같은 황홀경에 빠져서, '세기말', '상아탑', '데카덩'과 같은 불어 단어에 매력을 느꼈고, 보들레르, 랭보, 베를렌느나 오스카 와일드의 문학에 심취했던 체험으로부터,[112] "「生의 聖杯」을 마시고 씃업시 陶醉"하고, "詩에 醉하고 愛에 醉하며 眞理와 놉흔 理想에 醉"하는 가운데, "짜른 一生을 「無限까지 延長」하야", "象徵的으로 살자"고[113] 부르짖었던 문학청년들이 바로 그들이었던 것이다. 굳이 정지용의 시의 한 구절을 빌어 보자면 "나의 靑春은 나의 祖國!"[114]이라고 당당히 선언하게 했던 환영이나 신념이란, 식민지, 혹은 국민국가의 국경을 넘는 미학적 자율성과 코스모폴리턴한 공동체의 감각에서 비롯한 것으로 보아야 한다. 또한 그 환영과 신념은 그러한 감각 자체를 '모국 혹은 고향(patrie)'으로 여기는 가운데 형성되는 이중의 자기정체성의 체험과 같은 것으로부터 비롯했다고도 보인다.[115] 물론 이들의 이중의 자기정체성의 감각 또한 앞서 검토한 국민문학론자들과 마찬가지로, 문명과 근대에 대한 매우 강렬한 동시성의 욕망으로부터 비롯했다고 보아야 할 터이다. 하지만 그러한 이중의 자기정체성의 체험과 동시성의 욕망이란, 결코 사라질 줄 모르는 위화감, 소외감이나 좌절감을 수반하고 있다는 사실 또한 간과할 수 없다. 그러한 사정은 김동환의 경우를 통해서 가장 분명하게 드러난다.

나는 내엄마배로 아니나와야 올흘게다

---

112) 梁柱東, 「遼東白豕 「데카덩」」, 『文酒半生記』, 서울 : 신태양사, 1960, 38~39면.

113) 卞榮魯, 「象徵的으로 살자」, 『朝鮮의 마음』, 京城 : 平文館, 1924, 64~65면.

114) 鄭芝溶, 「海峽」, 『지용 詩選』, 서울 : 乙酉文化社, 1946, 12~13면.

115) 이와 관련해서 세계문학이라는 개념과 범주를 통해 문학이 국민국가의 정치적인 국경을 넘어서 자율적인 가치관과 실천을 얻는 코스모폴리턴한 공동체를 형성해 나아갈 때, 문학자는 한편으로 국민국가의 시민이면서, 다른 한편으로는 문학 자체의 '모국·고향(patrie)'을 결정하게 된다는 파스칼 카사노바의 지적은 참조할 만하다. Pascale Casanova(2002), 岩切正一郎 譯, 「第1部」, 『世界文學空間－文學資本主義と文學革命 *La repubulica mundial de las Letras*』, 東京 : 藤原書店, 29면, 63~64면.

다른 어머니의,
엇더케 천재와영웅을 만히낫는그런 胎盤을가진 어머니배로!
나는 이나라에 아니떠러저야 올흘게다
다른 나라에,
엇더케 자유와 의리가 가득찬 거룩한 나라에!
그러면서 왼종일 거리거리 패다녓다
슬픈마음을 한아름가슴에 안고서—
그러나 엇지아럿스랴, 내엄마가치 정잇는이 업드구나
내나라가치 빗잇고 사라야할 나라가 업드구나
나는깁버 집에도라와 크게춤추엇네.

—김동환, 「도라온자식」116)

인용한 시에서 제3연 전반부까지는 서정적 주체의 "천재와 영웅을 만히 낫"고 "자유와 의리가 가득찬 거룩한 나라"에 대한 동경(憧憬), 선망(羨望)과 그것이 현실적 소여(所與)일 수 없는 데에서 비롯한 심각한 위화감과 소외감이 주된 정서를 이룬다. 이 서정적 주체로 하여금 "왼종일 거리거리 패다"니게 했던 '슬픈 마음'이란 바로 그 위화감과 소외감이 좌절감으로까지 나아간 형국을 나타낸다고 보아야 할 것이다. 그것은 근본적으로 '나'는 천재도 영웅도 될 수 없고, 자유도 의리도 없는 나라의 아들로 태어난 서정적 주체의 운명으로부터 비롯한다. 아울러 시인으로 하여금 "왼종일 거리거리 패다"녔던 시인의 저회(低徊)란, 예컨대 정지용의 「카페·뜨란스」(『學潮』, 1926.6)의 나라도 집도 없고 자작(子爵)의 아들도 아무것도 아닌, 그래서 남달리 손이 희어서 슬프고, 대리석 테이블에 닿는 내 뺨이 슬픈 '나'로 하여금 "異國種 강아지야/내 발을 빨아다오"라고 읊조리게 한 바로 그 슬픔과 한 가지일 터이다. 아무리 '루바쉬카'로 갈아입고 '보헤미안 넥타이'로 꾸민 이들과 어울려 '카페·뜨란스'의 한 자리를 차지해도, 희디 흰 손만 무력하게 바라볼 수밖에 없는 식민지 지식인에게

116) 金東煥, 「도라온자식」, 李光洙·朱曜翰·金東煥, 앞의 책, 136면.

결코 충족될 수 없는 결핍이었을 터이다.

그것은 변영로의 표현을 빌자면 '상징적인 삶', 또는 식민지 지식인에게는 마치 쇼윈도에 진열된 '근대문학'을 선택하기만 하면 당장에라도 '세계문학' 혹은 문명과 근대의 핵심에 이를 수 있을 것만 같은 환영의 소멸, 신념의 좌절을 암시하기도 한다. 또한 그러한 식민지 지식인의 결핍이나, 문명과 근대에 대한 환영의 소멸, 신념의 좌절이란 흔히 탈식민주의 담론이 '검은 피부, 하얀 가면'이라는 상징적 수사로 대변하는 식민지인의 분열증적 양가적 심리의 반영이자, 운명이라고도 할 수 있을 것이다. 이러한 결핍, 환영의 소멸, 신념의 좌절을 뼈저리게 체험한 서정적 주체야말로 앞서 검토한 국민문학자들의 문학작품 전편에 걸쳐 등장하는, 바로 영락하여 귀향한 탕자이며, 그러한 탕자가 돌아온 곳이 바로 '엄마'가 계신 고향 혹은 '엄마'인 조선이었다고 할 수 있을 것이다.

그런데 김동환의 작품에서 이러한 탕자로서 서정적 주체가 '이곳'이 '엄마'의 정을 통해 "빗잇고 사라야할 나라"임을 깨닫고, 또한 '이곳'이야말로 '내 나라'임을 천명하는 발견의 순간을 체험한다는 사실은 흥미롭다. 즉 그것은 문명과 근대를 향한 동시성의 욕망이 결코 내 것일 수 없는 식민지 지식인에게, 결국 분열증적 양가심리와 운명을 극복하기 위한 방황 끝에 이른 고향이자 모국이 바로 '내 나라', 조선임이기 때문이다. 바로 이러한 사정에서 1920년대 국민문학론자들의 '조선으로의 회귀'가 사실 식민지 지식인의 자기정체성의 문제와 깊은 관계가 있음은 자명해진다.

또한 비록 "천재와 영웅을 만히 낫"고 "자유와 의리가 가득찬 거룩한 나라"가 아닐지라도 '엄마'의 정이 깃든 '이곳'이야말로 "빗잇고 사라야할 나라", 진정한 '내 나라'였다는 확신에는, '저곳'의 '천재와 영웅', '자유와 의리'에 대한 회의와 부정을 전제로 하지 않고서는 불가능할 터이다. 그러한 부정이 식민지, 혹은 국민국가의 국경을 넘는 미학적 자율성과 코스모폴리턴한 공동체의 감각을 허상(虛像)에 불과한 것으로 보게하는 일종의 가치 전도가 이루어지는 셈이다. 이 회의와 부정, 가치 전도야말로, 앞서 검토한 1920년대 국민문학론자들의 경우와 마찬가지로, 문명과 근대의 중심인 서양과 그 주변인 조선 사이에 가로놓인 로컬리티의 위계와 심상지리의 탈구축의 시발점임은 두말할 나위도 없다.

> 한밤에 불꺼진 재와 같이
> 나의 情熱이 두눈을 감고 잠々할 때에,
> 나는 조선의 힘없는 脈搏을 짚어보노라,
> 나는 님의 毛細管, 그의 脈搏이로다.
> 이윽고 새벽이 되야, 훤한 東녁한울 밑에서
> 나의 希望과 勇氣가 두팔을 뽐내일때면
> 나는 조선의 甦生된 긴한숨을 듣노라.
> (…중략…)
> 그러나 보라. 일은아츰 길ㅅ가에 오가는
> 튼튼한 젊은이들. 어린學生들, 그들의
> 공던지는 날랜 손발, 책보낀 女生徒의 힘잇는두팔,
> 그들의 빛나는 얼골, 活氣잇는 걸음거리,—
> 아아 이야말로 참으로 조선의 산脈搏이 아닌가.
>
> — 양주동, 「朝鮮의 脈搏」에서[117)]

김동환에게 조선이란 '엄마'의 정이 깃든 "빗잇고 사라야할 나라"라면 인용한 양주동에게는 '님'이며 서정적 주체의 생명의 원천으로서, '힘없는 맥박'으로 연명하다 비로소 '긴 한숨'을 내쉬는 '소생(甦生)'의 나라이다. 그리고 그 소생의 비전, 즉 '산 맥박'은 '젊은이들', '어린 학생들', '여생도'와 같은 새로운 세대로부터 비롯한다. 이 두 편의 작품들은 마치 서정적 주체가 여태껏 망각하고 있었거나 깨닫지 못하고 있었던 '엄마'의 정이나 소생의 비전이야말로, '자유와 의리'와 같은 서양문

117) 梁柱東, 「朝鮮의 脈搏」, 『朝鮮의 脈搏』, 京城 : 文藝公論社, 1932, 63~64면.

명의 도구적 근대성의 윤리와 가치를 전도할 만한 초월적 가치라고 감탄해 마지않는 것으로 보인다. 하지만 이들이 그 가치를 믿어 의심치 않는 엄마의 정이나 소생의 비전이란, 따지고 보면 혈연(血緣)으로 맺어진 공동체의 감각으로부터 현현한 것이라고 보아야 할 것이다. 하지만 그러한 공동체의 감각이 과연 어떻게 서양 대 조선, 문명의 중심 대 주변, 국민국가 대 식민지와 같은 이분법을 고착화 하는 로컬리티의 위계와 이를 통해 형성된 심상지리를 전도하고 탈구축할 수 있는지는 의문으로 남을 수밖에 없다.

그런데 양주동의 경우 그러한 혈연의 공동체를, 서정적 주체를 비롯하여 젊은이들', '어린 학생들', '여생도'들이 한결같이 '조선'의 맥박을 물려받은 '모세관'이라고 언명(言明)하는 순간, 근본적으로는 저 베네딕트 엔더슨의 '상상된 공동체'로서 민족 관념에 이르고 있다고도 하겠다. 물론 앞서 검토한 김동환의 고해(告解)가 그것을 가능하게 한 회심(回心)의 순간을 명료하게 제시하지 못하고, 양주동의 감개(感慨)가 교훈적이고 계몽적 어조로 인해 시적 진정성을 얻지 못한 것은 사실이다. 하지만 그와 같은 김동환과 양주동의 사유는 이미 동시대 조선의 문학자들 사이에서 적지 않게 확산되어 있었던 것으로 보인다. 특히 혈연의 공동체의 역사성을 통해 탕자인 서정적 주체가 자기정체성의 감각을 회복하는 시의 유형은 비단 1920년대 국민문학론자들이나 김동환, 양주동 이외에도 한국 근대시사에서 기억할 만한 작품 가운데 적지 않다.

넓은 벌 동쪽 끝으로
옛이야기 지줄대는 실개천이 휘돌아 나가고,
얼룩백이 황소가
해설피 금빛 게으른 울음을 우는 곳,
—그 곳이 참하 꿈엔들 잊힐 리야.

질화로에 재가 식어지면
뷔인 밭에 밤바람 소리 말을 달리고,
엷은 졸음에 겨운 늙으신 아버지가
짚벼개를 돋아 고이시는 곳,
—그 곳이 참하 꿈엔들 잊힐 리야.

흙에서 자란 내 마음
파아란 하늘 빛이 그립어
함부로 쏜 화살을 찾으러
풀섶 이슬에 함추롬 휘적시던 곳,
—그 곳이 참하 꿈엔들 잊힐 리야,

傳說바다에 춤추는 밤물결 같은
검은 귀밑머리 날리는 어린 누이와
아무렇지도 않고 예쁠것도 없는
사철 발 벗은 안해가
따가운 해ㅅ살을 등에 지고 이삭 줏던 곳,
—그 곳이 참하 꿈엔들 잊힐 리야.

하늘에는 성근 별
알수도 없는 모래성으로 발을 옮기고,
서리 까마귀 우지짖고 지나가는 초라한 지붕,
흐릿한 불빛에 돌아 앉어 도란거리는 곳,
—그 곳이 참하 꿈엔들 잊힐 리야.

—정지용, 「鄕愁」[118)]

도시샤[同志社] 유학생의 향수를 탁월하게 형상화한 이 작품은, 빈한한 가족의 삶과 그 삶을 이루는 다양한 객관적 상관물들과 가족의 삶이 뿌리 내리고 깃든 풍경을 통해 '고향'을 표상한다. 무려 다섯 번에 걸친

118) 鄭芝溶, 「鄕愁」, 앞의 책, 20~23면.

"그 곳이 참하 꿈엔들 잊힐 리야"라는 서정적 주체의 절절한 영탄은, 사실 저 「카페·프란스」의 식민지 지식인의 결핍이나 위화감과 소외감의 심도에 비례한다고 보아도 과언이 아닐 터이다. 환언하자면 식민지 지식인의 그러한 저회(底徊)의 정서가 애써 불러내어 구성한 환영(幻影)이 바로 '고향'인 셈이다. 또한 이 "옛이야기 지줄대는" 고향의 산하며, "엷은 졸음에 겨운 늙으신 아버지", "검은 귀밑머리 날리는 어린 누이", "아무렇지도 않고 예쁠것도 없는 사철 발 벗은 안해"와 같은 가족들이며, "따가운 해ㅅ살을 등에 지고 이삭 줏"고, '초라한 집웅', "흐릿한 불빛에 돌아 앉어 도란거리는" 가족의 빈한하고 적적한 풍경이란 조선 향토 어디에서나 볼 법하고, 그로부터 비롯하는 향수 또한 도회로 출향한 인간이라면 누구나 공감할 법하다는 점에서, 그리고 지역의 경계를 초월한 한국어 고유어로 묘사된 점에서 일종의 공통감각을 형상화한다. 이러한 인용한 작품은 사실 앞서 검토한 국민문학론자들의 작품세계가 결코 이루어내지 못한 성과라는 점에서 특히 주목할 만하다.

바로 그러한 사정에서 인용한 시의 고향은 독자로 하여금 혈연의 역사성과 그것이 깃든 산하와 풍경, 언어를 통한 공통감각을 근간으로 '조선'이라는 보다 넓은 차원의 영토로 재구축되어 표상될 수 있는 것이다. 그것은 무엇보다도 인용한 시의 고향 산하와 풍경의 묘사가 엄밀하게 근대적 의미에서 '풍경의 발견'에 근거한 묘사라고는 볼 수 없기 때문일 것이다. 이 고향의 산하와 풍경이란 향수의 정서에 의해 기억 속에서 불러낸 환영인 한편으로, 서정적 주체의 눈앞에 실재하는 것이 아니라 관념에 의해 구성된 공간이기 때문이다. 그런데 그러한 공간이 출향한 당자로서 식민지 지식인의 저회의 정서를 극복하고 치유하게 한다면, 고향으로서 조선이란 무엇보다도 도구적 합리성이나 탈마법화를 결코 경험하지 않은 공간이기 때문이다. 바로 이것이야말로 김동환이나 정지용으로 하여금 바로 '엄마' 고향, 나아가 조선의 향토 혹은 지역에 특권적 지위를 부여하고는 근거일 것이다. 한편 그러한 특권적 지위는 또한 도회와 도회의 삶은 물론이거니와 그 연장선에 놓이는 '문명'마저도 상대화하게 하는 것으로 보인다. 이러한 사정은 앞서 김억이나 주요한의 사례를 통해서도 충분히 검토한 바이기도 하다.

사정이 이러하다면 이들 문학자 또한 저 국민문학론자들과 마찬가지로 고향 조선을 재영토화 하는 가운데, 근대 문명의 세계를 상대화하는 길을 통해 재구축하고 있었다고 보아도 무방할 것이다. 즉 고향 조선은 근대의 도구적 합리성이나 탈마법화를 결코 경험하지 않은 공간이고, 이를테면 '조선심'과 같이 근대 문명 세계가 상실하거나, 혹은 망각한 어떤 가치를 지니고 있으므로, 결코 문명과 근대의 주변이 아니라고 천명하고 있었던 것이다. 그것은 고향, 혹은 조선이라는 공간이 역사적 변천 가운데에서도 결코 변화하지 않은 채 면면한 동일성을 지녀 왔다는 일종의 신념을 근간으로 한다. 따라서 그러한 고향은 결코 단순한 향토나 지역이 아니라, 반근대 혹은 반문명의 거점이자, 나아가 민족을 표상하는 거점으로서 재구축된 영토라고 보아야 할 것이다. 그러한 현상은 후일 백석(白石)의 『사슴』(1936)의 시편들이나 『서정주시선(徐廷柱詩選)』(1956)으로부터 『질마재신화』(1975)에 이르는 서정주(徐廷柱)의 작품세계와 같은 사례에서도 알 수 있듯이, 한국의 근대사가 문명의 광기와 폭력에 의한 세계사적 소외나 심각한 자기정체성의 위기에 직면할 때마다, 고향 혹은 조선은 그로부터 격절된 근대 이전의 총체성을 온존한 영토로 표상되기 일쑤였다. 그것은 한국 근대시의 상투적인 환유라고 해도 과언이 아닐 것이다.

그러한 조선의 재영토화는 물질 대 심성, 문명 대 반문명의 이항대립을 중심축으로 이루어졌으며, 그것이 곧 1920년대 국민문학론자들은 물론 앞서 인용한 문학자들로 하여금 조선의 문학을 세계문학의 일부로서 국민문학의 지위를 차지한 양 자처하도록 했다고 보아야 할 터이다. 따라서 1920년대 조선문학계에서 부상한 조선심에 대한 관심이란, 당연히 문학적 차원에서는 그러한 멘털리티를 표상하는 다양한 비유와 상징의 발견과 고안으로 나아가야 마땅했으나, 지금까지 검토한 바와 같이 조선의 문학자들에게 실제로 그러한 일은 지난(至難)한 일이었던 것으로 보인다. 이를테면 김억의 경우만 하더라도 저 「여붑소 서관(西關)아씨」와 같은 작품에서 '하소연한 심사(心思)'와 같은 고향의 처녀에 대한 사춘기의 신열이나 비련의 회한(悔恨)이란, 현대 물질문명으로 인한 분열되고 혼돈된 현재적 삶을 쇄신하는 역동성과는 거리가 멀뿐만 아니라, 범박한 차원의 생의 신산(辛酸)과 풍상(風霜) 이상의 의미를 지니지 못한 것은 대표적인 사례라고 하겠다. 바로 그러한 사정에서 예컨대 변영로는 『조선(朝鮮)의 마음』(1924) 「서문」에서 "아, 「조선마음」을 어대가서 차저볼가? 「조선마음」은 지향할수업는마음, 설흔마흠!"이라고 한탄했던 것으로 보인다.

> 거룩한 분로는
> 종교 보다도 깁고
> 불붓는 情렬은
> 사랑보다도 강하다
> 아, 강낭콩 쏫보다도 더 푸른 그물결우에
> 양귀비쏫보다도 더불근
> 그 마음 흘너라.
>
> —변영로, 「論介」에서[119)]

임진왜란의 당시 게야무라 후미스케[毛谷村文助]와 함께 남강(南江)에 투신한 고사로 인해, 저항적 민족주의의 성녀(聖女)로까지 추앙받았던 의기(義妓) 논개(論介)를 노래한 이 시로 인해, 『조선(朝鮮)의 마음』에 수록된 대부분의 작품들 또한 변영로의 민족의식을 현현한 것으로 이해되는 듯하다. 우선 인용한 시만 두고 보면 논개를 둘러싼 공통의 기억, 논개의 유지(遺志)를 현창(顯彰)하는 가운데, 조선인과 조선심의 자기정체성, 역사성을 재구

119) 卞榮魯, 「서대신에」, 「論介」, 앞의 책, 25～28면.

성하는 역할을 담당하는 것으로 보인다. 하지만 변영로의 『조선(朝鮮)의 마음』에 수록된 모든 시들이 인용한 작품의 경우와 같은 역할을 한다고는 보기 어렵다. 이를테면 인용한 시의 '마음'이란, 「날이새입니다」나 「그때가언제나옵닛가」에 이르면, '옛것'인 '슬픔'을 이겨내고 '세계(世界)의 기쁨'을 맞이하는 소생(甦生)의 예감으로, 「낫에오시기꺼리시면」이나 「못노이는마음」에 이르면 연인을 향한 사랑과 기다림으로, 「돌속에도」에 이르면 알 수 없는 연인의 속마음으로, 심지어 「오, 나의령혼의 기(旗)여」에 이르면 자연과 종교의 제약을 초월한 정열 등 다양하게 변주된다. 이 모든 것이 조선의 마음이라면 그것은 앞서 검토한 사로지니 나이두의 '동양의 맘'을 연상하게 한다.[120] 사로지니 나이두의 이 인도의 공통심성과 심미적 가치로 구성되고 현현된 지역성(locality)이 영국 왕립문학회로 상징되는 근대 혹은 문명 세계의 중심에서 인정받을 만한 것이었다면, 변영로 또한 김억과 마찬가지로 스스로 발굴하고자 한 조선의 공통심성과 심미적 가치가 바로 그러한 것일 수 있다고 여겼던 것으로도 보인다. 또한 그러한 사정은 김동환이라고 해서 크게 다르지 않았다.

봄이오면 산에들에 진달래피네
진달래꼿 피는곳에 내맘도펴,
건너마을 젊은處子 꼿따라오거든.
꼿만말고 이마음도 함께따가주.

봄이오면 하늘우에 종달새우네
종달새 우는곳에 내맘도우러,
나물캐기 아가씨야 저소리듯거든
새만말고 내소리도 함께드러주.

---

120) 金岸曙, 「사로지니 · 나이두의 抒情詩 (1)」, 『靈臺』 第4號, 京城 : 靈臺社, 1924.12, 234~235면.

나는야 봄이오면 그대그립어
종달새 되여서 맘부친다오,
나는야 봄이오면 그대그립어
진달래 꼿되어 우서본다오.

—「봄이오면」121)

인용한 작품에서 서정적 주체는 '봄'이라는 계절에, '진달래꼿'과 '종달새'의 울음과 결코 분리할 수 없는 동일성을 경험하는 가운데 우주론적 총체성을 경험한다. 그리고 그러한 경험이 '건너마을 졂은處子'나 '나물캐기 아가씨'의 공감, 그들과의 합일을 호소하는 가운데 삶의 구경적(究竟的) 의미를 얻을 수 있기를 간구한다. 그것은 인간과 자연 사이의 분리나 소외를 극복하고자 하는 서정적 주체의 욕망을 반영한다. 또한 이러한 서정적 주체의 간구와 욕망은 오로지 순결한 조선의 여성성을 통해서 충족될 수 있다는 신념을 근간으로 하고 있다. 이 가운데에서 고향으로서 조선, 어머니가 계시는 조선은 '봄'이 상징하는 바와 같이 우주의 순환 가운데 결코 변하지 않는 역사성을 얻게 되는 것이다. 이 가운데에서도 역시 고향, 혹은 조선이라는 공간이 역사적 변천 가운데에서도 어떻게 동일한 정체성을 지닐 수 있는가라는 딜레마는 자연스럽게 은폐되기는 마찬가지이다. 심지어 인용한 시에 나타난 순결한 조선의 여성성에 대한 간구의 경우, 앞서 검토한 김억의 사례와 마찬가지로, 근본적으로 '졂은 처자(處子)' '나물캐기 아가씨'를 수동적이고 이국적이고 성적으로 신비로운 유혹적 존재로 바라보는 시선에서 비롯하는 만큼, 식민지에 대한 제국의 원시주의나 오리엔탈리즘적 사고와 결코 분리해서 생각할 수 없다. 이러한 시선과 사고가 김억과 같은 국민문학론자는 물론이거니와 동시대 문학자들의 작품세계에서 일관되게 나타난다는 사실이야말로 조선인 또는 조선의 자기정체성의 감각을 형성하

121) 金東煥, 「도라온자식」, 李光洙·朱曜翰·金東煥, 앞의 책, 183쪽.

는 근저에 가로놓인 딜레마만큼이나 심각하다고 하겠다. 무엇보다도 그것은 1920년대 국민문학론자들과 동시대 문학자들이 회귀하고자 했던 고향 조선은 물론이거니와 그들이 구상한 조선인 또는 조선의 자기정체성이란 결국 환영이거나 허상에 불과하다는 사실을 웅변적으로 시사하기 때문이다.

고향에 고향에 도라와도
그리던 고향은 아니러뇨.

산꽁이 알을 품고
뻐꾸기 제철에 울건만,

마음은 제고향 지니지 않고
머언 港口로 떠도는 구름.

오늘도 메 끝에 홀로 오르니
흰점 꽃이 인정스레 웃고,

어린 시절에 불던 풀피리 소리 아니나고
메마른 입술에 쓰디 쓰다.

고향에 고향에 돌아와도
그리던 하늘만이 높푸르구나.

—정지용 「故鄕」[122]

앞서 인용한 정지용의 「향수」가 도구적 합리성이나 탈마법화 이전의 유기체적 일체감과 우주적 질서에 대한 고향 저편에서의 탕자의 간구로부터 비롯한 것이었다면, 위의 「고향」은 바로 고향으로 돌아와서 직

122) 鄭芝溶, 「故鄕」, 앞의 책, 28~29면.

면한 탕자의 환멸로부터 비롯한 것이라 하겠다. 서정적 주체를 반기는 것이란 그저 '흰점 꽃'과 '높푸른 하늘' 정도일 뿐, 그에게 '고향'이란 과거의 것, 사라진 것이고, 따라서 현존하지 않는 허상에 지나지 않으며, 서정적 주체는 여전히 "머언 港口로 떠도는 구름"과 같은 탕자의 신세를 면할 길이 없다. 정지용에게 고향, 향토를 바라보는 '저곳'의 간구와 '이곳'의 현실이 이처럼 다르다는 사실은, 우선 앞서 검토한 일련의 작품들이 구가(謳歌)하는 고향, 향토의 가치 또한 사실은 공소한 것이고, 믿을 만한 것이 아님을 나타내는 것으로 보인다. 이러한 정지용의 작품이 국민문학론과 무연한 외연에서 등장했다는 사실은 참으로 의미심장하다고 하겠다. 정지용이 바라본 고향을 통해 진실로 간구해 마지않았던 것 또한 김억의 표현을 빌자면 "모든 苦惱와 悲慘을 뚫코 나아가는 生과 힘", 상상의 차원에서가 아닌 구체적 역동성을 지니는 구원의 비전이었다면, 그러한 고향의 '맨얼굴'이 마치 거대한 공동(空洞)과도 같은 식민지 향토의 현실에 불과했다는 서정적 주체의 환멸이란, 도리어 국민문학론자들과 그 지근거리에 있었던 동시대 문학자들이 결코 깨닫지도 못하고 대면하지도 못했던 진실이라고 할 수 있기 때문이다.

그럼에도 불구하고 앞서 거론한 작품들을 통해서 알 수 있듯이, 1920년대 한국 근대시는 그러한 구원의 비전을 제시하기에는 역부족이었거나, 혹은 그것이 고향, 향토의 '맨얼굴'을 외면한 극단적인 관념의 차원에서 구하고자 했던 것으로 보인다. 이를테면 주요한의 「조선」과 같은 작품이야말로 그러한 사정을 웅변적으로 시사할 터이다. 심지어 최남선의 경우 「단군굴(壇君窟)에서(妙香山)」·「천왕봉(天王峰)에서(智異山)」·「비로봉(毘盧峰)에서」를 비롯한 일련의 시조들 통해서 알 수 있듯이, 혈연의 역사성을 근간으로 조선의 심상지리를 재구축하는 가운데 신화와 고대사와도 제휴하면서, 단군 중심의 민족 이데올로기로 나아가기도 했던 것이다. 비록 최남선의 문학적 역정을 그대로 따랐다고는 볼 수 없을지라도, 주요한도 최남선도 결국 시조로 나아갔고, 이후 이은상(李殷相)

의 경우에서 더욱 분명히 드러나듯이, 근대시조가 종족적 민족주의에 근간한 조선이라는 심상지리의 탈구축의 중심 장르로 부상했던 사정 또한 1920년대 국민문학론, 나아가 한국 근대시가 처해 있었던 곤란한 사정을 충분히 시사는 것이다.

6. 국민문학론의 문학적 성취와 한계

1924년 이후 국민문학론을 주도한 김억을 비롯해서 주요한, 이광수의 작품세계를 검토하는 가운데에서 자명해진 것은, 결국 그들이 음성언어의 발화를 전제로 한 문학어로서 조선어의 심미적 자질과 가치를 현현하여, 이를 근간으로 조선인의 공통심성을 표상하고, 나아가 근대적인 조선시의 시형을 고안해 내는 이상이란 실현하기에는 대단히 어려운 일이었거나, 심지어 처음부터 불가능한 허상에 불과했다는 사실이다. 그래서 그들이 동시대 지성사의 과제를 문학작품을 통해 체현해 가는 가운데, 조선이라는 지역의 로컬리티와 심상지리를 탈구축하고 재영토화 하는 일 또한 결국 대단히 공소한 차원에서, 심지어 관념적인 차원에서 그치고 말았다는 사실이다.

이러한 사정은 비단 그들의 문학론과 작품세계 사이에 극복할 수 없는 괴리가 가로놓여 있었다는 것만으로는 결코 설명할 수 없는 심각한 문제를 내포하고 있다고 여겨진다. 물론 그것은 1920년대 국민문학자들의 문학적 역량의 부족이나 불비와도 무관하지 않을 것이다. 하지만 그보다는 이를테면 개인으로서 서정적 주체나 독자의 육체에 새겨진 개별적이고도 특수한 감각과 기억의 세계로 존재하는 고향 혹은 향토의 심상을, 세계의 차원은 일단 차치하고서라도 조선의 보편적이고 일반적인 차원으로 표상해야 하는 가운데, 당연히 이루어져야 할 형이상학적 고투의 과정을, 그들이 너무나 소박하게 여기고 말았다는 사실이야말로 가장 심각한 문제였다고 하겠다. 그 가운데에서 1920년대 국민문학론자들은, 심지어 그 외연의 몇몇 문학자들까지도 근대적인 개인의 감정이나, 육체적 감각에 근간한 자율성과 표현성을 유보하는 대신, 민족의 관념과 결합한 미학 이데올로기의 명령을 자명한 것으로 받아들이고 말았던 것이다.

그러므로 예컨대 김억의 경우 『안서시집(岸曙詩集)』을 통해, 북선(北鮮)의 향촌사회에 존재하는 유기체적 일체감과 우주적 질서 가운데에서 발견한 "모든 苦惱와 悲慘을 뚫코 나아가는 生과 힘"을, 민족 공동체의 영통의 이미지로 승화하고자 했더라도, 결국 그러한 의지란 '하소연한 심사(心思)'나 명정(酩酊)과 같이 그 자체로서는 어떤 시적 진실이나 진정성을 담지 못한 채, 상투적 의장(意匠)만을 반복하는 가운데 소박한 차원에 머물고 말게 되어 버렸던 것이다. 한편 주요한은 『아름다운 새벽』을 통해서 미각을 비롯한 육체적 감각의 기억으로 고향의 심상을 표상하여, 고향을 세월의 풍상을 가로질러 면면히 현존하는 공간으로 복원시키는 훌륭한 문학적 성취를 거두었다. 그럼에도 불구하고 그러한 고향의 전원적 풍경 가운데 면면이 현존하는 생명력이, 비단 '국민적 정조'나 '조선의 피'만을 의미하지 않고, 더 나아가 그것을 초월한 인류애를 현현하도록 하는 심미적 매개항은 결코 제시하지 못했던 것이다. 이러한 사정은 김억과 주요한의 지근거리에 있었던 김동환이나 양주동의 경우라고 해도 다르지 않았다고 하겠다. 이를테면 그들이 혈연의 역사성으로부터 비롯하는 소생의 비전이나, 우주의 순환 가운데 결코 변하지 않는 삶의 구경적 의의나 역사성을 간구하고 상찬하는 가운데, 고향 혹은 조선이 역사적으로 동일한 정체성을 온존해 왔다는 신화에 안주하거나, 제국의 원시주의와 오리엔탈리즘적 시선과 사고를 내면화하고 있었기 때문이다.

그러나 무엇보다도 심각한 것은, 굳이 처음부터 시조를 근간으로 자신의 문학론을 전개한 최남선의 경우를 예외로 한다고 하더라도, 김억이든, 주요한이든, 이광수든 그 누구도 '근대적인 조선의 시형'을 고안해 내는 데에 이르지 못했다는 사실이다. 김억은 자신의 작품에서 끝내 한자어의 시각적 텍스트성을 배제하지 못한 채, 음성언어의 직접성이나, 음성언어를 통해서 드러나는 서정적 주체의 내면, 그 현존의 확실한 순간과의 조우를 불안하게 여기고 있었다. 또한 7·5조의 제한된 시형 가운데에서도 시어의 어감과 음조미를 현현한다는 이유로 첩어부사를 고수하는 가운데, 심화된 시적 인식으로 나아가지도 못했을 뿐만 아니라 전체적으로 시의 격을 떨어뜨리는 결과를 초래하고 말았다. 하지만 무엇보다도 김억은 엄격한 7·5조의 자수율, 2·3·4행과 같은 각운, 4행이 한 연을 이루는 기승전결 구도의 격조시형을 완성하나, 결국 시조나 한시의 형식에 접근하는 가운데, 시적 정서를 표상하는 방법과 그것을 감상하고 향유하는 독법까지 선험적이고 공리적인 질서의 가성(假聲)에 의존하면서, 근대 자유시의 이상으로부터 완전히 멀어지고 말았다.

심지어 주요한과 이광수는 시조의 형식을 선택하고 말았다. 주요한은 '인간의 공통성', '배타적인 국수주의를 넘어선 인류애'와 같은 추상적인 관념에 보다 매료되었던 까닭으로, 개인의 특수한 육체적 감각과 기억에 근간한 조선인의 공통감각을 표상하는 객관적 상관물보다도 시형이 보다 결정적인 요소라고 본 결과 시조에 귀의하고 말았다. 그리고 이광수는 문학을 정론적 글쓰기의 현실적 임계점에서 선택할 수 있는 글쓰기의 한 형태로 바라보았던 이른바 '여기(餘技)'의 관점, 그리고 정론적 글쓰기로서 표현할 수 없는 정서를 음수율과 음위율과 같은 정형률의 의장에 따라 배열한다면 이미 '시가'로서의 자격은 충분하다는 소박한 사고로 시조를 선택하고 말았다. 요컨대 김억·주요한·이광수 모두 근대시의 이상을 스스로 포기하면서 도리어 '근대적인 조선의 시가'의 형식을 구상하는 자기당착에 빠지고 말았던 것이다.

그러한 자기당착이란 이를테면 최남선이 민요를 문학의 범주에 포함시킬 수 있다면, 조선은 오로지 민요만으로도 문학국이라고 했던 것이나,[123] 홍사용이 민요만을 진정한 조선의 시가로 보고 그 외의 운문장르들을 일고의 가치도 없는 것으로 타기해 버린 데에서[124] 나타난 바와 같이, 그들이 조선의 민요를 운문 장르의 기원이자 저 중국의 『시경(詩經)』이나 일본의 『만엽집(萬葉集)』과 『고금화가집(古今和歌集)』에 비견할 만한 문학적 전통으로 규정하면서도, 그러한 기원과 전통을 곧장 현재로 소환하는 것만으로도 근대문학 일반의 성취를 이룰 수 있다고 보았던 신념 가운데 이미 가로놓여 있었던 것인지도 모른다. 그러한 신념은 메이지 고쿠분가쿠의 문학사기술 또한 메이지 일본의 국민국가주의를 배경으로 하는 하나의 네러티브였다는 사정을 간파하지 못한 데에서 비롯하는 소박한 믿음이나 착각으로부터 비롯했을 공산이 크다.

하지만 그보다도 더욱 주목해야 할 것은, 이를테면 고대부터 면면히 존재했으나 역사의 부침 가운데 망각되고 버려진 민요와, 중세 이후 한문맥(漢文脈)과 도학(道學)으로 훼손된 시조를 다시 현재로 소환하고, 그 가운데에서 조선문학 나아가 조선의 현재는 물론 미래마저 구원할 수 있다는 일종의 신화적(神話的) 신념일 터이다. 그것은 무엇보다도 이러한 신념을 가로지르는 것이 바로 원형적 파시즘(archi-fascism)이고, 그것은 독일의 경우 암암리에 정치적 파시즘으로 나아가기도 했기 때문이다.[125] 그러한 관점에서 보자면 1920년대 국민문학론자들이 직면한 자기당착이란, 그들이 문학론의 차원뿐만 아니라 문학작품의 차원에 이르기까지 제국의 원시주의와 오리엔탈리즘적 시선과 사고를 내면화 했던

---

123) 崔南善, 「朝鮮民謠の概觀」, 『朝鮮民謠の硏究』(市山盛雄 編), 東京 : 坂本書店, 1927, 3면.

124) 露雀, 「民謠자랑—둘도 업는 寶物, 特色잇는 藝術, 朝鮮은 메나리 나라」, 『別乾坤』 第3卷 第2號, 1928.5, 174면.

125) 이에 대해서는 다음의 서지를 참조할 수 있다. Philippe Lacoue-Labarthe, 西山達也 譯, 「エピローグ 國民社會主義精神とその運命」, 『ハイデガー 詩の政治(*Heidegger and the Politics of Poetry*)』, 東京 : 藤原書店, 2003, 216～218면.

사정과 더불어 식민지 지식인으로서 감내할 수밖에 없는 이른바 식민지인의 분열증적이고 양가적인 운명과도 결코 무관하지 않다는 것을 알게 된다.

그렇다고 하더라도 1920년대 국민문학론자들이 근대 자유시의 이상을 스스로 포기하면서까지, 정형시가 현현하는 선험적이고 공리적인 질서의 가성에 의존하려고 했던 보다 근원적인 이유는 과연 무엇이었던가. 그것은 우선 이들은 '조선심'의 공통감각을 감각적으로 표상하는 일이, 단지 엄격한 형식적 요건을 갖춘 시형만으로 가능하다고 보았기 때문이다. 다음으로 김억이 사로지니 나이두로부터 비서구지역의 향토성이 세계문학 일반의 수준으로 나아가는 가능성을 보았던 것이나, 김억과 주요한이 프랑스 시의 알렉상드렝 형식에 집착했던 데에서 알 수 있듯이, 비록 알렉상드렝 형식에 대해 무관심했던 이광수조차도 시조를 중국의 『시경(詩經)』이나 일본의 『만엽집(萬葉集)』과 『고금화가집(古今和歌集)』에 비견하면서, 유일한 조선적 시형일 뿐만 아니라 세계적인 시형임을 역설했던 데에서도 알 수 있듯이, 조선의 문학을 세계문학의 반열에 올려놓아야 한다는 강박증에 시달리고 있었기 때문일 것이다. 이러한 강박증의 측면에서 보자면 처음부터 시조를 선택했던 최남선이라고 해서 예외는 아니다. 그러한 강박증이란 두말할 나위도 없이 근대, 문명의 중심 혹은 세계문학을 향한 그들의 강렬한 동시성의 열망으로부터 비롯했다. 마지막으로 간과할 수 없는 이유는, 그들의 국민문학론의 근저를 가로지르는 민족 이데올로기가 이미 개인의 개별적이고 특수한 육체적 감각과 기억이 아닌, 선험적이고 공리적인 질서의 가성(假聲)을 요구하는 이념이었기 때문이다.

바로 이와 같은 이유들로 인해, 1920년대 국민문학론자들은 물론이거니와 그 외연의 일군의 문학자들의 작품세계 전편에서 일관하는, 영락하여 귀향한 탕자가 결국 돌아가야 할 고향이 환영과 허상에 불과하거나, 혹은 관념의 차원에서만 겨우 나타날 수밖에 없었던 것이다. 이 모두 궁극적으로는 국민문학론자들과 그 외 동시대 문학자들의 문학적 성취와 한계, 이 가운데에서도 특히 한계를 온전히 반영한다고 보아야 할 터이다. 환언하자면 그것은 한국 근대시의 이상이 곧 허상이 되고 마는 형국이기도 한 것이다. 또한 그러한 형국이야말로 어쩌면 식민지 조선의 문학자들이 감내해야 할 가장 혹독하고도 기구한 운명인 것이다.

결론

1920년대 국민문학론자들의 문학적 이상이란 과연 허상이 되고 말았던 것인가. 지금까지 그들의 문학론과 작품세계를 통해 검토한 바로서는 그와 같이 평가할 수밖에 없다. 그럼에도 불구하고 석연치 않은 것은 그들이 식민지의 문학자들로서 감내해야 했던 분열증적이고 양가적인 운명이다. 그것은 우선 그들에게 저 중국의 『시경(詩經)』이나, 일본의 『만엽집(萬葉集)』, 『고금화가집(古今和歌集)』과 같은 정전이 자명하게 존재하지 않았던 사정으로부터 비롯한다. 그들에게 그러한 정전은 한편으로는 고안하고 발견해야 할 대상이었지 결코 텍스트의 형태로 현전하는 것은 아니었기 때문이다. 이러한 조선의 사정이야말로 국민문학론자들에게는 더할 나위 없는 딜레마였을 터이다. 심지어 국민문학론자들이나 그 외연에 있었던 문학자 가운데 일부는, 조선문학사라는 네러티브의 시발점으로 삼아야 할 민요를 당장 현재로 소환하기만 하면, 그리고 위작으로 의심받는 유산까지 포함하여 기원을 소급하는 한편으로 중세 이후 한문맥(漢文脈)과 도학(道學)으로 훼손된 유산을 소거하여 시조를 부활시키기만

하면 그러한 딜레마를 극복할 수 있다고 착각하기도 했다.

또한 1920년대 국민문학론자들에게 정전의 부재만큼이나 혹독한 운명은, 그들이 지나치게 과중한 문학사의 사명을 부여받았다는 사실일 터이다. 이를테면 그들은 '문학(文學)에 대(對)한 통관(通觀)'이 없는 조선인에게 조선의 문학개론과 문학사를 연구해서 가르쳐야 했으며, 정전의 재구성을 위해 조선의 문학적 전통과 구술문화의 유산을 정리해야 했다. 뿐만 아니라 동시대 지식인 사회의 이상을 체현하기 위해 조선인 공통심성을 표상하고, 또한 그에 합당한 새로운 시형을 고안하여 조선인의 공통심성과 조선 사회마저도 개조하고 예술화해야 했다. 나아가 그러한 일들을 통해 비로소 정립(鼎立)하게 될 조선의 국민문학을 세계문학의 반열에 올려놓아야 하기도 했다.

그처럼 분망(奔忙)하고 절박한 도정(道程)을 거치고 있었던 1920년대 국민문학론자들에게, 이를테면 그들이 메이지 고쿠분가쿠의 문학사기술 또한 메이지 일본의 국민국가주의를 배경으로 하는 하나의 네러티브였다는 사정을 간파하지 못했다거나, 조선인과 조선의 자기정체성을 구상하는 가운데 형이상학적 고투의 과정이 결여되어 있었다거나, 그 가운데에서 제국의 원시주의와 오리엔탈리즘과 제휴하고 그것을 내면화했다거나 하는 등의 비판들은 어쩌면 부당할 지도 모른다. 그리고 그 결과 그들이 결국 근대시의 이상을 스스로 포기하면서 도리어 '근대적인 조선의 시가'의 형식을 구상하는 자기당착에 빠지고 말았던 것 또한 어쩌면 당연한 일인지도 모른다. 때로는 문학연구자로서, 민속학자로서, 사회사상가로서, 작가로서 전신을 거듭해야 했던 그들에게, 6년여의 세월은 턱없이 짧은 기간이었을 뿐만 아니라, 그러한 사명을 모두 수행하기란 사실상 불가능했다고 보아야 할 것이다.

그럼에도 불구하고 반세기가 훨씬 더 지난 오늘날, 굳이 저 1920년대 국민문학론의 공과(功課)를 돌이켜 보고 기억하는 이유는 무엇인가. 그것은 무엇보다도 그들이 결코 버릴 수 없었던 세계문학 나아가 근대와 문명의 중심을 향한 너무나도 강렬했던 동시성의 열망 때문이다. 그리고 그러한 열망이란 그 이면에는 결코 포기할 수 없는 '국민국가'에 대한 정치적 열망이 마치 동전의 양면처럼 결합되어 있었음은 두말할 나위도 없다. 그들에게 바로 그러한 열망은 심지어 근대적인 자유시의 이상을 폐기하더라도 포기할 수 없었던 것이다. 이러한 사정은 1920년대 민족주의 우파의 국민문학론 또한 그 상대편의 프롤레타리아 문학론만큼이나 강렬한 정치성을 띠고 있었음을 시사한다. 또한 1920년대 국민문학론자들의 열망이란 비단 그들만의 것이 아니라, 문학적 입장을 달리하는 그밖의 허다한 조선의 문학자들에게도 공통된 것이기도 했다. 환언하자면 1920년대 국민문학론자들에게 '근대적인 조선의 시가' 즉 국민문학으로서 조선문학이란 부재하는 국민국가의 대리보충(代理補充, supplement)이었던 셈이다.

알려진 바와 같이 '세계문학(world literature)'이라는 개념은 유럽에서 16세기 이후 고안된 것으로, 일반 경제와 마찬가지로 특수한 문학적 '가치', '인준' 혹은 '신용'에 근간해서 그것이 유통되고 교환되는 세계적인 경쟁의 '시장'의 성격을 지니고 있고, 또한 그 내부에는 현실적인 국제정치, 경제의 경쟁관계와 일정한 상관관계 속에서 형성된 불평등과 지배・피지배의 서열관계가 존재한다.[1] 이른바 프랑스 파리와 같은 '세계문학'의 중심지로부터 떨어진, 게다가 식민지인 조선의 문학은 국제적인 영향력을 행사하기란 대단히 어려운 위치일 수밖에 없다는 것은 췌언의 여지도 없을 터이다. 그럼에도 불구하고 1920년대 국민문학론자들을 비롯한 조선의 문학자들은 어떤 방식으로든 조선문학의 국제적인 가치를 인준 받아, '세계문학공간'의 경쟁, 혹은 지배와 지배의 구조에 스스로를 편입시키고자 했던 것이다.

1920년대 국민문학론자들에게 국민국가가 부재한다는 객관적이고도

---

1) Pascale Casanova, 岩切正一郎 譯, 「第1部」, 『世界文學空間－文學資本主義と文學革命*La repubulica mundial de las Letras*』, 東京 : 藤原書店, 2002, 29면.

절대적인 현실과, 그럼에도 불구하고 결코 포기할 수 없는 근대 문명을 향한 동시성의 열망 사이에 가로놓인 괴리란 그 어떤 것보다도 가혹한 운명이었다고 하겠다. 그로 인해 근대적인 문학에 대한 이상 또한 이내 허상이 되고 마는 형국은 대단히 참담하다. 그럼에도 불구하고 그러나 그들은 그 열망을 실현하는 일이 근본적으로 불가능한 상황에 있었다는 사실을 적어도 1920년대에는 인식하지 못했거나, 혹은 인식했다고 하더라도 스스로 인정할 수 없었던 것으로 보인다. 그들은 국민국가가 아닌 식민지의 지식인이 '국민'·'국민성'·'국민문학'의 개념을 전유하여 자신의 정체성을 구성한다는 것 자체가 심각한 착종과 모순을 빚어낼 수밖에 없을 뿐만 아니라, '향토'·'향토성' 혹은 '지방'·'지방성'을 통해서 자신을 주변부에 정립하는 순간, 그 중심이 서구 중심의 세계이기 이전에 내지 일본일 수밖에 없다는 사실을 애써 자각하지 못했거나, 아니면 식민지 지식인이 상상하는 국민국가란 허상에 불과하다는 것을 애써 부정하고 외면하고 싶었는지도 모른다. 이러한 사정을 염두에 두고 보면, 1920년대 국민문학론자들이 번역어 '문화'의 가치를 체현해야 했을 뿐만 아니라, 그 가운데에서 끊임없이 일본 지식인들의 오리엔탈리즘과도 직면해야 했던 이중의 부담을 감내해야 했던 것은 그다지 심각한 부담이 아니었을지도 모른다.

마치 일본의 고쿠분가쿠를 근대적 문학연구의 전범으로, 고쿠분가쿠와 국민문학운동의 국민국가주의를 근대적 국민국가주의의 전범으로, 또한 일본의 메이지기로부터 다이쇼기에 이르는 시사의 전개과정을 근대문학의 역사로 바라보았던 1920년대 조선의 국민문학론자들에게서 거듭 확인하게 되는 것은, 바로 제국의 문화 그 자체를 모방(mimicry)의 대상으로 삼아야 하는 식민지 지식인의 비극적인 운명이다. 1920년대 조선의 국민문학론자들이 근대적인 의미의 'literature'와 'poetry'의 개념에 조선의 문학을 대응시키고자 하고, 조선의 문학을 세계문학의 상대개념으로서 국민문학으로 재편하고자 했던 가운데에서도, 일본 메이지 고쿠분가쿠의 주요 개념들과 연구 성과들은 물론 국민문학운동의 국민국가주의까지 전유했던 가운데에서도, 나아가 메이지기 이후 구어자유시론의 등장과 전도에 이르는 모든 과정에 걸쳐, 조선의 국민문학론자들은 그 비극적 모방의 운명으로부터 결코 자유로울 수 없었다. 아울러 그것은 '조선심' 혹은 '향토성'·'민족성'·'국민성'을 둘러싼 외연이 아닌 그 함의와 직면해야 하는 순간으로부터 그것을 이해해하는 방법까지, 근대적인 문학의 개념과 이론을 이해해야 하는 순간부터 그것을 실천하는 방법까지, 제국의 자기정체성의 구성과 자기 확장의 논리를 통해서만 스스로를 정의하고 표상할 수밖에 없었던 식민지 지식인으로서 1920년대 조선의 국민문학론자들의 성취와 한계를 처음부터 결정해 버렸던 것이다.

한편 1920년대 조선의 문학계를 휩쓸고 있었던 세계문학, 근대문명을 향한 동시성의 열망이란, 국민문학론의 이상이 허상으로 남고 만 이후에도 결코 사라지지 않고 한국 근대문학을 추동하는 강력한 힘이었다. 그러한 사정은 노벨 문학상 수상자가 없었던 1935년 이후 주로 『삼천리(三千里)』지가 주도한 일련의 설문들을 통해서 엿볼 수 있다. 이를테면 이러한 설문들에 응한 당시 조선의 문학자들이 한결같이 조선문학의 외국어 번역 현상을 두고, 애써 일부의 작가들의 성과를 통해서나마 "朝鮮文學이 世界的 水準에 到達하는 證據", '대문학(大文學)'을 통하여 '대민족(大民族)'으로 나아가는 비전을 확인하고자 했던 것이 바로 그러한 사례라고 하겠다.[2] 그리고 그들 가운데에서 특히 이헌구(李軒求)가 조선문학이 노벨문학상으로 상징되는 세계문학의 보편적 수준을 갖추기 위해서는, 무엇보다도 문학어로서 조선어의 일천한 역사나 더딘 발전, 대학교육제도나 출판문화의 불비, 식민지 조선의 정치적 환경의 특

2) 編輯者, 「三千里 機密室」, 『三千里』 第6卷 第7號, 京城: 三千里社, 1934.6. 「朝鮮文學의 主流論, 우리가 장차 가져야 할 文學에 對한 諸家答」, 위의 책 第7卷 第9號, 1935.10. 「朝鮮文學의 世界的 水準觀」, 위의 책 第8卷 第4號, 1936.4.

수성, 민중의 낮은 수준을 극복해야 한다고 역설했던 것은 주목할 만하다.[3] 비록 설문에 대한 응답이라는 형식에도 불구하고, 이러한 조선문학자들의 사고의 근저에도 조선문학의 국제적인 가치의 인준을 통해, 조선문학을 세계문학공간의 경쟁 구조에 스스로 편입하고자 하는 동시성의 열망이 가로놓여 있음은 두말할 나위도 없다.

그런데 이 가운데에서 조선문학의 불비(不備)가, 바로 국민문학의 서사를 만들고 그것에 권위를 부여하여 궁극적으로는 국민국가주의의 이데올로그로서 저 도쿄[東京]제국대학과 같은 제도의 부재, 또한 근대적 출판자본주의의 미발달, 독자층의 협소, 국민국가의 부재에서 비롯한다는 인식이 등장했다는 것은 주목할 만하다. 이러한 자기 인식이야말로 동시대 조선문학의 저미(低迷) 뿐만 아니라, 1920년대 국민문학론의 근본적인, 또한 궁극적인 한계와 그로부터 비롯하는 엄혹한 운명에 대한 조선문학 내부의 최종적 자기 진단이라고 볼 수 있기 때문이다. 따라서 1930년대 중반을 지나가게 되면 1920년대 국민문학론자들이 나아갈 수 있는 길 또한 자명해지는 셈이다. 그것은 조선문학이 처한 근본적이고도 궁극적인 한계를 초월하거나 우회하거나 혹은 조선문학으로부터 떠나는 것 세 가지였을 터이다. 바로 그러한 갈림길에서 1920년대 국민문학론자들은 서로 다른 역정을 선택했던 것으로 보인다.

최남선의 경우, 「조선국민문학(朝鮮國民文學)으로의 시조(時調)」(1926)로부터 「시조태반(時調胎盤)으로의 조선민성(朝鮮民性)과 민속(民俗)」(1926)을 거쳐, 『백팔번뇌(百八煩惱)』(1926)를 마지막으로, 사실상 문학과 멀어지고 말았을 뿐만 아니라, 결국 조선사편수회(朝鮮史編修會) 활동 이후 역사연구를 통해 그가 역설해마지 않았던 '조선심'을 내선일체(內鮮一體)와 팔굉일우(八紘一宇)의 대동아공영권의 이상에 편입시키는 길로 나아가고 말았다. 심지어 그는 중일전쟁(中日戰爭, 1937년 7월 7일 발발) 이후인 1937년 7월

3) 李軒求, 「航海羅針盤의 役割－朝鮮文學의 主流論, 우리가 장차 가저야 할 文學에 對한 諸家答」, 앞의 책, 223면.

10일 경성 부민관(府民館) 대강당에서, 조선총독부의 국민정신총동원운동(國民精神總動員)의 일환으로 결성된 조선문예회(朝鮮文藝會)가 주최한 신작가요발표회를 통해, 「내일(來日)」, 「동산」, 「서울」, 「가는 비」를 발표한 것을 계기로,[4] 일찍이 『소년(少年)』지와 『청춘(靑春)』지 시절 창가 가사의 창작 이래 『백팔번뇌(百八煩惱)』의 시조 창작에 이르기까지 일관했던 그의 국민개송·국민개창의 이상을 이른바 시국가요(時局歌謠) 가사 창작으로 체현하는 길로 나아가기도 했다. 또한 그 가운데 「내일(來日)」(음반번호 Polydor CL1-A, 최남선 작시, 李鍾泰 작곡, 玄濟明 연주, 발매 1937.7), 「동산」(음반번호 Polydor CL1-B, 최남선 작시, 李冕相 작곡, 鄭勳謨 연주, 발매 1937.7), 「총후의용(銃後義勇)」(음반번호 VictorKS-2025-A, 최남선 작시, 李冕相 작곡, 연주 林東浩·스타합창단, 반주 스타관현악단, 발매 1937.11)과 같은 작품들은 유성기음반(SP Record)으로도 취입, 발매되기도 했다.[5]

그와 마찬가지로 자신이 문학적 천품이 없다고 했던 이광수도, 문단의 침체로부터 시가를 구하겠다면서 발표했던 『삼인작시가집(三人作詩歌集)』(1928) 이후 그러한 포부에 따르지 못하는 여기(餘技)로서의 시조만을 발표하다가 결국 『춘원시가집(春園詩歌集)』(1940)을 마지막으로 발표하면서, 1920년대 근대적인 '조선의 시가'의 이상과는 전혀 멀어진 채, 결국 최남선과 마찬가지로 내선일체와 팔굉일우의 대동아공영권론의 사도(使徒)가 되고 말았다. 그들이 선택한 길이란 물론 복잡한 검토가 필요하기는 하나, 근본적으로는 저 1940년 6월 파리 함락이라는 사건을 통해 한편으로는 서구를 중심으로 한 근대문학의 종언을 예감하고, 다른 한편으로는 조선문학의 새로운 기회, 즉 일본문학의 일환으로서 조선문학이 반도의 경계를 벗어나 내지의 전국민, 나아가 대동아 제민족의 문

4) 朝鮮文藝會 編, 『朝鮮文藝會發表 歌曲集』 第1輯, 京城 : 朝鮮文藝會, 1937.7.11. 「朝鮮文藝會發表作曲集」, 『讀書』 第1卷 第4號, 京城 : 朝鮮讀書聯盟, 1937.8.20.

5) 구인모, 「최남선의 '시국가요'와 식민지의 정치의 미학화」, 『국제어문』 제42호, 국제어문학회, 2008.4.

학으로 나아갈 수 있는 기회를 감지했던[6] 최재서(崔載瑞)가 선택한 바로 '새로운' 국민문학의 길이었을 터이다.

반면에 주요한은 시조집인 『봉사꽃』(1930) 이후 특별한 시적 성취도 거두지 못하고 이후 문학으로부터 멀어져 버리고 말았다. 그런 가운데 그는 1940년 6월 파리 함락 이후 베를렌느(Paul Verlaine)의 「가을의 노래(Chanson d'automne)」를 흥미롭게도 시조의 형식을 빌려 「베를렌의 탄식(歎息)」이라는 제목으로 번역한 바 있다.[7] 조선문학 안팎에서 근대문학 혹은 세계문학이라는 상징적 자본의 소멸, 나아가 근대 문명의 종언을 공공연히 선언하는 가운데, 다른 작품도 아닌 베를렌느의 「가을의 노래」를 하필이면 시조의 형식으로 번역한 데에는, 그의 국민문학에 대한 이상이 허상으로 그치고 만 데에 대한 복잡한 심경이 반영되어 있다고 보아야 할 것이다. 어쩌면 그에게 베를렌느 시편의 '가을바람'이란 그는 물론이거니와 그와 문학적 입장을 함께 했던 문학자들이 감내해야 하는 시련을, 저 멀리 울려오는 처량한 '종소리'란 그의 문학적 이상에 대한, 혹은 근대 문명에 대한 조종(弔鐘)의 소리를, 그리고 그 가운데에서 조락(凋落)하는 '낙엽'이란 그 어디로도 돌아갈 곳 없는 탕자로서 주요한 자신의 처지를 상징하는 것으로도 읽힌다. 이러한 주요한에게 시조 「베를렌의 탄식(歎息)」은 그의 문학적 역정의 한계 상황이거나 혹은 일종의 망명지였다고 보아도 무방하다.

그런가하면 김억은 다른 국민문학론자들과는 달리 자신의 문학적 이상을 문학이 아닌 유행가나 신민요와 같은 대중가요를 통해서 체현하는 길을 선택했다. 그는 「술노래」(음반번호 Columbia40480-B, 金岸曙 작사, 洪秀一 작곡, 中野定吉 편곡, 姜弘植 연주, 일본 콜럼비아 재즈밴드 연주, 발매 1934.2)

---

6) 崔載瑞, 「朝鮮文學の現段階」, 『國民文學』, 京城 : 人文社, 1942.8, 11~14면.

7) 원문은 다음과 같다. "一가을 날 비올론의 목메어서 우는 소리 / 단조론 그 곡조에 가슴 아니 저릴소냐 / 바람이 낙엽을 날리니 더욱 아파 하노라 // 二 이저리 휘날리니 낙엽이자 내 신세가 / 흰 얼굴 파란 한숨 금할 길 바이없다 / 어이한 종소리는 가슴을 찌저 울어 가는고 //" 朱耀翰, 「베를렌의 歎息」, 『三千里』 第12卷 第8號, 1940.9, 191~192면.

를 비롯하여, 1934년 2월부터 1940년 1월까지 약 8년 사이 무려 73편의 작품을 유성기음반으로 취입했다. 김억은 이러한 작품들을 굳이 '작사'가 아닌 '작시'로 명기하여 발표했는데, 그러한 작품 가운데 상당수는 이미 신문이나 잡지, 심지어 시집에 발표했던 작품들을 유성기음반으로 취입하거나, 혹은 유성기음반으로 취입한 작품들을 다시 '시'로 발표하기도 했다. 이 가운데에서 김억은 자신의 대중음악 작품들을 스스로 고안한 '격조시형(格調詩形)', 서도잡가의 수사와 모티프들에 근간하여 창작했다. 즉 김억은 격조시형의 음조미(音調美)와, 서도잡가의 향토성에 근간하여, "도시(都市)니 촌락(村落)이니 어린애니 어룬이니 하는 分別도 업고 地의 南北과 때의 古今을 말할 것 업시 個人的도 되고 民族的도 되며, 國民的도 되"[8]는 대중가요를 통해, '제일의적(第一義的) 시작(詩作)'으로서 본격문학, 나아가 국민문학의 이상을 체현하고자 했던 것이다.[9] 바로 그러한 사정에서 그는 이미 1929년 2월 22일 발족한 '조선가요협회(朝鮮歌謠協會)'의 회원으로서 유행가가사의 개량의 문제를 바라보고 있었던 것으로 보인다. 즉 이 조선가요협회가 표방한, 모든 퇴폐적인 악종 가요를 배격하고, 조선민중에게 진취적인 노래를 부를 것을 주장하면서, 건전한 조선 가요의 민중화를 기약한다는 강령을,[10] 자신의 국민문학의 이상을 체현하는 강령으로 삼고자 했던 것으로 보인다.

이와 같은 김억의 전신은, 근대 자유시의 이상을 버리면서까지 조선의 근대적 시가를 구상하고자 했던 그의 자기당착이 이르게 되는 최종적인 국면이라고 하겠다. 하지만 그는 끝내 그러한 자신의 전신이 그의 문학적 이상을 저버리고 선택한 길이 아니라고 생각했던 것으로 보인다. 이를테면 어느 문학 좌담회에서 대중에게 영합하는 유행가의 비속함을 비판하

---

8) 金億, 「詩壇一年」, 『東亞日報』, 1925.1.1. 金岸曙, 「作詩法 (1)」, 『朝鮮文壇』 第7號, 1925.4.

9) 具仁謨, 「金億의 格調詩形論에 對하여」, 『韓國文學研究』 第29輯, 東國大學校 韓國文學研究所, 2005.12.

10) 「頹廢的 歌謠 排擊코저 朝鮮歌謠協會 創立」, 『朝鮮日報』, 1929.2.24.

는 김기림(金起林)에 대해, 김억이 끝내 이탈리아의 칸초네(canzone)나 프랑스의 샹송(chanson)의 사례를 들며 그것이 순수시(純粹詩)임을 역설했던 것이 바로 그 증좌라고 하겠다.11) 이러한 사정을 염두에 두고 보면 김억의 전신이란 결국 1920년대 국민문학론이 다다른 근본적이고도 궁극적인 한계를 우회하는 길이었음을 분명히 알게 된다. 그래서 그는 "朝鮮文壇에 파시즘文學이 서지겟는가"라는 어느 설문에 대해서도 "저 봄바람이 춤을 추는 들로 나아가서 나의 죠와하는 흥어리나 혼자 하겟습니다"12)라고 하면서 자신의 입장을 밝혔던 것으로 보인다.

하지만 그러한 우회로 또한 조선에서는, 특히 1937년의 격동기에는 사실상 불가능했던 것으로 보인다. 김억 또한 최남선과 함께 조선문예회(朝鮮文藝會)의 회원으로서, 1937년 7월 10일 경성 부민관 대강당에서 조선문예회가 주최한 신작가요발표회를 통해, 「복사꼿」(이면상 작곡, 현제명 연주), 「붉은 꼿송이」(이면상 작곡, 현제명 연주)를 발표했다.13) 또한 최남선의 「총후의용(銃後義勇)」이 수록된 음반 바로 뒷면에 「정의(正義)의 사(師)여」(음반번호 VictorKS-2025-A, 김억 작시, 李冕相 작곡, 연주 林東浩・스타합창단, 반주 스타관현악단, 발매 1937.11)를 함께 취입한 이래, 「정의(正義)의 행진(行進)」(음반번호 Columbia40793-B, 김억 작시, 全基玹 작곡, 奧山貞吉 편곡, 콜럼비아 管絃樂團 반주, 발매 1937.11), 「종군간호부(從軍看護婦)의 노래」(음반번호 Columbia40794-A, 김억 작시, 李冕相 작곡, 仁木他喜雄 편곡, 金安羅・콜럼비아 女聲合唱團 연주, 콜럼비아 管絃樂團 반주, 1937.12)와 같은 시국가요를 발표했다. 요컨대 김억의 국민문학의 이상 또한 결국 국민정신총동원운동을 통한 조선총독부의 정치의 미학화(Die Asthetisierung der Politik)의 자장 안으로 흡수되고 말았던 것이다.

뿐만 아니라 1943년 『매일신보(每日申報)』에 「만엽집초역(萬葉集鈔譯)」을 발표한 데 이어, 1944년에는 『애국백인일수(愛國百人一首)』의 와카를

---

11) 「最近의 外國文壇 座談會」, 『三千里』 第6卷 第9號, 1934.9.
12) 「緊急討議 朝鮮文壇에 파시즘文學이 서지겟는가」, 『三千里』 第8卷 第6號, 1936.6.
13) 朝鮮文藝會 編, 『朝鮮文藝會發表 歌曲集』 第1輯, 京城 : 朝鮮文藝會, 1937.7.11.

시조의 형식으로 번역하여 『鮮譯 애국백인일수(鮮譯 愛國百人一首)』를 발표한다.[14] 『애국백인일수(愛國百人一首)』는 1942년 일본문학보국회(日本文學報國會)가 내각정보국과 대정익찬회(大政翼贊會)의 후원으로, 대동아전쟁 일주년을 기념하고 국민정신을 작흥(作興)하기 위해, 『만엽집(萬葉集)』으로부터 에도[江戶]막부 말기까지 애국자, 전쟁유공자의 와카 작품 백수를 선정해서 편찬한 가집으로, 김억은 이 가집의 5·7·5·7·7의 와카 형식을 초장 3·4·3·4, 종장 3·5·4·3의 양장(兩章)시조의 형식으로 옮겼다. 즉 그는 최남선이 가다듬은 평시조의 엄격한 형식을 와카의 형식에 적응시키면서, 결국 민족의 공통감각을 팔굉일우의 이상을 표상하는 제국의 공통감각 속으로 흡수시켜 버리고 말았던 것이다.

김억 또한 그가 선택했던 비현실적인 우회로가 아닌, 최남선이 선택한 길을 따랐던 것인지는 분명하지 않다. 어쨌든 그는 일찍이 격조시형에 근간한 한시 번역의 성과로서 발표했던 『망우초(忘憂草)』(1934)의 뒤를 이어, 『금잔듸』(東方文化社, 1944.4.10), 『야광주(夜光珠)』(朝鮮出版社, 1944.12.31), 『꽃다발』(博文書館, 1944.4.20), 『지나명시선(支那名詩選)(二)』(漢城圖書, 1944.8.28) 등 1944년 한 해에만 네 권의 한시 번역시집을 발표하면서, 고전의 세계로 망명하고 말았다. 엄밀히 말하자면 이들 번역시집에 수록된 작품들이 대체로 한국과 중국의 여성 한시라는 점에서, 일찍이 사로지니 나이두의 이른바 '동양의 맘'의 원형을 찾아 망명길에 나선 셈이다. 그리고 이로써 1920년대 국민문학론의 이상은 완전한 허상이 되고 말았다.

이러한 1920년대 조선의 국민문학론은, 오늘날 한국 근대문학 연구에 국민국가가 부재하는 식민지에서 근대문학은 과연 가능한 것이었는가, 가능했다면 그것은 부재하는 국민국가의 대리보충으로서만 자신의 존재의의를 찾을 수밖에 없었던가, 그렇지 않다면 다른 존재의 의의를 탐색할 수 있는 길이란 없었던가하는 의문을 던지게 한다. 뿐만 아니라

---

14) 金岸曙, 『鮮譯 愛國百人一首』, 京城 : 漢城圖書株式會社, 1944.

근대적인 개인의 감정이나, 육체적 감각에 근간한 자율성, 그리고 음성 언어의 직접성이나 이를 통해서 드러나는 서정적 주체의 내면, 그 자유로운 현존의 확실한 순간과의 조우란 섬광처럼 체험할 수밖에 없었던가하는 질문 또한 던지게 한다. 심지어 어쩌면 식민지 조선에서는 문자성(literacy)에 근간한 문학(literature)나 시(poetry)의 개념이란 그토록 성립하기 어려운 것이었던가 하는 의구심까지 불러일으킨다. 뿐만 아니라 비단 조선의 문학뿐만 아니라 식민지를 경험한 비서구지역의 향토성이, 과연 세계문학 일반의 반열에 오를 비서구 지역의 국민문학의 자산일 수 있는가라는 질문마저 남긴다. 한편 일본의 근대문학에도, 자국문학의 전통과 근대 구어자유시의 이상은 어떻게 결합할 수 있는가, 혹은 비서구 지역의 문학적 근대성은, 기타하라 하쿠슈로부터 가와지 류코는 물론이거니와 시라토리 세이고까지 결코 포기하지 않았던 가치인, 저 '흙의 냄새[土の匂ひ]'와 같은 향토성과 그것을 근간으로한 국민국가주의와 결합하지 않고서는 불가능했던가하는 질문을 던진다. 오늘날 저 1920년대 조선의 국민문학론을 다시 검토하지 않을 수없는 것은, 그들의 문학론과 작품세계가 바로 이와 같은 질문들을 한국 근대문학 연구의 과제로 남겨 주었기 때문이다.

참고 문헌

1. 한국 문헌

① 영인본 자료

『開闢』『東光』『東亞日報』『每日申報』『別乾坤』『三千里』『新民』『靈臺』『朝鮮及滿洲』『朝鮮』『朝鮮文壇』『朝鮮語文學會報』『朝鮮之光』『朝鮮民俗』『中外日報』『青春』『創造』『泰西文藝新報』『廢墟』.

② 단행본 및 전집 자료

金東仁, 『金東仁文學全集』, 大衆書館, 1983.

金岸曙, 『鮮譯 愛國百人一首』, 京城 : 漢城圖書株式會社, 1944.

金　億, 『岸曙詩集』, 京城 : 漢城圖書株式會社, 1929.

南岳主人[崔南善] 撰訂, 『歌曲選』, 京城 : 新文館, 1913.

박경수 편, 『岸曙金億全集』(제1권∼제7권), 한국문화사, 1987.

卞榮魯, 『朝鮮의 마음』, 京城 : 平文館, 1924.

梁柱東, 『朝鮮의 脈搏』, 京城 : 文藝公論社, 1932.

______, 「遼東白豕 「데카덩」」, 『文酒半生記』, 신태양사, 1960.

李光洙・朱曜翰・金東煥, 『三人作詩歌集』, 京城 : 永昌書館, 1929.

______, 『李光洙全集』, 三中堂, 1968.

鄭芝溶, 『지용 詩選』, 乙酉文化社, 1946.

朱曜翰, 『아름다운 새벽』, 京城 : 朝鮮文壇社, 1924.

______, 『朱耀翰文集 새벽』(第1卷), 耀翰記念事業會, 1982.

崔南善, 『百八煩惱』, 京城 : 東光社, 1926.

______, 『六堂崔南善全集』 第2卷, 第9卷, 玄岩社, 1973.

③ 연구논문

구인모, 「『학지광』 문학론의 미학주의」, 『한국근대문학연구』 창간호, 태학사, 2000.

______, 「고안된 전통, 민족의 공통감각론」, 동국대 한국문학연구소 편, 『한국문학과 근대의식』, 이회출판사, 2001.

______, 「국토순례와 민족의 자기구성」, 『한국문학연구』 제27집, 동국대 한국문학연구소, 2004.

______, 「동시성의 욕망, 혹은 이상과 허상」, 『사이間SAI』 제2호, 국제한국문학문화학회, 2007.5.

______, 「蕩子의 歸鄕과 朝鮮의 發見」, 『한국문학연구』 제31집, 동국대 한국문학연구소, 2006.12.
______, 「詩歌의 理想, 노래로 부른 近代」, 『한국근대문학연구』 제16호, 한국근대문학회, 2007.12.
______, 「최남선의 '시국가요'와 식민지의 정치의 미학화」, 『국제어문』 제42호, 국제어문학회, 2008.4.
김춘식, 「조선시, 전통, 시조」, 『국어국문학』 제135호, 국어국문학회, 2003.
김태준, 「춘원의 문예에 끼친 기독교의 영향」, 『명지대논문집』 제3집, 명지대학교, 1969.
김춘희, 「한국 근대문단 형성과 등단제도 연구」, 동국대 석사논문, 2000.
김현주, 「민족과 국가 그리고 '문화'」, 『1920년대 동인지문학과 근대성 연구』, 깊은샘, 2000.
______, 「이광수의 문화 이념 연구」, 연세대 박사학위논문, 2002.
노영택, 「일제시기의 문맹률 추이」, 『국사관논총』 제51집, 국사편찬위원회, 1994.
류철균, 「1920년대 민요조 서정시 연구」, 서울대 석사논문, 1993.
이창식, 「김소운의 민요조사와 민요관」, 『세명논총』 제4집, 세명대, 1995.
이철호, 「무정과 낭만적 자아」, 동국대 석사논문, 1999.
임동권, 「조선총독부의 1912년에 실시한 『俚謠・俚諺及通俗的讀物等調査』에 대하여」, 『국어국문학』 제27호, 국어국문학회, 1964.
임용택, 「김억의 시에 나타난 일본적 요소」, 『일본문화학보』 제7호, 한국일본문화학회, 1997.
임형택, 「근대계몽기 국한문체의 발전과 한문의 위상」, 『민족문학사연구』 제14권 1호, 1999.
최원식, 「홍사용 문학과 주체적 각성」, 『한국학논문집』 제5집, 계명대 한국학연구소, 1978.
허　수, 「1920년 전후 이돈화의 현실인식과 근대철학 수용」, 『역사문제연구』 제9호, 역사문제연구소, 2002.
______, 「1920년대 전반 이돈화의 개조사상과 사람'성'주의」, 『동방학지』 제125집, 연세대 국학연구원, 2004.
황종연, 「문학이라는 역어」, 『한국문학과 계몽담론』(문학사와문학비평 제6집), 새미, 1999.

④ 단행본

고정옥, 『조선민요연구』, 수선사, 1949.
김용직, 『한국 근대문학의 사적이해』, 삼영사, 1977.
김윤식, 『이광수와 그의 시대』(제1・2권), 솔출판사, 1999.
김윤식, 『한국근대문학사상사』(오늘의 사상신서 54), 한길사, 1984.
김학동, 『현대시인연구 II』(시와 산문-서지 및 연보), 새문사, 1995.
박경수, 『한국근대민요시연구』, 한국문화사, 1998.

박찬승, 『한국근대정치사상사연구』, 역사비평사, 1992.
박혜숙, 『한국민요시연구』, 형설출판사, 1992.
오세영, 『20세기한국시연구』, 새문사, 1989.
______, 『한국낭만주의시연구』, 일지사, 1980.
이문열 · 권영민 · 이남호 편, 『한국문학이란 무엇인가』, 민음사, 1995.
이영화, 『최남선의 역사학』, 경인문화사, 2003.
이지원, 『한국근대문화사상사 연구』, 혜안, 2007.
인권환, 『한국민속학사』, 열화당, 1978.
임동권, 『한국민요연구』, 삼우사, 1975.
임선묵, 『시조시학서설』, 청자각, 1974.
천정환, 『근대의 책읽기』, 푸른역사, 2003.
최 철, 『한국민요론』, 집문당, 1986.
한계전 · 홍정선 · 윤여탁 · 신범순 외, 『한국현대시론사연구』, 문학과지성사, 1998.
한국현대문학연구회, 『한국현대시론사』(한국의현대문학 2), 모음사, 1992.
한영우, 『한국민족주의역사학』, 일조각, 1994.

2. 일본 자료

① 기초자료 (1) - 잡지

加藤灌峰, 「頌德慶賀の意を含める朝鮮民謠」, 『朝鮮』 第83號, 京城 : 朝鮮總督府, 1922.1.
________, 「朝鮮國王の作にかゝれる民謠」, 『朝鮮』 第84號, 京城 : 朝鮮總督府, 1922.2.
金敎煥, 「朝鮮の農民歌謠」(一)~(五), 『地上樂園』(第二卷 第一號)~(第二卷 第六號), 東京 : 大地舍, 1927.1~1927.6.
大杉榮, 「新しき世界の爲の新しき藝術」, 『早稻田文學』, 東京 : 早稻田文學社, 1917, 10.
大桑文藏, 「朝鮮行脚同行記」(三), 『地上樂園』 第7卷 第8號, 東京 : 大地舍, 1929.12.
百田宗治, 「所謂民主詩の功罪」, 『日本詩人』 第5卷 第5號, 東京 : 新潮社, 1925.5.
白鳥省吾, 「「詩における內容律の否定」を讀む」, 『日本詩人』 第6卷 第9號, 東京 : 新潮社, 1926.9.
白鳥省吾, 「散文詩の要求」, 『詩歌』 第8卷 第1號, 東京 : 白日社, 1918.1.
________, 「海外詩人이 읊픈 朝鮮情緖(1)-柳」, 『三千里』 第5卷 第10號, 京城 : 三千里社, 1933.10.
服部嘉香, 「詩歌の主觀的權威」, 『早稻田文學』, 東京 : 早稻田文學社, 1908.11.
________, 「詩のリズムと呼吸」, 『早稻田文學』, 東京 : 早稻田文學社, 1911.1.

相馬御風,「詩界の根本的革新」,『早稲田文學』, 東京 : 早稲田文學社, 1907.10.
________,「詩界の根本的革新」,『早稲田文學』, 東京 : 早稲田文學社, 1907.10.
西田幾多郎 外,「ラッセル印象記」,『改造』 增大號, 東京 : 改造社, 1921.9.
石川義一,「社會教化と民謠」,『朝鮮』 第83號, 京城 : 朝鮮總督府, 1922.1.
________, 李慶孫 譯,「朝鮮民謠」,『東亞日報』, 京城 : 東亞日報社, 1924.10.13.
一記者,「若山牧水氏と川路柳虹氏の講演を聽く」,『朝鮮及滿洲』 第236號, 京城 : 朝鮮及滿洲社, 1927.7.
朝鮮文藝會 編,『朝鮮文藝會發表 歌曲集』 第1輯, 京城 : 朝鮮文藝會, 1937.7.11.
____________,「朝鮮文藝會發表作曲集」,『讀書』 第1卷 第4號, 京城 : 朝鮮讀書聯盟, 1937.8.20.
志田義秀,「芳賀博士と日本詩歌學」,『國語と國文學』, 第14卷 第4號, 東京 : 東京大學國語國文學會, 東京 : 至文堂, 1937.4.
________,「日本民謠概論」,『帝國文學』 第12卷 第2號 通卷 第137號, 東京 : 帝國文學會, 東京 : 大日本圖書株式會社, 1906.2.
________,「日本詩學上における民謠の位置」,『白百合』 第4卷 第1號, 東京 : 純文社, 1906.11.
川路柳虹,「民謠的精神の更生」,『明星』, 東京 : 明星發行所, 1925.5
________,「民衆及び民衆藝術の意義」,『雄辯』, 東京 : 大日本圖書株式會社, 1918.3.
________,「詩における內容律の否定」,『日本詩人』 第6卷 第8號, 東京 : 新潮社, 1926.8.
________,「詩の時代」,『早稲田文學』, 東京 : 早稲田文學社, 1920.3.
________,「新律格の提唱」,『日本詩人』 第5卷 第3號, 東京 : 新潮社, 1925.3.
________,「自由詩の理論と效果」,『早稲田文學』, 東京 : 早稲田文學社, 1917.2.
________,「口語詩以後の世界」,『現代詩歌』 第1卷 第10號, 東京 : 曙光詩社, 1918.11.
萩原朔太郎,「自由詩の矛盾概念」,『日本詩人』 第6卷 第10號, 東京 : 新潮社, 1926.10.
片山正雄,「鄕土藝術論」,『帝國文學』 第12卷 第4 第137號, 帝國文學會, 東京 : 大日本圖書株式會社, 1906.4.
坪內逍遙,「社會改造と演劇」,『改造』 第2卷 第8號, 東京 : 改造社, 1919.8.
清水兵三,「朝鮮の民謠」,『朝鮮』 第147號, 京城 : 朝鮮總督府, 1927.8.

② 기초자료 (2) — 전집 및 단행본

高橋亨,『朝鮮人』, 京城 : 朝鮮總督府學務局, 1921.
金素雲, 崔博光・上垣外憲一 譯,『天の涯に生くるとも』, 東京 : 新潮社, 1983.
______,『諺文 朝鮮口傳民謠集』, 東京 : 第一書房, 1933.
落合直文 外,『落合直文・上田萬年・芳賀矢一・藤岡作太郎集』(明治文學全集 44),

東京 : 筑摩書房, 1968.
大山郁夫,『大山郁夫全集』(第1巻), 東京 : 岩波書店, 1987.
島村抱月,『抱月全集』(第2巻 文藝評論), 東京 : 日本圖書センター, 1919
童謠硏究會,『諸國童謠大全』, 東京 : 春陽堂, 1909.
藤澤衛彦,『日本民謠史』, 東京 : 雄山閣, 1925.
蘆田正喜,『文學形態論』, 東京 : 寶文館, 1923.
柳田國男,『定本柳田國男全集』(第30卷), 東京 : 筑摩書房, 1964.
柳宗悅,『柳宗悅全集』(第8卷), 東京 : 筑摩書房, 1981.
文部省文藝委員會 編,『俚謠集』, 東京 : 國定敎科書共同販賣所, 1914.
白鳥省吾,『詩と農民生活』(農民文藝雙書 第1編), 東京 : 春陽堂, 1926.
________,『新しい詩の國へ』, 東京 : 一誠社, 1926.
________,『土の藝術を語る』, 東京 : 聚英閣, 1925.
________,『現代詩の硏究』, 東京 : 新潮社, 1924.
本間久雄,『文學槪論』, 東京 : 東京堂書店, 1926.
北原白秋,『東京景物詩及其他』, 東京 : 東雲堂書店, 1913.
________,『白秋全集』(第17・18・21卷), 東京 : 岩波書店, 1985.
________,『思ひ出』, 東京 : 東雲堂書店, 1911.
山本新 著, 吉澤五郎 編,『周邊文明論』, 東京 : 刀水書房, 1985.
三木清,『三木清全集』(第17卷), 東京 : 岩波書店, 1986.
桑木嚴翼,『文化主義と社會問題』, 東京 : 至善堂書店, 1920.
生田長江・本間久雄,『社會改造の八大思想家』, 東京 : 東京堂書店, 1920.
________・________,『最新社會問題十二講』, 東京 : 新潮社, 1919.
生田春月先生 外,『現代詩の作り方硏究』, 東京 : 近代文藝社, 1928,
小島憲之・新井榮藏 校註,『古今和歌集』(新日本古典文學大系5), 東京 : 岩波書店, 1989.
市山盛雄 編,『朝鮮民謠の硏究』, 東京 : 坂本書店, 1927.
__________,『朝鮮風土歌集』, 京城 : 朝鮮公論社, 1936.
新渡戶稻造,『修養』, 東京 : 實業之日本社, 1911.
野口雨情,『定本 野口雨情』(第6・8卷), 東京 : 未來社, 1986.
野山嘉正,『日本近代詩歌史』, 東京 : 東京大學出版會, 1985.
五十嵐 力,『新國文學史』, 東京 : 早稻田大學出版部, 1912.
外山正一・矢田部良吉・井上哲次郎 仝撰,『新體詩抄(初編)』, 東京 : 丸屋善七版, 1882.

前田林外 選訂,『日本民謠全集』, 東京 : 本鄕書院, 1907.
井上哲次郎,『人格と修養』, 東京 : 廣文堂, 1915.
朝鮮總督府,『朝鮮總督府及所屬官署職員錄』, 京城 : 朝鮮總督府, 1922.
川路柳虹,『詩學』, 東京 : 耕進社, 1935.
________,『詩の本質・形式』, 東京 : 金星社, 1932.
川村湊,『大東亞民俗學の虛實』, 東京 : 講談社, 1997.
村田懋麿,『朝鮮の生活と文化』, 東京 : 目白書院, 1924.
廚川白村,『近代文學十講』, 東京 : 大日本圖書株式會社, 1912.
太田善男,『文學槪論』, 東京 : 博文館, 1916.
土居光知,『再訂 文學槪論』, 東京 : 岩波書店, 1927.
横山有策,『文學槪論』, 東京 : 早稻田泰文堂, 1921.

③ 연구자료 (1)－논문

具仁謨, 「大正期譯語「文化」成立と1920年代韓國の文化的ナショナリズム」, 『訪日學術硏究論文集(一般)』(第11卷), 東京 : 財團法人 日韓文化交流基金, 2004.
梁東國,『朱曜翰と日本近代詩』, 東京大學大學院 博士學位論文, 1997.
柄谷行人,「美學の效用」,『批評空間』(II－14), 東京 : 太田出版, 1997.
三浦俊彦,「バートランド·ラッセルと中國·日本」,『比較文學』 第29號, 日本比較文學會, 1986.
上垣外憲一,「土田杏村から見るデビュー時代の金素雲」,『比較文學硏究』 第79號, 東京 : 東大比較文學會, 2002.
松浦壽輝, 「不能と滯留－口語自由詩の成立をめぐる一視點－近代的起源とジャンル」,『文學』 第9卷 第4號, 東京 : 岩波書店, 1998. 秋.
安田浩,「近代日本における「民族」觀念の形成」,『思想と現代』 第32號, 東京 : 白石書店, 1992.9.
安智史,「論爭する民衆詩派」,『日本近代文學』(第67集), 東京 : 日本近代文學會, 2002.
波田野節子,「李光洙と自我」,『朝鮮學報』(第139輯), 天理 : 朝鮮學會, 1991.4.

④ 연구자료 (2)－단행본

加藤周一,『加藤周一著作集』 第七卷, 東京 : 平凡社, 1980.
高崎宗司,『「妄言」の原形－日本人の朝鮮觀』, 東京 : 木犀社, 1996.
________,『植民地朝鮮の日本人』, 東京 : 岩波書店, 2002.
________,『朝鮮の土となった日本人』, 東京 : 風草社, 2002.

吉本隆明,『定本言語にとって美とはなにか』第1巻, 東京 : 角川書店, 1990.
唐木順三,『現代史への試み』, 東京 : 筑摩書房, 1963.
大島史洋 外編,『現代短歌大事典』, 東京 : 三省堂, 2000.
梅棹忠夫・多田道太郎 編,『日本文化の構造』(論集－日本文化I), 東京 : 講談社, 1972.
柄谷行人,『ヒューモアとしての唯物論』, 東京 : 筑摩書房, 1993.
山本新 著, 吉澤五郎 編,『周邊文明論』, 東京 : 刀水書房, 1985.
三木清,『三木清全集』第17巻, 東京 : 岩波書店, 1986.
上杉有,『牧水・朝鮮十七日間の旅』, 東京 : アイオーエム, 1999.
西川長夫,『國境の越え方－國民國家論序說』, 東京 : 平凡社, 2001.
小野紀明,『美と政治』, 東京 : 岩波書店, 1999.
小熊英二,『單一民族神話の起源』, 東京 : 新曜社, 1995.
小森陽一・高橋哲哉 編,『ナショナル・ヒストリーを超えて』, 東京 : 東京大學出版會, 1998.
成田龍一,『「故郷」という物語－都市空間の歴史學』, 東京 : 吉川弘文館, 1998.
櫻井義之,『朝鮮研究文獻誌』(明治大正編), 東京 : 龍溪書舍, 1979.
遠藤祐・祖父江昭二,『近代文學評論大系－大正期 II』第5巻, 東京 : 角川書店, 1982.
乙骨明夫,『現代詩人群像－民衆派とその周邊』, 東京 : 笠間書院, 1991.
長谷川泉,『近代日本文學評論史』, 東京 : 有精堂, 1977.
前田愛,『前田愛著作集』第二巻, 東京 : 筑摩書房, 1989.
朝鮮總督府,『朝鮮總督府及所屬官署職員錄』, 京城 : 朝鮮總督府, 1915~1934.
曾田秀彦,『民衆劇場－もう一つの大正デモクラシー』(明治大學人文科學研究所叢書), 東京 : 象山社, 1995.
川村湊,『大東亞民俗學の虛實』, 東京 : 講談社, 1997.
筒井清忠,『日本型「教養」の運命』, 東京 : 岩波書店, 1995.
坪井秀人,『聲の祝祭－日本近代詩と戰爭』, 名古屋 : 名古屋大學出版會, 1997.
品田悅一,『萬葉集の發明』, 東京 : 新曜社, 2001.
絓秀實,『日本近代文學の誕生』, 東京 : 太田出版, 1995.
ハルオ・シラネ, 鈴木登美 編,『創造された古典－カノン形成・國民國家・日本文學』, 東京 : 新曜社, 1999.

3. 서구 자료

Andrew Welsh, Roots of Lyric : Primitive poetry and Modern Poetics, Princeton, New Jersey : Princeton University press, 1978.

Benedict Anderson, 白石さや・白石隆 譯,『增補 想像の共同體－ナショナリズムの起源と流行*Imaginated Communities : Reflection on the Origin and Spread of Nationalism*』, 東京 : NTT出版, 1997.

Charles Taylor, Hegel and Modern Society, N.Y : Cambridge Univ. Press, 1979.

Dieter Lamping, 장영태 역,『서정시－이론과 역사*Das lyrische Gedicht : Definitionen zu Theorie und Geschichte der Gattung*』(현대문학이론21), 문학과지성사, 1994.

Edward W. Said, 今澤紀子 譯,『オリエンタリズム*Orientalism*』, 東京 : 平凡社, 1986.

Ellen K.S. Key, 本間久雄 譯,『エレンケイ論文集』, 東京 : 玄同社, 1922.

Eric Hobsbawm・Terence Ranger, 前川啓治・梶原影昭 譯,『創られた傳統*The Invention of Tradition*』, 東京 : 紀伊國屋書店, 2003.

Frantz Fanon, 海老坂 武・加藤晴久 譯,『黑い皮膚・白い仮面*Peau noire, masques blancs*』, 東京 : みすず書房, 1998.

Fred Davis, Yearning for yesterday : A Sociology of Nostalgia, New York : Free Press(a division of Macmillan, Inc.), 1979.

Jacques Derrida, 足立和浩 譯,『根源の彼方に－グラマトロジーについて*De la grammatoligie*』第上卷, 東京 : 現代思想社, 2000.

Jost Hermand, 齋藤成夫 譯,『ドイツ近代文學理論史*Geschichite der Germanstik*』, 東京 : 同學社, 2002.

Ku, In mo, "'Culture' as an Imported Concept and 'Korea' as a Nation-State", Korea Journal, vol.47, Seoul : Korean National Commission for UNESCO, 2007.3.

Lydia H. Liu, Translingual Practice : Literature, National Culture, and Translated Modernity-China 1900~1937, Stanford : Stanford Univ. Press, 1995.

Marcel Raymond, 김화영 역,『프랑스 現代詩史*De Baudelaire au surralisme*』(현대의 문학이론 5), 문학과지성사, 1983.

Michael Robinson, 김민환 역,『일제하 문화적 민족주의』, 나남출판사, 1990.

Otto Dann, 末川清・姫岡とし子・高橋秀壽 共譯,『ドイツ國民とナショナリズム*Nation und Nationalismus in Deutschland*』, 名古屋 : 名古屋大學出版會, 1999.

Pascale Casanova, 岩切正一郎 譯,『世界文學空間－文學資本主義と文學革命*La republica mundial de las Letras*』, 東京 : 藤原書店, 2002.

Paul Verlaine, Verlaine Œuvres poétiques complètes : Bibliothèque la pléiade, Paris : Gallimard, 1962.

Paul Valéry, 桑原武夫 譯,『ヴァレリー全集』第11卷, 東京 : 筑摩書房, 1967.

Philippe Lacoue-Labarthe, 西山達也 譯,『ハイデガー 詩の政治*Heidegger and the Politics of Poetry*』, 東京 : 藤原書店, 2003.

Raymond Williams, 椎名美智・武田ちあき・越智博美・松井優子 共譯,『キーワード辭典*Keywords : a Vocabulary of culture and society*』, 東京 : 平凡社, 2002.

Richard Green Moulton, The modern study of literature : an introduction to literary theory and interpretation, Chicago : University of Chicago Press, 1915.

__________, 本多顯彰 譯,『文學の近代的研究 : 文學の理論及び解釋の序論』, 東京 : 岩波書店, 1932.

Robert N. Bellah 編,『アジアの近代化と宗教』, 東京 : 金花舍, 1975.

Romain Rolland, 宮本正清 譯,『ロマン·ロラン全集』第18巻, 東京 : みすず書房, 1959.

St. Jerome, R. Weber ed. Biblia Sacra Iuxta Vulgatam Versionem, New York : American Bible Society, 1990.

Terry Eagleton, Criticism and Ideology, London : Verso, 1985.

__________, The Ideology of the Aesthetic, Oxford : Blackwell Publishers, 1990.

__________ 外, 增淵正史 外譯,『民族主義・植民地主義と文學』, 東京 : 法政大學出版局, 1996.

Walter J. Ong, 櫻井直文・林正寛・糟谷啓介 譯,『聲の文化と文字の文化*Orality and Literacy*』, 東京 : 藤原書店, 1991.